WIZARD

アラビアのバフェット

"世界第5位の富豪"アルワリード王子の投資手法

リズ・カーン【著】
塩野未佳【訳】
RIZ KHAN

ALWALEED

BUSINESSMAN, BILLIONAIRE, PRINCE

Pan Rolling

わたしを温かく家に迎えてくれ、ざっくばらんに語ってくれたサウジアラビアとベイルートの人々に感謝しつつ本書を書き上げた……。しかし、だれを置いても、まずは献身という言葉の本当の意味を知っているわが母ザブラに……、そして真実の愛と献身がいかに大切かを教えてくれたわが妻ジバンに本書をささげたい。

目次

まえがき

ジミー・カーター米元大統領

成功した事業家、思いやりのある慈善家、そして人権の強力な擁護者たるアルワリード王子。貧困層の救済をはじめ、女性の権利や教育、医療の向上に大いに尽力している。また、アメリカとアラブ世界、イスラム世界との関係強化を目指すカーターセンターの力にもなってくれている。平和で健全で希望の持てる世界を築くというわれわれの活動に協力してくださり、妻のロザリンと共に大変感謝している。

はじめに

宝くじでも当たらないものか。だれもがそんな夢を見る。

一〇〇万ドルで計画を立てるのは簡単だ。一〇〇万ドルなら、あまり深く考えずに〝使ってしまう〟のも簡単だろう。

では、もし〝二一五億ドル〟あったら？

少々厄介な人生になりはしないか？

これが本書の執筆に取り掛かったころのおおよそのテーマであった。

著名な大富豪を追跡しているアメリカの経済誌フォーブスによると、二〇〇二年一〇月にわたしがアルワリード・ビン・タラール・ビン・アブドルアジーズ・アルサウード王子殿下との初対面を果たしてから一年後のこと、アルワリード王子の投資資産は三八億ドル増えていた。一日に約一〇四〇万ドル、一時間に約四三万四〇〇〇ドル――つまり一秒に一二〇ドルと少し――増えていった計算になる（フォーブス二〇〇五年版によると、投資資産は二三七億ドルに膨らんでいる）。

フォーブス二〇〇四年版の世界長者番付で、アルワリード王子は第四位にランクされていた。この年には五八七人の億万長者が発表されたが、そのうちほぼ半数の二七七人がアメリカ人だった。上位三〇位内に入ったアラブ人はただ一人。だれなのかは言うまでもないだろう！　数年前、フォーブスはアルワリードを〝ビル・ゲイツに次いで世界で二番目に影響力のある事業家〟として紹介していた。

ビル・ゲイツやウォーレン・バフェット、ポール・アレンのような人物については数々の著作が出版されているが――全員が世界屈指の大金持ちだが――、多くは彼らの会社がたどってきた経緯をつづったものか、凡人でもこうして経済的に成功した巨大企業と渡り合っていけそうなビジネスモデルを提案したもの。一方でフォーブスに掲載される億万長者のなかには、控えめだったり表に出たがらない性格だったりで、確たる事実や資産総額よりもその暮らしぶりに関心が集まる人もいる。

アルワリードは後者のほうだった。一九九〇年代初頭にはシティコープ――現シティグループ――の筆頭株主に躍り出て金融メディアをにぎわすようになったが、これまでアルワリードの経歴はほとんど明らかにされていない。わたしも多くのキーパーソンにインタビューをし、過去の細かい出来事をひとつずつつなぎ合わせていかざるを得なかった。

ところがアルワリード、この公認の伝記については、シティグループの一部の幹部、なかでも自身のプライベートバンカーであるマイク・ジェンセンを含む幹部らに対し、インタビューに応じ、自身の銀行業務や投資活動、その他の活動についてコメントすることを特別に許可してくれたのである。

初対面のときにはアルワリードが何を考えているのか理解できなかった。実際、ほとんどの人がそういう第一印象を抱くだろう。性急で信じられないほどまめ、そして中東人と欧米人が独特な形で同居しているのがアルワリードである。アラブ世界では並外れて人望が厚く、全世界ではそのビジネスが並外れた信頼を集めている。ちまたで目にするもの、触れるものの大半はアルワリードの息が掛かったもの。金融、ホテル、メディア、テクノロジー、小売商品、農業、食品と、枚挙にいとまがない。

ではこの男、いかにしてこれほどの資産家になったのか？

だがそれよりも、何がこの男をそこまで成功へと駆り立てたのか？

アルワリードが長者番付に載っているほかの大金持ちと少し違うのは、ビル・ゲイツのマイクロソフトやラリー・エリソンのオラクル、ウォルトン一族のウォルマート・ストアーズなど、世界を制した独創的な製品やサービスで財を築いたのではないということだ。

もうひとつ違うのは、尊敬を集めるアメリカの投資の神様ウォーレン・バフェットと同じやり方で、つまり欧米式のビジネスを展開し、ウォール街で勝って財を築いたアラブ人だということだ――けっしてオイルマネーではない。

アルワリードは戦略を立てて分散した投資ポートフォリオを組んでいるが、その長期的成果から判断すると、間違いなくアメリカ以外で最も成功している投資家である。

わたしの目から見ると、アルワリードは紛れもなく地球上で最もよく働く億万長者である。

しかし、本当の意味でアルワリードを傑出した存在にしているのはそのキャラクターだ。ムスリム、アラブ人、しかも王族ときている。

そのどれひとつを取っても、途方もない憶測や称賛、羨望の的になるには十分だ。好むと好まざるとにかかわらず、アルワリードは世界で名を成した。ビジネスは桁外れの成功を収めている。普通の事業家にとってはその取引のひとつだけでも千載一遇、豊かな老後を過ごせるだけの資金が十分手に入る。

また、失敗とはあまり縁がないのもアルワリードである。ときに注目を集めることもあるが、その資産総額からすれば微々たるもの。平然としていられるのである。

その多岐にわたる投資によって、アルワリードは短い間に何度となく世界のメディアに取り上げられる存在となった。

アメリカでは経営不振に陥っていたシティバンクを一九九一年に救済してウォール街で頭角を現し、大いに注目されたが、世界で一般に知られるようになったのは、二〇〇一年九月一一日のアメリカ同時多発テロ事件のあとにニューヨークに飛んだときである。ところが、ツインタワー基金に一〇〇〇万ドルを寄付したいと当時のニューヨーク市長ルドルフ・ジュリアーニに申し出たものの、同時に発表したプレスリリースのコメントが伝えられるや、その申し出は拒否されてしまった。

これはアルワリードの半生では大した出来事ではなかったが、メディアが大騒ぎしたことで少し大げさに伝わってしまった。皮肉なことに、アルワリードの名が欧米人に広く知られるようになったのはこのときである。わたしが本書を執筆しようと思ったのもこれがきっかけだ。実際の出来事を詳述しつつ、こうしたテーマを広い視野で見詰めてみようと思ったのだ。だが、アルワリードの物語はこれだけではない。ほかにも興味深いエピソードがたくさんある。

多くのイギリス人にとっては、ロンドンのドックランド地区（**訳注**　ロンドンの中心から東へ八キロ行ったところにある旧港湾地区で、政府主導による世界最大級のウオーターフロント再開発地域）の中心にあるヨーロッパ最大の不動産ベンチャーに巨額を投じて救済した〝カナリーワーフ〟の人である。

イタリア人にとっては、巨大メディアの買収でシルビア・ベルルスコーニ首相と組んだ人、韓国では経済がどん底に陥っているときに救いの手を差し伸べてくれた中東の投資家。

フランス人にとっては、パリ郊外のテーマパークを金融面で支援した〝ユーロディズニー〟の人――王子にとってはまだまだリターンが少ない。また、パリの一等地にあるホテル、ジョルジュサンクを買収、刷新し、世界のベストホテルに変身させたことでも有名だ。

レバノン人にとっては、レバノン人の血を濃く引き（王子の母方の祖父はレバノン独立後の初代首相）、メディアで物議をかもすようなコメントを発表しては政界に波風を立てる、不可解なサウジアラビアの王族。もちろん、大物投資家としてもよく知られている。

そしてサウジアラビアの人々にとっては、間違いなく国内トップの事業家であり、政府とは距離を置く最も顔が知られた王族だ。
しかし、何はともあれ、彼は単に〝アルワリード〟で十分だ。

＊＊＊＊＊＊＊＊＊＊＊＊＊＊＊＊＊

アルワリード王子の記事を書きたい、テレビ番組でインタビューをしたい、というわたしの当初の思いは、瞬く間に公認の伝記の執筆とその素顔に迫るドキュメンタリー番組の制作へと進展した。陰口やうわさ話は数々耳にしていた。ＣＩＡ（米中央情報局）のスパイだというものから、ほかの大富豪のマネーロンダリングに手を貸している、シティバンクへの投資で世界的な億万長者事業家の仲間入りを果たしたものの、それだけで終わってしまう一発屋だというものまで、ありとあらゆるうわさが絶えなかった。

アルワリードはしばらく考えてから、わたしがその生活に踏み込み、周囲の人間と接触することを初めて承諾してくれた。アルワリードの内なる世界をじかに垣間見るチャンスだった。事業家として活動するアルワリードと会い、トップ会談で耳打ちされる戦略について聞くチャンスだった。宮殿の扉を開け、大きなヨットに乗り込むチャンスだった。そして輝かしい企業帝国を築き上げる前のアルワリードを知る人々に会う絶好のチャンスだった。ジャーナリストとしては、当然断るわけにはいかない仕事であった。

本書（原書）のタイトルはアルワリードと過ごしている間にひらめいたものだが、ワリードという名前の敬称である〝アルワリード〟が一種のブランドになっていることに気がついた。〝アルワリード〟という名前を聞いただけで、多くのアラブ人は即アルワリード・ビン・タラール王子を思い浮かべるほどだ。

また、間もなく、アルワリードが事業家としての自分にいかに重点を置いているか、仕事をいかに生活の中心に据えているかがはっきりと分かってきた。事実、アルワリードは自ら起業して億万長者になったのであり、王子という身分も、そのビジネスを中心としたあらゆるものに付いてくる〝おまけ〟なのである。本書（原書）のタイトルに〝事業家〟〝億万長者〟、そして〝王子〟という言葉を順番に並べたのは、そういう理由からである。

＊＊＊＊＊＊＊＊＊＊＊＊＊＊＊

世界中をジェット機で飛び回るアルワリードは、一日に二カ国を訪問することも珍しくなく、そんなアルワリードに一年以上密着するのは、実はかなりハードだったが、仕事中のアルワリードやくつろいでいるときのアルワリードの真の姿を目にすることができた。その半生がユニークでたぐいまれなものだと気づくまでに、そう時間はかからなかった。

また、アルワリードについては、他人がついてこられないことへのイラ立ちから鋭い頭の切れが鈍ってしまうこと、外向的で社交的な性格が日和見主義者からひたすら財産を守ろうとする人間に付き物の孤独と葛藤していること、息子や娘との打ち解けた関係、温かく親密な関係が、口うるさく細部まで管理する仕事ぶりをことのほか際立たせていることなど、さまざまなことに驚かされた。

狂信者、テロリスト、そしてオイルマネーで膨れ上がった財布を握った無学で粗野な人間。アラブ人は長い間そうしたステレオタイプ化したイメージを抱かれることに頭を痛めている。しかし、一九七〇年代のオイルブームのときに自ら墓穴を掘ってしまったのは、そのアラブ人自身なのである。ロンドンやパリ、ジュネーブ、ニューヨークの中心街にある高級ブティックに大挙して押し掛けては、趣味の悪いオーダーメード品を途方もない値段で買いあさっていたのだから。残念ながら、それが長い間に培われ、彼らが今でも払拭しようと躍起になっているアラブ人のイメージなのだ。高等教育を受け、見聞も広い新世代のアラブ人は、欧米風のライフスタイルや趣味、嗜好を信奉し、しっかりと受け入れているのだが……。

サウジアラビア王国ではさまざまな改革が求められている。サウジアラビアの国民もそれに気づいており、改革を受け入れようとしている。アルワリードも声を大にしてその改革を支持してきた。二〇〇三年末までは政治への関心を真っ向から否定していたものの、今では社会や経済の改革者として、場合によっては中東と欧米を結ぶ橋渡し役として、自分に何ができるのかを忌憚なく口にする。

アラブ世界と欧米世界の関係はすこぶる緊張している。アメリカはイスラムをいぶかしがっているが、そのアメリカは、とくに強硬保守派のジョージ・W・ブッシュ政権が制裁でアラブの地に軍隊を派遣していることから、アラブ世界のほぼ全域でならず者だと見られている。その結果起きたコミュニケーションの崩壊は、緊張を高め、万人の生活の質を損ねているばかりか、世界経済にもダメージを与えている。

アメリカでは最大の外国人個人投資家であるアルワリード王子。そんな王子は、世界の二大地域を分断している溝を埋めるに当たって影響力を行使できるだけでなく、既得権も手にしている。ここ一年ほどで、王子の方向性には変化が見られるようになってきた。仕事に対してはこれまで以上に意欲的だが――この意欲の源については本書でも述べるが――、今では政治活動家として、また慈善家としても円熟味を増してきた。

さあ、アルワリード王子のことをもっと知りたくなったのでは？

たとえ数百万ドルの値が付いていようと、値札には一切目もくれない。そんなアルワリードは神秘のベールに包まれ、ジェット機で世界中を飛び回るライフスタイルはロマンのにおいさえ漂わせている。そうした生活を築き上げ、今も刺激を与え続けているものが何なのか、突き止めた者はほとんどいない……。しかし、それはけっして思っているほど単純なものではないはずだ。

われわれは疑心暗鬼の世界に生きている。多種多様な文化間、宗教間の隔たりはこれまで以上に大きくなり、互いをいっそう警戒するようになってしまった。

先に述べたように、財産は別にして、極めて特異なキャラクターの持ち主であるアルワリードは、のどかなアラブの伝統文化の世界、テントやラクダ、真っ黒に日焼けし、旧式のライフル銃を担いだベドウインの世界と、貪欲でせかせかしたウォール街の金持ちの世界、大口契約に署名する黄金のペンを手にテーラードスーツを着込んだ投資家たちとリムジンが行き交う世界をまたに掛け、両側からそれぞれを見詰めているのである。

では、そのやり方、アルワリード王子のライフスタイルとはどんなものなのだろう?

続きを読めばすぐに分かるだろう。

第1章　ビッグニュースになる

何よりも、まずはサウジアラビア市民として、次に事業家として、最後にサウジアラビア王室の一員として発言している。

――アルワリード・ビン・タラール王子

ジョン・F・ケネディ大統領が銃弾に倒れたときのことを覚えているだろうか。五〇代以上のアメリカ人にそう尋ねると、自分はどこにいたか、何をしていたかを、詳細かつ正確に話してくれる。

では、二〇〇一年九月一一日にどこにいたかは覚えているだろうか。世界中の人々にそう尋ねると、ニューヨークの世界貿易センタービルに旅客機が激突したことをどのようにして知ったか――実際にはテレビの映像を見て知ったこと――を興奮しながら詳しく語ってくれる。

午後四時ごろ、アルワリード・ビン・タラール・ビン・アブドルアジーズ・アルサウード王子は、リヤドの宮殿の自宅から慌てて電話をかけていた。相手は自身の会社の広報担当マネジャー、アンジェド・シャッカー。サウジアラビアのファハド前国王（**訳注**　二〇〇五年八月に逝去）のおいに当たるアルワリード王子、実はニュース依存症である。どこにいようが、テレビを一台は必ず目の前に置いている。アメリカに本社を置くCNNが世界貿易センタービルに旅客機が激突したニュースを報じると、アルワリードはそれが事故であることを、テロリストの仕業ではないことを祈った。中東が長年経験している紛争のことはよく知っていたが、ニューヨークの人々がそのときどんな恐怖を体験しているかは想像もできなかった。アルワリードは画面にくぎ付けになり、自分が慣れ親しんだ都市――友人もたくさんいる都市――で起きた大惨事にうろたえた。

さっそく何か行動を起こさなければ。そう思い立ったアルワリードは、アメリカはどうなってしまうのだろうと考え、無力感に襲われながらも、次なるステップ、とりわけ自分はどう対応すべきかを模索し始めた。

まずはリヤドの中心街に建設したばかりの高級ショッピングセンターの落成式への出席を取りやめた。こんなときに祝賀行事に出席するなどもってのほかだった。次に、アメリカでは最大の外国人個人投資家として、今回のテロ事件が自分とウォール街との関係にどの程度の影響が及ぶのかを現実的に見極める必要があった。

自宅にいたアンジェドは、アルワリードからの緊急の電話でテレビのスイッチを入れたことを鮮明に覚えている。王子の会社で国内投資担当エグゼクティブディレクターを務めるタラール・アルマイマンも、ちょうど受話器を握りながら三人で電話会議をしている最中に二機目の旅客機が世界貿易センタービルに突っ込むのを目撃した。

アンジェドによると、アルワリードはこう叫んでいた。

「見たか！　何てことだ。ひどすぎる！」

アルワリードはあの日の午後のことを思い出すと、今でも目を大きく見開きながら早口でまくし立てる。

「みんな身の毛もよだつようなテロ攻撃をただ見詰めているだけだったが、まず思ったのは、どいつだ、どいつの仕業なんだ、ということだ。即ビン・ラーディンに違いないとピンときたけどね」

アルワリードはそう言うと、サウジアラビアの人間として、アルカーイダの参謀らが世界中を脅威にさらしていることは百も承知だと釈明する。

騒ぎが収まっても、自分の国だけでなく自分の個人的な関係、仕事上の関係までもが短期的、長期的に計り知れない影響を受ける可能性がある。アルワリードはそう考えた。

「残念ながらね。悪い方向に行くと思ったよ。何が起きたんだってね。ニューヨークのど真ん中でテロが起きたんだよ……。すぐにアメリカとサウジアラビアの密接な関係について考えてみた」

アンジェドによると、全員が困惑していた。

「全員ショックを受けていましたね。不信感と恐怖と衝撃。あんな事件が起きたわけですから、不信感でいっぱいになって、しばらく凍りついてしまいましたよ。分析などできませんでしたが、すぐに気を取り直そうとしました。でも、やはり実際に起きているんです。映像は現実なんですよね」

電話で話していたアンジェドにもアルワリードの様子が分かった。

「すっかりうろたえていましたね。でも、すぐにアメリカの対外政策に大きな影響が出てくるだろうと気づいたようで、声明のようなものを出す必要があるかなと言っていました。アメリカの実業界で最も有名なサウジアラビア人としてね」

もちろん、アルワリードの頭のなかではさまざまな可能性がすでに音を立てていた。

週末に砂漠のキャンプで過ごしている間も、アルワリードはあれこれと思考を巡らせていた。水曜日の夜はほぼ決まって——サウジアラビアの週末は木曜日と金曜日——、特別にしつらえられた場所に出掛けていく。リヤドの中心から一時間ほどのところだが、ここだと都会の喧騒を離れて自然と親しみながら、仕事のことやプライベートな問題についてじっくり考えられるのだ。

当時を振り返りながら、アンジェドはテロ事件後に起きた出来事を語ってくれた。

「王子と一緒に砂漠のキャンプにいたんですが、王子は『アメリカに行って哀悼の気持ちを直接伝えなくては。こんなところにいる場合じゃない』と言うんですよ。すでにハイジャック犯がサウジアラビアの人間だというのは判明していましたが、それで王子が行く気になったわけではないと思います。だれが実行犯であれ、行っていたでしょうね。連帯と共感を示したがっていましたし、アメリカ人に哀悼の気持ちを伝えたがっていましたからね。そうする必要があると本気で思っていたんですよ」

数日後、当時のニューヨーク市長ルドルフ・ジュリアーニがテロの犠牲者と遺族のためにツインタワー基金を設立すると、アルワリードは自らの意思を表明する絶好の機会だと考え、親友でシティグループ会長のサンフォード・〝サンディ〟・ワイルを通して、市長と直接連絡を取った。アルワリードは当時のことをこう話している。

「ニューヨークには友人がたくさんいるし、投資先企業の大半はニューヨークにある。勉強したのもニューヨークのシラキュース大学だしね。ニューヨークの多くの人々と親しくさせてもらっているからこそ、ジュリアーニ氏がいる市長舎に出向いて、基金に寄付したいと申し出たんだ」

その後、アルワリードはテロ事件から一カ月たった一〇月一一日の午前九時からグラウンドゼロで催される追悼式典に招かれた。

「中東、とくにサウジアラビアには友人がいるんだということをアメリカ人に教えてあげたかったんだ。アラブ人やムスリムは集中砲火を浴びている。あのテロ攻撃の黒幕がだれなのかは以前から分かっていたし、張本人はイスラム過激派だと言われていた。以前オクラホマで連邦ビル爆破事件があったときも、実際にムスリムとアラブ人に非難の矛先が向けられたけど、彼らあとになってから犯人は白人、クリスチャンのアメリカ人だということが判明したよね。彼らも分かっているんだよ。アラブ世界に同情しているし、理解もある。そのことを確かめたかったんだ。もちろん少数の過激派はいるけど、その少数の過激派のせいで、地域全体が、イスラム世界全体が悪く見られているんだ」

グラウンドゼロ

早急に旅行チームを召集したアルワリードは、自家用ジェット機でニューヨークに飛んで短時間滞在するための準備に入った。一〇月一一日の前日に到着し、翌朝ジュリアーニ市長と面会したあとでグラウンドゼロで行われる追悼式典に出席し、その後すぐにサウジアラビアにとんぼ返りするという段取りだ。二六時間の旅、地上に降りている時間はわずか半日だった。

だが、いろいろな意味で、この旅は最初から運に見放されていた。

アルワリード王子とその一行はアメリカに到着したものの、王子の会社の旅行担当マネジャー、ロバート・エルハージが入国手続きと税関で悪戦苦闘する羽目になった。通常なら事前にすべてお膳立てができており、どこの空港でもアルワリードとその一行はVIP待遇で簡単に通過することができる。リムジンも滑走路で待機しているため、ロバートらがパスポートをまとめて処理して税関を通ると、そのままさっと目的地まで行けるのである。アルワリードも有能な旅行チームを自慢していた。ところが、九月一一日を境に、アメリカでは状況が一変してしまったのだ。

ロバートは当時のことをこう話している。

「最後の最後で完全に駄目になりましたね。入管と税関の職員の前で、殿下をＶＩＰとして、王室の一員として通してくれと必死で説得したんですけどね。途中までは何とか順調にいっていたんですが、やはり駄目でした。殿下はむっとしていましたよ」

いつになく入国に手間取ったのは、テロ事件の直後でもあり、アメリカの空港ではセキュリティーが強化され、緊張も目に見えて高まっていたからだった。実際に九月一一日から数日間、アメリカ政府は空港を閉鎖した。事前準備も万端整っていたし、当局にもきちんと連絡してあったのだが、結局、手続きにてこずることになった。ツインタワー基金に寄付する一〇〇〇万ドルの小切手を携えていったことを考えると、ずいぶんと冷たい扱いであった。

「そのためにわざわざ行ったんだけどね。ニューヨークの人々との協調を示そうと思って、ジュリアーニ氏を通してニューヨークの人々に哀悼の気持ちを表そうと思ってね」

アルワリードはそう言いながら、自国の要人には自分の気持ちを語ったことを強調した。

「サウジアラビア政府も全面的に賛同してくれたし、認めてくれた。これはすごく重要なことだけど、サウジアラビア政府はわたしがニューヨークに行って寄付をするのを知っていたんだよ。しかもサウジアラビア当局から感謝されたんだ」

だがアルワリードは、ジュリアーニ市長がその著書『リーダーシップ』（講談社）の中でも述べているとおり、自分の思いがアメリカの最高権力者の耳にも届いていたということまでは知らなかった。

「王子を現地に案内すべきかどうか、われわれはホワイトハウスと国務省に相談した。そうすべきとの助言を得たが、それは、王子が合衆国に対して概して友好的で、心の広い人物であるという理由からだった。事件現場を見せて、わが国がビンラディンやアフガニスタンに対して取ろうとしている行動に、好意的見解を持ってもらおうというのがその狙いだった」（『リーダーシップ』〔講談社〕、表記は原文どおり）

空港で手続きを終えたアルワリードとその一行は、その足でマンハッタンのセントラルパークを見下ろす格式あるプラザ・ホテルへ向かった。当時はこのホテルの一部もアルワリードが所有していた。一行はそのホテルに一泊し、翌朝グラウンドゼロを訪れる。

一〇月一一日午前八時、アルワリードとその一行はホテルに迎えに来た市長の補佐官の一人と共に、マンハッタンのダウンタウンへ、がれきから煙が立ち上る現場へと向かった。そこでジュリアーニ市長と面会し、一〇〇〇万ドルの小切手を手渡すことになっていた。有名なニューヨーク市長は、その指導力とビッグアップル（**訳注** ニューヨーク市の愛称）の生活条件を劇的に改善したことで国際的にも高く評価されていた。市長の下で犯罪は三分の二ほど減り、毅然とした犯罪対策、いわゆる〝非寛容方式《ゼロトレランス》〟によって市長の名声は一段と高まっていた。アルワリードとその一行は被害の大きさに面食らった。がれきや灰からはまだ煙が上っていた。

「本当に悲痛な気持ちになったね。気が動転したよ。あの恐ろしいテロのことを考えてみたんだが、とにかく三〇〇〇人もが――ムスリムもクリスチャンもユダヤ人も――何の罪もないのに命を落とし、葬られているんだから。だから自分のわずかな寄付金で、せめてサウジアラビアとアメリカの、さらには東西の、ひいてはキリスト教とイスラム教の間に必ずやできる溝を埋める橋渡し役になりたいと思ったんだ」

グラウンドゼロでは、ジュリアーニ市長が沈痛な面持ちながらも友好的に出迎えてくれた。アルワリードはそのときのことを思い出してこう話してくれた。

「市長は歓迎してくれたよ。素晴らしい人だった。腰の低い人でね。当時の状況や当面の活動について説明してくれたし、基金の目的についても話してくれた。わたしが市長のお考えには同意見ですと言うと、とても感謝してくれたしね。面会時間は二〇分ぐらいだっただろうか、それから別れたんだ」

ところが、その会談やグラウンドゼロ訪問についてのジュリアーニの見方は若干異なっており、『リーダーシップ』の中でも次のように追想している。

「アルワイード王子は豪華な金色のローブで、八人のお付きは黒いローブ姿で現れた。

わたしは彼からツインタワーズ基金に、一〇〇〇万ドルの銀行小切手を受け取った。王子は小さな演壇から現場を見て、大変残念に思う、犠牲者を助けたいと、真っ当なことを述べた。……しかし、どうもしっくりこなかった。王子が薄笑いを浮かべていて、それが側近にまで及んでいるように思えたのだ。現場を見て、心動かされたようすがないのは彼だけだった」（『リーダーシップ』［講談社］、表記は原文どおり）

この見解はジュリアーニが追想として著書に挿入したものだが、こんな見方をするとは不当極まりないと思われる向きもあるだろう。アルワリードもこの本を読んで驚いた。敬意のしるしとしてサウジアラビアのフォーマルな民族衣装を着用していたのに——あえて「豪華な」ものを選んだわけではない。しかも、そのときの二人のやりとりを収めた映像を見ると、アルワリードは薄笑いなど浮かべておらず、現場を目の当たりにして本気で心配そうな顔をしているのがはっきり見て取れる。

アルワリードに同行したアンジェド・シャッカーはこう話している。

「ジュリアーニ市長との会談の要旨をまとめて、王子に報告しました。メディアへの対応のことも含めてね」

今回の訪問についてはメディアも取り上げそうだったので、アルワリードもプレスリリースで声明を発表する形でその訪問に関するさまざまな質問に答えるのが賢明だと考えていた。こうしてプレスリリースを発行したわけだが、そのあとは一行の多くがプレスリリースのことなどすっかり忘れていた。ところが、リヤドに戻ろうとしたまさにそのとき、一撃を食らわされたのである。

ジュリアーニの補佐官らは、プレスリリースの中にあるアメリカの中東政策に関する文言が気に入らなかったようだ。市長舎が発表した声明文には、寄付金は受け取れないと書かれていた。プレスリリースには、九・一一のテロ攻撃を〝とてつもない犯罪〟としながらも、市長を当惑させるようなコメントが含まれていたからだ。

「アメリカ合衆国政府は中東政策を見直し、パレスチナの主張に対して、もっとバランスの取れたスタンスを取るべきである」（『リーダーシップ』［講談社］）（**原注**　プレスリリースの全文を六〇六ページの補遺に掲載した）

ジュリアーニは、真っ先に寄付金を突き返そうと思ったと言う。そしてこう記している。

「世界貿易センタービルのテロを正当化、あるいは同感できるとする見解を、わたしは受け容れることはできない」（『リーダーシップ』［講談社］、表記は原文どおり）

アルワリードは再びプレスリリース発行の準備に取り掛かると、テロを正当化するつもりなどさらさらない、と当意即妙の切り返しに出た。アメリカ人には誠意をもって接しているし、おぞましいテロ攻撃にしても、アメリカがパレスチナの窮状を無視しつつイスラエル支持の政策を打ち出しているがために、中東の多くの人々が反米感情を抱いた結果なのだ。武力によるパレスチナ攻撃をイスラエルに認めているから、うっせきした怒りや絶望感が募り、それが若者たちのテロ活動として噴き出しているのだ。希望を失った若者たちをリクルートするのは簡単だ。アルワリードは自らの思いをつづった。

九・一一のテロを明確に糾弾しつつも、テロの根本的な原因を突き止め、それにどう対処するかが重要だ、とアルワリードはプレスリリースを締めくくった。

「だからアメリカの友人として、彼らに言う必要があると思ったんだ。『どうか目を覚ましてくれ！』とね」

ニューヨークのようなところでは、市長の政治的立場からすると当然のことだろうし、もちろん支援団体のことも考えなくてはならないからね、とアルワリードは言う。市長の政治生命を握る多くの人間にとって、中東でバランスの取れた戦略を展開して親パレスチナの立場を取るよう求めるプレスリリースの内容が納得し難いものだったのは明らかだ。

ニューヨークに本社を置くニューズ・コーポレーションの会長ルパート・マードックは、そんなアルワリードの考え方を支持しているが、皮肉な笑みを浮かべながら、市長が寄付の受け取りを拒否したのは単純な理由からだと言う。

「一言で言えば……、政治だよ」

大きな壁を越えて

その政治が中東の多くの人々の怒りを買ったわけだが、彼らはジュリアーニが一部の圧力団体に屈しているとみていた。あるコラムニストは、サウジアラビアの新聞アルリヤドに次のように書いている。

（ジュリアーニは）ユダヤ系有権者に取り入りたいという思いを明確にするために、公益を犠牲にし、私益を優先した……。

グラウンドゼロに対するアルワリードの態度についてはあれこれと憶測しているが――王子が〝薄笑いを浮かべていた〟とか、王子の伝統的な民族衣装が〝豪華だ〟とか、つまりあのような場には礼を失した服装だなど――、このコラムについては、ジュリアーニは自らの著書で何ら言及していない。

確かにジュリアーニの行動を支持する人は多かった。著名なライター兼コメンテーターのトム・フリードマンも、数日後のニューヨーク・タイムズ紙のコラムを次のような言葉でつづっている。

一〇〇〇万ドルの寄付を突き返したルディー・ジュリアーニ市長に万歳三唱……。

テロの翌日付のニューヨーク・タイムズにはこんな記事が載っていた。

「国務省は市長舎から王子の発言を聞かされたが、政府とは直接関係のない問題なので、ジュリアーニが小切手をどう処理すべきかについては何も言っていない」

アルワリードによれば、ジュリアーニはプレスリリースを撤回するよう求めてきたと言う。そうすれば寄付金を受け取ってもいいと。しかし、アルワリードは頑として譲らなかった。

「それはできないと言ったよ。ニューヨークの人々のための寄付だし、プレスリリースもアメリカとサウジアラビアの関係を、さらには東西の関係を思って発表したものだしね」

一〇月一一日の出来事については、中東でも賛否両論が巻き起こった。慌てて小切手を持って訪米などすべきではなかったと言う人、アルワリードは自分の行為を正当化しようとして中東問題をわざわざ強調したプレスリリースを発表したのだ、と言う人も多かった。

一方、ツインタワー基金に寄付をするという意思表示は立派で、アラブ世界の共感と連帯をはっきり示すものだと言う人もいた。アメリカが苦悩しているときにこそ、何しろ九・一一のテロの実行犯一九人のうち一五人がサウジアラビア出身なのだから、名の通ったサウジアラビア人――王室の一員――がアメリカとの連帯を示すことが大切なのだと。

著名なサウジアラビアの新聞記者でアラブ・ニュース紙の編集長を務めるハレド・アルマイーナは、アルワリードが訪米したのは拙速だったと考える一人だ。とくにアルワリードの寄付がニューヨーク市長に拒否されたことで、サウジアラビアでは多くの人が動揺しているとし、もし小切手を受け取ってもらえていれば、そうした行為ももっと肯定的に受け止められていたかもしれないと言う。

「アメリカには耳を傾けようという空気はありませんでしたね。もう少し時間を置いてから行ったほうがよかった、別の案を持って行ったほうがよかったと言う人もいましたよ。基金の宣伝になるようなことをするとか、異なる宗教間、社会間の対話を促すような基盤作りをしたほうがよかったとかね」

歯に衣着せずに物を言う、評判の良いコラムニストのアルマイーナは、そうは言いつつも、アメリカの偏った中東政策を強調したプレスリリースによって、サウジアラビア国内ではアルワリードの評価が高まったとも指摘している。

「ええ、あれで王子は点を稼ぎましたよね。何でも率直に言う人ですから。それにもうひとつ、少なくともお金を渡しながら平等な中東政策を要求する勇気のある人なのか、と言う人もいました」

母親がレバノン人であることから、レバノンにはアルワリードを支持する人が多い。そのレバノンの日刊紙アンナハルの社長兼編集長のジブラン・トゥエイニは全面的にアルワリードを支持している。幼少時からアルワリードがせっかちだというのは知っていたが、サウジアラビアの王族とビン・ラーディン一族との関係が大きく取りざたされているときにわざわざニューヨークまで行ったのには驚かされた。

「ニューヨークへ飛んで、『アラブ人全員がテロリストじゃない』と言いながらアメリカ人の力になろうとするんですから、ワリードは本当に勇敢ですよ。彼ならどんな批判でも受けて立つでしょうね――アラブ世界からの批判でもね」

アルワリード自身は、多くの人々の反応で自分の行為が間違っていなかったと感じるようになった。

「あのあとアメリカ人からファクスや電報、手紙、電子メール、電話が殺到してね。企業の会長やCEO（最高経営責任者）からも来たし、ユダヤ人コミュニティーからも来たんだよ。でもみんな、あのときのことを本当に申し訳なく思っていると言うんだ。〝あなたのしたこと〟は正しい、わたしたちはあなたの味方ですって。もちろん、ジュリアーニのほうが正しいと言う人もいたけどね」

そんなアルワリードの行動は実業界にも波紋を広げていた。その波は、まずはカナダのフェアモント・ホテルグループのCEOで、アルワリードとは仕事上親しい関係にあるビル・ファットの元に押し寄せた。アルワリードは同グループの大株主。実際ファットは、アルワリードのプレスリリースには物議をかもすような内容は含まれていないと考えており、議論を呼んだのは、あれがテロの直後であり、皆がピリピリしていたからだと言う。

「どうしたら中東政策をうまく進められるのかをアメリカ人に教えたんですよ。きっとタイミングが悪かったんでしょう。企業の立場から言うと、フェアモントは王子と付き合いがありましたし、アメリカには重要な業界関係者もいましたから、わたしどもの顧客との間でちょっとした摩擦も起きたんですが、すぐに収束に向かいましたよ。でも、北米での評判という点では、王子にとって大変な時期だったでしょうね。王子の投資先企業も苦慮したと思いますよ。あの声明はかなり微妙でしたから」

とはいえ、ファットはアルワリードを擁護し、九月一一日から数カ月もすると、世界の指導者たちがパレスチナ情勢に関するアルワリードのコメントに事実上同調するようになったと指摘する。ブッシュ大統領も国連の演説で初めてパレスチナ国家について言及したし、イギリスのブレア首相も、パレスチナ人や中東の人々はアメリカをはじめとする欧米諸国に対して怒りを募らせていると同時に落胆している、と述べている。

この点でもアルワリードは、やはり自分は正しかったと感じている。

「みんな同じことを言い出しただろう。つまり、アメリカの中東政策は憎悪をかき立てているだけなんだ。過激派やテロリストをあおってアメリカとの戦争に持っていこうと仕向けているんだよ。破壊とか憎悪はもうたくさんだ」

アルワリードの努力を支持するコメントが全米各地から寄せられたが、そのなかにジョージア州選出の民主党員で連邦下院議員のシンシア・マッキニーから届いたものがあった。マッキニーはアルワリードへの手紙で、ジュリアーニ市長の行為には失望したと述べている。

「あなたの考えに賛同しようとしまいと、あなたが親しんでいる地域について語り、所見を述べる権利を、市長は認めるべきだったと思います」

さらにアルワリードはこう付け加えた。残念ながらジュリアーニ——王子は今でも強いリーダーとして尊敬している——は、寄付金の受け取りを拒否したことで政治問題化してしまったと。一方で、アルワリードを批判する人も、最初にプレスリリースを発行して政治問題化したのは王子のほうではないかと、同じように反論している。

だが、アルワリードは何らかの政治的動機があったとする見方を否定し、あのコメントには自国民だけでなく欧米諸国の指導者たちも同調してくれていると強調する。

「リヤドに戻ってから数週間後にはブレア首相が、その後ブッシュ大統領がまさに同じ発言をしたよね。テロから二年が過ぎたというのに、九・一一のテロ事件とアメリカの対アラブ政策との関連については今でも議論されている。わたしは間違っていなかったんだ。これ以上何を言えばいい？」

ニューヨーク社会と密接なつながりがあるアルワリードの友人で、シティグループの会長を務めるサンディ・ワイルは、まさにタイミングが悪かったのだと感じている。

「最初はよかったが、最後がまずかった。彼の発言が是か非かの問題じゃなく、あのメッセージを、あのときに、あのニューヨーク市長に届けたのがまずかったんだ。だから悪く受け取られたんだよ」

しかし、アルワリードがこの出来事から学んだ教訓は、知名度にも多少の価値があるということだ。たとえ発言の〝内容〟や〝理由〟が万人に受け入れられなくても、声を上げれば聞いてもらえるということが分かったのだ。アルワリードいわく、国際的に認知されるようになったのはルドルフ・ジュリアーニのおかげである。

「一夜にしてアルワリードは時の人さ……。巨額の寄付金を持ってやって来たが拒否された、あのサウジアラビアの事業家は、あの王族はだれなんだ、とみんなが口にするようになったよね。まさにジュリアーニのおかげだよ」

確かに〝アルワリード〟という名前は思い出せなくても、犠牲者のための基金に一〇〇〇万ドルの寄付を申し出たもののニューヨーク市長に受け取りを拒否された、あの〝サウジアラビアの大富豪〟のことはだれもが覚えている。

広告でも政治的発言でも自分の行動にどの程度の影響力があるのかに気づいたアルワリード

は、東西の橋渡し的な役割を強く意識するようになった。この一件は、広報活動がいかに重要かを学ぶ貴重な経験となった。

皮肉を言えば、アルワリードの寄付がジュリアーニ市長に拒否されたのは、もしかしたらニューヨークにいる王子の支持者たちの広報活動が奏功していなかったせいかもしれない。善意で始まったものの、最後には政治的なもつれを引き起こしてしまった一連の妙な出来事。この一件で、両者とも少しは学んだのではないだろうか。

サンディ・ワイル――アルワリードとジュリアーニの友人で、最初に二人を引き合わせた本人――の反応はどうだったのだろう?

ワイルは動じることもなく、笑いながらこう言った。

「その場にいなくてよかったよ」

第2章 幼少期の王子

悩むからこそ、大人になれるのです。

――アルワリード王子の母モナ・エルソルハ王女

「ほら、見て！　あのころからああだったのよ」

上品な着こなしの女性が、きれいにマニキュアをした手でテレビ画面を指さした。彼女はそのまま身動きもしなかったが、顔には少しずつ笑みがこぼれてきた。心はほぼ半世紀前をさまよっていた。

彼女はやがてわれに返り、コーヒーテーブルに身を乗り出した。テーブルには大きなアルバムやパッチの高級チョコレート、ずらりと並んだガラスの置物があふれている。アルバムの冒頭には家族のモノクロ写真が貼ってあり、手書きのアラビア語による興味深い手紙が二通挟まっていた。一通は箇条書きにしたリストのようなもの、もう一通は別のカラーインクで書かれたもので、やはりリストの形になっている。

ベイルートの自宅のセンスよく装飾された応接間。彼女は古い写真を一枚手に取ると、満面の笑みをたたえながら、刺しゅうを施したソファのクッションにもたれた。写真を食い入るように見詰めているうちに昔のことがよみがえってきた。年若い母親が幼い男の子を抱いている写真だ。二人とも同じ方向を向いているので、顔立ちがそっくりなのが一目で分かる。その後も歳月は常に彼女に優しかった。過去の興味深い経験も顔には刻まれておらず、今でも落ち着き払い、洗練された雰囲気をかもし出している。

昔のビデオがまだ静かに回っていた。彼女は振り返ってビデオを見ながらこう言った。

「まだ幼いのに、意思が強そうなのが分かるでしょう。欲しいもの、手に入れたいものがあるときには絶対にあきらめないの。よちよち歩きのころからそうだったわ！」

ビデオではフード付きの青いつなぎを着た、一歳になるかならないかぐらいのよちよち歩きの赤ん坊が、危なっかしくよろめきながら小さな子ヤギの後ろに手を伸ばしていた。だが、手を伸ばしてつかもうとするたびに、子ヤギは一歩前進、赤ん坊の手をかわしてしまう。赤ん坊はひたすら子ヤギを追い掛ける。まだ足元がおぼつかないので何度も前のめりに倒れたり後ろに倒れ込んだりするが、平気で起き上がり、必死で獲物を追い掛けている。だが、しばらくそうしているうちに、赤ん坊の小さな手が、一瞬だが、どうにか子ヤギの後ろ足に届いた。赤ん坊はしたり顔だった。

彼女はまた身を乗り出すと、しばらく追想にふけっていたが、こう切り出した。

「いつもこれを思い出すの。こんなに小さいころから断固とした性格だったわ。子ヤギを捕まえるまでは絶対にあきらめないんですもの」

モナ・エルソルハ王女は恵まれた生活を送っていた。リヤド・エルソルハの五人の娘の一人で、レバノン王室にも最も近い存在だ。父親のリヤド・エルソルハはカリスマ性もあり、人々に親しまれていた。外国軍のレバノン撤退時に重要な任務を担い、独立後の一九四三年に初代首相になった人物である。オスマントルコの支配、後のフランスの委任統治に反対した多くの確固たるナショナリストの一人でもあった。その先見の明が、反目し合う党派をまとめ、単一主権国家の建設に生かされたのである。その後は六度にわたって内閣を組織したが、ヨルダン訪問中の一九五一年七月に暗殺された。シリア国家社会主義党の武装集団による犯行だと言われている。

モナら五人姉妹は、成長するにつれ、ひときわ美しい社交界の華ともてはやされるようになり、若いモナは、レバノンで短い休暇を取っていた見目麗しいサウジアラビアの王子の目に留まった。

タラール・ビン・アブドルアジーズ・アルサウード王子殿下は、スポーティーなオープンカーをモナのそばに横づけした。ところが話し掛けようとすると、モナはふてぶてしく走り去ってしまう。タラールは何度も何度も試みたが、モナは逃げてしまう。困惑したタラール、どうしても彼女に会いたかった。まだ彼女の正体を知らなかったのだが、そこはサウジアラビアのアブドルアジーズ国王の息子、正体を突き止めることなど朝飯前だった。二人は似合いのカップルに見えた。モナ王女は二人の結婚を振り返ってこう話している。

「頭が良くてハンサムだったから結婚したのよ。たまたまお金持ちだっただけ。お金目当てで結婚したと思っている人が多いけど、頭が良かったし、ハンサムだったからよ」

間もなく二人はジェット機で世界中を旅するようになり、夏のバカンスはパリやカンヌで、冬はアルプスで過ごした。パリで撮った古い映像には、誇らしげに欧米の最新ファッションに身を包んだ二人、流行のスーツにネクタイ姿の温厚な王子とストラップレスのサマードレスを身に着けた王女が凱旋門の陰でアイスクリームを食べる姿などが映っていた。

アブドルアジーズ国王の二一番目の息子タラールは、前々から現代的な思考の持ち主で、遠慮なく物を言う性格だった。旅行経験も豊富で、駐仏サウジアラビア大使を務め、サウード国王（**訳注**　在位一九五三～六四年）の下では短期間だったが財務大臣にも就任した。そういう意味では、一九五〇年代のサウジアラビアの保守派からすればあまりにもリベラルだった。明らかに父親のアブドルアジーズ国王譲りである。アブドルアジーズ国王も、女性の学校教育を促進したり新生国家に大学を建設したりと、改革者のような一面があった。サウジアラビア王国は建国から三〇年そこそこだったのである。

アラブ・ニュース紙の編集長ハレド・アルマイーナによると、サウジアラビアでは常に改革が進められていたが、タラールが異彩を放っていたのは、社会の上層部に波風を立て、改革をよりスピーディーに進めたがっていた点である。

「いろんな意味で改革の足取りは重かったですね。個人的にはもっとスピードを上げてほしいんですけどね。みんなそう思っているんじゃないですか。きっと王族も、もっと急いでほしいと思っていますよ」

この建国間もない国では、君主も安全保障上の理由から、独裁的な組織、厳重に管理された組織を強要せざるを得ない。自由と変化を公然と求めるタラールの声は、当時の王国では前代未聞、破天荒なものだった。その後も若きタラールはリーダーシップを発揮し続け、改革を推進するリベラル派の王子たちを率いるまでになった。このグループはアルサウード一族の出身地であるサウジアラビア中部の地名にちなんで〝若きナジド〟を名乗ったが、後に〝自由王子団〟と名を変えた。これはエジプトのガマル・アブデル・ナセル中佐――アルサウード一族の敵――ら、若手革命派グループの〝自由将校団〟にヒントを得たものである。一九五〇年代も終わりに近づくと、タラールとリベラル派の圧力は目に見えて強まっていった。彼らは自ら憲法の草案を作っては、内閣により強い権限を与え、国王の支配力を弱めることを提案した。一部議員が選挙で選出される〝シューラ〟という評議会の設立も要求。ところが、こうした運動でタラールはサウード国王と衝突し、宗教指導者たちの怒りを買ってしまった。イスラム法に違反しているというわけだ。また、王室からも公衆の目に触れる厄介な問題だとの声が上がるようになった。当時のことについて、タラール殿下は今でも如才ない見方をしており、何が自分を改革へと駆り立てたのかについてはこう話してくれた。

「ああいう行動に出た動機などただのひとつもない。いつもその点をはっきりさせろと言われるが、答えなどひとつもないんだ。ただああいう行動に出た、それだけだよ」

一九六一年、政府はそんなタラールを問題視し、口封じのためにパスポートを没収してしまった。結局、タラールはエジプトに身を寄せ、二年間の亡命生活を余儀なくされた。しかし、そこでも相変わらず改革を唱え、ついには〝赤きプリンス〟の異名をもらうに至った。

リヤドに戻る

タラールは二年を費やして王族と和解し、政治活動にはかかわらないという条件で帰国を許された。その後、王室の親族たちとの関係回復には時間がかかったようだが、その間に急速に発展しつつあった国内の不動産建設市場に着目し、早くも一財産を築いてしまった。一方で、一九六二年にはモナとの結婚生活が破綻した。二人はそれから五年以上別居生活を続けたあと、とうとう一九六八年に離婚。その結果、三人の子供はまったく異なる二つの国をさまようことになった。

その一人で、後にビッグビジネスを手掛けるようになる長男は、一九五五年三月七日、リヤドで生を受けた。両親の離婚当時はまだ五歳だった長男は母親とベイルートで暮らしたが、弟と妹は大半の時間を父親とリヤドで暮らした。

モナは、ある意味で週末に夫と砂漠に出掛けたのが結婚生活のプラス面で、それで離婚が遅れたのだと言う。砂漠の開放感や静けさに気持ちが癒やされたからだ。この砂漠を愛する気持ちは息子にも受け継がれていった。その息子は、今でも週末になると必ずと言っていいほど砂漠のキャンプで過ごしている。

幼少時のアルワリードは取り立てて幸せだったとは言えない。幼いころから瞳はきらめき、確固たる決意を秘め、三人の子供のなかでも群を抜いて強気な性格だったが、やがて幼い妹のリーマと弟のハレドと仲良くなり、よく面倒を見るようになった。当時の子供たちは一心同体で、母親いわく、まるで接着剤で貼りつけたような、「マフィア」（**訳注**　〝結束の強い集団〟）のような関係だった。アルワリードは父親をとても敬愛していたが、母親との関係のほうがはるかに親密度が高かった。

モナと別れたタラールが二人目の妻をめとると、幼いアルワリードは激しく動揺した。このことについて、タラール殿下は冷静に、また理解を示しながらこう語っている。

「どんな離婚でも、とばっちりを受けるのは決まって子供たちだ。ましてや母親が国内に住んでいないとなればね。アラブ世界ではどこでもこういう傾向が強いんだ」

タラール殿下はさらに続ける。

「初めから（アルワリードに）何らかの影響が出てくるだろうとは思っていたが、それに気づいたのはしばらくたってからだった。そこでレバノンにいる母親との関係を立て直したんだ」

しかし、アルワリードは父親の後妻には冷淡だったし、後妻のほうもアルワリードを別段気に入っているわけでもなかった。これはだれの目にも明らかだった。やがてアルワリードは後妻を口汚くののしるようになり、後妻もアルワリードを困らせてやろうと策を練るようになった。このことに質問が及ぶと、アルワリードは緊張関係の詳細についてはさらりとかわし、そのときの状況を暗にほのめかすにとどめた。

「理想の関係じゃなかったね」

アルワリードはそう言ってから、こう付け加えた。

「父親が別の女性と再婚するたびに、息子や娘はどんどん母親になつくようになる。これはどうしようもないことだよ。わたしも最初の妻と別れ、二人目、三人目の妻と再婚したが、彼女たちとわたしの息子、娘との関係は、実の母親との関係とは絶対に違うからね」

また、まったく異なる二つの国――幼少時代の大半を母親とその家族と共に過ごしたレバノン、そして休日に帰るサウジアラビア――を行き来していたアルワリードは、家庭生活を台無しにされ、それに伴う文化の違いに常に適応していかざるを得なかったことから、少々落ち着きもなくしていた。

母親のモナ王女は、七歳のアルワリードを〝手に負えないやんちゃ坊主〟だったと言う。

「あの子、太っていたのよ！　いつも冷蔵庫を開けて、何にでも塩を振っているの。どうしてそんなことをするのって聞いたら、『全部食べたいからさ、だれにも触らせないからね』ですって」

モナ王女はおかしな子だと思い、しかる気にはならなくなったと言う。

アルワリードはベイルートにあるパインウッドカレッジという初等学校に入学したが、学校嫌いで、高学年に上がるまではいつも家に引きこもっていた。奇遇なことに、後にアルワリードの最初の妻となり、息子と娘の母親になるダラルという美少女も同じ学校に通っていた。アルワリードのいとこに当たる娘だ。もう一人、家族ぐるみで親しくしている友人で、現在レバノンでアンナハル紙の発行人を務めているジブラン・トゥエイニもパインウッド出身だ。独特の性格で人見知りするこの少年を、トゥエイニはよく覚えている。

「甘やかされて育ったわけではありません。ごく普通の子でしたよ。よく家に遊びに行きましたし、彼もぼくの家によく来てくれました」

だが、トゥエイニはこう付け加えた。

「彼は王子だったんです。それにレバノン人ですし、同時にサウジアラビア人でもあるんです。文化も考え方も人間も違います。だから——いくら彼だって——同時にレバノン人とサウジアラビア人になるのは大変だったでしょうね。レバノン人には自分をレバノン人だと思わせ、サウジアラビア人には自分をサウジアラビア人だと思わせなくちゃいけないんですから」

アルワリードの反骨精神はなかなか直らない脱走癖に表れていた。よく学校をずる休みしては、二〜三日たってから突然出てくるといった具合だ。走っていても途中で眠ってしまう。どういうことかと言うと、止めてある車のドアを開けようとし、鍵が掛かっていない車を見つけると、中に入り込んで後部座席で丸くなって寝てしまうのである。

もう一人、アルワリードの幼なじみでいとこ――おばに当たるバヒージャ・エルソルハの息子――のリアド・アサードも次のように話している。隣に住んでいたリアドは、学校で見せる一面よりももっと陽気で活発なアルワリードを知っていた。

「ええ、反抗的でしたね。何に対しても反抗的でしたし、けんかになるとすごかったんですよ。言い出したら最後、納得するまで絶対に引かないんですから」

リアドはあるエピソードからアルワリードの頑固な一面を思い出した。ベトナム戦争中にリアドの父親がタイを訪れたときのことだが、のみの市で色あせた迷彩柄の生地――雑役兵が着る作業服の服地――を見つけた。父親はそれを土産に帰国すると、二人で分けなさいと言ってリアドとアルワリードに手渡した。二人とも戦闘服を縫ってもらおうとしたが、二人分を作るには生地が足りなかった。すると、仕上がった一着の戦闘服を巡って長い口論が始まった。結局リアドがジャケットを、アルワリードがズボンをもらうことで決着した。

その後程なく、おばのバヒージャもダマスカスに出掛けたときに同じような迷彩服の生地を買ってきてくれたのだが、前のとは柄が違っていた。少年たちはまた戦闘服を縫ってもらったが、ジャケットとズボンが柄違いになってしまうのに、アルワリードは頑としてジャケットとズボンを交換しようとしなかった。リアドはそう言いながら思い出し笑いをした。アルワリードが最初にもらったズボンを手放したくないと言うものだから、二人とも上下で柄が違う迷彩服を着る羽目になったという。

一九六七年当時はレバノンがアラブ・イスラエル紛争のあおりを直接受けていたことから、戦闘服が若者たちの人気を集めていた。パレスチナ人とレバノン人はすこぶる良好な関係にあり、リアドとアルワリードの家の近所にも多くのパレスチナ人が住んでいた。戦士は若者たちを魅了し、強烈なインパクトを与えたが、パレスチナ難民が身近にいるという状況もアルワリードを感化し、後にパレスチナ人に人道的支援をする素地を植えつけたのである。やがてアルワリードは、パレスチナ人を支援する慈善基金に寄付をする最大の個人寄贈者となっていく。

おばのバヒージャはアルワリードと親しく、幼少時代から今まで変わることのないアルワリードの目立った特性を思い出しながら、こう話してくれた。

「あの子は終始動き回っていたわね。すごく反抗的で、他人とは違ったことをするの。もうひとつ、いつも人の上に立てるような位置にいたわ。戦闘服を買うのが好きだったけど、それはリーダーだという印象を与えられるからよ。また、お母さんから毎日お小遣いをもらうと、必ず近所の貧しい人たちのところに行って分けてあげていたわ。自分のお小遣いを貧しい人たちに分けてあげるのよ」

母親も話しているが、アルワリードはよく家の呼び鈴が鳴ると応対し、外にお金に困っている人が数人立っていたりすると、すぐに母親のところに戻ってきてお金を無心していたらしい。

アルワリードの暮らしぶりもサウジアラビアの王子たちにありがちな生活とは違っていた。いとこのリアドが話してくれるとおり、王子という身分を考えると比較的普通の生活であった。

「何不自由ない生活だったとは言えませんね。いや、絶対に違いますよ。今の生活からは想像できないでしょうけど、それがあったから、彼はここまで頑強な性格になったんだと思いますよ。普通のサウジアラビアの王子とは違いましたね――この辺にはそういう王子が大勢いましたけどね。みんな彼の友だちやいとこでしたが、ぼくの友人でもあったんですよ。みんなレバノンの学校に通っていたんです。当時のレバノンは〝そういう〟ところだったんです。要するに、アラブ人エリートのほとんどがレバノンの寄宿学校に通っていたわけです。でも、ワリードは確かにそういう王子たちとは一線を画していました。両親の離婚で反抗的になりましたけど、そのたびにお母さんの側に付いていました。ある意味で追放されていたんですね。だから、ほかのサウジアラビアの王子たちと同じような特権もありませんでした。でも、学校で良い成績を取ったりすると、お母さんにすごく褒められていましたよ。お父さんにも褒められていましたし、ときどきすごいプレゼントももらっていました。例えば、彼が初めて車を買ってもらったときのことを覚えていますが、一六歳のときですよ。デューンバギー（**訳注**　砂浜走行用のオープンカー）です。でも、経済的に彼とわたしが違うなと思ったのはそれぐらいでしょうか。王子だからとかサウジアラビア人だからというのは全然関係ありません。そういうことが望みをかなえる原動力になっているんでしょうね。それが彼を後押ししているんですよ。とにかく人一倍勉強していましたからね。努力家でしたよ」

家族の祖先

アルワリードのもう一人のおばのレイラ・エルソルハは、モナから息子には多くの性質が受け継がれていると考えている。

「あの子は母親にそっくり。感じ方とか話し方、身振り手振りは母親譲りね。じっとしていられない性格も主に母親から受け継いだんですよ」

幼少時代からの友人ジブラン・トゥエイニも、若きアルワリードの人間形成には母親とその家族が大きく影響していると言う。

「エルソルハ家は有名な政治一家です。おじいさんのリヤド・エルソルハはレバノンが独立するときに大活躍した人ですし、そのリヤド・エルソルハが暗殺されたあとも、娘たちが事実上レバノンの独立を守ってきました。そんな家族のなかでワリードは育ったんですよ。レバノン人の血が流れているのを感じながら、独立して主権国家になること、自由であること、文化の違いを理解できることの意味をかみしめながらね。レバノンは異なる文化を持つ世俗主義社会ですからね。クリスチャンもいればムスリムもいて、みんながオープンに異なる言語を話す、そんな国にいたからですよ。そういう環境にも感化されて、ユニークな個性が育まれたんだと思いますよ。申し訳ないんですが、これがほかのどのサウジアラビア人とも違う点ですね。ですから彼と話していると、ほかのサウジアラビア人との違いを感じるんです。別にサウジアラビア人が良いとか悪いとかの問題ではなく、わたしに言わせれば、彼はそうした異文化を理解し、吸収できる人間だということですよ」

幼少時代を決定づけた要因や両親の離婚からどれほど影響を受けたのかを振り返ってくれたアルワリードは、ジレンマに陥っていたと言う。

「父にも母にもすごく親近感を持っていたけど、二人にはいつも一緒にいてほしかった。ほかの子供たちと同じように、自分も両親のそばにいたかったよ。でもそれはかなわなくて、父と過ごす時間と母と過ごす時間を別々に作らなければならなくなったんだ」

このことについては、母親でさえ次のように考えている。

「子供のころは離婚の影響が大きかったでしょうね。それであの子の人生が変わってしまったのよ。わたしたちの生き方まで変わってしまったぐらいですもの。けっして平穏な離婚ではなかったわ」

弟のハレドや妹のリーマへの影響については、自分よりは守られていたから同じような混乱は感じていなかっただろう、とアルワリードは言う。

「二人ともまだ幼かったし、父と一緒に住んでいたからね。父とずっとリヤドにいたわけだから、突然生活環境が変わることもなかったし、あまり影響はなかったと思うけどね。二人とも、わたしみたいにしょっちゅう住む国が変わる――分裂という言葉は使いたくないが――ことはなかったからね」

頑強で反抗的な性格のアルワリードは、それでも弟や妹にとっては頼みの綱だったのだろう。妹のリーマはレバノンで離れて暮らす兄に常に思いをはせていたし、父親と義母と一緒にサウジアラビアで暮らしていた弟のハレドもこう話している。

「いつも寂しい思いをしていましたよ。兄貴ですし、唯一わたしを守ってくれる人でしたからね。いつも『このゴタゴタが片付いたら、必ず迎えに来るからね』というメッセージを残してくれていました。でもあるとき、上階の父の書斎から下に降りてきたら、床に〝リーマ〟って落書きがしてあったんです。父がそんなことをするのはワリードしかいないと言って、『お前がやったのか？』と本人に聞いたら、兄は『違うよ』と答えたんです。そうしたら父から平手打ちを食らっていましたよ」

リーマによると、この床の落書きの一件は、どうやら義母がアルワリードを困らせてやろうとしてやったことらしい。

父親と母親は事実上まったく連絡を取り合っていなかったため、幼いアルワリードは二人のどちらにもくみしないという、難しい役回りを余儀なくされていた。子供たちの問題、とくにアルワリードの奇行については自分たちで連絡を取って話し合わなければならないのに、アルワリード自身が二人の橋渡し役をやっていたのである。アルワリードによると、ずっと音信不通の状態が続いていたが、やがて連絡を取り合うようになったようだ。

「今になってようやくお互いに電話で話すようになってね。やっと良好な関係に戻れたんじゃないかな。以前はぎくしゃくしていたけど、ここ五~七年の間にすごく良くなってきたよ」

両親の離婚後の出来事を振り返りながら、アルワリードはこう話している。物の見方が変わったし、家族の性格は十人十色なのだから、激しい憎悪が芽生えても不思議ではないと。

「平穏で友好的な離婚なんてどのぐらいあるんだい？　ほとんどの場合は悪感情が生まれるだろう。とくに元妻と新しい妻の間ではね。その間に立たされて困るのは決まって子供たちなんだよ」

母親や妹が言うほど事態は深刻ではなかった、とアルワリードは思っているが、その影響の大きさについては二人とは考え方が違う。

しかし母親のモナ王女は、息子が欲求不満を募らせたのは、義母のむごい仕打ちを受けたからだと言う。モナ王女とアルワリードの妹のリーマは、家の落書き事件もそうだが、アルワリードが父親にしかられて懲らしめられるようにと、父親の後妻がいつも事件を企てていたのだと考えている。母親によれば、こうした経験が、とくにこうした苦悩がアルワリードに自立心を芽生えさせ、成功への強い意欲をかき立てたのである。ただ、そうした意欲が芽生えたのは、アルワリードが学校で騒動を起こしたあとのことだった。

クラスの暴れん坊

一九六八年、一三歳になったアルワリードはパインウッドでの勉強に支障を来たすようになってきた。教室を抜け出しては授業をさぼるが、いつも決まって強制的に連れ戻されるというありさまだった。とうとう父親が間に入ってきた。そして若きアルワリードを無理やりサウジアラビアに連れ戻し、キング・アブドルアジーズ陸軍士官学校に入学させた。少し規律をたたき込んでやろうというわけだ。父親のタラール殿下は当時を振り返り、こう話してくれた。

「確かに規律をたたき込むためではあったが、息子の希望でもあったんだ」

実際、アルワリードは日に日に見違えるように変わっていった。事実上欧米スタイルの自由なレバノン文化に溶け込み、休日の間だけサウジアラビアで過ごすというのんきな生活から一変、厳格なサウジアラビアの制度、しかもさらに厳格な軍隊組織のなかで生活するようになったからだ。ベイルートの母親と会えるのも学校が休みのときだけだった。

息子は陸軍士官学校に興味を示していた、とタラール殿下は言うが、当のアルワリードの記憶は異なっている。規律を身につけるために入学させられたのであり、反抗心むき出しのアルワリードからすると、まったく形勢不利な状態だった。ここでも一度脱走したが、結局は連れ戻された。だが、アルワリードは効果的な組織に組み込まれるのもいいものだと思うようになり、この経験が人生のターニングポイントになったのだと言う。

「最初は猛烈に反抗していたんだけど、数カ月したら気に入ってきてね。人生のターニングポイントのひとつだったね。他人に頼らずに何でも自分でやるようになったのはそれからだから。トイレやバスルームの掃除をして、朝六時に朝食を取る。レンズ豆のスープや缶詰のスパゲティ、クラフトチーズを食べて、夜六時に寝る。生活はがらりと変わったよ。スケジュールもびっしり詰まっていたしね。それ以来、私生活でもしっかり予定を立てて行動するようになったんだ。ここが人生のターニングポイントだったんだよ」

このとき、規律正しくきちんとした生活を送ることについてアルワリードにじっくり考える時間ができたのは間違いない。興味深いことに、アルワリードは今でも規律に過度にこだわっており、日常の計画でも外国旅行や会議でも時間を厳守するなど、何をするにも規律を重んじる。今のやり方は、まさに規律重視の軍隊さながらだ。当時のアルワリードはまだトラブルメーカーで、反抗的で気紛れでもあったため、最終的に受け入れるまでに少々時間はかかったが、原点は陸軍士官学校での生活だったわけだ。

母親によると、アルワリードは後先を考えずに行動するタイプだったようだ。一三歳のときにはアクション映画を見たあとで二本の柱にロープを結びつけた。床から一〇メートルの高さに張り綱のようにロープを張ると、特殊部隊がやるように綱渡りを始めたのだが、その一〇メートルの高さから床に落ち、足を骨折してしまった。ところが、アルワリードは自分のバカさ加減や危険な遊びにもあまり動揺しているようには見えなかったという。

父親はそんな無節操な息子を案じ、リヤドのほうが環境が良いだろうと考えたのだ。タラール殿下はこう話している。

「レバノンでの生活が（良い意味で）大きく影響したとは思わない。学校に通わせるためにレバノンに行かせたわけだが、思春期に入ってから多少反抗的になったのは確かだ。そのことが息子に影響したとは思わないが、個人的には、息子はレバノンにいるときよりもサウジアラビアにいるときのほうがリラックスできていたと思うよ」

ところが一九七三年、一八歳になったアルワリードは陸軍士官学校でも落ち着きをなくしてきた。母親によると、アルワリードはファイサル国王に手紙を書いたことがあり、サウジアラビアには五〇〇〇人もの王子がいるのだから、もし国王が自分のことを忘れても、あと四九九九人とうまくやっていけるだろう、だからレバノンで再び勉強ができるよう解放してほしいと頼んだのだという。国王は少し憤慨していたが、お前の息子はサウジアラビアでは勉強したくないようだからベイルートに戻してやれ、とタラールに告げたらしい。

妹のリーマ王女は、心服しながら兄を見詰めていたことを覚えており、万能な人に見えたし、あのような手紙を国王に出す度胸には度肝を抜かれたと言う。今でもリーマは兄と仲良くしているが、相変わらず自分を驚かす能力が衰えていないのには舌を巻いている。

再びベイルートへ

一九七四年、一〇代も終わりに近づいたアルワリードは再びレバノンに戻り、名門のショイファットスクールに入学した。ベイルート郊外の緑豊かな丘の中腹にあり、無秩序に広がった市内を一望できる学校だ。アルワリードに最初に告げられたのは、勉強では遅れを取っているが、もしその遅れを取り戻せるならここで勉強を続けてもいいということだった。

このころにはアルワリードも自信をつけ、大人の習慣も身につけるようになっていたが、その独特のキャラクターを育んできた奇癖はレバノンに戻る前から現れていた。母親は息子がリヤドから頻繁に手紙をくれたことを覚えているが、文章をすらすらと続けて書く普通の手紙とは違い、箇条書きで書かれており、通常の改まったあいさつや愛情の言葉はほとんどなかったと言う。あるとき特定のジャケットを送ってほしいという手紙を受け取ったが、それを機に、実にさまざまな要求が相次いだそうだ。そうしていくつか箇条書きで書いてから、ようやく「ところで、お元気ですか?」などと聞いてくる。

また、目立たせるため、そして一定の要求だけを強調するために、いろいろな色のカラーインクで箇条書きにしてくることもあった。手紙を読んではっきりするのは、アルワリードは実年齢よりもはるかにませており、十分大人になっていたということだ。その皮肉や当てこすりも、同年代の子供たちには理解し難かったに違いない。

いきなり父親や義母を酷評することもあった。それをノートにしたためるのだが、父親には絶対に見せないでくれと母親に頼むのである。また、ショイファット在学中に染みついたちょっとした習慣が家族を困惑させることもあった。ほぼ毎朝、母親に電話をかけては食べ物を送ってくれとせがむのだ。一～二人分のサンドイッチならともかく、チキンを二五人分、肉を一五キロ、シチュー鍋を三つ、そしてサラダと、とてつもない量なのだ。母親があとから話を聞いたところ、生徒たちを呼んで一緒に昼食を食べるのだという。アルワリードによれば、一緒に食べるのは湾岸《ハリージ》地方の学生だけだった。何でも、彼らが一番優秀で偏見もないからだそうだ。母親は大量のランチを届けさせて息子を甘やかしていたことになるが、そうすることで息子が学校にとどまり、脱走しなくなるのであれば、それも一考の価値ありと思っていたようだ。

アルワリードは間もなく自分のアイデンティティーにも自信を持つようになった。父方の祖父も母方の祖父も尊敬していた。実は、一〇歳のころから祖父のアブドルアジーズ国王の名前がテレビに出てくるたびに立ち上がり、ベイルートの母親の家にも旗ざおを立てては、サウジアラビア国旗をたなびかせていた。これがまた近所で物議をかもしていたのである。こうした出来事を見るにつけ、モナ王女は自分の息子がほかの子供たちとまるで違うことをさとったのだった。これだけではない。アルワリードがパスポートもお金も荷物も何ひとつ持たずに空港――確かロンドンの空港――に現れたこともあるらしい。アルワリードは空港の職員にリヤド・エルソルハの孫だと告げると、レバノン行きの飛行機に乗せてくれと頼んだ。結局、飛行機には乗せてもらえたが、レバノンに到着後、母親の元に運賃の請求書が送られてきた。

アルワリードは今でも一族出身の歴史上の偉人たちを尊敬している。

「もし人生のお手本はだれかと聞かれたら、彼ら——サウジアラビアの祖父アブドルアジーズとレバノンの祖父リヤド・エルソルハ——だと答えるよ。正直で清廉潔白、尊敬できるし、謙虚だし、国民に愛されている。寛大だし、何よりも貧しい人たちの面倒を見ているからね。そういう意味でわたしのお手本なんだよ。二人とも直接会ったことはないが、この点ではとても慕っている」

ショイファットスクールでは多忙な日々を送っていたアルワリードだが、私人であり、真の友人は少なかった。しかしスポーツに熱中し、午後四時から夜の一〇時まで休憩も取らずにサッカーをしていることもしばしばだった。サッカーだけではなく、バレーボールをする時間もきちんと確保していた。アルワリードは今でもバレーボールが大好きだ。ただ母親は、子供たちが溺死でもしたらどうしようと常に冷や冷やしており、以前から「水に入ったら悪鬼にさらわれるわよ」と言って泳ぎを禁じていた。ところが一九七四年、父親に無理やりプールに連れていかれたアルワリード、とうとう泳ぎをマスターしてしまった——今でも王子の大好きな気晴らしであり、泳ぎっぷりも堂に入っている。

思春期に入ったアルワリードはスポーツ以外でも荒々しさを見せるようになり、いとこのリアドなど、自分が信頼する親しい仲間と遊びに興じることもあった。リアドはこう話している。

「人生で一番の恐怖を味わったのは、アルワリードとドライブしたときですね。彼は一八のときにフェラーリを持っていましたから、一緒に時速二六〇キロで飛ばしたんですけど、思い出すたびに鳥肌が立ちますよ」

アルワリードには多くの王子が持つ特権はなかった。比較的厳しかった父親にはあまり物を買ってもらえなかったが、おじに当たるサウジアラビアの王子たちには気に入られており、車や腕時計、遊ぶお金などをもらい、甘やかされていた。だから二人でよく遊んだものです、とリアドは言う。

「ええ、デューンバギーもそうですし、フェラーリもそう。次はアメリカ行きですよ。彼が自分に合った居場所が必要なこと、他人と同じようにはなれないことに気づき始めたのはこのころだと思いますよ。ドラッグレースをしたり、自由奔放な生活をしたりしていましたけどね。当時はベイルート全体が豊かでしたから、若くてしっかりした人脈があって、お金を少し持っていれば、何不自由なく過ごせたんです。きれいな場所もあるし、優良企業もたくさんあるし、パーティーもあちこちでやっているし、ディスコもある。だから、うまいことやって遊んでいたんですよ」と、リアドはいかにもぐるだった仲間に微笑み掛けるように話す。

アルワリードも当時を追想しながらニヤリとする。

「ああ、とにかく荒れていたね。放縦極まりない生活だった。でも、そういう時期が過去のものになってホッとしているよ。そういうの（悪さ）は何年も前に卒業して、今ではすごく規律正しく、スケジュールに基づいた生活をしている。信心深くなったし、まっすぐになった。すべて若気の至りでよかったよ」

若きアルワリードは確かに一風変わっていたし、問題も多かったが、リアドはすかさずそんなアルワリードをかばう。

「確かに放蕩無頼なところはありましたが、ずっとそんな荒れた生活を送っていたわけではありません。多動性、つまりじっとしていられない性質が一気に噴出していたんだと思いますよ。でも、他人と同じではまずい、ほかの王子のようにはなりたくないと、早々に気づいたんでしょうね。他人とは距離を置かなければならなかった。だからまっとうな道を歩んだんじゃないでしょうか。若いころから猛勉強し、賢明な投資をし、他人の言うことに耳を傾けることで、ほかのいとこととは一線を画することができたんですよ」

霊的思考とモノポリー

一九七四年を過ぎたころから、アルワリードは宗教にも大いに理解を示すようになった。それ以前は厳格なサウジアラビアの体制下にいたにもかかわらず、毎日行うイスラムの儀式を軽視し、三カ月も礼拝をさぼっていたのだが、このころになると、それまでの教えや生活の重要な部分に頓着してこなかったという自責の念に駆られ、徐々にイスラムの価値観や規律を前向きに受け入れるようになった。そしてとうとう、今日アルワリードと親交のある人々に、「王子は信仰心が厚い、わざわざ会議を中断してまでお祈りをするんだから」とまで言われるようになった。

だが、一〇代後半のアルワリードはイスラムの価値観を受け入れただけでなく、屈強な企業家精神、競争心、そして成功欲の一端をものぞかせるようになった。リアドはこう証言している。

「最初にそれに気づいたのはわたしでしょうね。放課後に毎日儀式をやっていましたからね。一時間モノポリーをやるんですが、いつも彼が勝っていました。彼の猛攻を食い止めるだけの頭脳はあったはずなんですけど、モノポリーではいつもわたしが負けるんです。だから、きっと彼は金儲けをするだろうなと思っていましたよ。彼はホテルを建設するという、とてつもない夢を描いていました。今、それは現実のものになりましたけどね。大金持ちになるというすごい夢も描いていました。だから一度ゲームに負けても、もう一回やろうと言って聞かないんですよ。若いうちからそうでしたね。でもそれはお金の問題ではなく、権力とか支配力の問題なんです。お金はあとからついてくるでしょう。ビジネスもあとからついてきます。彼は早くからそういうゲームをやることに異常なほど興味を示していましたね。常に勝者になりたかったんですよ」

しかし、脱走癖は直ったものの、やはりアルワリードは何度も深刻な問題に直面していた。

「そう。あるとき学校から脱走したんだ。覚えているよ。あれは痛快だったね。父はわたしを捜し出すようにと言って、六～七人の人間をリヤド中に送り出したんだけど、彼らが想像もつかないところに隠れてやろうと思ってね。実は、父の家にある自分の寝室に隠れたんだ。三～四日間そこにいたんだけど、みんなそこいら中を捜していたよ、寝室以外はね。結局、本当に偶然なんだけど、見つかっちゃって」

また、アルワリードはベイルートの母親の家に行って、逃走中だから車を貸してくれと言い出したこともある。どの車を使っていいのかと聞くと、母親はフォルクスワーゲンとシボレーがあると答えた。がっかりしたアルワリード、捨てぜりふを吐いていった。数日後のこと、母親はキャデラック、ロールスロイス、ランボルギーニが届いているのを見てあぜんとした。アルワリードがファハド国王やおじたちに電話をして、母親に車を届けるよう頼んだのだった。

幼少時から思春期にかけてのアルワリードは、家族の混乱に最も気を取られていた。

「みんな幸せじゃなかった（幸せな時間を過ごしてはいなかった）。険悪だったよ。思い返してみると、父や母がわたしをしかるときには、必ずそうする理由があったんだと思う」

しかし、本当に厄介なことになったのは、アルワリードが教師を殴ってケガを負わせたときである。

アルワリードはけっして野心旺盛な生徒ではなかった。頭は良かったが、脱走癖や家族の離散で、集中力に欠けていたのである。

いとこのリアドはこう説明する。

「そうですね、私生活――家庭生活――は不安定でしたよね。だから学校からも、落ち着きのある生活をさせるようにと言われていたみたいですよ。レバノンの寄宿学校と家での生活、そしてサウジアラビアでの生活で少し混乱していたんでしょうね。いずれにしても、両親の離婚で、母親とはレバノンで、父親とはサウジアラビアで暮らしていたのが影響したのは確かですね。でも、駄目でした。勉強はできませんでしたよ。つまり、成績は良くなかったということです。間違いなくね。数学もトップではありませんでしたし、神童でも物理学者でもありませんでした。いつも何とか合格点をもらって、どうにか切り抜けていたという感じでしょうか」

一九七五年一月、アルワリードは学校で赤点をもらってしまった。アルワリードはばつが悪いのか、あまりこの事件を振り返りたくないようだが、母親は、息子が試験中にほかの生徒のノートを盗み見ているところを見つかった経緯について話してくれた。「そんなことをするやつは〇点だ、出て行け」と先生に怒られた反骨精神あふれるアルワリードは、「ちょっと見ただけだ、カンニングなんかじゃない」と反論し、〇点を付けるのは一向に構わないが、出て行けとはどういうことだ、と教師に刃向かった。さらに、自分はアブドルアジーズ国王とレバノンの初代首相リヤド・エルソルハの孫なのだから、いくら教師でも自分に無礼を働く権利はないはずだとまくし立てたのだ。ところがこの教師、若き王子がどれほど二人を崇拝しているかを知らず、こんなことを口走ってしまった。

「じいさんともども地獄へ落ちるがいい！」

するとアルワリードは立ち上がり、こう言った。

「出ていく前に、二人の祖父からの伝言だ」

そう言うと、アルワリードは教師の腹にとてつもない強打を食らわせ、打撲傷を負わせてしまった。ほかの教師たちが殴られた教師を助けに集まってきた。サウジアラビアの若き王族の反抗的な態度にしばらくは業を煮やしていた彼らだったが、基本的にはこう言った。

「彼を追放するか、さもなければわれわれが出ていくかだ」

校長は家族ぐるみの友人ではあったが、結局はアルワリードを退学処分にするしか選択肢はなかった。

絶体絶命のピンチだ。卒業を目前にして退学になったアルワリードは、将来に暗い陰を落とすことになると考えた。息子が試験を受けて卒業できるようにと、母親のモナ王女は人脈を頼りにベイルートのマナースクールに掛け合った。当時は家族や友人のほとんどが、アルワリードが卒業できる見込みはほとんどないと思っていたが、この一〇代後半の王子、何かピンとくるものがあったのだろう。おそらく陸軍士官学校で受けた教育の成果が若干表れていたのかもしれない。母親は次のように話している。

「追いつくには一〇年ぐらいかかると思っていたけど、あの子は一年でやってのけたのよ」

母親によると、マナースクールの教師でさえ驚いていたと言う。

「全部記憶しているの。一〇年たった今でも忘れていないんですもの」

興味深いことだが、今日のアルワリードの注目すべき特性がそれなのだ。何ひとつ漏らすことなく、確実に記憶しているのである。

連日、家庭教師を付けて朝の五時まで勉強に励んだアルワリードは、どんな試験にも合格して卒業できるレベルにまで達した。また、意地を見せてやろうと心に決め、何が何でもベイルートのインターナショナルカレッジで勉強したいとも思うようになった。ところが、試験が終わって今後の進路を考えようとしたまさにそのとき、内戦がベイルートの大半を破壊し、コミュニティーを引き裂いてしまったのだ。一九七五年四月には内戦が本格化してきた。モナ王女は息子にこう告げた。

「市内の状況はどんどん悪化しているから、インターナショナルカレッジで勉強したいでしょうけど、レバノンには戻ってこないほうがいいわ」

カリフォルニアドリーミング

アルワリードに存分に魅力を振りまいていたのがアメリカだった。アルワリードはアメリカのどこかに留学したいと思い、結局カリフォルニア州サンフランシスコのアサートンにあるメンロカレッジの経営学部に入学した。

ベイルートでは内戦が激しさを増し、市内も猛撃にさらされてモルタルのがれきの山と化していた。アルワリードはそのベイルートに住む母親や彼の支えを大いに必要としている弟と妹を案じつつ、不安を抱えながら旅立った。

母親にあてた手紙には、「心配しないで。ぼくが弟や妹の面倒を見るから」と書いている。妹のリーマ王女は一九七五年末の二カ月間、メンロカレッジに近い牧場風の木造家屋で兄と一緒に過ごした。家はアサートンの目抜き通り、エルカミノレアル通りに面していたが、ほとんど目立たない造りだった。確かにサウジアラビア前国王のおいが住んでいるとはとても思えない外観だ。アルワリードは妹がいてくれたことで元気づけられたが、今度は人生の新たな関心事に心を奪われるようになった。

アルワリードよりも二歳年上で、ベイルートのパインウッドカレッジで学んでいた若い女性との結婚が間近だったのだ。早熟のアルワリードの目に留まったのは、飛び抜けた才色兼備でサウジアラビア王室の一員でもあるダラルだった。一九七六年、二一歳のアルワリードは新たな責任を感じていた……。結婚。

アルワリードはこれまでにない困難な環境にも身を置いていた。サウジアラビアやレバノンとは異なり、王族の身分などほとんど意味を持たず、文化や習慣もまったくなじみがないところだった。

「孤独な時代だったよ。体重もかなり増えたし、ほかの学生たちとの付き合いもなかった。しかも妻の面倒を見なければならなかったから、勉強以外には何ひとつ集中できなかったね」

アルワリードは当時のことをこう振り返っているが、学業そっちのけで脱走ばかりしていた子供のころと比べると何という変わりようだろう。

だが、アラブ世界から離れていたその時期に、アルワリードには思いも寄らない友人ができた。その友人は三〇年ほどたった今でも王子の生活の一部になっている。チャールズ・〝チャック〟・グランはあるデパートで働いていた。すると一五歳ほど年下のずんぐりした外国人が、ステレオを選びたいので教えてくれないかと言って近づいてきた。チャックは別の売り場にいたが、この外国人、自信ありげで注文も多かった。しかも売り場には対応できる店員が一人もいなかった。「参ったな」とチャック。

アルワリードは辺りを見回しながら、チャックに名刺を求めると、礼を言いながら売り場をあとにした。後にこのアメリカ人は、聞いたこともない名前、復唱すらできない名前の男からの電話を受けた。ステレオの件で世話になった者だという説明で納得したが、さっき見たステレオのなかから良いものを選んで届けてほしいという頼みには当惑した。長身でたくましいこのカリフォルニアの男、髪をポマードで後ろになでつけ、眼鏡を掛けたカウボーイのような風貌の男は、「ほかの客とはちょっと違うぞ」と感じながらもアルワリードの家に商品を届けに行った。

「家にステレオ一式を届けて、プール脇の奥の部屋まで運んでいったんです。人が大勢いましてね、彼はトーブ（サウジアラビアの男性が身に着ける長いシャツのような綿の長上着）を着ていました。ステレオ一式を部屋に置いてから請求書を渡し、小切手にサインをしてもらって帰ろうとすると、彼はこう言うんです。『だれが組み立てるんだ?』とね。『さあ。もう小切手をいただきましたので、それはお客様のほうでお願いします』とわたしが言いますと、彼がじろっとにらむので、悪いことを言ったのかなと思いましてね。そこで『ご心配なく。仕事を終えたらまた伺います。それから組み立てをお手伝いしましょう』と答えたんです。そして数時間後に仕事を終えてから、また彼の家に向かったわけです。それから四つんばいになったり踏み台に乗ったりしてステレオを組み立てたんですが、朝の五時までかかりましたよ——そのころにはワイヤーとか、いろんなものが散乱していましたね。それがすべての始まりなんです」

この深夜のおしゃべりでアルワリードのことを知り、理解できるようになったのがチャックにとっての始まりだった。アルワリードにとっては、チャックが現地でできた最初の友人だった。二人は急速に親しくなり、アドバイスを求めたり単なる話し相手になってもらったりと、アルワリードは何でもチャックに頼るようになった。夫人が中東に里帰りしているときにはとくにそうだった。

「独りぼっちでしたからね、寂しかったと思いますよ。だれもいないんですから。わたしだけだったんですよ。サウジアラビアに電話をかけているか学校にいるか、基本的にはそれだけでしたからね。寂しい生活でしたよ、本当に」とチャックは感慨深そうに言う。

新しい生活になじむ

寂しさの絶頂にあったアルワリードだが、この二〜三年の間に増えた体重が気になって仕方がなかった。身長は一七六センチなのに体重は九〇キロ余り。丸々太ったという表現がぴったりだった。チャックが孤独に沈んだアルワリードの慰めについて話してくれた。

「最初のころはストロベリーミルクセーキとかドーナツ、アイスクリームと、食べたことのないものをあれこれ試していましたが、今は完全に絶っています。ここ二四年ほどはまったく口にしていませんね。見事にダイエットに成功しましたし、ずっと維持していますよ」

きっかけは、アルワリードがカリフォルニアで買った車高の低いスポーツカーから降りようとしたときだった。太った体も体面も傷つけずに狭い座席から外に出ようと必死でもがきながら、このままではまずいと思ったのだ。チャックはその変わり身の早さを目の当たりにした。

「いきなりですからね。何の前触れもないんです。ある日、友人の家から六・五キロほど歩いたんですが、王子以外はだれも彼の家まで歩いて戻ろうとはしませんでした。みんな道端に倒れそうになりましたよ。履き慣れている靴ではなかったから足が痛くて、脱落しそうになりましたけど、王子だけはずっと歩いていたんですよ。それ以来、ずっとウオーキングやエクササイズを続けています」

アルワリードは急激に体重を減らし、六二キロ前後で安定させた。サウジアラビアにいたころと比べると有り余るほどの自由があったにもかかわらず、幸い、酒もたばこもそれほどやらなかった。

「当時、たばこは大した問題ではありませんでした。彼は太くて長いたばこを吸っていましたね、フィルター付きの。大した問題じゃなかったんですよ」と、チャックは軽くたばこを吸うしぐさをしながら言った。

「喫煙はどうでもいいんです！　それよりも酒ですよ。家で酒を飲んだ記憶がまったくないんです。本当にないんですよ。つまり、彼はいわゆる遊び人タイプではけっしてなかったということですね」

チャックは少々がっかりしているようにも見えた。もし破天荒でバカ騒ぎが好きなサウジアラビアのプリンスと付き合いたかったのなら、きっと付き合う相手を間違えたのだろう。

アルワリードは孤独に近い生活を送っていたが、幸いしたのは勉強に集中できたこと。アルワリードと親しく、長時間を共にしているチャックは、この若者が成功への意欲に駆られていることに気づいていた。チャックによると、アルワリードは週に五日間は本に埋もれて過ごし、週末になると思い切ってリラックスし、よくサンフランシスコやベイエリアのレストランに出掛けていたようだ。モロッコ料理やインド料理など、さまざまな料理を好んで口にしたが、当時から食べ物には気を使っていた。長距離を歩いたり、たまにスポーツをしたりと、フィットネスやダイエットにも励んでいた。また、母親によく電話をかけては、家のカラーコーディネートについてアドバイスを求め、ある色調が互いに補色関係にあるかどうかをチェックした。後にアサートンの家を訪れた母親は、息子がインテリア装飾を完璧にやり終えていたのを見て驚き、明るい色を好んでいることが分かったと言う。

アルワリードにとって、カリフォルニアでの生活はもうひとつのターニングポイントとなった。父親になったのだ。一九七八年四月二一日にハレドが生まれると、まるで乳母のように息子に付ききりになり、母親のモナ王女の言葉を借りると、「父親と母親の一人二役をこなしていた」。

アルワリードは長男の誕生にとても興奮し、ハレドが生まれた診療所への感謝のしるしとして、ダラルが入院していた部屋に新たな家具を購入したり模様替えをしたりして、部屋を一新してしまった。アメリカで暮らしたことで、アルワリードはこの国に親近感を覚え、アラブ世界にいたころよりもはるかに親米的な態度を取るようになった。

一九七五年にサウジアラビアを出たときにはまだ若く、比較的無節操で反抗的だったアルワリードだが、一九七九年に帰国したときにはまるで別人になっていた。結婚し、父親になり、大学の試験にも見事に合格していたのである。

追憶にふけって

それから四半世紀。モナ王女は箇条書きやカラーインクで書かれた古い手紙を折り畳みながらそっと笑みを漏らしていたが、古いモノクロ写真をかき集め、手紙や写真をビニール袋にしまいながら、問題児だった息子の変貌ぶりや相変わらずの面に思いをはせているうちに、満面の笑みをたたえるようになった。モナ王女がしまった古い手紙からは、何をするときでも簡潔に、そして軍隊のような几帳面さにこだわるなど、今日のアルワリードの特性の多くが垣間見えた。

昔の映像は、大人になっても変わらない幼いアルワリードの燃えるような闘志を映し出していた。

六〇代半ばになっても堂々として気品を失わないモナ王女は、昔を思い出しながら、過ぎ去りし日々の響きを聞くかのように耳をそば立てた。何もかもが変わった。何度も学校を抜け出しては車の後部座席で寝入っていた少年は、常日ごろから宣言していたとおり、見事にその目標を達成したことを証明したのである。

アルワリードと父親との関係も、年月を重ねるにつれて落ち着いてきた。一〇代の少年は父親の剛健実直な性格に感服していたが、両親の辛い離婚から受けた傷が教訓になっている。一九九四年末にダラル王女と別れたアルワリードは、父親よりもはるかに巧みに離婚を処理し、ダラルとは堂々と友好関係を保っている。また、自分が子供のころに経験したジレンマやトラウマを経験しなくても済むようにと、二人の子供には母親と仲良くするよう仕向けている。

政界を離れた父親のタラール殿下は慈善活動に奔走中だ。〝赤きプリンス〟の汚名も返上し、今ではユニセフ（国連児童基金）の活動から〝子供たちのプリンス〟として知られるようになった。タラール殿下は立派に成長した息子のアルワリードに目を細め、長年の二人の関係が熟してきたことを喜んでいる。

「父子の関係だ。それに、あの子ももう大人だから、わたしたちも友人同士になれると思うよ。アラブのことわざに〝息子が大人になったら友になれ〟というのがある――わたしもそうしたまでだ」

第3章 ブラックゴールドラッシュ

まるでカリフォルニアのゴールドラッシュみたいでした。人であふれ、だれもが金儲けをもくろんでいましたからね。チャンスも至るところに転がっていました。

――アラブ・ニュース紙編集長ハレド・アルマイーナが語る一九七〇年代のサウジアラビア

一九三〇年代、アメリカ人の地質学者が石油を発見し、それがサウジアラビアの国運を大きく変えた。一九七〇年代にはそのたったひとつの商品――石油――が、世界最大の埋蔵量を有する砂漠の王国に経済の礎を築き、瞬く間に世界最大の産油国の座へ、そして世界最大の輸出国の座へと押し上げた。

活動的で先進的な思考を持つアブドルアジーズ国王がアラビア半島の境界線のない広大な平原を統一し、長く封建的な歴史を持ち、争ってばかりいた多くの部族をひとつの国民にまとめ上げたのは一九二〇年代のこと。それから半世紀の後、そのアブドルアジーズ国王の遺産に支えられた世界一裕福で、おそらく世界一大きな王室が、石油の探査や生産から利益を得られるようになった。その国王の孫で、成功に固執する気骨の若者も、そのチャンスをみすみす逃すようなことはしなかった。アルワリード・ビン・タラール王子は、ブームに沸いているそのビジネス環境を最大限に利用すべく、父親の祖国に帰りたくてうずうずしていた。

メンロカレッジで学業に猛スピードで励んだアルワリードは、半年も早く課程を修了した。ベイルートやリヤドでは勉強などそっちのけで無責任な態度を貫いてきたアルワリード。そんな息子を案じた父親が、アメリカで暮らし始めて一年目の息子の元にこっそりスパイを送り込んだというのは少し皮肉ではある。スパイの任務は、アルワリードが勉強に励んでいるかどうかを見極め、さぼっているときには調査をすること。ところが、そのスパイが目にしたのは、本に顔を埋める二〇歳目前の若者だった。

連日それを目の当たりにしていたのが友人のチャック・グランである。

「ええ、熱心に本を読んでいましたよ。まさに本の虫で、何を置いても読書なんです。わたしが遊びに行ってもお手伝いさんが出てきて、『申し訳ございませんが、ご主人様はお勉強中です』と言うんですから。本当に勉強していたんですよ。今まで本で読んだり見聞きしたりしてきたサウジアラビアのプリンスとは大違いでしたね」

アルワリードは当時、祖国にいるほかの王族に意地を見せたいと考えていた。経済的には多くの面で恵まれていたが、その生活となると、大勢のいとこと同様の特権があるわけでもなく、目に見えて贅沢なものでもなかった。だから彼らと対等であることを何としてでも認めさせたかったのだ。また、アルワリードは自分を勉強に追い込みつつ、帰国したらビジネスに本腰を入れたいとも思っていたが、それにはアメリカの大学を卒業する必要があった――しかも優秀な成績で。

アルワリードの家庭教師の一人で学業の相談相手だったカルロス・ロペスは、こんなに勉強熱心な学生は見たことがないと、この王族の学生を評して言う。リヤドから派遣されたスパイと面会したときにも、王子は勉強で困っていないかと尋ねられてこう答えている。

「何をおっしゃいます！　彼の成績をご存じないんですか？」

オールAだった。

ここでもチャックは驚かなかった。

「ええ、彼はひたすら勉強に力を注いでいましたね。読書ですよ。絶えず読書をしていました。いつも読書に没頭していましたよ」

中東からやって来た反骨精神あふれる学生は、アメリカで学問の世界を探求し、ついに大学卒業資格を取得して、彼を批判する連中に答えを突きつけたのである。だが、まだまだやるべきことは残っていた。

リヤドで収穫を得る

リヤドに戻ったアルワリードは考えた。可能性は無限にある、たとえ元手が少なくても、こならきちんとしたビジネス感覚があれば成功すると。

アラブ・ニュース紙の編集長ハレド・アルマイーナは当時のことをよく覚えている。

「あれは（あのときは）まるでカリフォルニアのゴールドラッシュみたいでしたね。人であふれ、だれもが金儲けをもくろんでいましたからね。チャンスも至るところに転がっていました。原油価格は上昇し、地価も八〇〇〇％ほど跳ね上がったんじゃないですかね。だから金儲けをしたい人や、どんな取引であれ投機的ビジネスであれ、投資をしたい人にとってはチャンスだったと思いますよ。サウジアラビアにとってもチャンスでした。建設ブームでしたし、インフラも整備されてきましたから、ビニールから鉄鋼、セメントまで何でも買えました。だから頭の良い人や知識人は投資をして成功したんですよ――アルワリードもその一人だと思いますよ」

その知力と進取の気性に加え、アルワリードには王子であるという強みがあった。王室の一員、有力な人脈を使える男だったのだ。だが、アルワリードのやり方は、あらゆる決定を下す権力者とのパイプを持つほかの人間とは違っていた。当時は多くのアラブ諸国や非アラブ諸国と同様、サウジアラビアでもオフィシャルコミッションという形で事業家には機会と収入が法律で保証されていた。それが富を増やし、できるだけ多くの人にこのブームから利益を得るチャンスを与える方法だとも言われていた。外国企業がサウジアラビアで事業を展開するには、現地に提携先企業か代理人がいなければならない。通常、コミッション率は取引総額の五％だったが、大規模で魅力的な入札ではコミッション率も高く、三〇％を取る現地の有力ブローカーも珍しくなかった。

こうした現地のブローカーがこの絶好のチャンスをどう利用したかはまちまちである。多くのブローカーにとって、これほどうまい話はなかった。オイルブームの時期にサウジアラビアで実施される大型プロジェクトとなると、コミッションだけでも相当な額に上る。こうした取引にかかわった事業家の多くは、たんまり現金が手に入ったら椅子にふんぞり返って金勘定でもしようと決め込んでいた。そして彼らは大金を稼ぎ、大金を消費した。ロンドン、パリ、ジュネーブ、ローマといったヨーロッパの首都はサウジアラビアからの観光客であふれ返った。とくに夏のシーズンはひどく、太陽が照りつける砂漠の猛暑からサウジアラビア人が逃げるようにしてやって来た。文字どおりポケットを現金で膨らませた彼らは湯水のように散財し、高級ブティックから一流ホテルやレストランまで、ところ構わず買い物に興じた。こうしてアラブマネーが大量に流入してきたヨーロッパのおしゃれな都市では、不動産価格が急騰し、ビルの最上階のペントハウスや高級なタウンハウスもアラブ人の手に渡った。

オイルブームに沸いた黄金の日々。しかし、ある意味でそのときの散財がアラブ人のイメージを損ね、ヨーロッパのスノッブなエリートからは、金はあるが教養はないよそ者だと一蹴されてしまった。楽に手にしたあぶく銭の結末がこのイメージダウンだったのだ。

とはいうものの、そんな記憶などかなぐり捨ててコミッションを手にしようという考えに甘んじていた人間ばかりではない。アルワリードもただ指をくわえてビッグビジネスを眺めているつもりはなく、一九七九年後半にサウジアラビアに帰国してからは積極的にかかわりたいと思っていた。

「学士課程を二年半で終わらせたんだけど、これは記録だよ。その後ブームが終わるころに（リヤドに）戻ったんだ。乗り遅れたくなかったからね。ありがたいことにちょうど間に合って、年間賃貸借契約をいくつか取ることができたんだ。それから不動産で得た収入を再投資したんだよ。とにかくできるだけ増やそうとしたね。好景気だったから、売上高の多い企業に投資した。一〇〇万、二〇〇万、三〇〇万リヤルも投資すれば、半年以内に二倍、三倍になって返ってくるんだ。でも、適切な投資をしないと損をすることもあるよね。順応するのは楽じゃなかったけど、そうせざるを得なかったんだ」

アルワリードは〝順応する〟という言葉を使ったが、これはアメリカで学んだビジネス手法を駆使し、それをサウジアラビアの、いわゆる未発達だが途方もなくテンポの速いビジネス環境に当てはめるという意味である。

当時のサウジアラビアではとてもビジネス手法が確立されていたとは言えない。〝ワスタ（縁故、コネ）〟という弊害もあり、透明で率直な取引とは程遠い状態だった。メンロカレッジで学んだ明確な戦略を実践したり、すでに確立されている欧米の価値観やスタンダードで契約交渉に臨んだりするのは骨の折れることだった。現地の期待とこうした考え方とは相いれなかったが、アルワリードはできるだけ学んだことを生かしたいと粘り強く主張した。自分の縁故関係の価値も分かっていたし、どんどん利用したいとも思ったが、取引先の外国企業に自分にも知識があることを分かってもらいたいと考えたのだ。

アルワリードによれば、当初の立ち上げ資金は父親から借りた三万ドルだったが、これは帰国してからわずか数カ月後の一九八〇年にキングダム・エスタブリッシュメント・フォー・トレーディング・アンド・コントラクティング社を設立する際に、それに足る金額として父親がはじき出したものらしい。

アルワリードに初めて大きな好機が訪れたのは、苦しい二年間を経たあとの一九八二年、ある韓国企業との商談をまとめたときだった。八〇〇万ドルの契約を勝ち取ったその韓国企業は、サウジアラビアの首都近郊にある軍の兵舎に将校クラブを建設することになったのだが、アルワリードは、契約を円滑に進めるために現地でコーディネートをしたり面倒な手続きの世話をしたりしてただリベートを受け取るのではなく、プロジェクトに出資をし、儲けの大半を再投資した。このように儲けが出たらただそれを使い込むのではなく、慎重かつ戦略的に再投資をするというやり方が、やる気満々で頭脳明晰な若き事業家に莫大な見返りを与えたのである。

「ご存じだろうけど、わたしはこのコミッションというのがどうしても好きになれなくてね。昔から大嫌いだったんだ！　悪銭みたいじゃないか。企業に参加して手数料をもらうこともあるけど、それをコミッションとは呼びたくない。自分で稼いだんだから。ただ契約書にサインをして、さっさと帰るやつ（ブローカー）もいる。もちろんお金は稼げるし、儲かるよ。しかし、わたしはいつもそういう企業と〝一緒に〟仕事をしてきたんだ。積極的に参加してきたんだよ。彼らのために融資の手配もしたし、一生懸命働いたよ。つまり、そうした受託業者と一緒に利益を上げたんだ――より具体的な契約でね」

単なるコミッションとは違うというのは、アルワリードがプロジェクトの付加的な仕事をしていたからだ。アルワリードは積極的に契約先を開拓し、契約先のニーズを満たすために全面的に面倒を見るとして高いコミッション率――三〇％――を要求した。実際のプロジェクトにより深くかかわる分をコミッションに加えることで、あっという間に大金を手にすることができたというわけだ。

「多角的事業を所有し、起債や資金調達、株主総会、ビザの取得、政府との契約の世話をすれば、はるかに多額の利益を得られるんだ。つまり、幅広く事業を手掛ければ、それだけ多くの収入、多くのコミッションが得られるということさ」

ただ、アルワリードが言うには、コミッションは一九八〇年代に上げた利益の一五％程度にすぎず、ほとんど――六五％程度――はコミッションを元手にした不動産取引から得たものである。また、アルワリードが着々と富を築くことができたのは、サウジアラビアに所得税がないことも大きく関係していた。しかし、今でもアルワリードのことをよく知らない人は、まだ若い王子がこれほどの大金を手にできたのはなぜなのかと興味津々だ。

単なる〝オイルマネー〟だろう。そう考える人は多い。サウジアラビア人だし、王室の一員だからだ。国中がオイルブームに沸いているときに儲けたため、間接的にはそうとも言えるだろう。石油のおかげで取引は急増し、外国からの企業や投資の誘致にも成功していたからだ。だが、アルワリードは石油で儲けたわけではない。現に油田などまったく所有していないのである。

出発点は実に慎ましく、一九八〇年には比較的少額の資金しかなかったし、三万ドルとは別に、職場も父親からあてがわれたものだとアルワリードは言う。

「四部屋のごく小さなプレハブ小屋をくれたんだ。一部屋がわたしの部屋、もう一部屋が秘書の部屋、もう一部屋がマネジャーの部屋、残る一部屋がキッチンだった。最初はすごく大変だったよ。多分二～三カ月で資金は底を突いたんじゃないかな。そこで、皮肉な話だけど、サウジ・アメリカン銀行――シティバンクが一部を所有していた――に行って借り入れを申し込んで、一〇〇万リヤルを融資してもらったんだよ。三〇万ドルぐらいだ。だから父にもらったプレハブ小屋を抵当に入れたんだ。それはそうと、まだそのときの書類を持っているよ。銀行へ行って（一九八〇年）、一〇〇万リヤルを融資してもらった。それでその後一年、一年半と、何とかやってこられたんだよ。本当に小規模なビジネスだったから最初の二年は苦しかったけど、その二年が過ぎたらトントン拍子でうまくいくようになったね。それにしても、一〇年後（一九九一年）に六億ドルほどを出資してそのシティバンクを助けることになるなんて、皮肉な話だよね」

創業間もないときに融資してくれた銀行が一〇年後には破綻寸前となり、その銀行を今度は自分が救済することになるとは、とアルワリードは現在シティグループを率いる友人たちに冗談を飛ばしている。アルワリードは今でも借入契約の控えをリヤドの執務室の引き出しにしまってあり、その巨万の富の原点について尋ねられると上機嫌で見せびらかしている。

一〇〇万ドルの半分にも満たない額でのスタートだったが、結局それはいくらに膨れ上がったのだろう？　二五年間で二〇〇億ドルを突破した。

とても信じられないって？

そう思う人は多いだろうが、数字をもう少し細かく見ていくと、アルワリードが信じられないほど戦略的に資金を使っているのがよく分かる。少しのリスクはとるものの、ビジネスを取り巻く全体的な環境がとにかく急速に整備されてきたのである。

リスクテイカー

サウジアラビアをはじめとするアラブ世界にアルワリードを批判する人がいるのは確かである。当時の事業家の多くが、アルワリードは猪突猛進型の若者で、契約を望むときには遠慮なく突き進み、王族との人脈もフルに活用していたし、積極的にプロジェクトに参加したいと主張しては大きな顔をしていたと言う。外国企業が契約を取りつけるには現地につてがなければならず、大金が懸かっていたためプレッシャーもあった。決定権のある人間（多くがアルワリードのおじたち）に粘り強い働き掛けができるかどうかが、実業界に早くから足場を固めるカギだったようだ。また、裕福な王族のおじたちに気に入られていたアルワリードには彼らの恩恵や支持を得られるという強みもあったのではないか、とみる向きもある。

当時は駆け出しの新聞記者だったハレド・アルマイーナによると、ある意味で、だれもが一九七〇年代に高度成長を遂げたサウジアラビアの経済やインフラの恩恵に浴していたようだ。たとえ元手が少なくても資産家になった人が大勢いるわけだから、アルワリードが一気に大金持ちになることも十分可能だったと言う。

「ええ、二万ドルでスタートして八〇〇万ドルの資産を築いた男を知っていますよ。もちろん、十分あり得る話です」

博識で人当たりがよく、幅広い人脈を持つ王子のプライベートバンカーで投資顧問のマイク・ジェンセンは、シティコープ（**訳注**　現シティグループ。一九九八年に金融持ち株会社のシティコープとサンディ・ワイル率いるトラベラーズグループが合併してシティグループが誕生）の専属窓口として一〇年間、アルワリードと仕事を共にしてきた。シティには長年在籍していたが、一九九三年に初めてこの王族の顧客を紹介され、一九九四年に王子とより直接的にかかわるようになった。そのジェンセンによると、王子と前任者の故セドリック・グラントとは、一九八〇年に王子が初めて銀行に預金をしたときからの付き合いらしい。グラントとジェンセンはその後二〇年にわたって王子の口座の入出金を管理しており、その驚異的な増え方を目の当たりにしていた。

その数字をじっと見詰めながら、ジェンセンはためらうことなく、王子には何らやましいところはないと断言する。

「彼のお金ですよ。確かに彼が稼いだお金です――間違いありません。サウジアラビアの建設と不動産からの収入です。サウジアラビアの各種産業や金融会社からの収入、シティコープだったりほかの銀行だったりしますが、欧米諸国への投資、いわゆるポートフォリオからの収入、そして彼が経営にかかわっていたホテルからの収入です。つまり、全部彼が自分で稼いだお金ですよ」

イギリスの代表的な経済誌エコノミストは一九九九年二月、アルワリードの金融スキャンダルを暴き出そうと、徹底的な調査を行った。最初は少々閉口していたアルワリードだったが、いざふたを開けてみると、自分が一切不適切な取引をしていないことが判明し、かえってありがたいことかもしれないと考えるようになった。エコノミストはアルワリードの調査結果については最終的な判断を控えるとしたものの、次のようにコメントしている。

「ただし、彼の企業帝国の核心部分にはまだ謎がある。エコノミストではアルワリード王子とその側近にインタビューをし、アルワリード名義の十数件の口座とＳＥＣ（米証券取引委員会）に提出した書類を調査したところ、王子に関する疑惑が二点浮上した。一点は、株式投資家としてどの程度成功しているのか、その真の資産規模について。もう一点は、その収入源の大半を占める土地取引についてである」

アルワリードは感心することしきりであった。不眠不休で働いてきたし、メディアにも取引のことを率直に語ってきたので、自分に関する記事は肯定的なものばかりだったと。エコノミストが接触してきたことに驚いたアルワリードは、ほかのどのメディアも調査中に得られた回答に納得していたが、エコノミストだけは負の部分を暴き出そうという思いに取りつかれていた節があると言う。

王子のスタッフによると、エコノミストの調査では不正行為の証拠は何ひとつ発見されず、その莫大な資金源に関する疑惑はうやむやのまま、正当性ばかりが証明される結果になったと言う。結局エコノミストは妥当な疑問を呈する記事を書き、王子は編集長に書簡で効果的な回答をしたということらしい。世界もようやく自分が正規の取引で財を成したことを理解してくれたようだから、この騒ぎは一件落着するだろうし、何年もの間自分の調査を続けてきたアメリカ政府とＦＲＢ（米連邦準備制度理事会）も調査を打ち切り、この一件に幕を引くだろう、とアルワリードは考えた。

一二〜一三年間サウジアラビアで必死に働いていたときでさえ十分高い収益を上げていたが、実のところ、会社の財務状態が飛躍的に改善したのは一九九九年の初めに国際的な契約が取れてからだった。アルワリードによれば、最初に資産が一〇億ドルを突破したのは、大学卒業後に帰国してから一〇年たった一九八九年初頭のことで、実際に正味資産は一四億ドルに達していたという。いったん軌道に乗ってしまえば、単純で面白みもないコミッションの甘い汁を吸うだけではなく、相手企業と話題性のある合弁事業の契約を成立させるという戦略で、瞬く間に投資資産を増やしていくことができたということだ。リスクはかなり高かったのだろうが、結果的にそれ以上のリターンを得られたことになる。

一〇〇万ドルの半分にも満たない額でスタートし、その資金を会社の設立とその活動費に充てた、というアルワリードの言葉に着目したい。生活に困っていたわけではないので、この資金は生活費には回っていなかったようだ。多くの王族と同じような特権は少なかったと思われるだろうが、やはりアルワリードも国を支配する王室の一員として、当時は月に最低一万五〇〇〇ドル相当の給付を受け取る資格があった。大半の王族と比べると少額だったが、それでも個人のセーフティーネットとしては十分な額である。だから仮にビジネスで失敗しようものなら、困難を脱するだけの資金などなかったわけだ。

ビジネスそのものは慎重に運営していく必要があったが、親族の援助、一部父親の援助があったため、アルワリードはリヤドでより快適な生活の基盤を築きつつあった。自分が一部を所有する実入りの良いプロジェクトに大半の資金を再投資することに注力してきた結果、収入も一気に増えてきたからだ。最初は父親から借りた三万ドルで起業したアルワリードは、四部屋のプレハブ小屋――これも父親からもらった小さな建物――で足場を固め、最終的には世界有数の大富豪の座に上り詰めていくのである。

第4章 成功への意欲

戦略的な仕事の鬼ですね――言い換えれば、先を見据え、がむしゃらに仕事をして長期的な目標を達成する男ですよ。

――アルワリード王子のプライベートバンカー、マイク・ジェンセン

サウジアラビアの王族というと、派手な生活、想像を絶する富が約束されているというイメージがすぐに浮かんでくる。

しかし、実際に莫大な財産を持っているのは数千人いる王族のごく一部にすぎない。一〇年前の名簿にも五〇〇〇人を超える王子の名が記載されていた。したがって、アルワリード王子が単に王族だから莫大な財産を築くことができたのだ、と考えるのは基本的に間違いなのである。確かに王室の一員だから有力な人脈もあるし、ステータスもあり、おじたち――国王や閣僚として意思決定を下す人物――の動向に通じているとして、サウジアラビアへの投資を検討している事業家も交渉相手として選んでくる。アルワリードが欧米式のビジネス戦略を実践し始めると、欧米の多くの事業家が、話が通じる相手だとして取引を望むようになった。もちろん、アルワリードが王族であることを知ったうえでのことである。アメリカでビジネスを学び、し

かも自分たちの言語を話す――交渉をする――相手と合弁事業を立ち上げられるとなれば、好印象を抱くのは当然だ。だが、いくら王族だからといって、必ずしも定期的に大金が入ってきて資産総額一〇億ドルを達成できたわけではない。やはり必死の努力が必要だったのである。

アラブ・ニュース紙の編集長ハレド・アルマイーナは、サウジアラビアの近代化と改革を公然と唱える活動家だが、彼はサウジアラビアの外では一般に王族は誤解されていると考えている。

「率直に言えば、サウジアラビアでは王族に対する信頼は絶大です。それははっきり言えると思います。彼らが完璧だとは言いませんが、社会が総じて抑圧的というわけではないんです。もちろん欠点はたくさんあります。改革が必要な部分もたくさんあります。透明性を高める必要がありますし、明確な説明や情報開示の義務についての議論もあります。しかし、ビジネスについて言えば、王族であろうとなかろうと、金持ちにはなれるんですよ」

サウジアラビアの現状についてのアルマイーナの見方、とくに抑圧的な社会についての見方には同調しかねるという向きもあるだろう。とくに欧米人はそう考えるかもしれない。しかし、彼は文化的、社会的な制約と統治者が課す制約とを区別しており、けっして抑圧的な社会ではないとみているのである。欧米の価値観と相いれない問題の多くは、アラブ世界、とりわけサウジアラビアの古い伝統や文化的感性に根ざしたものであり、王族がどうこう言える問題ではないということなのだろう。

では、アルワリードは王族であることで得をしたのか否かとなると、アルマイーナは両刀の剣だと感じている。

「彼は王族であることで窮屈な状態を強いられています。一挙手一投足がメディアに監視されているんですからね。レストランにいるときも会議室にいるときも、常に取り巻きがそばにいたら普通の生活などできるわけがありません。彼についてはは懐疑的になることもあります。『やっぱり王子だからできるんだよ』とね。でも、彼の場合にはそれが当てはまらないかもしれないですね。ご存じのとおり、精力的に働く男ですし、努力家です。だから成功したんだと思いますよ」

支配層エリートの一員であるという強みについては、アルワリードにも自分なりの考えがある。

「強みだったとは言えないね。でも障害にならなかったのは事実だ。正直に言うと、それについてはあいまいな答えしかできないんだ。大きな強みでもなかったが、障害にもならなかった。確かに王族のだれかが受託業者に会いたいと言えば会わせてあげられたし、大使や次官、どこかのプロジェクトマネジャーに会いたいと言えば会わせてあげられた。直接連絡が取れるという点では確かに強みだったけど、それが即契約に結びつくかどうかとなると、必ずしも強みだったわけじゃない」

アルワリードと親しいいとこのリアド・アサードは、アルワリードが着実に帝国を築き上げていく過程をベイルートで見詰めていた。

「金持ちになろうとして本当に長時間働いていましたね。自分の能力を信じていましたし、とことんやり遂げる男でした。子供のころからずっとそうでしたね。わたしには分かりましたよ。一緒に過ごしてきたんですから。例えば、お金に関して言えば、浪費家ではありませんでした。散財する人間ではありませんでした。物には価値があり、サウジアラビアを支配していた――今でも支配している――文化からすると、浪費するなんて普通では考えられないと思っているんですよ」

キングダム・エスタブリッシュメント・フォー・トレーディング・アンド・コントラクティング社（後の一九九五年の組織再編でキングダム・ホールディング社に社名変更）の礎となったのは、四部屋の小さなプレハブ小屋である。確かに王族というには程遠く、韓国企業との建設契約で資金難から解放されるまでは、朝八時半に出社することから始まるごく平凡な日常業務の繰り返しであった。今では大勢のスタッフがアルワリード本人や家族の身の回りの世話をしているが、当時はそんなこともなく、会社では支出を切り詰め、効率的な経営に努めていた。

アルワリードは次のように振り返る。

「本当に小さな会社だったんだよ。当時は六人か七人、八人ぐらいしか雇っていなかった。実際に運転手は、朝わたしを会社まで送ってきたら、今度は息子を学校まで送っていって、午後や夕方には買い物にも駆り出されていたからね」

シティバンクから借り入れた一〇〇万サウジリヤル、つまり三〇万ドル相当の資金は、とにかく慎重に処理していた。とくにアルワリードが父親から借りた当初資金の三万ドルがわずか数カ月で底を突いたときにはより慎重に扱った。

「自宅とオフィスに必要なものだけに支出を絞って、一〇〇万リヤルで二年半持ちこたえられるように資金を配分したんだ」

だがアルワリードは、莫大な額が銀行口座に入ってくるようになっても満足しなかった。短期間で浪費しないよう十分な規律を身につけていたし、長期的な視点にも立っていたからだ。

「あの建設プロジェクトで得た収入はすべて不動産、株式市場、そしてその両方に投資するようにしていたよ。投資して間もなく利益が上がったら、そこから自宅とオフィスに必要な分だけを取った。それで十分だった。それに、ご存じかな、一九八〇年代の初めの三～四年間は旅行もしなかったんだよ。だって、お金が掛かるだろう。だからこう言ったんだ。『いや、これは再投資のために取っておく』とね。慎重にお金を使うことに、そしてそれをきちんと再投資することにすごくこだわっていたんだよ――本当にこだわっていたね。一リヤルだろうが一ドルだろうが、とにかく倍に増やしたいと思って。もちろんうまくいったけどね」

この若き事業家がアメリカから持ち帰ったもうひとつの規律が、とくに会議中や人に応対するときのプロ意識である。また、時間をかけて入念にビジネスを組み立てるのを善しとしていた。いとこのリアドは、昔から中東の事業家の多くがいかに時間にルーズかを語ってくれたが、それは時間を守ることに無神経な文化が原因だと言う。会社でも同じで、経営幹部やマネジャーの居場所を突き止めるのも難しい。だが、アルワリードは違っていた。アルワリードは決められた時間に間に合わせることにこだわっていた――今でもこだわっている。実はアルワリード自身、なぜ時間厳守をそんなに問題にするのかという問いには明確な答えを出せず、それが自分の一日をどう左右しているのかをよく考えるとも言う。リアドの記憶によると、まずアルワリードは朝早く出社すると、即仕事に取り掛かる準備をしていたらしい。また、アルワリードと朝八時半にアポイントメントを取りたければすぐに取れ、アルワリードも時間どおりにやって来た。これだけでもほかの事業家とは違う。それに加え、アルワリード洗練された仕事への取り組み方が大きな成果につながったようだ。

「彼は早くから適切な投資をしていましたよ。賢明な投資でした。利益を出す〝最良の〟方法が銀行業だということ、それ以前は、利益を出す〝最速の〟方法が受託契約を結ぶこと、そして利益を出す〝最も確かな〟方法が権力の中枢に身を置くことだというのが分かっていたんですね。だからサウジアラビアでオイルブームが起きたときもその場にいたんですよ。まずは受託契約を結び、受託業者となって業務を遂行した。そしてそれを何度か繰り返した。次に銀行を買収し、次々と成長させ、次々と合併し、そうしたらシティバンクにたどり着いたというわけですよ。これは延々と続くストーリーのごく一部ですけどね」

銀行勘定はどんどん膨らみ始めたが、アルワリードは椅子にふんぞり返って自己満足に浸るつもりはなかったようだ、とリアドは強調する。ある受託会社との契約で約二億ドルの利益を出したときでさえ、生活費に使おうとは考えなかった。ほかの事業家も利益を出したが、多くが左うちわで、仕事をしなくなってしまった。だが、アルワリードは投資家として効果的に資金を使い始めていた。

アルワリードが最初に着目したのが建設と不動産だ。チャンスを追い求め、リスクをとることを恐れなかった。リヤドの中心にある広大な土地の地主にも接触したが、その地主が高額を要求してきたので一度はあきらめた。それは追い求めていたチャンスにはならなかったが、アルワリードは状況を注意深く見守り続けた。すると案の定、一九九〇年八月二日にサダム・フセインのイラク軍がクウェートに侵攻し、多くのアラブ諸国が紛争は長引くだろうと考えた。例の地主もその一人であった。

アルワリードは満面の笑みをたたえながら後日談を語ってくれた。

「これが実に面白い話でね。湾岸戦争の真っただ中にその土地を買ったんだけど、地主がパニックに陥って、当初の言い値の三分の一で売ってくれたんだよ――三分の一だよ。確かに戦争中だったけど、イラクはアメリカに勝つと豪語したやつがいるんだ。まったく、あきれて物が言えないね。もちろん戦争中はだれもがパニックに陥っていたけど、わたしは『まさか、こんなのは一週間もすれば終わるよ』と言ってやった。予想どおり、一カ月か二カ月で終わった。そこでその土地を言い値の三分の一で買ったというわけさ。そして自分のものにして、いくつかの区画に分けた。その三分の一にキングダムセンターを建てたんだよ。ヨーロッパ、中東、そしてアフリカで一番の高層ビルをね。残りの三分の二は三年後か四年後に売却したんだけど、リターンは四〇〇％を超えていたよ」

この大胆かつ戦略的な不動産取引によって、アルワリードはあっという間にサウジアラビアの首都で個人としては最大の地主の座に就いたのである。複数のレポートによると、アルワリードが所有しているのは一等地にある二五〇万平方メートルの土地と二万二五〇〇平方メートルの建物だ。

大成功した銀行

このころには世間もアルワリード王子に強い関心を抱くようになっていた。王子によると、四～五年たってようやくまともに相手にしてもらえるようになり、王族があぶく銭を手にしただけだとしてあっさり片付けられることもなくなったという。取引の規模も着実に拡大し、実業界に雄飛することでほかの王族とは一線を画するようになったが、王子はその本質的な部分をないがしろにはしなかった。ハレド・アルマイーナは次のように考えている。

「ビジネス関係者として外から見ていると、彼は王室の一員というだけでなく、実業界の一員でもありますね。わたしは実業界の人間として見ています。しかし、今でも王室には序列があり、彼はおじさんたちに敬意を表す必要があるんです。お行儀よくしていなければならないんですよ。下の者が上の者に敬意を表すという基本が本流で、協力、提携というのは傍流なんです。この伝統は続いていくと思いますよ」

本格的にビジネスに乗り出そうとして帰国したアルワリードだったが、祖国の発展を最大限に利用するのにちょうど間に合った格好だ。石油価格は空前の高値を付け、サウジアラビアの統治者も、建設やインフラ――道路、建物、発電プラントや淡水化プラントから電気通信ネットワークや軍用品まで――に数十億ドルを注ぎ込んでいた。一夜にして億万長者になる者もおり、数年後にはアルワリードも年間数億ドルのペースで利益を上げられるようになってきた。アルワリードの投資資産が飛躍的に増加したのは、そのリターンをブームに沸いているリヤドの不動産に再投資したからである。だが、アルワリードの物の見方にも変化が表れてきた。

母親のモナ王女によると、アルワリードが子供のころに箇条書きで手紙を書いていたのは、頭のなかを整理し、気持ちを集中させるためだったようだ。アルワリードは今でも箇条書きのように仕事をし、厳然たる事実を巡ってあれこれとつまらない憶測を並べ立てるのを嫌っている。また、驚くほど戦略的に物事を考えるチェスの世界チャンピオン、ガリー・カスパロフに昔から夢中になっていた。アルワリードの思考パターンはこの方向をたどったのだ。戦略的でグローバルな、そして長期的な思考。成功したいという欲求はかつてないほど強くなったが、早くから素晴らしい結果を出したことで、その欲求がいっそう強くなっていったのである。

だが、いとこのリアドは、カリフォルニアから帰国したアルワリードの変貌ぶりを見て寂しさを感じたと言う。

「几帳面な男になっていましたからね。わたしとは忌憚のない関係だったのに。感情むき出しで付き合える関係だったんですよ。わたしたちには取り決めのようなものがあって、電話をすればいつでもつながったんです。以前はずっとそうだったんですが、今では仕事中だとほかの人に呼び出してもらわなければならないんですよ。サウジアラビアに戻ってからは、ビジネスや資産管理は感情に左右されなくなりましたし、ウエットな面もなくなりました。人間として、より規律正しくなったんでしょうね」

しかし、自分がレバノンでますます政治に傾倒してきたように、リアドは、時間がたてば人間も変わっていくものだと受け止めている。

「わたしたちも変わったんですね。幼少時代を一緒に過ごした人間を見ていると、本当に時間がたつのは早いものだと思いますよ。二〇年も三〇年も前から知っていますから、もう昔の彼じゃないんだというのに気づかないこともあります。一方で、素晴らしいユーモアのセンスなど、変わっていない面もたくさんあるんですよ。分かる人には分かるでしょうが、とにかく鋭いんです。本当に大したものですよ。まだまだ野心を捨てていません。一番重要なのは、ただ負けを受け入れるのではなく、負けたあとどう対処するか、その能力に長けていることですね。勝利。本当に感心しますよ。まだ勝利を追い求めているんですから」

アルワリードは子供のころから勝負の勘どころを押さえていた、とリアドは指摘する。二人がどんどんスポーツにのめり込んでいったころ、リアドはアルワリードよりも壮健で体格も良かったため、スピードと力強さでは勝っているところを見せつけたが、毎日儀式のようにやっていたモノポリーでは常にアルワリードが勝ってリベンジを果たしていた。

自分の強みを知り、そこに能力を集中させてビジネスを深く学んだことで、とくに国際的な企業との契約では、多くの情報を得たうえで最終的な決断を下せるようになったのだ。また、アルワリードが早くから気づいていたのは、欧米社会では資格が大いに重んじられること、とくにアメリカ人事業家は修士号を持つ人間を評価し、一目置くということだった。

成功するビジネスを確立しつつあるなかで、アルワリードはもう一度アメリカに目を向けた——今度はニューヨーク北部にあるシラキュース大学だった。そして社会学部の修士課程に入学し、再びアメリカでの生活に入った。

そのころには息子のハレドが四歳を迎えようとしており、新たな家族も生まれようとしていた。一九八二年六月二〇日にはダラル王女が女の子を出産。その子はリームと名づけられた。アルワリードはなるべく家族との時間を持とうとしたが、同時に遠い祖国にある自分の会社の経営にも力を注いでいた。

勉強に集中していたせいか、ニューヨーク州での一一カ月はあっという間に過ぎ、修士課程も最短記録で修了した——後に学部長がアルワリードにあてて送った手紙でそのことが判明。

一九八五年にリヤドに戻ったときには、すでに新たな行動計画が出来上がっていた。アルワリードは新たなセクターに目をつけていたのだが、それが会社の将来を一変することになった。銀行業である。

第5章 視野を広げて

王族は一般に王族たることで生計を立てていますが、王子が違うのは、自分で働いて生計を立てているということです。

――サレハ・アルグール・キングダム・ホールディング社財務管理担当エグゼクティブディレクター

アルワリード王子は唇をすぼめながら、グトラという、サウジアラビアの伝統的な赤と白のチェックのかぶり物の奥から目を凝らしている。左側にずらりと並び、薄暗い照明の灯った執務室に光を放つ九台のテレビモニターにはどうしても目をやらずにいられない。広々とした執務室の家具はほとんどが黒い漆塗りなのでテレビの映像がきれいに映る。音声はミュート。CNN、CNBC、BBCワールドなど、世界のニュースにチャンネルを合わせたものもあれば、サウジTVなど、ローカルな情報を流すチャンネルに合わせたものもある。地味なアナウンサーが静かにニュース原稿を読み上げるのとは対照的に、アルワリードが近ごろ関心を寄せている自身のアラブ音楽専門チャンネル、ロターナを映し出すテレビには、目の覚めるような色彩と素早いカットショットが踊っている。濃いメークもあでやかなレバノンの人気女性シンガーが豊満な肉体にサテンのシーツを絡ませながら、眉間にしわを寄せ、恋に破れた心を切々と歌い上げている。遠くを見詰める日に焼けた若いアラブの男――やはり寂しげだ――に趣のあるスポットライトが当たり、恋焦がれる乙女のローリングショットが遮られる。柔らかい光に包まれた女性シンガーがおぼろげに映し出される。だが、彼女がなまめかしいポーズを取っているというのに、アルワリードの目には素早くスクロールしていく〝ティッカーシンボル〟のほうが魅力的に映っているようだ。ＣＮＢＣの画面では株価がどんどん更新され、世界経済の動きも一分刻みで表示されている。

「ファイナンシャルインテリジェンスさ！　何もかもファイナンシャルインテリジェンスなんだよ」と、アルワリードは画面を指さしながら叫ぶ。画面はＣＮＢＣを映し出している。女性シンガーではない。

この男が億万長者になれたのは、まさに彼にファイナンシャルインテリジェンス、つまりマネーを生み出す知力があったからなのだ。

一九八〇年代のサウジアラビアの不動産や建設への投資は成功したが、アルワリードは、単に市場に引っ張り回されるのではなく、市場の方向性を左右するような本格的なプレーヤーになろうとするなら、もう一段階上のレベルに飛躍する必要があると考えた。

そこで銀行が経済のかなめであるという基本原則に立ち返り、サウジアラビアの銀行業界のリサーチを開始したのである。

「サウジアラビアではここがターニングポイントになったんだ。ここから大きく飛躍したんだよ。一連の建設会社や不動産会社は今でもうまくいっているが、実業界の中枢に、銀行業界に参入したくてね。だからサウジアラビアのあらゆる銀行の価値を調べてみたんだ」

綿密に調べていくと、国内の金融セクターの現状が手に取るように見えてきた。アルワリードはそれを見て驚いた。サウジアラビアの地方銀行は軒並み人員過剰で経営もお粗末、過剰な借り入れもあり、弱りきった足でよろよろと歩いている状態だったのだ。

「サウジアラビアの銀行をすべて評価してみたら二種類あったんだ。ひとつはサウジ・アメリカン銀行のような外国資本の銀行――シティコープもここに入る。オランダ銀行、フランス銀行、サウジ・ブリティッシュ銀行、HSBCもそうだ。だからこういう銀行は除外した（評価の対象から外した）。だって自分で支配できないじゃないか。支配するのは外国人のパートナーだろう。こういう銀行を支配できるだけの資金もなかったしね。もうひとつは、時価総額が大きいナショナル・コマーシャル銀行（NCB）のような銀行。しかし、こういう銀行に投じるだけの資金もなかった。結局は小さな銀行が二つか三つしか残らなかったんだけど、わたしは最悪の銀行を選んだんだ。倒産寸前のね。でも、しっかりと下調べをして分析してみたら、共倒れするようなことはなさそうだと分かってね、だから予定どおり買収したんだよ。そして不良債権を全額処理した。それ以外には一銭たりとも注ぎ込んでいないんだよ」

とりわけアルワリードが強調していたのがユナイテッド・サウジ・コマーシャル銀行（USCB）だ。買収候補としてリサーチした全銀行のうち、業績が最悪――何年もの間赤字――だったのがＵＳＣＢで、事実上瀕死の状態であった。アルワリードにしてみれば、最小限の資金で支配できるのだから、これに勝る候補はなかった。一九八六年、平穏かつ迅速に銀行の実質的な経営権を握ったアルワリードは、株式の約七％を取得したこと、そして主要株主から銀行経営の承認を得たことを発表し、サウジアラビアの実業界に衝撃を与えた。事実上の敵対的買収であった。

サウジアラビアでは前代未聞の出来事だった。ビジネスの環境はまだ未整備の状態で、これほど果敢で戦略的な手法を見せつけられたのも初めてだった。とくに機密事項を扱う銀行業界ではまさに空前の出来事。アルワリードもそのときの世間の反応を覚えている。

「あのときは蜂の巣を突っつくような大騒ぎだったね。わたしが王室の一員だったということもあるが、もうひとつは、いきなり最重要分野に乗り込んでいったからだ。建設はそれほど重要じゃないんだ。不動産事業もそうだ。ところが全国展開している――サウジアラビア全域に支店がある――銀行に乗り込んでいったものだから、いきなりレーダー網に引っ掛かったというわけさ。『サウジアラビアの王子を捕まえろ』ってね」

アルワリードの戦術は、経営権を取得して銀行の不良債権を一掃するというもの。そして実際、アルワリードは業務のひとつひとつに細かく関与してそれを実行した。後に王子の下でＵＳＣＢを率いることになるバンカーのマヘル・アルアウジャンは、アルワリードが金融業界に参入してくるのをじかに見ていた一人だが、アルワリードのようなおおよそ縁のなさそうな人間が突然ひょっこり現れて主導権を握るなどとはだれ一人予想していなかったと言う。第一、アルワリードは王室の一員だ。これを機に国を統治している一族が介入してきて乱暴なやり方で乗っ取るのではないか、とだれもが真っ先に疑った。また、アルワリードはまだ若いし、銀行業界ではこれといった経験もないのに、どうやって問題を解決するのか、その長期計画をどのように具体化するのかと、だれもが途方に暮れた。さらに、現地の事業家も、金融機関の経営権を握ったアルワリードが自分たちの個人情報を利用し、多くの情報を危険にさらすのではないかと恐れていた。

アルワリードはこう話している。

「ああ、あれはアメリカ式の敵対的買収さ。USCBを買収したのは、それで実業界の中枢に入り込むことができるからだ。銀行にいると何でも見えてくるからね。建設、農業、製造、貿易、商業、何にでも関与することができるからだよ。だから何でも見える台風の目になったんだ――それだけでなく、実業界とのパイプ、プライベートバンキングやコーポレートバンキング、インベストメントバンキングの有力者とのパイプも作れるようになる。そのためには買収がすごく重要だったんだ」

買収によってビジネスでは極めて優位に立つことができたが――これは本人も認めているが――、アルワリードは他人のやり方を気にするよりも、自分のビジネスをどう大きくしていくかのほうに注意を払っていた。アルワリードに買収される前のUSCBは過剰な人員を抱え、業績は落ち込み、生産性も低く、経営が立ち行かない状態に陥っていた。銀行側も管理機能や規則が欠如していることは認識していた。

確かにアルワリードが全国展開している銀行の会長になればビジネスで優位に立てる。マヘルはそう考えたが、アルワリードが私利私欲のために内部情報を利用するようなことは一切なかったと強調する。しかし、当初はＵＳＣＢでも王子という身分が問題になっていた。同行を大企業に売り込もうとしたときに、大企業がその意に反する形で個別情報が王族に利用されるのではないかと恐れ、提供するのをためらっていることに気づいたからだ。王子の問題について実業界を説得し、彼らの信頼を勝ち取るには根気が必要だった。この若い新会長が信頼を得るまでには少し時間はかかったが、その手綱さばきや経営を改善させるやり方――なかでも透明性や優れたコーポレートガバナンス（企業統治）を強調したこと――には多大な効果があった。

マヘルは、この買収がサウジアラビアに新しいビジネスのあり方を多分に示したと考えている。

「王子のような人が来て買収してくれるなんて、銀行にとってはありがたい話ですよ。若いのに実によく働くし、聡明だし、みんなと一緒に時間や労力を注ぎ込んでくれるんですから。最初の二～三カ月は、一人ひとりに時間を費やしていました――役員以上の人間ですけどね。彼らと話をして、問題点を聞き出したり、銀行側の話――各レベルの現状――に耳を傾けたりしていました。でも、急いで決定を下すようなことはしませんでしたね。現状を十分把握できるまで、じっくり時間をかけて、それから行動に移していくんです。最初に王子が手をつけたのは、支出に関して銀行を白日の下にさらすことでした。経営は極めてお粗末でしたね。支出を管理する人間が一人もいなかったんですから。そこで王子は支出の削減を最優先にすることにしたんですが、極めて効果的に処理しましたよ。実は（笑いながら）、かなり苦労していましたけどね。新規採用も全面的にストップしました。王子は役員以上の職に応募してきた人全員と直接面接をしていましたが、優秀な人材が来てくれたと確信したようです――来てくれる人ならだれでもすぐに入社できた昔とは大違いですよ。そうやって、まずは支出と従業員の配属に手をつけてから、五カ年事業計画の立案に入ったのです。これで銀行の将来が決まるわけですから、現実的な事業計画を打ち出すまでにはずいぶん時間がかかりましたね――つまり、信頼を回復し、評判を高めるにはどうしたらいいかという話ですからね」

はたから見るとかなり情け容赦ないやり方にも思えるが、アルワリードの言い分は単純明快だ。

「会社が眠っていたのでは良い仕事などできないだろう。無能な経営者がいたのでは、仕事ができない経営者に給料を支払うことになる。だから買収の対象になるのは当然だし、われわれもそうしたままでだよ。われわれは多くの企業にメッセージを発信したんだ。『もし目を覚まさなければ買収の対象になる。われわれも買収に乗り出して組織を立て直す。そうすれば株価も急上昇するはずだ』とね」

ブームに沸く町

一九八〇年代のサウジアラビアは急成長を遂げており、好景気の真っただ中でもあったため、労働者の解雇などまずあり得ないことだった。ところが、USCBでは突然、およそ六〇〇人の従業員が一斉に解雇されたのである。アルワリードが従業員の資質を調べたところ、合格したのはわずか二五〇人。マヘル・アルアウジャンも、王子が経営権を握る前から銀行にいた人間は許容できる基準を大きく下回っていたので、王子には思い切って大なたを振るってもらう必要があったと言う。彼の言葉を借りると、「役立たずしかいなかった」のである。

マヘルによれば、王子が来てからというもの、行内には戦々恐々とした雰囲気が漂っていたようだ。

「それはもう暗かったですよ。明日はどうなるのか、まったく分からないんですから。クビになるのではないか、異動させられるのではないか、うわさ話や陰口、いろいろありました。でも、王子のしたことは正しかったのです。この銀行が赤字から抜け出すにはああいう対策以外にはありませんでしたからね。しかし人員削減と同時に、新たに加わったものもあるんですよ――質の高さです」

恐れや拒絶反応を物ともせず、罪の意識を抱くこともなく、アルワリードはすべてに大胆に取り組んだ。

「本気で拒絶されたよ。でも、彼らに言ったんだ。ビジネスはビジネス、慈善活動は慈善活動だ、儲けるために、利益を出すために働いているんだろうとね。慈善活動なら何でも無料で奉仕すればいいが、やはりビジネスとなるとね。生産性を上げられないのなら、出ていってもらうしかないよ。初年度に出した利益は、増収によるものでもなく、借り入れを減らしたからでもなく、単にコストを削減したからなんだ。単に支出を減らしただけなんだよ。利益を出す方法は二通りある。収益を増やすか、さもなければ支出を減らすかだ」

しかし、アルワリードはＵＳＣＢでは多面的な対策が必要だと考え、さまざまな領域に同時に取り組んだ。

「いくつもの領域で努力したよ。ひとつ目はコスト削減。諸経費がかなり掛かっていたからね。収益対費用比率を見てみたら、めちゃくちゃだったんだ。サウジアラビアで最も高かったんだよ。だから初年度にコストを削減したんだ——七〇～八〇％ね。そうしたら利益が増えた。それは収益が増えたからではなく、単にコストを抑えたからなんだ。二つ目は不良債権の処理。三つ目は新規事業に着手すること。もちろん、最初の二つは自分の管理下でできることだから簡単だった。コスト削減もわたしの決断だ。例えば、わたしの承認がなければ、だれ一人鉛筆一本買えないことにするとかね。これは自分の管理下でできたんだ。貸倒金比率を下げることも自分の管理下でできた。貸倒金を抱えている人間には二度と仕事を頼みに行かなければいいんだから。経営陣も実にだらしなかったね。だからずっと追跡していって、彼らを相手取って訴訟を起こしてね、しかるべき司法の手続きを踏んで彼らから金を取り返したんだ。この二つで銀行に多くのキャッシュフローが生まれた。それで評判を高めることができたし、わたしもコーポレートバンキングやインベストメントバンキングに仕事を振り向けることができたというわけさ」

このとき、アルワリードが自身の経営スタイルの一環として導入したものがある。報奨制度とボーナスの創設である。アルワリードは今でも、業績を伸ばした者には報いてやればいいし、逆にお粗末な結果しか出せなかった者には不満を示す意味でボーナスを減らせばいいと考えている。ＵＳＣＢの従業員にしてみれば、日常業務や帳簿上の記録が突如として報酬に直接跳ね返ってくることになったのだから、これはもう別世界であった。

アルワリードの下でＵＳＣＢの取締役会書記になったのがハレド・アルトゥカイルだが、彼は会長に代わって特別口座、とくに特別な注意が必要な大口顧客の口座を管理する責任者でもあった。そのハレドによると、王子は真剣に仕事に打ち込む時間と個人的な問題を扱う時間を作り、従業員に模範を示してくれたそうだ。

「本当に意欲的に仕事をこなしていましたし、長時間働いていましたから、みんな一丸となって信じられないほど働きましたよ。その結果、業績も上がって、全員が大きく報われたのです。王子は行内のゴタゴタを見事に一掃してくれましたね」

とりあえずは解雇を免れ、遠巻きに眺めていた者たちも、銀行で成功できるかどうかは自分自身に懸かっており、必死になって働かなければ報われないのだと悟った。失敗は許されなかった。スタッフミーティングも定期的に開かれ、業績ベースの報奨には現金払いのボーナスや新車というのもあった。マネジャーらも、極めて攻撃的な――極めて資本主義的な――システムだったと言う。これこそ明確な目標を掲げたリーダーシップである。要するに〝働かざる者食うべからず〟というわけだ。

アルワリードは並みのサウジアラビアの事業家とはわけが違う、とハレドは言う。その考えにはマヘルも同調する。

「王子は新たなスタンダードを導入したんです。サウジアラビアの商慣行を変えてしまったんですよ。合併を提案したのも王子が初めてですしね。合併なんて、サウジアラビアでは前代未聞でしたからね。王子の仕事への取り組み方、熱心さ、時間の使い方、努力、サポート、すべてが前代未聞でした。何しろ王族が一日一四時間も会社で働いているなんて、アルワリード王子以外には見たことも聞いたこともないでしょう。みんなこの男のすごさにようやく気がついたんです」

最初のうちは銀行の従業員も理解に苦しんだ。この王室の一員が、今でも十分裕福なこの男が、なぜこんなに長時間働くのか、なぜ細かいことにいちいち口を出すのか、なぜ毎日肉体的に消耗するまで自分を追い詰めるのか。だが、彼らがまったく知らなかったのは、何でも自分でやり、あらゆる決断を自分で下すという、アルワリード初の参加型プロジェクトがこの銀行の経営再建であり、それがアルワリードのビジネスそのものを、そしてアルワリード自身の経験や評価を直接左右するものだったということだ。アルワリードとしては、自分を中傷する連中に力のあるところを見せつけるまでは休むつもりなどなかった。

投資顧問として王子のそばで仕事をしていたムスタファ・アルヘジャイランは、銀行を黒字転換させるために協力を求められたが、銀行がすぐに赤字を脱した秘密は、長時間労働とは別に、いざ節約となると、王子がどんなささいな点も見逃さなかったことにあると言う。電気代を節約するため、建物の照明のワット数を落とすよう指示されたこともある――天井灯の電球をごっそり取り外すよう指示されることもしばしばだった。アルワリードは、何としてでもこの銀行を立て直そうと心に決めていたのだった。

予想どおり、ユナイテッド・サウジ・コマーシャル銀行はそれから二年もたたない一九八八年に再び黒字に返り咲いた。しかも、ただ短期間に黒字転換を果たしただけでなく、翌年にはサウジアラビアで最も高収益を上げる商業銀行の座をも獲得したのである。この時点で、アルワリードのUSCBにおける保有株比率は三〇%に上っていた。

マヘルはすべてをじかに見ていたが、まさかこれほど速く黒字になるとは思ってもいなかった。

「まるで革命でしたね。この銀行であんなやり方をするなんて、まったく前例がありませんでしたからね――未曽有の出来事だったんですから！　それから二年もすると結果が出てきて、世間にも――実業界にも――知られるようになりましたから、市場に参入して自分たちで評判を上げていくのはそう難しくはありませんでした。これからはビジネスの時代だと、みんなも気づき始めたんですね」

新たなターゲット

銀行業界や事業家の尊敬をあまねく勝ち取ったものの、休み知らずのアルワリードはすでに次なる冒険に備えていた。

ひとつの銀行であれほど速く黒字転換を成し遂げたのだから、他行でもできないはずがない。そこで銀行業界をじっくり研究してみると、実に多くの弱点が見えてきた。アルワリードは資金面でも世評から言っても、開拓するには十分有利な立場にいた。それから数年後、アルワリードは悪戦苦闘中の金融機関に新たに目をつけた。サウジ・カイロ銀行（ＳＣＢ）である。サウジアラビア王国に敵対的買収という概念を持ち込んだアルワリード、今度は中東ではそれまであまり知られていなかったもうひとつの商慣行――合併――を考えていた。

「ＵＳＣＢの大きな問題は不良債権とずさんな経営だったんだが、両方とも解決することができた。だから習熟曲線も上向いたんだよ。教えてあげようか、サウジ・カイロ銀行がまったく同じ状態だったんだ。経営陣も実に情けなくて、不良融資も相当な額に上っていた。だから

〝合併への意欲〟について説明した文書を送ってから、SCBに出向いて彼らと話をしたんだ。『われわれには豊富な経験があるし、株主資本に一ドル、一リヤルも投入せずに、昨年は素晴らしい実績を上げられた――過去の実績と現状を見てほしい』とね。そうしたら合併案が受け入れられたので、まったく同じ作業に取り掛かったんだ。スケールは大きかったけどね」

だが、今回の作戦は少々複雑だった。まずアルワリードはSCBの株式を大量に取得してから、やはり低姿勢を続けた。

サウジアラビアではどの投資家にとってもそうだが、アルワリードにとっても、保有株比率に制限がないというのが強みであった。多くの国とはこの点が異なっている。ある企業の株式を一定比率以上保有していても公表義務がないのである。例えば、アメリカでは発行済み株式数の五％以上を保有していると公表義務が生じる。SCBの大株主であることが知られるようになると、アルワリードは銀行の経営陣と直接交渉に当たり、アラブ世界の株主らにこの合併のメリットについて説明して回った。こうしてロビー活動を活発に行う一方、許可を得るためにサウジアラビア政府にも赴いた。国内の銀行セクターの活動を監視し、規制するSAMA（サウジアラビア通貨庁）の承認が得られなければ何ひとつ先へ進まないからだ。また、銀行が株式会社であれば、合併案を処理する商務省の管轄下に置かれる。さらに評価プロセスの一環として、アルワリードとそのチームは二人の社外コンサルタントを雇い、一人にUSCBの財務状態、もう一人にSCBの財務状態の査定を依頼した。それらの評価とSAMAおよび商務省の認可を踏まえ、株主も最終的に合併に同意してくれた。一九九七年、ＵＳＣＢとＳＣＢが合併してユナイテッド・サウジ銀行（ＵＳＢ）に生まれ変わったが、間もなくベンチャーとして大成功を収めたこと、また三億三五〇〇万ドルを費やしたアルワリードの投資が賢明な投資だったことも証明された。

すでにファイナンシャルインテリジェンス全開のアルワリード、次はほかの業界でチャンスをうかがっていた。目をつけたのは食品と家畜。アルワリードはサウジアラビア最大のスーパーマーケットチェーンのひとつ、アルアジジア・パンダ株の過半数を取得し、後に別の大手スーパーマーケットグループ、サボラと合併させて企業帝国を拡大した。また、産業投資に特化したナショナル・インダストリアライゼーションという大手の株式会社も買収。同社のトップにはハレド・アルトゥカイルが就任した――後にＵＳＣＢに異動になる。採算の取れる銀行業とサウジアラビアのほぼすべての業界で大成功を収めた投資とで、今やアルワリードも影響力を増し、幅広いネットワークを持つ億万長者の座へと上り詰めたのだった。

国内には法律による制約や規制はあったが、独占や市場支配には制限がなかったため、アルワリードの成功は無限であった。

「〝中東のネスレ〟と呼べるような会社――サボラ・グループ――を設立したんだけど、この業界では支配的な会社だよ。一子会社だけでサウジアラビアの食品会社の全製品の四五％を占めているんだから。例えば、サウジアラビアの食用油市場では八〇％、砂糖市場では九〇％のシェアがある。とにかくサウジアラビアのスーパーマーケット業界全体の四〇％を占めているんだよ。このグループを設立したのはわたしと、わたしの協力者だけどね」

ここでは〝協力者〟がキーワードである。アルワリードは経営者として、また多才な投資家としての能力にますます自信を深めてきたが、今度は自分のビジネスの手法を補ってくれるもの——要人との人間関係の樹立——を求めるようになった。

キングダム・ホールディング社の財務管理担当エグゼクティブディレクター、サレハ・アルグールは、一九八九年にアルワリードがサウジアラビアの銀行に着目したころからの付き合いである。物静かで都会的、きめ細かな観察眼と財務会計に関する鋭い知性を持つサレハは、キプロスのオフショア銀行でマネジャーとして勤務していたときにアルワリードを紹介された。新生USBの会長だったアルワリードは、合併で弱っていた銀行の体力を増強するため、彼に加わってもらって新たなチームを結成したいと考えていたのである。その年の九月、サレハは荷物をまとめてリヤドに移住した。

「彼（アルワリード）は遠出をするんです。プライベートバンクやコーポレートバンクの上得意客を二～三人連れて、砂漠に出掛けていくんですよ——当時は毎週水曜日でした。そして時間を取って、個人的に彼らと良好な関係を築いていくんです。ユニークなやり方でしたね。（銀行）業界にはあのように遠くまで出掛けていく会長なんていないでしょう。大口顧客には電話をかけて、わざわざオフィスを訪ねたりもするんですよ。また、銀行は巨額の不良債権を引き継いでいましたから、その回収の仕事も延々とやっていました——当時はそれを治療的経営と呼んでいましたね」

こうした関係樹立は実を結び、サレハにもその効果が見て取れた。

「こう言っていいかどうかは分かりませんが、王族は一般に王族たることで生計を立てていますが、王子が違うのは、自分で働いて生計を立てているということです。王族だからといって、だれも預金者としてお金を預けてはくれませんし、銀行でも特別扱いはしてくれません——基本的に力量を示さなければならないんです。でも、王子はそれをやってのけたのです。真面目な人間だということを示したんですよ。ビジネスを短期間で覚え、彼らととことん交渉できるまでになったんです。わたしどもが最高の銀行になれたのは対応時間を短縮したからだとも思いますね。他行では、例えば、決定が下るまでに数日かかりますが、この銀行（ＵＳＢ）では数時間で回答が出てくるんです。そうなれば、そういうサービスは高く評価されますし、それによって、王子も単なる王族ではなく正真正銘の事業家としての力量を示すことができますよね」

人をプロとして参加させ、働かせることで、アルワリードは実業界の多くの人間を砂漠のキャンプに連れていき、味方に引き入れることができた。取引は楽になり、信頼関係も築くことができた。ビジネスに対する確信も深まり、経験も数多く積んできた。そこでアルワリード、今度は優れた経営チームの設置に取り組んだ。企業帝国が大きくなると、自分の目が隅々まで行き届かなくなるからだ。信頼できる人間が必要だった。そこで慎重に慎重を重ね、日常業務から一歩引いて考えて自分の戦略を続けていけそうな才能ある人材を雇用し、育成することにしたのである。ただ、アルワリードがどういうタイプの人間かを考えると、このアプローチがうまくいくはずはなかった。何しろ疲れ知らずの働き者で、複数の仕事を同時にこなすだけでなく、どんな取引でも細部にまで徹底的に注意を払う人間なのだ。このころにはファイナンシャルインテリジェンスの価値、ニュースや時事問題について、とりわけ何らかの形で自分のビジネスに影響しそうな出来事について簡単に説明してもらえると助かると思い、時事関係の書物を広く読む癖をつけ、引き続き自分が投資しているさまざまなセクターのリサーチを徹底的に行っていた。しかし、どんなに有能でも、アルワリードが示す手本についていくことができ、しかもプレッシャーに負けないマネジャーなど、そう多くいるものではない。アルワリードはできるだけ人を引きつけるやり方で他人と仕事をすることを学ぶ必要があると考え、スタッフのニーズに合わせようと努力しつつ、いささか納得し難いところはあっても、スタッフの言葉に注意を払うことに集中した——USCBを買収したときにも最初に採り入れた習慣だ。

「本当に頭の切れる人ですよ、王子は。とても知的な人です。あの（USCBの）経験から学んだんでしょうね。さまざまなレベルの人に対処するすべを学んだのです。人の話にどう耳を傾けるかも学んだんですね。結論を急ぐことはありませんでした。わたしは一〇年以上王子と一緒に仕事をしていますが、そんなことは一度もありませんし、わたしに決めさせることもありません。一緒に座って話をし、議論をし、わたしが王子を説得するか、さもなければ王子がわたしを説得するんです。経営者としては素晴らしい資質を持っていますね。『分かった、おれの銀行なんだから、好きなようにやらせてもらうよ』というのとは違うんですよ。けっしてそんなことは言いません。みんなも分かっていましたね。顧客と会っているときでさえ――問題のある顧客と会っているときでさえ――、時間を割いて彼らを助けてあげるんですから。一緒に問題を解決してあげるんですよ。必要なことは何でもやる人ですね」とマヘルは言う。

急速に力をつけてきたことで、アルワリードはますます成功するプロジェクトを追求するようになった。ＵＳＣＢとＳＣＢの合併によって誕生したＵＳＢは、サウジアラビア第五位の銀行に成長した。このころにはあらゆる方面で能力を発揮していたアルワリードだが、現状を注意深く調べてみると、成し遂げられそうな銀行の合併が少なくともあと一件あることが分かった。これまでとは違い、今度のターゲットはより覇気があるサウジ・アメリカン銀行。ＳＡＭＢＡという名称でも知られる銀行だが、アルワリードはここでもまた、優れた経営を行うことが理想的だと考えた（**訳注**　ＳＡＭＢＡ＝シティバンク。外国資本の銀行は単独ではサウジアラビアに進出できないため、現地の資本と合弁で進出している）。

当時シティバンクは世界一〇〇カ国に進出していたが、ここではアルワリードと直接競合することになった。アルワリードはＳＣＢの陰の力ではあったが、皮肉にもそのころにはシティバンクの筆頭株主にもなっていた。アルワリードによれば、ＳＣＢとＳＡＭＢＡの合併は、自分が保有する二つの競合銀行に正式にパートナーとして手を組んでもらうチャンスだったという。

「もっと大きくしたかったんだ。確かに最初のＳＣＢとＵＳＣＢの合併では、多少株主価値が希薄化した。保有株比率が四〇％から二五％に下がったんだよ。でも、それで十分だった。最大の銀行になったんだから、それでオーケーさ。ところが、次のＵＳＢとサウジ・アメリカン銀行の合併では、株主価値がさらに希薄化したんだ。希薄化するのは構わなかったが、合併の代償として会長職を犠牲にしなければならなくてね。だから大企業にするために会長職をあきらめた。サウジアラビアのみならず、中東で最大の銀行――サウジ・アメリカン銀行――にしたんだからね」

三件目の銀行再建の場合は、過去の経験を踏まえて迅速な決定を下すことができたため、アルワリードにとっては楽だった。ＵＳＣＢの再建が完了し、ＳＣＢと合併するまでの一部始終を見ていたハレド・アルトゥカイルは、一九九九年のＵＳＢとＳＡＭＢＡの合併にも立ち会っていた。

「王子は常にこれを繰り返すんです。何かのビジネスに参入するときには、最初から細かいところに立ち入りますし、経営のひとつひとつの要素に強い関心を持つんですよ。買収するときには、その価値を調べるだけでなく、その会社を率いる経営チームのこともとても気にしますね」

さらにハレドは、ＵＳＢとＳＡＭＢＡの統合がなぜうまくいったのか、アルワリードが当時手掛けていたほかの数件の合併がなぜ成功したのか――アルアジジア・パンダとサボラを同時に買収し、国内最大の巨大食品チェーンを設立したときのことなど――を語ってくれた。

ハレドが指摘するように、〝アルワリードは経営を買った〟のである。

アルワリードは過去を振り返りつつ、一九八〇年代のサウジアラビアで最も成功したのは不動産ベンチャーだろうと言う。それに大いに触発されたのを機に、銀行セクターにも参入することができたからだ。しかしアルワリードの自慢は、サウジアラビアの金融セクターをいかに混乱に陥れたかである。ＳＡＭＢＡは事実上、中東で最大の銀行に、また最も名声を勝ち取った銀行になった――しかもこれほど短期間のうちに――、とアルワリードは声高に言う。

スーパーマーケット、小売り、家畜、農業、産業プロジェクト、不動産といった事業部門をしっかり抱え込むことで、アルワリードのポートフォリオは幅広く分散したものになったが、いずれも成功を収めていた。アルワリード個人の経済状態もしっかりと安定してきたため、高いリターンが期待できそうな分野にさらに投資をしたいと思うようになった。こうして成功への激しい闘志をみなぎらせていたアルワリードだったが、周囲からはアルワリードが心を閉ざすようになったと心配する声も上がってきた。

アルワリードと幼少時代を共に過ごし、レバノンでの荒れた生活も目にしていたいとこのリアド・アサードも、それを心配する一人だった。アルワリードの立場に立って考えても、その私生活やビジネスの実態を判断するのは難しく、成功の代償は大きいと感じている。アルワリードの性格も変わり、情に流されやすかったのが、理詰めで考えるようになったと言う。

「何か違いますね。ワリードはどこか他人行儀になってしまいました。何かが違うんです。そのうちきっと後悔するんじゃないでしょうか。ずっと規律正しくしていたら疲れますよね。感情を表に出したり、後悔したり、居眠りすることも我慢しているんですから。嫌ですね。気になりますよ。〝後悔先に立たず〟です。彼の過去との関係に、彼の対人関係によく表れていますよ」

アルワリードがよそよそしくなったというリアドの話から、このようなハイレベルの実業界ではとくにプレッシャーが強く、損害を被ることになりかねないことがうかがえる。一歩間違えば大変なことになるのである。その結果、アルワリードは一段と用心して人と付き合わなければならなくなる。取引を望んで近づいてくる人間にはとくに警戒が必要だ。ほとんどの人間がアルワリードの成功に魅せられ、当然それを利用して儲けようと思っているからだ。

「付き合いのある人間を理解するのがだんだん難しくなってきたんでしょうね――大変になってきたんですよ。かなり頑固ですからね。だからいっそう警戒しているんです」

リアドはアルワリードが心を閉ざすようになったと思っているようだが、ビジネスについてはアルワリードも心を開き、包み隠さず語っていた。

第6章 王子、キングダム、そして経営難のシティ

投資家はリスクをとらなければならないが、リスクは慎重にとるべきだ……。過度にとるとギャンブラーになる。わたしはギャンブラーではない。リスクテイカーだ――間違いなく、計算高いリスクテイカーだ。

――アルワリード・ビン・タラール王子

砂漠のプリンスのことを知らない人は、シティバンクに数億ドルを投じ、それを数十億ドルに増やして大儲けした大富豪のアルワリード王子を、単にラッキーだったのだと片付けてしまうかもしれない。

だが、話はそう単純ではない。投資でもしてくれればもっけの幸いと、その辺に寝転がって待っている油田のオーナーとはわけが違うのだ。一九八六～九〇年は、アルワリードが銀行業の価値とそこから利益を得られることを学んだという意味で、極めて重要な時期であった。

投資家としてのアルワリードの能力を疑問視する人は、全体を見ていないのである。確かにシティバンクは大当たりだったかもしれないが、場当たり的に賭けたのではなく、熟考を重ね

つつリサーチをした結果なのだ。しかし、さらに問題なのは、アルワリードのOECD（経済協力開発機構）加盟諸国への幅広い投資が例外なく成功しているにもかかわらず、彼らがその点を過小評価していることである。カナリーワーフ、フォーシーズンズ・ホテルグループ、ニューズ・コーポレーションなどがそれに該当するが、それだけにとどまらず、サウジアラビアへの投資からも驚異的な成果を得ているのである。

仮にシティバンクで大当たりしただけで終わってしまったとしても、これほどの大金を手に入れて愚痴をこぼす投資家など世界中探してもいないだろう。

興味深いことに、アルワリードは現在、実際に自分で上げた利益よりも、投資家としての自分の影響力のようなものに関心を抱いている。

＊＊＊＊＊＊＊＊＊＊＊＊＊＊

アルワリードとお金とのかかわりは、幼少時から裕福な王族のいとこたちとは違っていた。父親のタラール殿下は一九六〇年代に不動産や建設のビジネスに乗り出して、サウジアラビア屈指の裕福な事業家になった。また、アルワリードは王室の一員であるばかりか、母方の祖父もレバノン独立後の初代首相という、事実上の特権階級の出身である。しかし幼いころのアルワリードは、何よりも家族の問題に心を奪われていた。お金――ときには相当の金額――は一族の多くの人間から贈り物やお小遣いという形でもらえたが、幼少時には一度としてお金に執着することはなかった。ただ、母親のモナ・エルソルハは、息子がお金をもらったときの反応を思い出しては懐かしんでいる。

子供のころのアルワリードは、お金をもらうと、こんなに貴重なものは初めて見たとでも言わんばかりの冗談を飛ばし、いつも決まってキスをしては、尊ぶようなしぐさを見せていた。満面の笑みをたたえながらお金をぎゅっと握り締め、顔のそばに引き寄せると、こんなにすごいものは見たことがないと言ってキスの雨を降らせるのである。モナ王女はそんな息子の大げさな感情表現を思い出しながら笑っている。

成人したアルワリードは、目標を達成するに当たっていかにお金に威力があるかを、また、良かれ悪しかれ、お金が成功を測る尺度としていかに広く使われているかを実感している。いとこのリアド・アサードも、この若者が成功を心に誓ったことに気づいていた。

アルワリードは次のステップでその目標にぐっと近づくことになった。

話は一九八七年にさかのぼるが、そのころアルワリードはまだユナイテッド・サウジ・コマーシャル銀行（ＵＳＣＢ）の事業を黒字転換させることに没頭していたが、一方では金融の専門家を任命し、彼らに国際市場を学ばせていた。そして一九八九年には世界市場を徹底的に研究し、一握りの外資系銀行株――チェース・マンハッタン、シティコープ、マニュファクチャラーズ・ハノーバー、ケミカル銀行――を買い始めたのである。アルワリードはこうした特定企業に合計二億五〇〇〇万ドルほどを注ぎ込んだが、それなりのハイリターンを得るにはもっとドラマチックな戦略が必要なことに気がついた。

今でこそシティグループと親密な関係にあるアルワリードだが、当時は当然、市場で買い付ける計画だったと振り返る。

「一九八〇年の終わりごろにはサウジアラビアでもかなり地盤が固まっていた。事業も多角的に広げていたしね。このころには資金や株式が少しずつ増えてきたから、世界にも目を向けるようになったんだ。大手銀行が四行あったが、どれも疲弊していてね。このころにはUSCBでかなり経験も積んでいたし、専門知識も身についていたから、まさに時代の先を行ったというわけさ。四つの銀行を調べてみたらすごく安かったんだ。バカバカしくなるほど安かったんだよ。だから四行とも大量に買い込んだ。ところがそれから七カ月後には、おい、ちょっと待てよ、ひょっとしたら一行だけに集中させたほうがいいんじゃないかと思うようになってね。それからすべてを評価し直して、シティに全額を投じ、ほかの銀行株を全部売ることにしたんだ」

そのシティの株価は伸び悩んでいた。そこでアルワリードが一株一二・四六ドルで二億七〇〇〇万ドル分を買い付けるという作戦に出たところ、結果的に同行の四・九％の株式を保有することになった――米連邦政府の監督機関の監視下に入るには十分だった。そのときの株価を二〇〇四年の水準に直すと、アルワリードは一株当たり二・四九ドルで買っていたことになる。

当時、四行のなかで帳簿上最も業績が悪かったのがシティバンクだが、アルワリードは、将来性ではシティが一番だと信じていた。主にアメリカ国内に事業を絞っている他行よりもシティのほうがグローバルに事業展開していたことから、その点を評価し、その真の国際的なブランド力と存在感に将来性を感じたのである。

シティグループのマイク・ジェンセンは、アルワリードの戦略や手法に常に細心の注意を払っているが、アルワリードがシティに乗り込んできたときには明らかに戦術を練り上げていた、と当時を振り返って言う。

「準備万端整えていましたね。三年間ずっと業界を研究していたんですから。その間は大きな買い物を一切していないんです。魅力的な〝エントリーポイント〟を待っていたんですね。これはわたしどもがずっと実践しているやり方なんですが、基本的には、まず王子のリクエストで企業を調べ、〝優良企業〟なのかそうでないのか――つまり、優れた経営が行われているかどうか、世界的なブランドというだけでなく競争上優位にある企業なのかどうか――を見極めるんです。次に、いけそうな〝買いのエントリーポイント〟を決めるんです。もしその時点で買い付けができれば将来的に優れた投資になりますが、優良企業への投資が必ずしも優れた投資になるとは限りません――そもそも優良企業の株はかなり割高になっていますからね」

ジェンセンはさらに、アルワリードが興味を抱いた企業をどのようにフォローしていったかを説明してくれた。

「普通にやっていることですが、もしわたしどもが設定したエントリーポイントよりも株価が高ければ、そこまで株価が下がるのを待ちながらずっとフォローするんです。例えば、ある企業の株価が八〇ドルで、わたしどもの希望が五〇ドルだったとします。もしその株がどんどん下落していって五〇ドルになれば、これはもう、しめたものです。飛びつきたくなりますよね。実際、王子は長い月日を費やして事前に下調べをして、エントリーポイントに達したら即行動に出る準備をしていたわけです。成功するために極めて重要なのは――王子の考えでもあり、わたしの考えでもありますが――、優良資産をいかに安く買うかということなんですよ」

アルワリードの投資のカギは、優良な投資と極上の投資とを見極めることにある、とジェンセンは簡単にまとめてくれた。

「〝極上〟の投資――〝優良〟な投資の対立概念ですが――で重要な基準になるのは買い付け価格だけなんです。〝優良〟企業は、ブローカーもだいたい勧めてきますし、購入すれば彼らも間違いなく利益にあずかれます。でも、王子にとってそれが十分に魅力的かというと、そうではないんですよ。わたしどもが望んでいるのは〝優良〟な投資ではなく、〝極上〟の投資なんですから。王子も一度投資をしてからは一年でも二年でも、あるいは五年でも喜んで待ちます。現実はまさにそういうことなんです。多くの優良企業を観察していますが、株価はどれもわたしどもが設定したエントリーポイントの上にありますからね。だからじっと待っているんですよ」

弱りきった銀行

シティバンク救済劇の一部始終はかなりドラマチックである。世界屈指の金融機関のひとつがこんなに不安定になってしまうとはいまだに信じられないが、一連の交渉は、アルワリードのリサーチ、忍耐、そして交渉力が報われたことを物語っている。

アルワリードが外国の銀行セクターを精査している間、この王族の顧客のために準備していたのがジェンセンの前任者だった故セドリック・グラントである。

「一九八九年三月が終わると、王子が一〇の銀行の年次報告書のコピーが欲しいと言ってきたんです。そこでセドリックが用意して——一九八八年度版ですが——、事情を聞いたうえで王子に送りました。王子はそれで検討を始め、一九八九年の半ばごろにその範囲を絞り込んだんです」

やがて四行に絞り、その四行のレポートを入念に読み込んだアルワリードは、そのうち最も脆弱だった銀行の株を大量に買い付ける準備を整えた。ジェンセンも指摘しているが、その〝情けない〟栄誉に輝いたのがシティバンクだったのだ。

「ですから、シティバンクを買ったのは行き当たりばったりではなく、王子が実際に下調べをして、米銀への出資を決め、機が熟するのを待ってからやったことなんです——彼は今でもそうしていますよ。きちんと下調べをして、妥当な株が妥当な価格になるのを待っているんですよ」

シティバンクの状態は、もしかしたら金融関係者以外の人間が思っていたよりもはるかに悪かったのかもしれない。事実上弱りきっており、外的要因に徹底的にたたきのめされていた。

また一九九〇年の九月下旬には、アルワリードが当初投資をしていた外資系銀行のひとつが、金融業界全体に衝撃を与えるような行動に出た。当時シティコープの会長兼CEO（最高経営責任者）だったジョン・リードも記憶しているが、チェース・マンハッタン銀行が巨額の不動産融資の焦げ付きを穴埋めするために準備金を取り崩したのである。シティバンクもチェースと同じリスクにさらされていた。つまり、一九八〇年代後半の不動産融資の貸し倒れと、発展途上国、とりわけ中南米が深刻な経済危機に陥ったことで貸し付けが不良債権化するリスクを抱えていたのである。市場もそのことを知っていた。それが金融当局を動かし、シティバンクには問題があり、増資が必要だと言明させるに至ったのだ。

リードはこう話している。

「わたしどもは自己資本不足に陥っていたんです。チェースの決定を受けて、市場は直ちに反応しました。株価を下げたんですよ。お前たちも同じようなリスクを抱えているだろう、問題があるのは分かっているんだぞ、という重要なシグナルだったんですね。でも、わたしどもには準備金を積んで対応するだけの力はないと思っていました――それは間違っていませんでしたけどね」

リードはちょうどアメリカの空港を飛び立って東京に出張に出掛けるところだったが、機内で受けた電話でチェースの動きを聞かされ、すぐさま銀行を救うために対応した。自分には考えがあるので安心してほしいと市場に向かってコメントを発表し、部下にも、シティバンクは増資をし、潜在的な問題に対処できるよう手を打つ用意がある、という声明文を発表させたのだ。

リードにとって東京での二日間の会議は緊張の連続だった。リスクにさらされ、目標とは程遠いところにいた。そこでリードは、ロンドンにいる副会長ポール・コリンズの素晴らしい資質にすがった。コリンズはリードの親友であり、頼れるアドバイザーでもあったが、コリンズもシティバンクが自己資本不足に陥っていることを認識しており、すでにこの局面の打開策についてはニ人で議論を始めていた。とにかく油断のならない問題だった。単に増資をすれば済むという話ではなかったからだ。目先の問題を早急に解決するよりも、長期的な戦略を市場に示すことのできる明確なプログラムの一環として資本を調達する必要があったのだ。リードはコリンズと綿密に連絡を取り合った。

「ポールにはこう言ったんです。『日本で仕事が終わったらロンドンに戻るから、ちょっと会おう。それから投資銀行との協議に入ろうじゃないか』とね。投資銀行には投資銀行なりの考えがあるでしょうからね。彼らの見方は市場の見方を反映したものですから、わたしどもが市場と一致した行動を取っているかどうかは、それで分かるんですよ」

市場の信頼が得られれば、少なくともシティのトップが見込み投資家との協議に入ることはできる。リードとコリンズは予定どおりロンドンで会い、シティの切迫した問題を処理するという声明文を実行に移すべく、長く苦しい時間を過ごした。

コリンズは直ちにその仕事に全力を傾けた。アメリカでは支援を得ようと努力するも、良い反応がほとんど返ってこなかったことが大きなプレッシャーになっていたからだ。国内の一般投資家もかなり慎重になっており、そうしたはっきりとした理由でシティ株は下げていたのである。すでにコリンズも、事態がさらに悪化してもっと安値で仕込めるチャンスを彼らがうかがっていることに気づいていた。

二人がロンドンで会っていたころ、事態は深刻化の様相を見せていた。

「複数の投資銀行に話を持ち掛けましたよ」

リードは当時を振り返りながら、次のように付け加えた。

「増資の場合には株主割当がベストな方法なのかどうか、あれこれ考えましたね。ロンドンで複数の投資銀行と協議をしていろんな話を聞いたんですが、わたしどもがこの取引にどこを使おうとしているのか、しきりに聞き出そうとしていました。その間にわたしどもはポートフォリオの現状や、いったいいくら調達すればいいのか、銀行が直面している問題がどの程度大きいのかの把握に努めたんです。二週間ほどかかりましたかね。そうしてモルガン・スタンレーを投資銀行に決めたんです。その一番の理由は、リチャードソン卿――当時のイングランド銀行総裁――がモルガン・スタンレーの国際銀行部門のトップだったということです。わたしどもリチャードソン卿をとても敬服していましたからね。頑固ですが調整役としては公平な人ですから、彼の考え方を高く評価していたんです。どう考えてもこの権利を逃すわけにはいきませんでしたし、市場に戻れるチャンスなどそう多くはありませんからね――二回も三回も計画を練り直したくはないでしょう。だれからも信頼されなくなってしまいますよ。まずはきちんと決着をつけなくちゃ、と本気で思いましたし、リチャードソン卿なら、銀行業でのあらゆる経験を考えると――投資銀行業ならモルガン・スタンレーはまさにうってつけです――、良い顧問になってくれると思ったんですよ。こうしてモルガン・スタンレーを投資銀行に選んで、すぐに一緒に仕事を始めたというわけです。結局は、いわゆる〝144の私募〟（訳注　一九三三年米証券法の規則144A号に基づいた適格機関投資家に対する私募）がいいだろうということになりましてね。つまり、公募増資ではなくプロ私募、要するに機関投資家から資金調達をするというやり方です」

この時点ではだれ一人、いくら調達すればいいのかを正確に把握していなかった。金額の把握にばかり気を取られていたと思われる向きもあろうが、少なくとも行動計画――公募ではなく私募での調達――は決めていた。

今日でもリードは、私募に応募してくる個人投資家ならその辺にいくらでもいるし、彼らなら労を惜しまず投資先企業の帳簿を調べてくれるのがこの手法の良い点だと信じている。公募の場合にはシティバンクの責任で目論見書を発行しなければならず、きちんと理解してもらおうとする会社にとっては重荷だったし、その場合でも、目論見書の表明や内容が当然正確であることが前提だ。だが、機関投資家ならはるかに綿密な調査を行う。帳簿に目を通し、自分たちの視点で考え、結論も銀行とは大きく異なる場合がある。結局は安い買い物をしたいわけだから、問題点をできるだけ洗い出し、どんどん値切ってくる。要するに、安値で買い、いかに少額の出資で済ませるかが彼らの関心事なのである。リードも指摘しているように、これは募集を行う企業にとってはメリットがある。またリードによると、既得権を持つ多くの機関投資家にとっては〝ひどいシナリオ〟だが、自分なりの視点を持った賢明で有能な投資家はポートフォリオの内容をじっくり調べるが、細部までくまなく目を通し、ほとんど見落としはないらしい。

リードにとっては実にためになるやり方だった。本人も認めているが、彼はこの経験から学んだことを今では顧客にもアドバイスし、同じ手法を勧めているそうだ。もし経営難に陥ったら、富裕層の個人投資家や機関投資家を対象にしたプロ私募で資金調達を検討するよう働き掛けているのだという。もちろん資金そのものも大事だが、むしろ問題の根深さを真剣に分析する訓練になる。優れた機関投資家ならきっと分析してくれるだろうというわけだ。

リードは振り返る。

「あの一一月（一九九〇年）には積極的に投資家を当たってみましたよ。すると中東にいる部下が、わたしどももノーマークだった投資家が当社の株を買っているよと教えてくれたんです。しかも、それが王子殿下だというじゃありませんか。過去の業務で王族のことは知っていましたが、アルワリード王子のことは全然知りませんでしたので、最初に教えてくれたサウジアラビアの部下に、まずは本当に王子が当社の株を買っているのかと聞いてみましたら、買っているという答えが返ってきました。そこで、王子は私募に関心がありそうかと聞いてみました。ええ、あるでしょうという答えでしたね」

サウジアラビアの救世主

銀行を救済するには莫大な資金が必要になるため――当初は二五億ドル程度を見込んでいたが、間もなくそれは四五億ドルに膨らんだ――、シティバンクでは多くの大手機関投資家に助けてもらうことになると考え、世界最大の保険会社ＡＩＧをはじめ、ゼネラル・エレクトリックやゼネラルモーターズに打診していた。シティバンクとしては、割当増資に備えられる投資家グループの結成を念頭に置いていたのである。アメリカの支援を得られず失望していた副会長のコリンズも、やはり国際投資家筋に期待していた。

「基本的には世界中を飛び回って説得しましたよ。何とか投資をしてもらおうと思いましてね。そうこうしているうちに、主に中東ですが、本当の国際投資コンソーシアムのようなものが出来上がってきたんです。そこに王子も加えたというわけです」

シティバンクは米銀だったため、だれが参加してくるのか、だれが将来大株主になるのかが不安材料であった。予想どおり、アルワリードが銀行を調査したのと同様、シティバンクでも徹底的にアルワリードについて事前調査を行った。

「以前から銀行とは少し関係がありましたから、アルワリード王子や王族のことはよく知っていました。資金源についてはやはり不安でしたが、現実には王子が重要な投資家だということで、〝われわれ〟サイドではほとんど心配していませんでしたよ――実際に当行の個人筆頭株主ですからね。アメリカの監督官庁は多少心配していたようですがね」

財務部門トップのコリンズが飛行機でアルワリードに会いに行った。これはシティバンクのプライベートバンカーの一人で、中東の最重要顧客を担当していたセドリック・グラントの紹介で実現したもの。コリンズはこのサウジアラビアの王族にたちまち好印象を抱いた。

「王子の話しぶりは簡潔明瞭で、ポイントを押さえていましたし、しっかりしていましたね。有力な株主になりたがっているのは火を見るよりも明らかでしたよ。ほかに印象的だったのは、当時はまだ若かったということ――今でも若いですけど――、それと、本当によく勉強しているなということでした。わたしどものことを理解していましたし、弱みも強みも、そしてどんなチャンスがあるかも分かっていました。ですから、今後の計画や、そうする理由など、長々と説明する必要などまったくなかったんです。全部知っているんですから」

再びファイナンシャルインテリジェンスの話に戻るが、アルワリードはそれを完璧に身につけていたのである。

　すでに四年近くも銀行セクターの調査に没頭していたため、アルワリードは銀行にかかわることに比較的満足していたが、シティバンクとユナイテッド・サウジ・コマーシャル銀行（USCB）の財務状態とを比較してから、この経営難の銀行に的を絞っていった。

「どちらも銀行だ。どちらもコアビジネスは同じだろう。だからシティバンクには将来性があると思ったんだ。問題を抱えていたし、株価もかなり下がっていたけど、少し手直しをすれば変わるだろうと思った。だから取引しましょうと言ったんだよ。当時シティはのどから手が出るほどお金が必要だったからね」

　リードは熱心な投資家に加わってもらって大喜びだった。

「ええ、王子のほうから言ってくれたんですよ。自分なりの理由で――理由を聞いたことは一度もありませんが――、当社の株を買うことを決断したようですね。わたしどもは王子に連絡を取って、私募に興味はあるかと聞いてみました。あるという答えでした。ないと言われるかと思いましたけどね。当然『市場で買うつもりだ。大きなプロジェクトには首を突っ込みたくない』なんて言われるんじゃないかとね。でも、市場で株を買い付けることで関心があることを示していたんですね」

　アルワリードのほかに、クウェート政府も見込み投資家として名前が挙がっており、その時点ではコンソーシアムのリーダー格だと目されていた。しかし、一連の取引に関するリードの記憶では、格別うれしかったわけではないようだ。

「クウェート政府はかなり関心を持っていましたが、あまり本気ではないと分かったんです。そのときは気づきませんでしたが、話をした担当者はずいぶんと無駄な時間を費やしていたことになりますね。クウェート政府はロンドンに投資事務所を構えていましてね、彼らと話をしたんですが、彼らが何を望んでいるのかを理解するのに、わたしもずいぶん無駄足を踏みましたよ。そうしているうちに王子が、ひとつは株を買っていること、もうひとつは関心があることを示してくれたものですから、モルガン・スタンレーもポール・コリンズも、これで決まりだと思ったようです。王子は数人の顧問を任命し、わたしどもの顧問と一緒にパッケージのようなものにまとめ上げたんです。その間にほかの投資家とも話し合いましたよ。王子一人ではとても無理だと思っていましたからね」

副会長のコリンズもクウェート政府との交渉にかかわっていたが、徐々に状況を見極められるようになってきた。

「残念ながら湾岸戦争が勃発し、彼らもシティへの投資に気を取られている場合ではなくなってきたんです。明らかに戦争協力とか、現実の問題に関心が移っていましたね。ここで主要な投資家を失ったというわけです――それから王子と二度目の会談を持ったのです。『で、いかがでしょう?』とね。そうしたら、『全部お引き受けしましょう』と言ってくれたんですよ」

この言葉はシティの経営陣に希望を与えた。何としてでも行き詰まりを打開したくてうずうずしていたからだ。八方ふさがりの状態だったのだ。既存の投資家たちも、だれ一人投資などする気はなかった。まずは手元金で増強する人間がいない状態で、そもそもこんなコンソーシアムを結成すること自体に無理があったのだ。次なるステップへの地ならしをしていた循環をアルワリードが断ち切ったわけである。一見簡単そうだし、アルワリードも輝く甲冑に身を包み、何のためらいもなく悪戦苦闘している銀行を助けに来たかに見えたが、実際にはアルワリードが慎重に慎重を重ね、考え抜いた結果だったのである。

コリンズにとってはうれしい番狂わせだった。

「よくあることですが、時間がたつにつれ、ほかの投資家は去っていきましたね。良かれ悪しかれ理由はいろいろありますが、みんな去っていきましたよ。だからわたしどもも再び王子のところへ行って、『そう良い話じゃありませんよ――わたしどもの期待とは裏腹にね』と言ったんですが、彼は『ますます力が入りますね。全部お引き受けしますよ』と言うんです。それだけの力があるとは驚きでしたね。かなり周辺を調査したのですが、確かに王子には力があると分かったんです。それから一連の交渉に入り、ついに王子が多額の出資をしてくれることになったというわけです。いつものことながら、最初に王子が資金を投じてくれると、行き詰まりが打開できましてね。それから数カ月もしないうちに、アメリカの株式市場で新たに公募ができるようになったんです」

砂漠での決断

アルワリードは、このような潜在的なリスクを抱えた事業に巨額のポケットマネーを投じる決断を下した夜のことをはっきりと覚えている。今でもサウジアラビアにいるときはそうだが、このときも砂漠のキャンプで過ごしていた。週末にはだいたい、謁見するために遠路はるばるやって来たベドウインと会ったり、砂に掘ったくぼみでパチパチと音を立てるたき火を大勢で囲みながら夜空の下で食事をしたりと、お決まりの活動にいそしんでいた。アルワリードとその他数十人は毛布に包まり、火を囲んで外の冷気をしのいでいた。なじみ深い形容辞で言うと〝砂漠のプリンス〟だが、その砂漠のプリンスは何度もウオーキングに出掛けた。砂漠を延々と歩き回るのがとにかく好きなのだ――一度出掛けたら数時間帰ってこないことも多い。早歩きをするのは、ひとつは運動のため、もうひとつはじっくり集中して物事を考える時間を作るためである。キャンプはサウジアラビアの首都リヤドから車で一時間ほどのところにあるが、アルワリードはそのキャンプ周辺の砂漠を越え、まばらに生えている低木を縫って歩いていく。たいていは十数人の取り巻きが随行するが、彼らは常に遅れを取らないよう王子の速いペースについていきながら、王子に必要なものがあればさっと手渡せるよう、気配りも欠かさない。ところがこの日は、アルワリードはわざと先を歩き、彼らのことなどまったく意に介さない様子。細長いステッキをぶらぶらさせながら、いつものようにまっすぐな姿勢で歩いていた。ラクダやウマを軽くたたくというよりも、いつもの仕事よりも、このほうが儀式張っていた。

日が暮れると、アルワリードはたき火の前に腰を下ろし、長いこと集中して炎にじっと見入っていた。こういうときは邪魔をしてはならない。スタッフも十分に心得ていた。キャンプにはスタッフも同行していたのだが、アルワリードは孤独を感じていたそうだ。アドバイスを求める価値はあっても、だれ一人、心の支えにはならなかったからだ。全員がシティバンクにかかわるのはあまりにもリスキーだと思っていた。

もちろん、アルワリードもシティバンクが悲惨な状態にあるのは承知していたが、ある意味で申し分ない買い物でもあった。あつらえ向きの投資だったのだ――経営が立ち行かなくなり、回復も見込めないところまで来ている一流のグローバル企業を手中に収められるのだから。しかし、これはことのほか大きな取引であり、失うものも少なからずあった。週末を砂漠で過ごしていたアルワリードも、いつになく寡黙で、心ここにあらずという感じであった。

一か八かやってみるか、それともやめておくべきか？

こんなチャンスは二度とない。そんな考えがアルワリードの脳裏から離れなかった。良いタイミングで外資系銀行株を大量に取得するという自分の計画からしてもほぼ理想的だ。しかし、どれほどのリスクがあるのだろう？　タイミングとしては良いのだろうか？

アルワリードは蓄財の多く――ほぼ半分――をこの取引に提示しており、もし失敗すれば金銭的にある程度の損害を被ることになるが、複数のレポートが推測しているとおり、破産することはなさそうだった。

「一文無しにはならないよ。大きな影響を受けるかもしれないけど、一文無しにはならない。この大躍進に備えていたし、信じていたからね。でも、当時はだれ一人賛成してくれなかったんだ――だれ一人だよ。委員会も反対したし、顧問たちも反対した。父も反対だったんだ。みんなに『やめておけ』と言われたよ。でも二～三日砂漠に行っていたんだ。独りきりでね。考えに考え抜いたよ。四つの銀行を調べて、いや、シティバンクなら大丈夫だと思ってね。それで決断したんだ」

過去一〇年の間にアルワリードはサウジアラビアでは慎重な投資家であり事業家であることを証明してみせたが、シティへの出資額はそれをはるかに上回る額だった。本人も言及しているとおり、父親――王子が大いに尊敬する事業家――を含め、周囲のほとんどの人間から、こんな危険なベンチャーには手を出すなと警告されていたのである。

「シティバンクなんて倒産寸前じゃないか、と言う人間ばかりだったよ。父もびくびくしていたし、心配していたね。『そんなところに投資するんじゃない』とね。だから『いや、投資するよ。わたしは信じているから』と答えたんだ。そうしてシティバンクに五億九〇〇〇万ドルを投じたということなんだよ」

アルワリードと共に仕事をし、後に財務管理担当エグゼクティブディレクターになったサレハ・アルグールは、ある銀行の上得意の反応を目の当たりにした。大切な顧客の接待として、アルワリードが週末に砂漠に招いていた人物だ。ちょうどシティバンクと交渉している時期に、王子がこのような巨大でリスキーな事業に関心を寄せているといううわさが流れた。

「あるお客様が王子にこう言ったんです。『とんでもない間違いですよ。やつらは殿下のお金を奪い取ろうとしているだけです。あの銀行は倒産しますよ。うまくいくはずがありません』とね。すると王子は、『いや、素晴らしい投資だと思うよ。二年後、三年後、五年後の業績を信じているんだ』と言って説明を始めたんです。そうしたら、王子の説明が終わった途端、その人が五〇〇株買い付けていたんですよ――最悪の取引だと言って王子を説得していた、まさにそのお客様がですよ」

頭のなかで何度も何度も数字をいじりながら、考えられる成果を予想して過ごした長く悶々とした時期を経て、アルワリードはとうとう決断した。いきなり立ち上がり、砂漠のキャンプに設置してあるいくつもの衛星電話のひとつを握り締めると、投資顧問に向かって「行くぞ」と告げたのである。本格的な交渉が始まった。

すでに二年もの間、正式にはアルワリードと直接会っていなかったマイク・ジェンセンは、シティバンク内部で起きる出来事をじっと見守っていた。親しくなったアルワリードについてひとつ分かったのは、事業家としてのアルワリードは戦略家であり、ぐずぐずしているのが嫌いだということだった。一方ではリサーチに何年も費やし、適正価格かつ良いタイミングで買えるまでは何年でも辛抱強く待つが、一度行動に出たら性急に交渉を進めていく。ジェンセンも指摘しているとおり、これは大きな契約だったし、複雑で膨大な請負業務もあった。

「実際に交渉にはしばらくかかりましたね――何週間も協議をしたと思いますよ。王子は投資を決めていましたが、シティのほうは交渉を先延ばししていたんです――何らかの理由でね。すると王子が、『こんなことをいつまでも続けるのはごめんだ。このまま進めるか、それともやめるかだ』と言い出したんです。そしてリードあての手紙で――おそらくコリンズに送ったんだと思いますが――、『投資をするか、さもなければやめるかだ！　さっさと行動に移すべきだ！　取引をするのかしないのか。もしするのなら、すぐに動くべきだ』と迫ったんですよ」

勢いを増して

交渉がどんどんヒートアップしてくると、その渦中にいたポール・コリンズのような人間は何日も眠れない夜を過ごす羽目になった。

「本当に眠れませんでしたね！　最後の交渉の場所はワシントンにある王子の弁護士事務所でしたから、わたしども（ニューヨークから）足を運んだんです。モルガン・スタンレーにも同席してもらいました。王子の側からは弁護士と部下らしき人が来ていましたね。部屋で合同会議を開き、だれかが出ていって王子と話したら、次はわたしが出ていってジョン・リードと話をする、そんな感じの交渉でしたよ。でも、どうにかやり終えましてね。もちろん不安は常に付きまとっていましたけど、何とか処理することができました。つまり、きちんとやり遂げられたということです。二人とも親密になれましたし、これからもうまくやっていけると思いましたね――実際にうまくいきましたからね」

しかし、会長のジョン・リードはアルワリードがしびれを切らしていたのを覚えている。アルワリードは直接顔を突き合わせて交渉するのが好きなのだが、このときは双方の顧問が協議に臨んでおり、協議が終わったら会社にいる上司と相談するというやり方だったからだ。

「うまくいったとは思いませんね。いつもそうですが、交渉は山あり谷ありです。モルガン・スタンレーが生意気なことを言うものですから、わたしどもはイライラしていたんですよ。プロの投資銀行の問題は、プロだからという理由で、必ず最後の八分の一（％）を取りたがるということです。上っ面ばかりを見て、八分の一だけはもらうと言い張るんですよ。事業家の立場からすると、八分の一なんて何の意味もありませんからね。良い取引かそうでない取引かのどちらかなんです――最後のはした金で決まるなんてことはありません。だから少しイライラしていたのを覚えているんです。そんなことをしていたら、いくら急いだって契約にたどり着けるわけがありませんからね」

結局のところ、リードとコリンズはこれまで以上に積極的にアルワリードとかかわりを持とうとしたが、一方で、シティはクウェート政府との交渉をうまく打ち切ることにてこずっていた。しかも、彼らはアルワリードの財務調査が終わる前から、実際にはこんなビッグビジネスを引き受けるだけの財力などアルワリードにはないのではないかと懸念していた。サウジアラビアでは大金を稼いでいたものの、世界の実業界では注目されるほどのプレーヤーではなかったからだ。マイク・ジェンセンも言うように、シティはアルワリードが大富豪だというのを知らなかったため、決済に当たってはＦＲＢ（米連邦準備制度理事会）に何度も何度も確認をあおぐ必要があった。

＊＊＊＊＊＊＊＊＊＊＊＊＊＊

事態は一向に進展しなかったが、銀行の総裁にあてたアルワリードの単刀直入な手紙が、最終的に事態を打開する圧力になったのかもしれない。こうした状況に業を煮やしていたアルワリードは、自分の立場がどんどん強くなっていくのを感じていた。

「湾岸戦争のせいで株価が一段と下落しただろう。だから、だれも投資のことなんて考えなくなったんだ。わたしぐらいのものだよ——当時は投資なんてだれも考えていなかった。実は、わたしが出資を発表したのは、一九九九年にアメリカの地上部隊がイラクに侵攻した日なんだ。こうしてわれわれは取引をしたんだ。ありがたいことに、今ではその投資リターンが年複利で二五％を超えているよ」

この状況を振り返ってみると実に興味深い。米軍がサウジアラビアに駐留して対サダム・フセイン戦でサウジアラビアを支援していた一方で、サウジアラビアの王子が倒産寸前の米銀を救っていたということになる。

コリンズによると、アルワリードは交渉中に率直に要求を提示したが、それは確固たるものだったという。

「王子は優良な投資を追求していたんでしょうね。利益を出したいと思っていたんですよ。常に新しい情報に接していられるようにと、かなり定期的な報告も求めてきました。会社の上層部とも完璧に連絡が取れる状態を望んでいましたね。わたし自身ともそうですが、とくにリードと連絡が取れるようにしたいと言っていました。当然、これにはわたしどももすぐに同意しました。その後、残っていた価格の交渉に入ったんです。転換証券だったんですが、プレミアムはいくらなのか、今期の収益はどのぐらいなのか、その収益に対していくら配当を出すのかとね。本当に交渉が好きですね（笑）。本当に手ごわい交渉相手ですよ。とくに手ごわいのは、ここぞというときにほとんどのカードを王子が握っているときです。それにしても、王子が生意気で手に負えない少年だったなんて信じられませんでしたね――今でも信じられませんよ。銀行をいっそう衰弱させるような困難な交渉を推し進めたことはありませんし、何しろ株を保有しているわけですから、信頼を築き、支配権を確立したうえで儲けることが大切だというのを知っていましたからね。結果的に王子にとっては大成功でしたね」

ジョン・リードによれば、アルワリードとの取引の碁盤は次のようにして出来上がったのだそうだ。

「一月ごろ（一九九一年）だったと思いますが、条件面で大筋合意に達したんです。基本的には五年物の転換証券でしたが、五年間は一一％の利息を付けていたと思いますよ。そのあとは一四ドルか一六ドルで普通株に転換できるというものです。普通株のほうは九ドル程度まで下落していましたが、交渉当時は一二ドルぐらいだったでしょうかね（二〇〇四年の水準に調整すると、二・五〇ドル弱に相当）。それがわたしどもに必要な資本額だったわけです」

リードはこうも付け加えた。

「王子やほかの投資家たちに発行した株式総数からすると――配当は一・七二ドル程度だったんですが、全面的に減配しました――、株主価値が三五％希薄化してしまったんです。人員も一八％削減しました。そうしたら会社の利益が五〇％も増えたんですよ。そんなわけで、危機が回避されると株価もどんどん上がってきたんです。王子も胸をなで下ろしていましたけどね」

しかし、途中ちょっとした問題はあった。第一に、アルワリードはシティ側から転換優先株の配当は非課税だと告げられていたが、それが間違っていることが判明したのだ。すると、この王族の投資家にはさらに立場を強化するチャンスが出てきた。銀行側は取引を希望していたため、アルワリードもそこを突いて保有株比率を上げさせたり、高い配当率を要求することができたのだ。

シティコープにしても将来が懸かっていたわけだから、五億九〇〇〇万ドルの小切手を握っている男と言い争う者もいなかった。一時的に緊張は高まったものの、コリンズもこのゴタゴタで取引が流れることはないだろうと思っていた。

「仕組みの点で、事実上できると思っていたことが無理だということ、つまり非課税にはできない、課税しなくてはいけないということが分かったんです。最終的には課税することになりましたから、それを埋め合わせるために配当を少し増やすことにしたんです。当時は大問題だと思っていましたが、あとになって考えてみると、そんなに大した問題ではなかったんでしょうね」

取引は完了し、アルワリードも銀行も満足したが、アルワリードには多少の不安があったはずだ。七月にはシティコープの普通株が約一〇％も下落したからだ——年末には戻したが。しかし、障害はまだ残っていた。今度ばかりはいずれの交渉当事者の過失でもなかった。

外国人投資家

一九九一年二月、アルワリードがシティバンク救済のために投じた五億九〇〇〇万ドル分と前年にすでに買い付けていた普通株の値が上がり、アルワリードの投資資産総額は七億九七〇〇万ドルになった。シティコープの保有株比率は一五％近くにも上っていた。

米銀株を一〇％以上取得する投資家はＦＲＢの事前認可を得なければならないが、ＦＲＢから一時的に免除されていたアルワリードは、一九九一年末に正式に一四・九％の全株式を保有する許可を申請した。通常、ＦＲＢは六〇日以内にこの種の申請を許可するが、アルワリードは待ちに待たされた。ところが、それから一四カ月後の一九九三年、アルワリードは「メッセージが届いた」と言いながら申請を取り下げたのだ。ＦＲＢが許可してくれなかったのである。アルワリードはシティ株の保有株比率が一〇％の限度を下回るよう持ち株を売却し、三億六四〇〇万ドルを手に入れた――結構な利益になった。もしこれを手放さずに長期間保有していられたらどれほどの利益になっていたか、などとは考えないようにした。例えば、もし二〇〇四年後半にその五％を売却すれば、売却益は二〇億ドルを上回っているはずだ。ただ、アルワリードは話してくれないが、その利益を他部門に再投資するなど、全体的に良い使い方をし、潜在的な損失も当初予想されていたほど痛くはなかったようだ。アルワリードはそこでも儲けを出していたのである。

ＦＲＢは公然とアルワリードの調査をしたが、持ち株を全部保有する許可を与えない理由を示すことはなかった。アルワリード自身はアメリカの規則に従ってプレーをする身として、現実的にその決定を受け入れた。

「苦しい闘いになると思ったよ。アメリカ政府との関係を壊したくなかったからね。だから株を売ることにしたんだ」

皮肉にも、シティバンクの救済ではすでに同行の大株主だったアルワリードに救済を打診していたのが実はFRBだったにもかかわらず、アルワリードの要求を〝ナンセンス〟だとして却下している、との憶測が飛んでいた。

だが、FRBがアルワリードに同行株の一〇％以上を保有する許可を与えなかったのは、一九九一年に世間を騒がせた金融スキャンダルのあとでそのような決定を下すのは時期的にまずいからだ、という見方もあった。

当時、金融業界は二三〇億ドル以上の損失を出した国際信用商業銀行（ＢＣＣＩ）の崩壊に揺れていた。ＢＣＣＩはルクセンブルクで設立され、ロンドンを拠点にしていたが、破綻する前にはＵＡＥ（アラブ首長国連邦）の支配層エリートの一人が経営陣に名を連ねていた。一九八二年、そのＢＣＣＩがサウジアラビアの援助による不正取引でファースト・アメリカン銀行株を違法に買い付けていたことが発覚。アラブ人が大金を握ったという疑いは濃厚だった。

アルワリードは問題が起きることを予想していたようだ。

「五億九〇〇〇万ドルを投資するにはＦＲＢの許可が必要だったんだ。拒む理由など何もないから、ＦＲＢは許可してくれたけど、すごく心配していたよ。メディアのこと、ＢＣＣＩのあとだけにメディア報道のことをね。残念ながらスキャンダルにはアラブ人がかかわっていたけど、政府と当局のおかげで助かった。で、今度はいきなりサウジアラビアの王子が五億九〇〇〇万ドルを出資するという話だろう。そりゃあ心配するよね！　だから政府と当局に出向いて、書類を全部提出したんだ。全部見えるように、完全に透明になるようにね」

しかし、やはりBCCI事件は、巨額のマネーをちらつかせる中東や他国の外国人投資家に対する嫌疑という暗雲をいつまでも投げ掛けていた。米連邦規制当局の目にも財源がはっきり見えたというのに、米銀株を大量に保有する裕福なサウジアラビアの投資家に晴天は訪れなかった。

シティの上層部は、同行株を一〇％以上保有するアルワリードにはまったく不安はなかったと公言する。リードも、アルワリードが持ち株全部を引き続き保有できるよう政府に働き掛けたと言う。

「FRBはサウジアラビアの投資家の参加を憂慮していましたから――本当に憂慮していたかどうかは知りませんが、憂慮しているようなふりはしていました――、彼に厳しく当たったんですよ。保有株比率を一〇％に下げさせたんですから。二〇％保有してもらえれば本当によかったんですけどね。わたしには何の問題もありませんでしたが、FRBは厳しかったですね。でも、いつも王子を支援しようと思って、FRBには心配は無用だと説得しましたよ」

コリンズは、FRBではアルワリードのこと、つまり王子がサウジアラビアの人間だということをそれほど懸念していなかったと考えている。

「当時は銀行業界でほかにも問題が起きていましたからね。彼らが心配していたのは、コンソーシアムの陰に隠れている人間のことですよ――シティバンクのコンソーシアムではなく、他行のコンソーシアムですけどね。規制当局があれこれ心配するのも無理はありませんよ。わたしどもは大賛成だったんですよ。もし一五％まで保有することが可能で、何でもできるだけの資本額を調達できればよかったんですが、まあ、世の中そううまくはいかないということですね。個人的にどうこうではなく、規制当局が自分たちの仕事をしようとしたんだと思いますよ。ほかの二つの金融機関のことでひどい目に遭ったものだから、今度こそは、と思っていたんですね。だから一〇％以下にしろと言ったんですよ。でも、それは王子を想定してではなく、すべての投資家を想定して言ったんでしょう――サウジアラビア人ではなく、あらゆる国の投資家を想定してね」

最終的には、後味の悪さが残ることはなかった。もしシティ株の大量保有がそのまま認められていたら資産価値はどうなっていたかと聞かれるたびに、アルワリードは大した問題ではないとかわしているが、FRBから許可が下りるのを待っていた一年半ほどの間にもシティは新株の発行を続けていたため、保有株比率は一三・五％以下に下がってしまったらしい。だがアルワリードは、たかだかその三・五％のためにいつまでも野暮なことは言いたくなかった。もちろん、これを政治問題になどしたくないし、FRBとも対峙したくないと考えていた。おそらくアルワリードが折れたのだろうが、FRBが正式に許可を拒んだことは一度もなく、単に出さなかっただけなのだと言う。観念的な話に聞こえるが、アルワリードに言わせれば、あからさまな拒絶とは大違いだそうだ。そこでアルワリードは冷静沈着に行動し、シティが自分の投資のかなめであること――全財産の半分近くを投資していること――を公にした。シティの前途は遼遠だから、けっして全部を売り払ったりはしないとも宣言。もしこれがアルワリードにとっての一発だったとしたら、準備に何年もかけた一発だが、熱心な市場調査、入念なプランニング、旺盛な野心、そして社会一般の通念を無視したことで、アルワリードにとって重要な取引になったのである。

これでアルワリードがシティコープの会長兼CEOだったジョン・リードの尊敬を勝ち取ったことは言うまでもない。

「振り返ってみると、王子にしてみれば大成功でしょうが、わたしとしては、疑っていたわけではありませんが、大勢の人間がかかわっていたからこそ王子も大成功したんだと言いたいですね。もちろん口火を切ったのは王子ですが、わたしどもがほかの人間と協議をしていなかったわけではないんですよ。王子が取引でいかに儲けようが構いません。もちろん王子には儲ける権利がありますし、わたしだって（投資）金を回収できたわけですし、そのうえ利益まで出せたからうれしかったですよ。でも、王子と取引を開始してから二四時間もしないうちに、わたしどもはパッケージをまとめたんです。人数は思い出せませんが、八人か一〇人の主要な投資家とね。ほかの投資家は、いわば二次的な投資家でした、王子ほど優良な取引をしたわけではありませんが、みんな本当によくやってくれたと思いますよ」

実は、シティバンクに対する信頼が回復すると、二週間もしないうちに二次的な国際投資家グループがアルワリードに続き、新たに発行する優先株に六億ドルを提示してきたのである。

皮肉にも、取引が完了するまで、アルワリードはシティコープの会長と直接面会する機会を持てなかった。もろもろの事情で、一度も正式に紹介してもらうチャンスに恵まれなかったのだ。それに交渉も連日続いていた。一方では湾岸戦争が勃発し、アルワリードは自国支持を表明せざるを得なかった。国外に出ることも少なく、弁護士や投資顧問を通じてリヤドから間接的に交渉を進めるという状態だったのだ。

しかし、一度取引が完了して関係が結ばれると、リードとアルワリードは頻繁に相談し合うようになった。一九九三年にはリードが息子を連れてサウジアラビアの砂漠のキャンプ――王子が取引を決断した場所――を訪れた。このアメリカ人にとっては、アルワリードが心を奪われているベドウインの文化やのどかな砂漠の環境を存分に体験する機会となった。

リードにとって、欧米にもなじんでいる男が守り続ける対照的なアラブの文化を目の当たりにするのは実に興味深いことだった。ポール・コリンズもアルワリードとの交渉中にそれを感じ、欧米の影響がアルワリードの意思決定を方向づけたのだとみている。

「間違いなく大きな影響を及ぼしていますね。つまり、王子は欧米のスタンダードに精通していますし、なじんでいますから、それがアメリカ企業にとてつもなく大きな賭けをしようという意欲と何か関係しているんでしょう。王子もシティがユニークなアメリカ企業だと思ったんじゃないですか。おそらく世界で最もグローバルな金融機関ですし、そこに注力している金融機関ですから、王子の〝アメリカでの経験〟――そして〝アメリカ以外での経験〟――がシティと王子とを結びつけるひとつの要因になったんですよ」

またコリンズは、取引の規模やその企業の概要――何しろアメリカの銀行なのだ――、そして比較的短期間でハイリターンを得たことで、アルワリードは一躍世間から注目を浴びる存在になったとも指摘する。

「ええ、あれで無名の存在から超有名人になりましたよね。一般にはまったく知られていなかった人間が、いきなりアメリカ最大の金融機関の筆頭株主ですからね。その間にも多くのインベストメントバンカーに知られるようになりましたし、まさにいきなり一面トップ記事に躍り出たという感じですよ」

だが、さらに重要なのは、アルワリードが国際舞台で信頼を得られるようになったという点だろう。これを機に、アルワリードはほかのグローバル企業にも目を向けるようになり、とくに自分の投資には忠実だという評判が高まるにつれ、大物たちのお墨付きまで得られるようになったのだ。ジョン・リードはあるエピソードを覚えている。

「ええ、王子は非の打ちどころのない投資家ですよ。それにしても、ユーロディズニーに投資したときには笑いましたね――まさか行くとは思っていませんでしたからね。ディズニーのマイケル・アイズナーから電話がかかってきて、どうも心配でね、と言うものですから、こう言ったんです。『いいか、王子は事業家だぞ。お前のことを気に入ったから投資しているんじゃない。数字が良いから投資しているんだ』とね。つまり、王子は義理で投資するのではなく、財務状態を見て投資する人なんですよ。それに周りのスタッフもみんな自分の仕事をわきまえています。有言実行の男ですね。投資をしたら忠実にそれを貫くんですから。王子が出資してくれてから何度か辛い時期を経験しましたが、そんなときも本当によくやってくれましたよ。プロですね。何が起きているのかを知りたがっていましたし、自分の考え方の効用も示してくれました。でも、居ても立ってもいられなくなってわたしを怒鳴り散らしたこともありませんし、こうしろ、ああしろなどと言ったこともないんです。本当に立派な男ですよ。まさにどの企業も欲しがるタイプの投資家ですね」

忠実な王族

アルワリードが最近の激しい相場の変動に乗じることはなかった。西暦二〇〇〇年が幕を開けると、アメリカ企業の度重なるスキャンダルで経済が大きな打撃を受けた。シティグループもそのあおりを受け、株価が約五五ドルから二四ドルへと、一気に半分以下に下落したが、アルワリードは頑として動かなかった。もちろん、その後、株価は反発した。

アルワリードのシティ株への愛着は、本人とシティの首脳陣との関係にも表れている。救済のための取引が完了すると、会長のリードとアルワリードは初対面を果たして関係を築いた。

後任者のサンフォード・〝サンディ〟・ワイルは前任者のリードと激しく衝突したが――銀行業界ではリードとワイルの対立が語り草になっていた――、アルワリードは後任者とも密接な関係を築いた。

実際、ワイルはリードよりもアルワリードと親密にはなったが、常に仕事上だけの関係にとどめ、私生活にはあまり踏み込まなかった。しかし何よりも、ワイルは自分も関係していた一九九一年にアルワリードが自社のために尽力してくれたことに敬意を表していた。

「難しい時期によくマウンドに立ってくれたよね。取引全体を信用させるだけの資金を持ってね。おかげで本当に助かったよ」

やがてワイルとアルワリードの交流は親密な友情に発展し、投資の問題に話が及んだときには、それが双方の信頼を築くのに役立った。

「素晴らしい関係だね。わたしは人間としての王子が大好きなんだ。面倒見の良い男だよ、彼は。あらゆる問題で当社を支えてくれるんだから。さらなる向上という視点から激励してくれるんだよ。本当の意味での長期投資家だね」

シティコープでやはりワイル会長と連絡を取り合っていたマイク・ジェンセンは、ワイルとアルワリードには基本的に同じ特性があり、それが二人を結びつけているのだと考えている。

「二人とも取引が好きですね――二人でビッグディールを実現させたんですからね。初対面の日から大きな取引をまとめ上げていたんですから。王子はサンディを大いに尊重していましたし、サンディもこの五年の間に、王子の実績に対して、そして筆頭株主であることに対して感謝の気持ちを高め、高く評価するようになりました。これほど強く公にサポートしてくれるんですから、本当に喜んでいますよ」

アルワリードとシティグループの関係はバランスが取れ、互いに有益なものとなった。外資系の銀行株をこれほど大量に買いたかったのは支配するためではない、とアルワリードは最初から明言していたが、ポール・コリンズなどは、最初にアルワリードに打診したときから――とくに王子がその四年前にユナイテッド・サウジ・コマーシャル銀行を敵対的買収で取得していたことから――ひとつの可能性として懸念していた。

「当然そのことは心配でした。だって、もし会社の株を一〇%とか一五%保有している株主がいたら、これは危ないぞ、もっと買い占められて、乗っ取られるんじゃないかと思いますよね？　現実には、あのときは規制の問題やら何やらで、それほど大きな問題にはなりませんでしたけどね」

サンディ・ワイルによると、アルワリードは優れた経営への投資を信じ、シティグループで何が起きているのかを積極的にチェックしているが、実際の経営には口を挟まないようにしているという。

「王子は会社の取締役会の決定を左右しようとはこれっぽっちも思っていないよ。話し合いをしたいんだ。王子がどこで何を主張したいのか、われわれには分かるんだが、王子はわれわれにそれを言わせたいんだろうね。それにしても、柔軟な男だよ。立場についても独断的な主張をしないしね。本当に経営を支えてくれているよ。銀行経営は望んでいないが、単なる株主では納得しないいんだ。物言う株主になりたいと思っているんだね」

コリンズが銀行のＣＦＯ（最高財務責任者）を務めていたころ、アルワリードが財務状態について問い合わせをしてきたことがある。

「王子には大株主として、会社で何が起きているのかを知る権利があるんです。〝支配的地位〟のことは一度も口にしませんが、実は、覚えていらっしゃるでしょうけど、規制当局は王子が〝支配的地位〟にいないことをすごく気にしていたんです。わたしが考えるに、王子は〝一歩引く〟ことに意識を集中させていたんでしょうね。はっきりしていたのは、王子はわたしどもと協議をしただけでなく、会社のこと、会社の内情を知っているほかの人たちとも協議をしていたということです――アナリストだけでなく、顧客ともね。王子は昔からすごい読書家ですし、素晴らしい情報源を持っていますから、知識も情報もかなりのものです。でも重点を置いているのは〝やると言ったことを本当に実行しているか、約束を守っているか、どんな計画があるのか〟なんです。一度王子がやって来て、こう言ったことがあります。『コストについては積極的に取り組んでいると思えないんだが』とね。また、これはどうなんだ、あれはどうなんだ、と言ってきたこともあります。率直に言って、深刻に受け止めましたよ。きちんとやっているとは思っていたのですが、もっとうまくやろうと思えばできるんじゃないかとね。だから王子の言うことに耳を傾け、それに応えようと思ったわけです」

王子は臆することなく大々的にコメントも発表した。シティグループとの地固めのこととなると、とくに力が入るようだ。

「これは単なる関係ではない。提携だ。われわれは永久に彼らの味方だ。持ち株を売るつもりはない――絶対に。現在（二〇〇四年）シティグループは適正価格にあり、資産総額が一兆三〇〇〇億ドル、株主資本がほぼ一一〇〇億ドルに上っており、一〇五カ国に進出し、利用者も二億人に達している。まだお分かりいただけないと思うが、シティグループの市場はまだ飽和状態ではないと考えている。各国の市場シェアを見ると、これまでは一％、二％、三％だったが、天井知らずである。だから永久に保有し続けるつもりである」

アルワリードの立場を考えれば、これは理解できる。保有株比率からすると、株価が変動するたびに銀行勘定も大きく動く――株価が一ドル上下しただけで二億ドル程度変動するのである。

「一日に六億ドル増えたこともあるよ。シティグループ株が三～四ドル上下すると六億～七億ドル違ってくるんだから！」

数百万ドルが数十億ドルに。そう頻繁にあることではない。

第7章 シティの壁を越えて

もしビジネスで方向を見誤ったら、それは単なるミスとは言えない――大失敗だ。数十万ドルとか数百万ドルの損失ならミスで済むが、二億～三億ドルの損失を出したとなると、それはもう大失敗だよ！

――アルワリード・ビン・タラール王子

アメリカで最も成功している投資家はウォーレン・エドワード・バフェットである。実際に世界で最も成功している投資家だ。

ネブラスカ州のオマハという比較的小さな町でバークシャー・ハサウェイ社を率いるバフェットは、掘り出し物を見つける眼識と勝ち組銘柄を選別する能力とで、ここ一〇年ほどはフォーブス誌世界長者番付のトップテン入りを不動のものにしており、二〇〇四年版の世界長者番付では、純資産額四八〇億ドルを誇るマイクロソフトの創業者ビル・ゲイツに次ぐ、四二九億ドルで第二位にランクされている。ちなみに、アルワリード・ビン・タラール王子は二一五億ドルで第四位であった。

一九九九年三月のニューヨーク・タイムズ紙の記事に〝アラビアのウォーレン・バフェット〟

という文字が躍っているのを見て、アルワリードは喜んだ。メディアとのインタビューでもそれを持ち出して、これほど尊敬されている投資家と比べられるのは光栄だ、と含み笑いをしながら語っている。その後、アルワリードは短い手紙にそれをしたため、バフェットに送った。想像してみてほしい。王子のコメントが胸にぐっときたという返事を先輩投資家から受け取ったときのアルワリードの驚きようを。

バフェットの同年六月一五日付の手紙には、「オマハではわたしが〝アメリカのアルワリード〟と言われているのです」と書かれていたのである――これはすごい褒め言葉だ。

また、バフェットも二度ほどアルワリードに手紙を出し、アルワリードが五〇％を所有するニューヨークのプラザ・ホテルについて、その質の高さを褒めたたえたことがある。アルワリードによると、それから二人は親交を温め、バフェットも、二人でチームを組んで何かのプロジェクトに参加できたらうれしい、などと書いてくるそうだ。何とも恐ろしいチームだ――親交のある億万長者の投資家二人がチームを組むというのだから。

これはアルワリードの心をくすぐった。バフェットが〝アメリカのアルワリード〟というエキゾチックな形容詞に満足しているとは（それまでは〝オマハの賢人〟というローカルな形容詞で呼ばれていた）。アルワリードも〝アラビアのウォーレン・バフェット〟と呼ばれることに何とも言えない心地良さを感じている。

バフェットの投資家としての見識の広さは有名だ。確かに昔から多くの投資家の師であり、バークシャー・ハサウェイは三〇年以上にわたって年平均二五％ほどのリターンを出し続けている。注目すべきは、同社の株が値嵩なことから多くの銘柄のなかでも異彩を放っている点だ。二〇〇四年末の時点でも、一株八万六〇〇〇ドル前後である。

バフェットは繊維メーカーだったバークシャー・ハサウェイを安値で買収し、経営権を取得した後に投資会社にした。報告書によると、間もなく同社が他分野への投資で急拡大してきたため、バフェットはもっぱら同社の従業員に対する義務感と忠誠心から、規模を縮小したまま繊維事業を続けていたようだ。そしてあっという間に成功を収め、一〇年後にはバフェットのパートナーシップのポートフォリオが一一五六％上昇した。ちなみに、同時期のダウ平均株価指数は一二二・九％の上昇にとどまっている。「他人が熱くなっているときには気をつけ、その人たちが不安を感じているときには強気になる」という原則の下、バフェットは優良企業の株価がどん底にあるときに素早く買い付け、より大きな成功へと突き進んでいったのである。

もしグローバルなレベルでバフェットと対等に競える人間がいるとしたら、それはアルワリードだろう。興味深いことに、バフェットとアルワリードには共通した特性があり、投資戦略も似ている。表面的には二人ともお金の威力を知り尽くした野心家で、効果的にお金を使う能力を備えているが、よく観察してみると、二人とも明らかにリサーチや入念に戦略を練ることに価値を見いだしている。二人とも特定企業だけでなく業界全体を研究する。アルワリードは保険業、銀行業界を、後にメディアやテクノロジー、ホテルの業界を研究したが、バフェットは保険業、銀行業、小売業などで成功した。また、優れた経営を重視する点でも共通している。バフェットは長年、自分の投資先企業で積極的に活動しており、アルワリードのほうも、サウジアラビアの銀行業界を一変させたあとにホテル業界で、続いて娯楽テレビ業界で参加型の経営手腕を発揮している。

一九五〇年代、バフェットはコロンビア大学で恩師のベンジャミン・グレアムから、単に株価を見て買うのではなく、その企業の潜在的価値――〝本質的価値〟――を買うよう、しかもその本質的価値よりも大幅に安く売られているときに素早く買うように、と教えられた。二人とも〝安く買って長く保有する〟という原則に従っているように思われるが、アルワリードを批判する人によれば、アルワリードがバフェットと違うのは、売りに関しては大して腕が良いわけでもなく、売りのタイミングを知らなかったために、ゆくゆくは回復するものと考えて急落している銘柄を頑として手放そうとせず、何度か焦げ付いたことがあるらしい。「五カ年計画とか一〇カ年計画のある企業とは違って、わが社には〝永久計画〟があるんだ。いくらバフェットのような長期投資家でもこんな計画は絶対に立てないだろうね」というアルワリードのコメントを引用した記事もいくつかある。

実は、バフェットも同様の批判――持ち株をなかなか手放せない人という批判――にさらされている。これは多くの長期投資家が経験することだが、不当な批判も少なくない。全体的な成果が調査に付され、並外れて素晴らしいことが分かった場合にはとくにそうだ。

一九九〇年代にアルワリードが資本参加した主要企業と同様、シティバンクも〝底値で拾って回復するのを待つ〟やり方が功を奏したケースだが、すべてがシティのようにうまくいったわけではない。アルワリードはグローバルなゲームをしつつ、シティの取引だけで終わってしまう一発屋ではないか、という声に反証しながら次の一〇年間を過ごした。

「記録を守るつもりはない。ありがたいことに、それには満足しているよ。わたしの記録――つまり公式記録――によると、一〇年前から――実は〝二〇年前から〟――今までの国際投資は全体で二三・五％のリターンを上げているんだ。国内と地域（中東）の投資リターンは、会社を設立してから三五％以上に上っている。もちろん、この二つが最終的な結果ではないが、素晴らしい実績を上げているじゃないか。これで弁論終わり」

王子のプライベートバンカーのマイク・ジェンセンは、本人は見た目よりは気楽にやっていると言う。

「トレードのポートフォリオは例外ですが、王子は短期でやるつもりはありません。七～一〇年先をにらんでいますから、目標を達成するのは大変ですよ。一年か二年で二〇～三〇％の複利リターンを得るのは簡単ですが、七～一〇年で二〇～三〇％の複利リターンを得ようとしたら、並みの投資では駄目ですからね。いつ何時でも市場で買えるよう準備をしていないと。株価が大きく下げているときに買う必要がありますからね。特定銘柄については、市場がわれわれの評価よりもかなり割安な価格を付けているときが――市場が付けた値段よりも本質的価値のほうがはるかに高いときが——、狙い目なんです」

こうして小切手帳を手に、アルワリードは優良な取引を求めて国際市場をあさり始めたのである。金融メディアがシティバンクの救済劇を詳細に報じたことから、アルワリードは突如として金融界の主役に躍り出たが、一般大衆やほかの業界ではまださほど知られた存在ではなかった。また、シティバンクに巨額の出資をしたことでアルワリードの財務状態が綿密な調査に付されたこともあり——FRB（米連邦準備制度理事会）の調査など——、世界の実業界からは、その財源がどこなのか、ほかの裕福な投資家の隠れみのになっているのではないか、と怪しむ声も上がった。

だが、アルワリードはそうした声に素っ気なく答えている。

「ああ、何度も聞いたよ。武器商人かと言われたこともある。自信をもって言えるのは、わたしは自分のために働いているということだ。わたしの金は全部わたしのものだ。わたし自身のものだし、わが息子と娘のものだ。ケイマン諸島とサウジアラビアで信託を管理しているが、そこにはわたしと息子と娘、そして数人の人間が受益者だと明記してある。わたしは自分のためだけに働いているんだ。他人の金のために働いているわけじゃない。以上」

それでも、アルワリードはCIA（米中央情報局）と通じており、アメリカがまだタリバン政権を支援していたころには、アフガニスタンでの対共産ロシア戦に備え、CIAに代わってタリバンに送金しているという報道もあった。それについては、アルワリードはニヤニヤしながら、そういう質問はＣＩＡにしたらどうだとでも言いたげに、〝ノーコメント〟という言葉はあえて使わないなどと言う。何か隠し事でもしているのだろうか。

戦略がすべて

一九九〇年代初頭から二〇〇〇年までのアルワリードの取引をひとつひとつ記述して分析していったら、ほとんど切りがない。銀行からホテル、不動産やメディアに至るまで、多くの企業を手掛け、業種も多岐にわたっているため、実際にこれらすべてをどう管理しているのかを把握するのは難しい。また、交渉やプロジェクトの運営が長期に及ぶこともあるが、アルワリードは国から国へ、商談から商談へと、実にてきぱきと事を進めていく。

アルワリードの投資を明確に把握するには、王子の言う〝サウジアラビアベースの投資〟――王子が投資を始めてから現在に至るまで多大な影響力を保持しているサウジアラビアと中東の市場――と、王子が世界屈指の企業と取引をしている〝国際投資〟とに分けて考えると分かりやすい。次に、国際投資をさらに〝コア投資〟と〝ノンコア投資〟に分けて考える。

基本的に、コア投資かそうでない投資かは、それがどの程度アルワリードのビジネスの中心になっているか、どの程度の規模か、どの程度長く保有するのか、アルワリードがどの程度積極的にかかわっているかで判断する。

膨大な数に上る取引をこれらのカテゴリーに分類することで、そうした投資の基本原則を調べたり、よくある驚愕の裏話を聞いたり、長期的に――または、ごくまれだが短期的に――どうなったかを評価したりするのが楽になる。アルワリード自身、西暦二〇〇〇年の幕開け以来、実にためになる教訓をいくつか得ていると言う。

アルワリードの投資を調べてみると、基本的に次のようになる。

一．国際コア投資
二．国際ノンコア投資
三．サウジアラビアベース（サウジアラビア、中東）の投資――これはさらに公開企業への投資と非公開企業への投資に分類できる。

全体的に見ると、〝国際コア投資〟は、銀行、ホテル、メディア、不動産、テクノロジーが中心で、投資先にはシティグループ、フォーシーズンズ・ホテルグループ、フェアモント・ホテルグループ、ニューズ・コーポレーション、タイム・ワーナー、ウォルト・ディズニー、カナリーワーフ、アップル、モトローラなど、一流企業が名を連ねている。

〝国際ノンコア投資〟には、プラネット・ハリウッド、韓国への投資、そしてアルワリードが〝ミレニアムバグ（西暦二〇〇〇年問題）〟と呼んでいる投資――オールドエコノミー企業やニューエコノミー企業への投資のほか、ドットコム企業への投資――もある。

〝サウジアラビアベースの投資〟は、実際には非公開企業への投資と公開企業への投資に分類できる。〝非公開企業への投資〟は、アルワリードの〝キングダム〟プロジェクトにほぼ集中している――キングダムタワーとショッピングセンター、キングダムホスピタル、キングダムシティー（複合住居施設）、キングダムスクール、そしてゆくゆくは株式公開を予定しているキングダム・ホテル・インベストメンツ社（ＫＨＩ）がある。〝公開企業への投資〟には、銀行、メディア、不動産・建設、食品・農業、ホテルがあり、ブランドとしては、音楽や娯楽番組を提供するロタ－ナ、サボラ・グループ、サウジ・アメリカン銀行、産業プロジェクトに特化したナショナル・インダストリアライゼーション社がある。

＊　＊　＊　＊　＊　＊　＊　＊　＊　＊　＊　＊　＊　＊　＊

確かにアルワリードは頂点に上り詰めたが、一九九〇年代はジェットコースターに乗っているような気分だったに違いない。それは世界的な銀行に出資することに始まり、やがてアルワリードの莫大な富の中心になったが、轟音と共に終焉を迎えたドットコムバブルのあとは、しばらく耐え忍ぶこととなった。

西暦二〇〇〇年へとつながるこの一〇年間は、まだ三〇代前半のサウジアラビアの王子にとっては巣立ちの時期でもあった。国際投資家としてデビューしただけでなく、グローバルな企業帝国を急速に拡大させ、世界最大級のブランドを複数傘下に収めるようになった時期だからだ。王子のプライベートバンカーを務めるマイク・ジェンセンはこの間、既存の大手ブランドが王子のターゲットになるのを目の当たりにしていた。その理由が徐々に分かり始めたジェンセンは、王子もそのブランド価値を認めているからだと言う。

「世界的な——少なくとも地域的な——ブランド力と優れた経営陣を擁する企業で、しかも市場も気づいている弱点のせいで株価が大きく割安になっている企業を物色するんです。それから株を買って、ずっと保有するわけです。ですから、常に〝経営陣の友〟なんですよ」

「例えば、借入比率が高く、市場が株をたたき売りしているような場合です。王子はとくにそういう企業が好きですね。もし王子がブランド価値を信じ、経営陣を信頼していれば、王子の投資が解決策のひとつになりますし——もし特別に普通株か転換証券を発行してくれればの話ですけどね——、株主資本も増大する可能性があります。経営に関しては、王子は自分を経営者というよりも、株主資本の分配人だと思っているんです。自分では経営の専門知識や能力を買っていると思っていますから、その会社の経営の質がすごく気になるわけですよ。ブランドの問題についても、世界的なブランドというのはそれまでのブランドマネジメントが優れていた証拠ですから、それが競合他社を阻み、将来的に商品寿命が延びることを示すシグナルにもなると信じているんです」

アルワリードは、資金を使って巨大ブランドを確立し、育み、発展させていけば、ポテンシャルが引き出せると考えている。投資という点からすれば、それはアルワリードの〝安く買って長く保有する〟という原則に当てはまる。トップブランドも裏では多大な努力と開発を怠らず、遠い先を見据え、当面は現役で活躍していたいと考えている。もしタイミング良くそのブランドの価格が下がっていれば、それはもうアルワリードにとっては絶好のターゲットなのである。

1．国際コア投資

〝一流〟ブランドになり得る〝優良〟ブランドと思わしきブランドがあった場合、アルワリードはできるだけ安値で仕込むという戦略を実践し、一度その会社に参加したら、その素晴らしいポテンシャルを引き出すために会社を強力に後押しする。そうかと思うと、〝一流〟ブランドが苦しい時期を乗り越えるのをただ眺めているときもある。これがあのアメリカの銀行――最も定評があり、世界中に進出している銀行のひとつ――を手中に収めたときのやり方であった。だれ一人手を出したがらないときでも、アルワリードにはそれを支援できる自信があった。

それ以来、アルワリードは終始一貫して離れず、シティグループとの関係も結婚だと言い切っている。もちろん、結婚と同じように良いときもあれば、金融界が長期にわたって停滞するなど、悪いときもある。

例えば、一九九七年末はアルワリードにとっては試練の時期だった。筆頭株主であるアルワリードは、株価が一ドル動くたびに投資資産が大きく変動するという経験を余儀なくされた。もし長期投資でなければ――シティは王子の最も重要な投資先――、あの一二月の〝たった一日〟で投資資産が六億四〇〇〇万ドルも目減りするのを目の当たりにしたらとても冷静ではいられなかっただろう、とアルワリードは言う。

一方、翌一九九八年は、そのころ時価総額が五〇億ドル程度に上っていたアルワリードの最重要な投資先企業にとっては極めて重要な年となった。サンディ・ワイル率いるトラベラーズグループがシティコープと七二〇億ドル規模の合併に調印し、世界一〇〇カ国に数億人の顧客を擁する強大なグローバル企業シティグループが誕生した年だったからだ。

ワイルにとっては予期しない大当たりだった。後にタイム誌が〝卓越したディールメーカー〟と報じているが、ワイルはアメリカの規制当局や立法府を説得し、商業銀行業と保険業の相互乗り入れを禁じていた規制を緩和させることに成功したのである（**訳注**　一九三三年銀行法〔通称グラス・スティーガル法〕が規定していた銀行・証券の垣根が六六年ぶりに撤廃され、銀行、証券、保険の相互参入に関する法的枠組みが整った）。アメリカを拠点とするグローバルな金融コングロマリットの設立に扉が開かれたのは、このロビー活動が奏功したからなのである。

当初、この合併直後の会社には痛みを伴うさまざまな抜本的対策を施す必要があった。新会社は商業投資銀行業の再編に奮闘していたが、七～一〇月には合併を受けてシティコープの株価が五六%下落。グループ傘下のソロモン・スミス・バーニー証券も一三億三〇〇〇万ドルの営業損失を出し、第3四半期には六五%の減益となった。アルワリードの投資資産も数億ドル単位で目減りしていった。この時点で含み損は一五億ドルに上っていたが、アルワリードはほかのビジネスに集中しつつじっと耐えていた。

ワイルはまだトラベラーズグループを率いていた一九九〇年代の初めにアルワリードとつかの間の会談を持ったにすぎず、ビジネスの共通の関心事については話し合ったものの、互いに理解し合うには至っていなかった。また、一九九八年の合併直後にアルワリードがシティグループに資本参加するまではその実績についてもよく知らなかった。だが、アルワリードは以前からアメリカの金融市場では最も意欲的な投資家の一人だという名声を確立しつつあり、アルワリードを知る人は、結局はその綿密なリサーチとプランニングと辛抱強さの勝利だと気づいていた――シティグループのCEO（最高経営責任者）の座に就いたワイルも、アルワリードと親密な関係になるとこの特性をはっきりと認識した。

「素晴らしい思考能力の持ち主だね。われわれ以上に時間をかけて物事を考えるんだ。だって睡眠時間が少なくても平気なんだから――でも、人の話をよく聞き、人の良きパートナーにもなれるんだよ。サポートしてくれるしね。実に長期的な視野に立って物事を考える人だね。

こんな人間はめったにいない。一緒に仕事ができて、わたしも恵まれているよ。笑顔が実にいいんだ。われわれの仕事を評価してくれているときなどは、とくに何も言わないんだが、表情や身振り手振りを見れば分かるんだよ。自分たちのしたことを彼がどう思っているかがね」

成長の余力

一九九四年は国際舞台に立つアルワリードにとって多忙な一年となった。

アルワリードは銀行業界と金融業界でのパフォーマンスをはじき出しながら、ホテル業界への参入に備えていた。アルワリードが当時買収候補として目をつけていたフェアモント・ホテルズ・アンド・リゾーツのCEOビル・ファットは、アルワリードは早い段階からホテル業界に関心を寄せていたようだと言う。

「いろんな話を聞いていましたよ。一〇代半ばごろにパリのジョルジュサンク・ホテルでかなりの時間を家族と過ごしたのがきっかけでホテル業界を知り、好きになったとかね。わたし個人の経験から言えるのは、ホテル業界はとっつきやすいということです。それで好きになったということはあるでしょうね。しかし、王子は絶対に深入りしないんです。将来性のある投資というのは、しっかりした事業に裏打ちされ、十分なリターンが見込めるものでなければなりません。そういう要素をすべて持ち合わせているのがホテル業界だったんですよ。王子にとっては大成功でしたね」

アルワリードがこの業界について明確なビジョンを描いていたのは確かである。ホテル運営会社に対しては、偶然にも取得することになった不動産以上に関心を寄せ、株を取得して経営に参加したいと思っていた。

「ホテルのオーナーだと、不景気のときには損失が出るが、運営会社の株式を一％保有していれば、引き続き利益を出せるんだよ」

二〇〇二年、アルワリードの中東のホテル事業を管理する会社として設立されたキングダム・ホテル・インベストメンツ社（ＫＨＩ）――当初の社名はキングダム・ホテル・インベストメント・グループ――のＣＥＯサルマド・ゾクはこう話している。

「王子のホテル業界デビューは不動産のときとは違いましたね。王子はフォーシーズンズやフェアモントの運営会社に興味を持っていましてね、もう取りつかれたみたいでしたよ。でも、戦略はご都合主義的なものでも場当たり的なものでもなく、実に計算し尽くしたものでした。王子はこの投資を中心にビジョンを描いていたのですが、ホテル業界への投資が拡大し、整備されてくると、ポートフォリオの構成も事実上変わってきまして、今では運営会社と不動産への投資がポートフォリオでもかなりの部分を占めるようになったんです――産業界全体の非公開株のポートフォリオでは最大級ですが、それは戦略中心で、十分に的を絞ったアプローチに基づいて構築したものなんですよ」

サルマドは、王子がこのセクターに進出したのは、幼少時からの思いというよりもビジネスチャンスがあったからだと断言する。

「ホテル事業の条件が、強力なブランド力や素晴らしい流通形態、運営部門や不動産部門を持った業界への参入という、王子の投資基準にぴたりと一致していたからですよ。こうした内容や基準をすべて満たしているのがホテル業界だったんです。まさに国際的なビジネスですからね」

キラキラ輝く瞳を宿し、愛想良く人にこびるような笑みを浮かべるサルマドは、キングダム・ホールディング社に雇われているスタッフの典型である。若くて忠実、チャレンジ精神も旺盛なサルマドは一九九五年、当時アラビア語と英語の両方に堪能な人材を探していたアルワリードと面会した。そしてその直後、すぐに深みにはまる覚悟を固めたのだった。

「わたしはまだ二四か二五で——若かったですね——、大した社会経験もありませんでしたが、この分野でのキャリアはありましてね。ホテル経営、法律や不動産法を勉強していたんです。そしてホテル経営で多少経験を積んで、ホテル買収の分野で働いていました。まあ、大学にいたころからこういう仕事に就きたいと思って準備をしていたんですよ」

三時間に及ぶ厳しい面接の間に、アルワリードは戦略や成長、買収について語ったが、何よりも後に同じイギリスのグラナダという会社に買収されることになるフォルテ・ホテルの開発分野に携わっていた若きサルマドに仕事を任せることを約束した。興味深いことに、アルワリードがかつてホテル事業に乗り出そうとして入札に参加したとき、アルワリードよりも高額を提示したのがこのフォルテだったのだ。

一九九四年、アルワリードはエールフランス航空からメリディアン・ホテルを買収しようと考え、フランスのホテルチェーン、アコー・グループの共同社長であるポール・デュビュルールとジェラール・ペリソンと手を組んだ。そのときの最大のライバルがフォルテであり、入札では一八億フラン（当時のレートで三億二三〇〇万ドル）を提示していた。アルワリードのコンソーシアムが提示したのは一六億フラン（二億八七〇〇万ドル）であった。

この買収合戦の報道で、アルワリードは次のようなことを示唆している。自分たちが提示した金額はフォルテよりも若干低いが、アコーは多くの旅行代理店を抱えているし、エールフランスに多くのビジネスや収益をもたらしているのだから、エールフランスはアコーの提案をのむだろうと。また、アコーに買収を認めれば、メリディアンは事実上フランス企業としてそのまま存続することができる、とも指摘した。

一時はアルワリードも入札価格を引き上げようかと考えたが、メリディアンにはわれわれの査定額以上の価値はない、というペリソンの助言を信じ、結局はパートナーとの綿密な協議の末に撤退を決めた。

実はアルワリード、ブランド力が十分に生かされていないと感じている別のホテルチェーンの買収をそれとなく打診していた。アルワリードの基準に合致していたのは、サンフランシスコを拠点とするフェアモント・ホテルグループ――しっかりしたポテンシャルのある会社で、どこかに買収されてしまう心配もなかった。五つのホテル施設には合計三〇七五の客室があり、スタンダードも確立されていたため、その贅沢な立地を活用すればブランド認知度も上げることができる。アルワリードはそう踏んだのである。

アルワリードはフェアモントの株式の五〇％を取得したが、後にカナディアン・パシフィックがフェアモントを買収し、フェアモント・ホテルズ・アンド・リゾーツを名乗ると、存続会社における保有株比率が四・九％に低下した。

北米とヨーロッパのホテル事業を管理するに当たり、アルワリードは二人のキーパーソン、チャック・ヘンリーとサイモン・ターナーを採用した。共にニューヨークにあるホテル・キャピタル・アドバイザーズ社のプリンシパルだったが、それぞれの国民性を象徴するかのように、性格は実に対照的だった。大柄で陽気なアメリカ人のヘンリーは、クレディ・スイス・ファースト・ボストン銀行の不動産部門の元ディレクター。社交的で、批判的な意見であろうとなかろうと、明るく冗談を交えながら自分の考えをアルワリードに積極的に言いたがる性格だ。一方、すらりと背が高く、眼鏡を掛けた〝ニューヨークのイギリス人〟ターナーは、都会的な物腰の英国紳士。議論になってもやはりイギリス人らしく控えめな態度を貫き、たいていはヘンリーの援護に回るタイプである。二人とも、アルワリードがホテルのポートフォリオを拡大しつつ、業界組織への関心を深めていくのを見詰めていた。アルワリードが知りたがっていたのは、ホテルを解体してから再び統合する必要がある場合、事態がどう動くかである。ヘンリーが言うには、王子がホテルに参加型のアプローチで臨むのは自然なことだった。とくに細部に多大な注意を払う王子の性格には合っていたらしい。

フェアモントを買収してからというもの、アルワリードは波に乗り、次の買収にもかなり積極的になっていた。

一九九四年四月、資金調達を計画していたカナダの最高級ホテルチェーン、フォーシーズンズ・ホテルグループの会長兼ＣＥＯのイサドア・〝イッシー〟・シャープはゴールドマン・サックスに対し、投資を検討中の企業や富裕層の個人にアプローチするよう指示を出した。なかでも彼らが接触したのは、すでにかなりの資産やホテルを所有するブルネイ王国のスルタンなど、定評があり知名度も高い投資家だった。ところがノーマークだった〝彼〟が、予備会談にシャープを招くという行動に出たのである。リサーチを済ませていたアルワリードは、高級ホテル業界に照準を合わせ、二人が対面を果たすころには、いつもどおり南仏のカンヌ沖に停泊中のヨットの上で八月を過ごしていた。そしてシャープが現れると直ちにグラウンドルールを定め、フォーシーズンズ株の時価を五〇％上回る額を提示。だが、ほかの入札者と同じ扱いを受けるのなら、すぐにでも撤退するつもりでいた。

ホテル業界では頑固で扱いにくいという評判のシャープ。そんな独立独歩の人間、思い切りのいい性格の人間にとって、こんな若造が正面切って立ち向かってくるのはかなりの衝撃だった。

「彼はフォーシーズンズの目標を聞いて興味をそそられたんだろう。われわれは極めて質の高い中堅ホテルだけを運営することに重点を置いていたからね。彼に言ったキーワードは、それぞれの市場で〝ベスト〟になること、だったと思うよ。わが社のブランドはすでに確立されていたから、自分の力量を示し、人材に投資できる初の会社だと思ったんだろうね。人を判断し、信頼する彼の能力には目を見張るものがあるよ。そして自分が何を把握すべきかを理解するために、細かく調査をするんだ。けっして自分で会社を経営するためじゃない。商売を熟知し、自分が信頼している人間に経営を任せるんだ」

共通の目標を掲げ、協力関係を築くことができるとすぐに気づかせてくれたのが、この優れた経営に対する信頼だったわけだ。

投資の動機についてアルワリードに直接食って掛かったシャープによれば、「王子は自分で（取引を）細部にわたって調べ、将来のビジョンに基づいて決定を下す長期投資家」だそうだ。「初対面のときにこう言ったんだ。『何のために株を買うんだ？　買ったらすぐに売ってアヤを取るだけの投資かね？』とね。そうしたら彼はこう言ったよ。『いいえ。ずっと保有します。だれにも渡しません。わたしの家族と将来のためのものです』とね。彼はそれを忠実に守っているし、誇りに思ってくれているようだ。われわれが当社の投資家の一人として誇りに思っているようにね」

アルワリードがフォーシーズンズをこれほど強引に手に入れようとしたのは、この長期的な視点があったからに違いない。

「ホテル業界を信じているんだ。すごく実入りのいいビジネスだからね。シティにしても、激安価格で買えたからホームランが打てたんだよ。どこで参入するか、そこがポイントだね」

そこで不思議なのは、アルワリードがフォーシーズンズに最初に参入したときには相場よりも高値で買っていることだ。しかし、ただホテル運営会社の株を買い込むだけでなく、それ以上のことを考えていたのは間違いない。実は、ホテル運営会社にかかわり、不動産の全部またはー部の所有者との間に潜在的なシナジー効果を生み出すことを念頭に置いていたのである。

アルワリードには所有したい不動産について少々思うところがあり——それがアルワリードとシャープの間にちょっとした摩擦を引き起こす遠因になったのだが——、一億二〇〇〇万ドルでこの超一流ブランドの二二％の株式を取得したいと考えていた。この価格は業界に衝撃を与えたが、アルワリードはさらに、最初の五年間で保有株比率を五〇％引き上げ、一〇年以内に倍増させるという積極的な引き上げ計画について、シャープとはすでに協議していることを明らかにした。それが実現すれば、当初の出資額一億二〇〇〇万ドルは一九九八年の初頭には二億五〇〇〇万ドル——ちょうど三年半で倍以上——になり、二〇〇四年末には六億ドルを上回ることになる。

一九九四年、アルワリードはフェアモントとフォーシーズンズだけにとどまらず、ほかのホテルの買収にも精を出した。そしてシンガポールの投資家クエック・レンベンとの商談を通じ、二人でタッグを組んで一流ホテルのひとつを手に入れた。ニューヨークのセントラルパークの一角を占めるランドマーク、プラザ・ホテルである。マンハッタンのエリートだけでなく、世界中の著名な金持ちたちのいこいの場でもある。この複雑な取引は年末には合意に達し、一九九五年初頭には買収が完了。アルワリードは株式の四二％を取得した。当時の時価で三億二五〇〇万ドルに上る。アルワリードは自家用ジェット機をロンドンまで飛ばしてクエックを迎えに行かせ、リヤドを訪れたクエックに、フェアモント・ホテルズに経営を任せることを納得させた。

クエックを自家用ジェット機に乗せるとは、王子もなかなか賢いやり方をするものだ。チャック・ヘンリーは感心した。このシンガポール人を自家用機に乗せてしまえばしめたもの。ヘンリーとその交渉チームは有利に交渉を進めることができる。交渉は、自家用機がリヤドに到着するまでに整理しておくようにと、アルワリードが交渉チームに指示していた九点に絞られていた。機内とあっては交渉を〝打ち切って退席〟するのは不可能だ。それに気づいたクエックは、集中して打開策を練った。折れるべきか、だがこの旅を無駄にはしたくない……。クエックにプレッシャーが掛かった。そんなクエックの様子を思い出したヘンリーの顔に大きな笑みがこぼれた。

だが、二〇〇一年にプラザ・ホテルの保有株比率を五〇％にまで増やしていたアルワリードだったが、二〇〇四年八月にはクエックに六億七五〇〇万ドルで売却することで合意した。この取引について、クエックはメディアにこう述べている。

「断るにはあまりにももったいない話だった」

アルワリードも最重要な投資だったので売るつもりはなかったが、提示された額には驚いたそうだ。だが、アルワリードはこのホテルの所有権をそのまま保持することで、このニューヨークのランドマークとの関係は維持していくことにした。

ちょうど一年前にさかのぼるが、アルワリードはフェアモントのCEOビル・ファットとプラザ・ホテルで深夜のディナーを取り、その後二人でがらんとした部屋を見回りながら、このホテルをどう刷新すべきかについて話し合っていた。アルワリードから見ると、由緒ある最高級のホテルの割には客室が狭く、バスルームもあまりにも小さいのが難点だった。そこで部屋を売却してベッド数を減らし、各客室をより快適にすることは可能かと提案。野心的なプロジェクトだった。

アルワリードはホテルが昔の栄光を取り戻すこと、そしてフェアモントが買収してくれることを望んでいた。クエックとはまだ協議していなかったが、費用面で同意してくれるかどうかは悲観的だった。アルワリードとファットは、プラザ・ホテルが再びニューヨークを制することを願って、二億ドルもの額を注ぎ込んでいた。

二〇〇四年、予定どおりアルワリードがプラザ・ホテルを売却したとき、ホテルは刷新する必要があるが、これ以上金を費やしたくない、とクエックはメディアに語った。ロンドンに上場しているミレニアム・アンド・コプソーン・ホテルズ・グループ（M&C）の株主価値を最大限に高めたいと考えていたからだ。

「そのことでなぜ感情的になる必要があるんだい？」とクエックは新聞のインタビューに答えている。

プラザ・ホテルはアメリカの不動産投資会社の子会社エル・アド・プロパティーズ・ニューヨークに売却されることが決まり、年末には取引が完了する予定になっていた。

「自分も王子もすでにホテルからは資金を少し引き揚げたよ」とクエックは付け加えた。

その最重要資産を失っても、フェアモントのブランドと存在感をさらに強化するというアルワリードの計画に支障が出ることはなかった。プラザ・ホテルの売買契約が締結されるや、アルワリードは格式あるロンドンのサボイ・ホテルに目をつけた。フェアモントにとってサボイは最高の立地条件を備えていると考えたのだ。このホテル買収は、二〇〇四年末には早くも取引が成立し、そのときに発表されたアルワリードのホテル投資を大きく後押しするものとなった。

ホテルセクターに焦点を絞ったアルワリードは、フェアモント・ホテルグループとスコットランド銀行との合弁企業を立ち上げ、ホテルセクターの価値を一五億ドルと見積もった。以前からフェアモントを自分との取引でもっと国際的に成長できるグループだと考えていたアルワリードは、一九九八年に中南米を回った後に同ホテルグループの拡張計画を発表した。

モナ・エルソルハ王女と 1955 年３月７日生まれのアルワリード王子（生後５カ月）

アルワリード王子の父親であるタラール・ビン・アブドルアジーズ・アルサウード王子と母親のモナ王女（1959 年）

両親の離婚後、ベイルートに住んでいたころのアルワリード王子と母親（1959 年）

ベイルートのアルワリード王子（1960 年）

アルワリード王子が尊敬する2人の偉人。祖父のアブドルアジーズ・ビン・アブドルラーマン・アルサウード国王（左）は近代サウジアラビアの建国の父。リヤド・エルソルハ（下）はレバノン独立後の初代首相

ベイルートで両親と妹のリーマ王女と共に誕生日を祝うアルワリード王子。カウボーイの衣装は母親からのプレゼント

伝統的な衣装を身に着け、母親に連れられるアルワリード王子。妹のリーマ王女を抱いているのがおばのレイラ・エルソルハ。おばは現在ベイルートでアルワリード・ビン・タラール人道基金を運営

3人の兄弟姉妹はよくレバノンに集まる。これは1962年に写した写真で、7歳のアルワリード王子と妹のリーマ王女。母親が連れているのが弟のハレド王子

1968 － 1973 年まで在籍したサウジアラビアのキング・アブドルアジーズ陸軍士官学校にて。アルワリード王子によると、「人生のターニングポイントのひとつ。このころから自立心が芽生えてきた」

カリフォルニアのメンロカレッジの卒業式で。経営学位を修得

３世代そろって。タラール殿下（左）、息子のアルワリード王子、そして孫のハレド王子(右)。1982年4月21日にハレド王子の４歳の誕生日を祝って写したもの

アルワリード王子と最も親密なのは子供たち。ハレド王子（右）とリーム王女（左)。それぞれ父親と一緒に写した写真

2000年の夏のバカンス。アルワリード王子と娘のリーム王女（左）、息子のハレド王子（左）。大人になった子供たち

サウジアラビアの首都リヤドの中心にある約4万2735平方メートルもある宮殿がアルワリード王子の自宅。317部屋ある自宅に子供たちと一緒に住んでいる。子供たちは中央棟の両脇にある棟を使用

キングダム・ホールディング社を中心とするグローバルな投資帝国はリヤドの中心地に程近い２階建てビルのこの執務室から生まれた（2004 年 2 月に撮影）

リヤドの空高くそびえる目の覚めるようなキングダムタワー。高さは303メートル。2003 年 10 月 23 日の完成以来、サウジアラビア一の高層ビル

親密になったアルワリード王子とシティグループ会長サンディ・ワイル。
ニューヨーク市にあるシティバンク本店での会議の際に写したもの

2000 年、パリのジョルジュサンク・ホテルの改装工事中にハレド王子と会うアルワリード王子。王子はありとあらゆる事柄に、しかも細部に至るまで興味を示す

2003年、エジプトのリゾート地シャルムエルシェイクにあるフォーシーズンズ・ホテル近くで世界各国の首脳らを案内するアルワリード王子。（左から）パレスチナのマハムード・アッバス首相、エジプトのホスニ・ムバラク大統領、サウジアラビアのアブドラ・ビン・アブドルアジーズ・アルサウード皇太子、バーレーンのシェイク・ハマド・ビン・イーサ・アルハリーファ国王、アルワリード王子、ヨルダンのアブドラー・ビン・アルフセイン国王、アメリカのジョージ・W・ブッシュ大統領

2001年9月11日の同時多発テロ事件から1カ月後、当時のニューヨーク市長ルドルフ・ジュリアーニに1000万ドルの小切手を手渡すアルワリード王子。この小切手の受け取り拒否が国際問題になる（写真はマイク・ジェンセン撮影）

アルワリード王子はシリアのバッシャール・アサド大統領をはじめ、多くの中東諸国の指導者らと親交を温めている。写真は 2004 年の会議の際にアサド大統領と一緒に写したもの

パレスチナ当局を代表して故ヤセル・アラファト議長からベツレヘム勲章を授与されるアルワリード王子。2000 年、ガザにて。パレスチナへの寄贈者としてはサウジアラビアに次いで２番目に多いのがアルワリード王子

キングダム・ホールディング社後援、エリザベス女王も臨席したポロの試合で、イギリスのチャールズ皇太子に祝辞を述べるアルワリード王子（2003年、ウィンザーにて）

2003年の夏のバカンスで南仏に向かうため自家用ジェット機に乗り込むアルワリード王子。このとき、王子はすでにボーイング747型機に買い替えることを決めていた

2003年8月、パリへのフライト途中で取引先に電話を入れるアルワリード王子

アルワリード王子の自家用ジェット機ボーイング747のテスト飛行（2004年）。2005年6月に運行を開始

夏のバカンス中、アルワリード王子は全長 83 メートルの「5-KR」号を使用。5-KR という名称は、息子のハレド王子（Khaled）と娘のリーム王女（Reem）の頭文字を取ったもの。この船、以前はサウジアラビアの武器商人アドナン・カショーギ、そしてアメリカの不動産王ドナルド・トランプが所有していたが、これもほぼ２倍の大きさの船に買い替えを検討中

バカンス中でも金融界の動きから目が離せないアルワリード王子（2003 年 8 月）

40代になってからスキーを始めたアルワリード王子。今では冬になると子供たちとスキーを楽しんでいる。2004年1月にワイオミング州ジャクソンホールに旅行したときに集中的にスキーを習い、上達した。後ろに写っているのは王子のプライベートバンカーのマイク・ジェンセン

ジャクソンホールのゲレンデで、ハレド王子とリーム王女と一緒のアルワリード王子（2004年1月）

アルワリード王子は砂漠の文化と遺産に強い親近感を抱き、週末はいつもリヤド近郊にある砂漠のキャンプで過ごしている

王子の取り巻きたちも週末に砂漠を延々と歩くのには慣れている。この写真は、2004 年 2 月に大雨が降ったあとの青々と茂った潅木を縫って歩く取り巻きたちを写したもの

アルワリードが買収した七つの施設を擁するホテルチェーンは、もともとは四〇〇～六〇〇室の伝統的なホテルであった。アルワリードによると、それをもっと小さなホテルに変えるらしい。

一方、フォーシーズンズは堅調に成長を続け、アルワリードが一九九四年秋に同グループを買収したときの価格一億二〇〇〇万ドルが、一九九八年二月には倍以上になっていた。アルワリードは、ホテル投資が十分に利益を上げていることに気づいた。王子のプライベートバンカーのマイク・ジェンセンも、まだまだいけると信じていた。

「王子はホテル業界の方向性を変えましたね。少なくとも最高級ホテルについてはね。わたしの理解では、王子はホテルにまったく違う戦略を持ち込んだ最初の人ですよ――しかも一九九〇年代の初頭に。王子はホテルの施設を所有するのではなく、（純）利益しか得られない不動産とは対照的に、（総）利益を稼いでくれる運営会社を所有することに決めたんです。だからフォーシーズンズの所有権の一部、メーベンピックの所有権の一部、フェアモント・ホテルチェーンの所有権の一部を取得したんですよ。しかも、王子自身はそのホテルチェーンのディベロッパーでもあるわけですからね。この戦略の変更が業界に変化をもたらしたんです。今では業界も彼のやり方に倣っていますし、王子も大儲けできたというわけです」

ジェンセンは、王子は不動産業界から銀行業界に至る幅広いネットワークを築きつつホテル運営会社の価値も高めている、との考えも示してくれた。

「王子はただ資金を出すだけではなく、有力な人脈を使って、自分の会社のために新たなホテルを開発する触媒になろうとしているんですよ」

実際、総体的にはホテルセクターがアルワリードの最強のコア投資のひとつになり、二〇〇四年四月にはアルワリードのホテル関係の持ち株の価値総額も一三億ドルを上回っていた。

世界のベストホテル

アルワリードには力を入れて進めている商談がひとつあった。しかし、フォーシーズンズのCEOイッシー・シャープは当初抵抗を示し、世間もアルワリードは頭がおかしくなったのではないかと考えていた。

フランスの首都パリの一等地には、かつてはパリの貴婦人ともてはやされていたが、今では昔日をしのぶだけの荒廃したホテルがあった。シャンゼリゼ大通りから少し入ったところにあり、凱旋門からも程近いジョルジュサンクは、二〇世紀最後の二〇年間はパリを訪れる世界中のエリートが定宿にするホテルだったが、一九九〇年代に入るとほころびを見せ始め、過去の栄光を物語るうら寂しい姿をさらすようになってきた。アルワリードがそのホテルを手に入れ、抜本的な改革に着手したのは一九九六年。これはアルワリードが珍しく情に流されて決断したケースだとも言われた。今でこそ買収の決め手となった確かなビジネスセンスについて言明するアルワリードだが、当時は確かにそう思われても仕方がなかった。

アルワリードはジョルジュサンクの買収についてとりとめなく思いを巡らせていたが、一九九六年が終わりに近づくと、実にさまざまな考えが脳裏をよぎるようになった。トップブランドをもうひとつ、ショーケースとして使えそうなランドマーク的な建物を手に入れたいと考えたのである。

キングダム・ホテル・インベストメンツ社（ＫＨＩ）を率いるサルマド・ゾクは、こうした話題性がある華やかなホテルを買収するという王子の論理を説明してくれた。

「極めて重要なことですね。この事業、つまりホテル事業は王子のポートフォリオ全体の重要な部分を占めていますが、資本の額からすると、実際にはそれほど重要でもないんです。純資産額の一〇〜一五％といったところじゃないでしょうか。でも、その部分がかなり目立っているということなんですよ」

これまでに王子が買収した銀行、メディア、テクノロジー部門の企業は、一般人の目に直接触れるものではないが、そうした企業とは異なり、ホテルは一般人が訪れ、宿泊し、自ら体験する場所なのだ、とサルマドは言う。そしてとどのつまりは、やはりトップブランドとのパイプが重要であり、価値があるということなのだと。

「目立つことが大事なんです。明らかにそれがブランド構築に影響しますからね。それがブランド構築の方法なんですよ。建物の見た目が良く、優れた経営陣がいて、適切な旗を掲げている適切な不動産を所有するということですね。それがブランドに付加価値をもたらすわけです――王子はそのブランドの株主ですから、それで利益が得られます。つまり、不動産とブランドの両方から利益を得られるわけです」

ジョルジュサンクはイギリスの会社グラナダが所有していたが、そのグラナダがフォルテ・グループに買収されたため、売りに出されていた。この寂れたホテルの入札にはフランスの多くの企業グループのほかにも、アルワリードの友人で、やはり世界的な億万長者の王族であるブルネイのスルタンが参加していた。

パリの一等地にあり、シャンゼリゼにも近いこの有名なホテルは、フォーシーズンズの傘下に収めるには理想的だ。アルワリードはそうみていたが、同ホテルのイッシー・シャープの考えは違っており、二人の協力関係にちょっとした亀裂が生じた。

「しばらく続いたね。彼は以前からずっとあのホテルを欲しがっていたが、金銭的に合点がいくのかという点で少し意見が食い違ったんだ。買収して改修するには経済的に優れた投資なのか、改修を無事終わらせるには大変な工程を経る必要があるが、どうなのかという点でね。だから彼に何をしなければならないかを説明したんだ。世界のベストホテルにしたいと言っていたからね。それが彼の一番の目標だったんだから。『ジョルジュサンクにかつての栄光を取り戻してもらえるだろうか？』と言うから、『それは可能だろうが、莫大な費用が掛かるし、殿下の投資基準から見てそれだけの価値があるのか』と聞いてみた。しかし、もう彼を信用するしかなかったね。彼はじっと話を聞いていたよ。そして決断したんだが、結局はその決断が正しかったことを自ら証明してくれた。そんなわけで、買収資金を出したのも彼だし、われわれの求めに応じて改修したのも彼なんだ――要するにホテルを閉鎖して、文字どおり中身を根こそぎ壊したんだが、過去の栄光〝以上〟のものを取り戻すことができたよ。以前のホテルよりもずっと立派だろう。王子も、競争が激しい市場で競ってトップの座に返り咲くのに必要なことを経営陣にやらせてくれたしね」

そうするに当たり、アルワリードは一二月にホテルの買収資金として一億八五〇〇万ドルを惜しげもなく出すと、ブルネイのスルタンが所有するオードリー・グループをはじめ、ほかの入札者から奪うようにして買収した。〝世界のベストホテル〟はアルワリード自身へのクリスマスプレゼントになった。

続いてアルワリードは、ホテルを刷新するためにさらに一億二〇〇〇万ドルの小切手を切った。それに加え、ホテルをばらばらに解体し、ひとつずつ組み立てていく丸二年の間閉鎖することに伴う減収、損失分も肩代わりすることになった。落ちぶれたホテルにアルワリードは金を出しすぎた、エゴの塊のような人間にとってはあのブランドがステータスなのか、などと批判的な記事を書き立てるメディアもあったが、シャープは、アルワリードがフォーシーズンズの経営陣を信頼してくれ、プロジェクトを長期的な視点で見るにはどうしたらいいのかとアドバイスを求め、そのアドバイスに基づいて金銭的な支援をしてくれたと述べ、アルワリードの忍耐強さを褒めたたえている。

「あんなに長期的な視点で事を進めていく人間なんてそういるものではない。結果的にパリのベストホテルになったし、世界のベストホテルのひとつにもなったからね。経済的にも、あれは彼にとって突出した企業投資になった。つまり、だれ一人できるとも思っていなかったし、信頼もしてくれなかった、そんなホテルの価値を創造したということだよ」

当初はアルワリードと意見の相違があったものの、シャープは過去を振り返り、それが結果的にプラスになったのだと考えている。

「フォーシーズンズにとってもまたとないチャンスになり、王子にとっても素晴らしい投資になった、まれに見る状況だったんじゃないかな」

勝つのが好きなアルワリード、最後にはお金に物を言わせたということである。

一九九六年一二月末、アルワリードはホテルを買収し、フォーシーズンズが運営することで取引が成立。ところが、そこは頑固な事業家の二人、今度はホテルの正面玄関《ファサード》の外観を巡って口論を始めたのである。アルワリードが考えていたのは、歴史的な優良ブランドのひとつであるジョルジュサンクの名前を目立たせること。一方のシャープは、フォーシーズンズのレーベルを目立つように掲げたいと考えていた。当時の緊迫した雰囲気を思い出し、このカナダ人は笑いながらこう話してくれた。

「そうだね、言い合ったね。確かにジョルジュサンクは歴史の一部だが、やっぱり世界で競争させるとなるとね。だからわれわれのブランドを認知してもらうことがいかに重要かを説明したんだ——そしてそうする唯一の方法がブランド名を建物に掲げて大々的に宣伝することなんだとね。つまり〝フォーシーズンズ・ホテル・ジョルジュサンク・パリ〟という具合にね。最後には彼も同調してくれたよ。そしてフォーシーズンズのマーケティング力を総動員してホテルを支援させたんだ。だからうまく売り込むことができたんだよ。もちろん、この宣伝も成功要因のひとつだよ」

実は、フォーシーズンズのブランドは人目には触れるものの、クラシカルな装飾の正面玄関《ファサード》にあっては比較的存在感が薄い。だが、ホテルの広告には確かにフォーシーズンズの名前がある。基本的にアルワリードは自分の意思を貫徹し、前を通りかかった人の目にれっきとしたブランドとしてジョルジュサンクを認識させることに成功したのである。

改修工事を経て一九九九年一二月に営業を再開したこのホテルは、質の高いサービスの提供と目を見張る刷新を成し遂げたことの両方で数々の栄誉を授かった。二〇〇〇年には多数の業界誌で〝世界のベストホテル〟に選ばれ、それ以降、先例のない四年連続で首位を独走している。

独特のフラワーアレンジメントにも多くのコメントが寄せられた。毎年一〇〇万ドル近くの費用を掛けていることもあり、通行人もわざわざ足を止めて見入ってしまうほどである。だが、そのことばかりに驚いていてはいけない。そのテーマにもストーリーがあったのだ。ロビーや通路には胸の高さほどある大きなガラスの花瓶をずらりと並べ、そこに背の高い花をまっすぐに、びっしりと差し、無数のキャンドルの明かりで照らしている。これが実に温かく洗練された雰囲気をかもし出しているのである。

さらにアルワリードは見事な石造りのホワイエを磨き直し、自ら発注した装飾用の石のプレートを二枚はめ込んだ。そこにはイスラムの聖典コーランから引用した短い詩が慎ましく彫られていた。アルワリードが言うには、それはここまでやってこられたことに対する神への尊敬と感謝のしるしだそうだ。

「わたしはムスリムだし、アラブ人だ。祖国の遺産や文化をとても誇りに思っている。だからコーランの一節を二つ彫ってもらったんだ。銘板としてもふさわしく、自分の気持ちにも近いものをね。それをロビーのメインエントランスに置いたというわけさ。ひとつは、〝神に感謝すれば、神は多くを与えてくれる〟という意味だ。もうひとつは、〝すべては神の恵みの賜り物なり〟だよ」

毎年二回ほどパリに滞在し、街中を早足で延々と歩き回るのが好きなアルワリード、ホテルの正面玄関《ファサード》、ジョルジュサンクの名を刻んだ大きなほろの下で立ち止まると、少し取り澄ました笑みを浮かべた。そしてエントランス近くの壁の看板を指さしながら、なぜフォーシーズンズ・ホテルという文字のすぐ下にジョルジュサンクの名前があるのかを教えてくれた――これこそシャープらが必死で守ろうとしたものなのだ。

「イッシーはあれに二七〇〇万ドル掛けたんだよ」

アルワリードは茶目っ気たっぷりにそう言うと、またホテルの前を早足に立ち去った。

カナリアの歌

億万長者は昼食を取りながらどんな話をしているのだろう？

まさか「チップをいくら置いていこうか」などという話ではあるまい。アルワリードはイタリアの洗練された都市ミラノの知人宅で昼食を取っていた。チップが話題に上ることはなさそうだ。

一九九五年五月末のこと、アルワリードはヨーロッパのメディア業界で屈指の影響力を誇る男と一緒にいた。事実、シルビオ・ベルルスコーニの影響力は、イタリア首相の座に就いては退き、再び返り咲くという経歴から、メディア業界だけにとどまらなかった。

ちょうど二年前にアラブ・ラジオ・アンド・テレビジョン社（ＡＲＴ）に出資したのを機にメディアへの関心を高めていたアルワリード、何かビッグなことが起きるだろうと語っていたが、それから二年後のこのとき、ヨーロッパのメディア業界にどうしたら参入できるのかを模索していたのである。

その翌月には通信会社を買収するためにコンソーシアムを結成したことを考えると、アルワリードがベルルスコーニのやり方に感銘を受けたのは間違いない。その後アルワリードは一億ドルを投じ、メディアセット社の株式の二・三％を取得した。ベルルスコーニ一族が所有する企業グループ、フィニンベスト社の子会社である。

その年の秋にはもうひとつ、鳴り物入りの大型買収が現実味を帯びてきた。

ロンドンのドックランド地区には、あるカナダの事業家がまとめた壮大な計画の跡地が広がっていた。カナリーワーフの名で知られ、新たなランドマークとなる三四・四ヘクタールに及ぶ高層ビジネスパークを建設し、地域を活性化しようというプロジェクトである。

当時はヨーロッパ最大の不動産・土地開発プロジェクトだったのだが、残念ながら、完成した途端に経済が失速し、空室率の高さが大きく影響するようになった。一九九二年にはウィーン出身のポール・ライヒマンが自ら構想したプロジェクトを手放した。会社は破産を申請し、第三者の手に渡ったが、その第三者も、そのまま経営を続けて事業を立て直すか、それとも売却するかの選択を迫られた。約一五万七九〇〇平方メートルの空きスペースを抱えたカナリーワーフは、ますます手に負えない無用の長物と化してきた。ところが一九九五年一〇月、ライヒマンに再び運が巡ってきた。アルワリードと投資家たちのコンソーシアムが、銀行に一二億ドルを支払ってテムズ川沿いの開発を担当するベンチャーの経営権を取得したのに続き、ライヒマンにその運営を任せたのである。当時はこれを大いに疑問視する声も上がったが、シティグループのサンディ・ワイルの見方は違っていた。

「彼（アルワリード）は素晴らしい事業家だよ。すごく実務的だしね。カナリーワーフに出資してポール・ライヒマンに接触した。プロジェクトの全構想を練って着手したが、オーバーレバレッジ（過剰な借り入れ）で手放さざるを得なかった、まさにその人物だよ。だからライヒマンをそのベンチャーのパートナーにしたわけだ。だって、何がどこにあるのか、すべてを把握しているのはライヒマンだろう。それに、だれよりもそのプロジェクトに詳しいし、愛着がある。彼はそう考えたんだよ。何とも賢いやり方じゃないか」

アルワリードの投資グループは、大規模な不動産開発プロジェクトを救済したことで、この一件で厳しい財政逼迫にあえいでいたイギリスの政財界から称賛された。

アルワリードはこの取引でカナリーワーフ社の株式の六％を取得した。同社は一九九九年に株式を公開し、二〇〇〇年には株価がピークを付けた。そして二〇〇一年一月、アルワリードも当初の出資額六三〇〇万ユーロ（当時のレートで六六〇〇万ドル）の三分の二を売却し、運良く一億九二〇〇万ユーロ（二億四〇〇〇万ドル）を手にすることができた――五年にわたる投資で得たリターンは、推定で年四七・七％。その直後には株価が下降を始め、二〇〇四年の初めには再び経営権争いが勃発した。

カナリーワーフについてはそろそろ潮時だと考えていたアルワリード、株を売却して巨額の利益を手に入れたのだった。

一握りの宝石

一九九〇年代初頭に国際市場に真剣に目を向け始めたころから、アルワリードは苦境に陥っている一流ブランドに参加する機会を虎視眈々と狙っていた。

シティコープに資本参加してから間もない一九九三年、アルワリードはニューヨークの高級百貨店サックス・フィフスアベニュー株の一〇％を取得した。この取引に費やした額は一億ドル。その結果、最高級の小売店の一部が手に入った。サックスにとっても良い取引だった。中東の主要ショッピングエリアに出店するビッグチャンスをアルワリードが開拓してくれたからだ。まずはサウジアラビアの首都リヤドに主力店を出すことになった。

その一年後には、メディアの注目度は低かったが、ある重要な商談がオランダでまとまった。中東でインフラ整備が進んでいるだけでなく、他国でも建設プロジェクトが増えているのを実感していたアルワリード、自身も建設プロジェクトで数千万ドルという莫大な利益を得ていたことから、建設業界にももっとしっかりした足場を築きたいと考え、ヨーロッパの大手建設会社バラスト・ネダムに出資したのである。ロッテルダム近郊に本社を置き、ダムや橋梁、土地造成、舗装道路、スタジアムや競技場といった大規模プロジェクトに特化している会社である。中東その他の各種建設プロジェクトでアルワリードがディベロッパーと契約を結ぼうというとき、この提携は何かと重宝した。

＊＊＊＊＊＊＊＊＊＊＊＊＊＊

一九九〇年代のもうひとつの国際コア投資にＩＴ（情報技術）セクターがある。一九九六年、アルワリードは一〇日間のアメリカ旅行に出掛けた。不動産物件を見て回るというのが表向きの理由だったが、西海岸ではオラクルの創業者ラリー・エリソンと深夜の会談を行った。サンフランシスコ郊外のエリソン邸で会った二人の億万長者は、ドットコム業界のこと、ネットスケープやマイクロソフトといった企業のこと、そしてインターネットの未来について語り合った。以前からテクノロジーの恩恵に十分に浴していたアルワリードだが、筋金入りの〝テッキー〟（**訳注**　コンピューターなどの技術に詳しい者、技術者などの意味）というわけではない。ただ事業家として居ても立ってもいられなかったのだ。

そして翌一九九七年三月、アルワリードはリヤドの執務室で仕事をしながら、密かにアップル株の買い付けを始めた。アルワリードがすでにアップルに触手を伸ばしているとは思いも寄らなかったエリソン。一緒に業績不振のアップルにＴＯＢ（株式公開買い付け）を仕掛けることに興味はあるかと電話で聞いてみた。ところがアルワリード、用心深く弁護士に電話を取らせ、エリソンと直接話をするのを避けたのだ。インサイダー取引を規制するアメリカの規則に抵触することを恐れたからだ。

売買報告書を見ると、アルワリードは一億一五〇〇万ドルでアップル株を六二三万株取得しており、保有率も五％近くに上っていたことが分かるが、今までアルワリードが同社株の保有率について公に発言したことはない。アップル株は一九九五年の半ばには五〇ドル前後で推移していたが、最初の取引が行われたのはその株価が一八ドル辺りまで下落した一九九七年だった。そして一九九九年一二月、アルワリードは報告書に目をやるたびに、またアップル株が九六ドルに跳ね上がっているのを見るにつけ、笑いが止まらなくなっていた。たった三〇カ月で五億ドルもの儲けが出れば、だれだって笑いが止まらなくなる。

後にエリソンは、自分としては同社の経営権を握ることを念頭に置いていたが、それはやめることにしたと言い、一九九七年にアップル株の五％を取得するという英断を下したアルワリードを絶賛した。結局、アルワリードはこの会社の筆頭株主になった。

この同じ年、アルワリードはメディア分野についても調査を続け、じっと観察してきたもうひとつのビッグネームに狙いを定めていた。

ルパート・マードック率いるメディア帝国ニューズ・コーポレーションは一九九〇年代に向けてあまり良いスタートを切れず、この時期になっても不振が続いていた。アルワリードは、〝ほぼすべての国に利害関係を持つ、本当の意味での唯一のグローバルメディア企業〟と自ら評するこの企業の株を仕込む機会をうかがっていた。確かに同社は、映画製作会社、新聞社、出版社、テレビ局など八〇〇を超える企業を傘下に収めており、なかには出版大手のハーパーコリンズ、フォックスTV、スカイTV、スターTV、イギリスを代表する新聞タイムズといった一流どころも含まれていた。

事前に調査を終えたアルワリードは、四億ドルでニューズ・コーポレーションの議決権制限付の優先株を購入し、マードックとリバティメディアの会長ジョン・マローンに次いで、同社の五％を所有する第三の大株主となった。アルワリードとマードックは良好な関係を築いており、このオーストラリア出身のメディア王も、サウジアラビアのプリンスの率直な姿勢を高く評価している。

「とても友好的だよ。年に二〜三度、方針が食い違うこともあるが、彼は実に積極的だし、すぐに意見を言ってくれるんだ。株主としてはけっして受け身ではなく、かなり協力的だね」

こうして資本参加してからはアルワリードが万難を排して支援してくれることに、マードックは恐縮している。

「いつも苦楽を共にしてくれ、支援してくれるんだ。株を売ったことなど一度もないよ」

実はアルワリード、一九九九年四月にさらに二億ドルを追加投資し、同社への出資額を六億ドルに増やしていた。マードックのメディア帝国にはフォックスTVなどアメリカの大企業も含まれていたが、アルワリードはアメリカのメディア市場に直接投資するのを控えていた。株価が高すぎるし、ある意味で、アメリカ人が敏感に反応する業界でアラブ人投資家がどう受け入れられるのか分からない、というのがアルワリードの弁だ。

＊＊＊＊＊＊＊＊＊＊＊＊

アルワリードは、好調と不調を繰り返しているテクノロジーセクターの二つのブランドにも心引かれていた。しかし、実際にリターンを得るにはそれを乗り越える必要があった。

一九九七年一一月には携帯電話とエレクトロニクスシステムの巨大メーカー、モトローラの株式の一％弱を二億八七〇〇万ドルで取得したが、その後二年間は山あり谷ありの道をたどることになった。一株七六ドルで購入したモトローラ株は、続く一二カ月の間に三八ドルまで下落し、翌年には九〇ドルまで急反発。王子の財務顧問によると、結局八二〇〇ドルの利益と五億三八〇〇万ドル分の所有権が王子の手元に残ったが、その後は再び打撃を受け、二〇〇四年には王子の利益も採算ラインぎりぎりのレベルになってしまったそうだ。

ネットスケープも、一九九七年同月にアルワリードが株式の五％を取得してから大きな浮き沈みを経験した。アルワリードはこのインターネット企業の株式四〇〇万株を一億四六〇〇万ドルで購入したが、その後株価は低迷。一年後の一九九八年一一月にアメリカ・オンライン（AOL）がネットスケープの買収を発表し、ようやく持ち直すというありさまだった。次に運命の波が襲ってきたのは二〇〇一年一月。AOLによるメディア大手タイム・ワーナーの買収が承認されたのである。この世界最大のインターネットメディア企業はAOLタイム・ワーナーと名づけられ、一九九九年春に合併手続きが完了。アルワリードが保有していたネットスケープ株はAOLタイム・ワーナー株四〇〇万株に交換され、投資資産は六億ドルにまで増大した。

アルワリードはさらに二〇〇一年と二〇〇二年に五億四〇〇〇万ドル分を買い増し、同社への出資額を一〇億ドル以上に増大させた。

2. 国際ノンコア投資

アルワリード自身も認めているとおり、国際的な取引ではいくつかミスを犯している――王子の言葉を借りると、確かに〝大失敗をやらかしている〟――が、金銭的には〝蚊に刺された程度〟の痛みしかない、と身構えて強調する。一億ドルという損失は確かに痛いが、自ら公表している二〇〇億ドル超の純資産額からすると、〇・五％にも満たない額なのである。

だが、注目度の高い投資には、それが成功するのか失敗するのかにメディアが注目するというリスクが付いて回る。メディアというのはとかくマイナス面ばかりを議論し、常に失敗をあげつらい、偏った報道をするものである。

そんな事例が二件ほどあったが、それはアルワリードが〝ノンコア投資〟と位置づけているものだった。ところが、そのうちのひとつが、完全な失敗とは言えないものの、ウォール街を仰天させたのである。失敗するに決まっている、と考えていた専門家の目には愚行にしか映らなかったからだ。

一九九〇年代の初め、シティコープとの契約を終えたアルワリードが欧米で腐心しているブルーチップ企業を入念に調査していたところ、もうひとつ、助けを必要としているアメリカのブランドがあることが分かった。だが、今回はアメリカからは遠く離れた国だった。

ディズニーの素晴らしき世界

ミッキーマウスがピンチだった――少なくともフランスのミッキーはピンチに陥っていた。一九九二年四月にグランドオープンを迎えたばかりのユーロディズニー。パリ郊外のマルヌラバレ市に四〇億ドルを掛けて建設されたテーマパークが不振にあえいでいた。ウォルト・ディズニーが威信を懸けたリゾートプロジェクトは、七つのホテルを擁し、客室も五〇〇〇室に及んでいた。ユーロディズニーのエンターテインメント村を設計、デザインしたマイケル・グレーブズ、ロバート・スターン、フランク・ゲーリーといった世界的な建築家やデザイナーが、上品でスタイリッシュな感覚を新たに加えるために召集された。滑り出しはまずまずで、初年には一〇〇〇万人が訪れたが、景気後退が始まった途端に莫大な負債を抱えるようになり、一九九四年夏には、パリの太陽の下でディズニーのトップが額に汗をにじませる程度では済まなくなってきた。借入金は三〇億ドル。そこに現れたのは恵みの雲ではなく、四方八方からの非難の声だった。ヨーロッパの不況、フランスの激しい反米感情など、ディズニー側は自己弁護をするかのようにテーマパークの歴然とした失敗の原因を次々と並べ立てたが、多くの人はパリの東三二キロという立地が悪いのだと考えていた。

ヨーロッパにテーマパークを建設するという構想は、一九八三年に同様のプロジェクトが東京で大成功を収めたあとに浮上したものだが、当初はそれをどこに建設するかでもめていた。スペインは年間を通して気候が温暖だという意見もあったが、結局、投資によって創出される雇用を大量に確保したいフランスが、できるだけ好条件で落札しようと躍起になってきた。そして現在テーマパークになっている一七八〇万六一六八平方メートルの敷地を割引価格で売り出すと、低金利の融資を実施し、パリのＲＥＲ（高速郊外地下鉄）をテーマパークまで延長することで合意を取りつけたのである。

しかし、カリフォルニア州バーバンクのウォルト・ディズニー本社にいるアメリカ人トップは市場を完全に見誤っている、とヨーロッパ人の多くが感じていた。ディズニー側は、バカンスを取るフランス人やヨーロッパ人は昼食に二時間程度を費やすため、アメリカのテーマパークではどこでも見られるベルトコンベアで料理を運ぶレストランは、味気ないというよりもむしろ効率的だと考えていた。したがって、ユーロディズニーのレストランでの大混雑など想定しておらず、イラ立って興奮気味の大勢の客をスタッフが慌ててさばく羽目になってしまったことがひとつ。もうひとつは、アメリカ人なら昼食時に飲酒を禁じられても平気なのだろうが、テーマパーク内でワインを飲めないとなれば、老若男女を問わず、食事中に酒をたしなむ習慣のあるフランス人からすれば大失敗だという点である。

マルヌラバレに行っても魅力ある体験など期待できそうもないと分かれば、パリのおしゃれなカフェを離れる人がいないのも当然だ。

ライトアップされたシャンゼリゼ大通りから遠く離れたいつもの場所で、砂漠のプリンスは忙しそうに次の行動計画を練っていた。一九九三年末、いつものようにリヤド郊外の砂漠のキャンプで週末を過ごしていたアルワリードは、かつてないほど明快な思考を巡らせていた。そこへウォール街の投資家の一人で、シティコープの取引にもかかわっていたスティーブ・ノリスから電話があった。二人で話をしているうちに、あるブランドが浮上した。こうしてアルワリードの目に留まったのがウォルト・ディズニーだったのである。ノリスはアルワリードの資金プールとディズニーのニーズとの接点を見いだそうとし、このアメリカの巨大企業のCFO（最高財務責任者）リチャード・ナヌラと会談を行った。アルワリードも調査に入り、一九九四年の晩春、パズルのピースが全部埋まったとみるや、当時最も緊密に仕事をしていた投資顧問のムスタファ・アルヘジャイランを呼び出して、ユーロディズニーの状態を入念に調べたところ解決不可能な大きな問題はひとつも見当たらなかったと告げたのである。

「一時的な問題だったんだ。みんなパリが嫌いなわけじゃないし、天候もディズニーも嫌いなわけじゃない。単純な問題だ。過剰債務だっただけさ。負債をカバーできるだけの資金がなかっただけなんだよ」

また、アルワリードはテーマパークの見通しは明るいとも考えていた。それにはいくつかの理由があった。ひとつは、ユーロトンネルが開通したことで（訳注　一九九四年五月に開業）、イギリス人の行楽客が英仏海峡を渡って押し寄せてくると考えたこと。アメリカのディズニーランドが大好きな彼らは、多かれ少なかれ同様の、しかも断然近くにあるテーマパークなら来てくれるはずだというわけだ。二つ目は、すでにフランスの鉄道がテーマパークまで開通していること。三つ目は、ホテルがインセンティブとして値下げをしていることである。

アルワリードは大型買収になりそうな活動を開始するようムスタファに指示を出し、六月には交渉に入った。ムスタファによると、これまでかかわった取引のなかでは一番難しく、込み入ったものだったらしい。当初ディズニー側は、一億ドルを出資してこの新規上場企業の四九％を保有したうえで――これは契約成立後に三九％に減少――、ロイヤルティーとテーマパークを運営する際の管理手数料による定期収入を確保しようと複雑な取り決めを用意していたのだが、一六日間白熱した議論を闘わせた結果、アルワリードがユーロディズニーとアメリカの親会社ウォルト・ディズニーから数々の譲歩を引き出して、しっかりした契約を取りつけることに成功した。

また、テーマパークの絶望的な状態をてこに、アルワリードとそのチームはどうにか一九九七年までは銀行に利払い――利息だけでも五億ドルに上る可能性があった――を見送ってもらうことにも成功した。さらに、せめて一九九九年までは年間七〇〇〇万ドルに上るロイヤルティーと管理手数料を償却するよう、ディズニー側を説得した。

カリフォルニアにいるディズニーの石頭の会長マイケル・アイズナーと、砂漠の星空の下にいるアルワリードとの間に衛星電話が開通した。ただ、最初はどうもぎこちなかった。回線が何度も切れてしまったのだ。それに、アルワリードに〝殿下〟という尊称を付ける理由がアイズナーにはどうしても理解できなかった。バーバンクでは普段使うことのない表現だったからだ。

間もなく最後の調整も終わり、アルワリードが三億四五〇〇万ドルを出資し、ユーロディズニーの所有権の二四％を取得することになった。

メディアはお決まりの陳腐な表現を散りばめて大々的に報じたが、大半がアルワリードを〝おとぎの国の王子様〟と形容した。倒産寸前のテーマパークを〝おとぎ話に出てくる妖精のように〟救ったからだ。

おとぎ話に出てくる白馬の騎士《ホワイトナイト》ではないが、王子の手綱さばきは見事であった。

「今ユーロディズニー株を一株一〇フラン（当時のレートで一・八ドル）で引き受けた投資家は、三～五年もすれば大満足するよ」と、アルワリードは楽観的に、また自信たっぷりに宣言した。例によって、遠い先を見据えていた。

ディズニー側が文化的に譲歩した点もいくつかある。ディズニーテーマパークのシンボルである眠れる森の美女の城にある小塔を、アメリカのディズニーランドのバイエルン様式（**訳注**　ノイシュバンシュタイン城がモデルだと言われる）から一五世紀のフランスの様式に改めたことがひとつ。もうひとつは、今ではフランス人もワイングラスを手にして文化的な喜びに浸れるようになったことである。しかし、それでもあらゆる批判をかわすのは難しく、どこへ行ってもアメリカ文化が幅を利かせているとして、ユーロディズニーを〝チェルノブイリの文化版〟だと言う者もいたし、酒を出すようになったことから〝ユーロドリンキー〟とからかうイギリスの風刺雑誌もあった。

そうこうしているうちに、ディズニーの業績も上向いてきたようだ。堅実な経営と新たなマーケティング、入場料の割引、十分に体制を整えたレストランとで、一九九五年第2四半期にはどうにか初めて赤字を脱し、アルワリードの投資資産も倍増した。一九九〇年代末にはユーロディズニーもヨーロッパ有数の観光名所となり、名称も〝ディズニーランド・リゾート・パリ〟に改められた。これで自信をつけたアメリカの巨人、今度はアメリカで実施しているマルチパーク戦略の成功を足掛かりに、パリ郊外に第二のテーマパーク建設を決めた。来客に長期滞在してもらい、たくさん食べてもらい、多額のお金を落としてもらうのが狙いであった。

九・一一同時多発テロ事件からちょうど半年後の二〇〇二年三月、ウォルト・ディズニー・スタジオがオープンした。ところが、また振り出しに戻ってしまった、とだれもが落胆した――入場者の少なさは深刻だった。ディズニー側は、労働者のストライキによって深刻な輸送問題が起きたからだと言ってフランスの労働争議を引き合いに出したり、ひどい悪天候で旅行の計画が立てにくくなったからだと言っては、また別の要因を理由に挙げたりした。さらにそれに追い討ちを掛けるように、間もなく新型肺炎（ＳＡＲＳ＝重症急性呼吸器症候群）騒動でアジアからの観光客が激減し、イラク戦争が勃発し、アメリカや中東への旅行も制限されるようになった。だが消息筋に言わせれば、第二のテーマパークは単に料金が高すぎたのだ。入場料もしかりである。しかもユーロディズニーには四五のアトラクションがあるのに、ヨーロッパのウォルト・ディズニー・スタジオには目玉となるアトラクションが八つしかない。

二〇〇四年、同社の経営は再び悪化した。一九九四年の最初の救済から丸一〇年がたった今、ユーロディズニーは二〇億ドル超の負債に苦しんでおり、アルワリードも同社の保有株比率を一七％に減らした。時折入場者が急増することもあり、二〇〇二年には空前の一三一〇万人を記録したが、一六〇〇万人程度は必要だった。しかし、入場者数がこれ以上増える見込みはなかった。

アルワリードのプロジェクトに対する頑固な忠誠心に批判的なメディアも、アルワリードがなぜそこまで固執するのか理解に苦しんでいたようだ。それにしても、アルワリードは忠実だった。

「わたしにとって、ユーロディズニーはとても価値のある投資なんだ。フランスだけでなく、ヨーロッパでもナンバーワンの観光名所じゃないか。毎年一三〇〇万人ぐらいが訪れているし、時代を先取りして開発を進めている。確かに負債は多すぎるし、資本構成は問題だ。一度再構築したけど、これからまた再構築に取り掛かるところだ。でも、ユーロディズニーのパワーを侮っちゃ駄目だよ。全盛期はまだこれからなんだから」

ディズニーのトップの座に長年君臨しているマイケル・アイズナーのほうは、親会社の支配権争いに自ら参戦中だったが、アルワリードのサポートには感謝している。

「びっくりするほど忠実だよ、彼は。わたしだけではなく、メディアにも同じことを言っているだろう」

少なくともメディアによれば、これが問題の投資のひとつになったため、アルワリードはバーバンクの親会社に支援や指導をいっそう求めるようになったらしい。アルワリードは、最初の出資以来ディズニーのＣＥＯとの関係樹立に何年も費やしてきた。二人とも遠慮なく物を言うタイプだが――アイズナーはよく不愉快で独裁的だと言われる――、親しげにやりとりを交わしていた。二一世紀に入り、アメリカのテーマパークのほうでパビリオンのデザインが問題になったときも、アルワリードはアイズナーの頼みの綱となった。

「彼とは何度も会っているが、一番面白かったのは、彼（アルワリード）が頼まれもしないのにフロリダに建設中のパビリオンについてわたしにアドバイスしてきたことだな。アラブ世界とかイスラエル人に対して少し無神経なところがあったのかもしれんが、これがちょっとした外交問題になってね。彼はとにかく物を言う人間だ。すぐに電話をしてきて、『どうするのか説明してくれ』と言うんだ。そのあとで、どうすべきかを教えてくれたけどね」

複数のレポートによると、アルワリードはディズニー王国のトップとの人脈を使ってパビリオンのデザインを変更させるよう迫られていたようだ。エルサレムをイスラエルの首都としてイメージしたデザインにしようというディズニーの計画にアラブ世界が失望し、猛反発していたからだ。問題はアラブ連盟にまで波及した。アラブ連盟は国連会議を招集し、ディズニーのボイコットを協議した。そこでアルワリードは、ディズニーは〝無宗教〟だから安心してほしいというアイズナーのメッセージをＰＬＯ（パレスチナ解放機構）のヤセル・アラファト議長に伝え、アラブ人がディズニーをボイコットしても〝ミッキーマウス〟だと思われるのがオチだと告げた（訳注 〝ミッキーマウス〟には、くだらない、陳腐な、時代遅れの、無意味な、などの意味がある）。アルワリードはアラファト議長から問題解決を直接依頼されたらしく、アラブ連盟の事務局長やエジプトの外相など、多くの大物に電話をかけては状況を説明し、最後には緊張を解いたということだ。

二〇〇四年一月にもアルワリードはアイズナーをサポートしている。アイズナーが二〇年間率いてきた会社の支配権争いに巻き込まれたときだ。創業者ウォルト・ディズニーの孫のロイ・ディズニーが、会長とＣＥＯの座を両方独占していたアイズナーとの不和から取締役を辞任。当時の元取締役会メンバーも、アイズナーの能力を疑問視するとしてキャンペーンに乗り出し、アイズナー解任に動いていた。

「アイズナーは友人だし、盟友だ。ロイ・ディズニーとは違うんだよ」

アメリカのワイオミング州ジャクソンホールで休暇を取っていたアルワリードに密着していた新聞記者からの電話に、アルワリードは怒鳴るようにそう言った。

続く取締役会の争いでアイズナーは三月に会長職を追われたが、ＣＥＯの座にはとどまった。だが、二〇〇六年の契約終了時にはＣＥＯを辞任することを発表した。

二〇〇四年が近づいても、ユーロディズニーの未来はまだ宙に浮いたままだった。アルワリードは再生のためにあらゆる可能性を模索した。再び緊急の資金援助をすることも考えたが、ほかの投資家が支援してくれればいいと願った。税金の使い道でフランスの大衆を怒らせてはまずいので、場合によっては間接的でもいいからフランス政府にも参加してほしかった。だが、アルワリードにとってそれ以上に良い選択肢は、格安価格でフランスにあるディズニーのホテルをいくつか買収することだった。そうすれば一流の不動産が手に入るし、ホテルのポートフォリオとしては最適だ。しかも、フォーシーズンズとフェアモントというブランドをディズニーリゾートに持ち込むチャンスでもある――アルワリードは自社のホテルチームとその可能性についての協議に入った。

それから一年後、当初の資産価値は三分の一近く目減りしたものの、アルワリードは相変わらず実に楽観的だった。そんなアルワリードの考え方はこうだ。

「一難去ってまた一難さ」

試練の取引

一九九〇年代後半のアルワリードには目立った取引が少なく、資産価値もさほど影響を受けなかったが、メディアは大々的に報道した。

一九九七年四月、アルワリードの習熟曲線が大きく動いた。すでに多くの分野で成功していたにもかかわらず、この四月には後々悩みの種になる決定を下してしまったのだ。

アルワリードは五七〇〇万ドルを出資し、アーノルド・シュワルツェネッガーやシルベスター・スタローン、ブルース・ウィリスといったアクション映画のスターとゆかりのあるレストランチェーン、プラネット・ハリウッドの株式の四%を取得した。それから一八カ月後の一九九八年一一月、同社の株価が急落すると、アルワリードはさらに深入りし、四五〇〇万ドルであと一六%分を買い増した。翌一九九九年八月には会社側が事業再編のために資金を必要としているということで、アルワリードはまたポケットに手を入れた。ところがそれからわずか数カ月後のこと、プラネット・ハリウッドが破産を申請したのである。クリスマスの直前、プラネット・ハリウッドの星は姿を消した。株式の二〇%を取得するために投資した総額一億一二〇〇万ドルのうち、アルワリードの手元に残ったのはわずか八〇〇〇万ドルだった。

同社を信じていたから支援したのだ、同社は大きな可能性を秘めた優良ブランドであり、未開拓の市場もたくさんある、とアルワリードは言う。アルワリードにとっては比較的少額で済んだが、メディアにとっては利用したくてうずうずしていた、極めて話題性のあるグローバル企業であった。

* * * * * * * * * * * * *

企業を徹底調査し、目標を設定し、その価格になるまでじっと待つ。二〇〇〇年初頭以降、アルワリードは徹底してこの投資戦略を実践するようになった。

二〇〇〇年には『ギネス世界記録２０００』の「アジア一裕福な事業家」にアルワリード王子が選ばれた。

四五歳のアルワリードにしてはまずまずだ。

また、このころはアルワリードが人跡未踏の領域に巨額の投資をした最後の時期でもあった。アルワリードは、コカ・コーラやフォード・モーターなど、えり抜きの〝オールドエコノミー〟株とワールドコムやプライスライン・ドットコムといった〝ニューエコノミー〟株に二〇億ドル近くを投資した。揺るぎない実績を持った定評あるブルーチップ企業とインターネットブームの花形企業の寄せ集めだったが、結果もまた種々多様であった。

アルワリードにとっては不運だったが、単独では最も多額の二億ドルを投じたワールドコムは二〇〇二年後半に倒産し、プライスラインもドットコムセクターの崩壊と共に沈没した。ただ、オールドエコノミー株は良い買い物で、ニューエコノミー株の損失分を補てんしてくれていることが分かった。

アルワリードは、いつもの厳格な長期戦略から事実上逸脱していたこの特定の投資の数々を〝ミレニアムバグ（西暦二〇〇〇年問題）〟と呼んでいた。出資に先立つ詳細なリサーチや研究をないがしろにしたのは、ドットコムブームに乗り遅れまいという気持ちがあったからかもしれない。

だが相対的に見ると、二〇〇億ドル超のポートフォリオを運用する人間からすれば微々たるもの。長期的には儲かった投資もあれば損をした投資もあるということだ。そんな教訓も得られた投資であった。

借りを返す

アルワリードの多岐にわたる投資は、すでに事実上全世界の企業に及んでいたが、実は、東アジアに注力したことは一度もなかった。

アジア投資のきっかけになったのは、アルワリードが投資ミッションの一員としてアジア市場を訪れたときだったが、当時、東アジアは金融危機に見舞われていた。だれもが東アジアに見切りをつけて資本をよそに移してしまい、株式も通貨も暴落していた。ところが、アルワリードはパニックに陥っている投資家をよそに東アジアに出向き、自分は多くの投資家のなかで東アジアに投資する初の投資家であり、この地域の発展を大いに確信していると宣言したのである。

これについては一般に知られていないエピソードがある。

アルワリードは韓国への投資を切望していた。理由はアルワリードが起業したばかりの一九八〇年代の初めにさかのぼる。

アルワリードがアメリカ留学を終えてリヤドに戻ったときには、まだ基本的に契約を必死で取りつけようとする無名のプレーヤーだったが、そのアルワリードに初めてチャンスを与えてくれたのが、サウジアラビアで建設プロジェクトを計画していた韓国企業だったのだ。韓国の受託業者から、熱心で手際の良い連絡窓口だということを証明するチャンスをもらったことで、アルワリードの能力が公に認められるに至ったというわけだ。

一九九七年から九八年にかけて、アジアは金融危機に苦しんでおり、なかでも韓国は深刻だった。アルワリードは韓国をはじめ自分が着目しているほかのアジア地域に鳴り物入りの投資をすることで、韓国企業に対する信頼を公に示すことができると考えた。

そこで韓国経済が苦境にあえいでいるさなかの一九九七年一〇月初旬、手始めに五〇〇〇万ドルでデウ社（大宇）の転換社債を購入し、この韓国の財閥系自動車メーカーの所有権の五・九％を取得した。翌年にはこの比率を上げて一八％にし、さらに追加で一億ドルを差し入れた。

一一月には四六〇〇万ドルを惜しげもなく投じてマレーシアの自動車メーカー、プロトン社

（**訳注**　Perusahaan Otomobile Nasional 社の略称）の三％を、また一二月下旬にはシンガポールのホテル経営者、王明星《オン・ベンセン》が所有する現地の不動産開発会社ホテル・プロパティーズ社の所有権の三％を取得した。王明星《オン・ベンセン》は、以前失敗に終わったプラネット・ハリウッドの投資仲間であった。

その二カ月後、アルワリードはヒュンダイモーター社（現代自動車）の転換社債を五〇〇〇万ドル分購入した。

このころ、実業界はアジア投資にやたらと熱心なアルワリードに興味津々になっており、アルワリードが先見の明のある戦略的な投資家なのか、それとも駄目になるのかをかたずをのんで見守っていた。

もちろん、アルワリードは韓国やほかのアジア諸国の景気回復を信じて投資をしていたわけだが、まさに王子の思惑どおり、景気は回復した。

アルワリードによれば、アジア投資は二〇〇四年の時点では五分五分の成績だそうだ。期待していたような東洋のゴールドラッシュにはならなかったが、アルワリードの銀行勘定も目に見えて目減りしたわけではない。いずれにしても、冷静にみれば韓国に恩返しができた……、つまり借りを返すという目的は果たした、とアルワリードは言う。

失敗に終わった取引

しばらくの間テクノロジーセクターでビッグディールを物色していたアルワリードだが、一九九八年四月には、メディアが大騒ぎするなか、二億ドルを投じてアメリカのテレデシック社の一三・七％を取得した。テレデシックとは、米携帯電話業界の草分けであるクレイグ・マッコー、マイクロソフトのビル・ゲイツ、そして航空大手のボーイングなどが資本参加して設立した会社である。アルワリードがテレデシックを知ったのは、数カ月前にビジネス雑誌で同社の会長ラッセル・ダガットの特集記事を読んだのがきっかけだった。世界中どこにいても電話やテレビ、インターネット、ファクスなどでつながっていないと気が済まないアルワリードにとっては、この〝インターネット・イン・ザ・スカイ〟が理想的な投資なのか、とメディアもあれこれと憶測していた。テレデシックは、世界中どこからでも可能なインターネット接続、ビデオ会議、コンピューターネットワークを二八八個の低軌道衛星を中継して提供することを発表したが、その一年前にはすでにボーイングが一億ドルを出資して所有権の一〇％を取得していた。つまりアルワリードは四三％も高い金額を支払ったことになるわけだが、それでも十分に出資する価値はあり、中東に導入できる最先端のサービスとしては理想的だ、とアルワリードは反論した。

この先駆的分野はまだ緒に就いたばかりだったため、アルワリードも参加してみたかったのだろうが、テレコム業界のアナリストは半信半疑であった。アルワリードには気の毒だが、やはりアナリストの見方は正しく、この先駆的産業全体が頓挫してしまった。

メディアへの投資、とくにニューズ・コーポレーションへの投資は大成功を収めていたが、アルワリードは相変わらず、株価が高すぎるという理由でアメリカのメディア市場に直接投資をするのを避けていた。

その代わり、一九九九年の終わりごろにはヨーロッパ全域をカバーする初のテレビネットワーク設立を目指すベンチャーの取りまとめを手伝っていた。すでにベルルスコーニ率いるメディアセットの三％を手中に収め、ニューズ・コーポレーションの株式も大量に保有していたアルワリードは、キルヒメディア社の三・一九％を二億ドルで購入することを決定。これは同額を出資したメディアセット以上、さらに多額を出資したニューズ・コーポレーションをもしのぐ比率であった。

その後イタリア最大の商業テレビ局メディアセットは、資産総額一〇億ドル以上を誇るバイエルン州の〝政商〟レオ・キルヒが所有するドイツ第二位のメディア企業と提携した。

しかし、これは不幸な結末に終わった。そのわずか二年後の二〇〇二年四月、レオ・キルヒがキルヒメディアの倒産を宣言したのである。アルワリードが資本参加したあとだった。また、その一カ月後にはキルヒ・ペイＴＶも倒産。アルワリードがさらに一億五〇〇〇万ドル程度を出資して同社の所有権の三・三％を取得した直後のことだった。

＊＊＊＊＊＊＊＊＊＊＊＊＊＊

ただ、ノンコア投資のすべてが失敗に終わったわけではない。

時間を作ってサハラ以南のアフリカを旅したアルワリードは、長期にわたって五億ドルを投資することを約束し、一九九八年にその約束を果たした。

続くアフリカ訪問では、自身が関与している地域の状況を入念にチェックした。大きな可能性を秘めた国もあるが、投資には忍耐が必要であり、軌道に乗せるには厄介な商慣行があることが分かったからだ。

またＩＰＯ（新規株式公開）を通じて、セネガルの国営通信事業者ソナテル社の株式の一〇％を買い付けた。フランス企業も同社の株式の三三％を握っていた。

アルワリードは西アフリカに支店網を持つエコバンクという銀行もアフリカの投資先として狙っており、結局その所有権の一〇％を取得した。

その直後にはナイジェリアのユナイテッド・バンク・フォー・アフリカの株式の一三・七％を購入し、同行の筆頭株主となった。そしてその一年後にはアフリカの金融セクターにも関心を広げ、ガーナのＣＡＬマーチャント・バンクの株式の一四％を買い付けた。

二〇〇四年にはアルワリードのアフリカへの投資総額が五〇〇〇万ドルに上ったが、その同じ金額を何度となくアフリカ諸国の慈善活動に寄付している。また、アフリカ基金の運用会社と合弁で投資会社を設立する準備にも取り掛かっていた。これはこの地域へのアルワリードの投資を拡大、慣例化することが目的だった。

3. サウジアラビアベースの投資

リヤドの好景気は一九九〇年代の半ばになってもまだ続いていた。以前は大きな港町ジェッダがビジネスの中心だったが、そんなジェッダのお株を少し奪った格好だった。砂漠の真ん中で少々辺ぴに思われがちだが、リヤドは湿度が低く、定住を始めたばかりの人々には住みやすいところだった。政府によると、一九七〇年代半ばに起きたオイルブーム後の二〇年間で人口は一〇倍に増えたという。わずか数十万だった人口が今では三五〇万になり、リヤドの開発当局も、向こう二〇年でこの数字がさらに三倍以上になるとみている。サウジアラビア王室の存在も、王国の正式な首都であることはもちろん、権力の中枢であることを裏付けている。

自家用ジェット機で世界中を飛び回ってはいるが、アルワリードにとってリヤドは故郷であり、リヤドの成長と共に自身も成長してきたところである。

だからアルワリードもサウジアラビアを、そしてその首都リヤドを拠点にして活動できるのを誇りに思っているのである。

ある意味でリヤドはアルワリードの町であり、そこでは圧倒的な存在感を示している。アルワリードのサウジアラビアベースの投資を管理しているのが、そんなリヤドに本社を置くキングダム・ホールディング社である。サウジアラビアベースとはいえ、実際には自国だけでなく、中東地域全体に投資対象を広げている。

これらの投資は二種類——非公開企業と公開企業——に分類され、効率良く管理運用されている。どちらも大成功を収めているが、一九九〇年代半ば以降、サウジアラビア市場が堅調に推移してきてからはとくに顕著である。

非公開企業への投資は、主として話題性もあるアルワリードの野心的なキングダムプロジェクトに集中している。

キングダム社の建設

顔が利く大富豪の座に上り詰めたアルワリードだが、それに大きく貢献してきたのが土地と建設である。土地と建設にはさらに大きなポテンシャルがあると考えていたアルワリード、オライヤ地区に未開発の土地がかなりあることに気がついた。オライヤ地区とは、電化製品から装飾品まで何でも扱うよろず屋のような小店舗が点在しているだけの寂れたリヤドの一地区だ。そこでアルワリード、一九八〇年代末に土地を購入したいと初めて地主に接触したが、一平方メートル当たり六〇〇〇サウジリヤル（一六〇〇ドル相当）という言い値に驚かされた。常に掘り出し物を探していたアルワリードはさっさとその場を立ち去ったが、その後もその土地のことを気に掛けており、一九九〇年にイラク軍の侵攻でクウェートが混乱状態に陥ったときに再びその地主を訪ねてみた。資本は国外に流出し、パニックに陥ったサウジアラビア人や外国の駐在員は、次はサウジアラビアが攻撃される番だとびくびくしていた。例の地主も、一平方メートル当たりわずか二〇〇〇サウジリヤル（五三三ドル相当）で土地を手放すことに同意した。当初の言い値の三分の一。アルワリードにとっては文句のつけようのない値段だった。

「よくあることだよ。格安だと思ったら買えばいい。いつも弱点を探していて、いざ見つかったらそこを突くんだよ」とアルワリードは振り返る。

まさにアルワリードはそうしたのである。空き地を買い占めてその半分を開発し、残りは将来開発するか、さもなければ売却するために、とりあえず取っておいた。結局は地価が急騰したため、その土地を少し売却した。

この危機のおかげで掘り出し物が見つかり、目標に近づいたアルワリードだが、地主の言葉にはあぜんとしたようだ。

「何て言ったと思う？　アメリカにサダムを倒せるわけがない、ってさ！」

サウジアラビアはアメリカの同盟国だという前提で、アルワリードは計算済みのリスクをとって購入に踏み切ったのだ。アメリカは断固として行動するだろうという、至極当然の信念に基づいた決断だったわけだ。

今やそのオライヤ地区の地価がリヤドで最も高くなり、アルワリードの野心みなぎるプロジェクトのひとつが進行している。地上三〇三メートル、キングダムタワーの洗練された現代的なモノリスが首都リヤドの空の輪郭を一変した。このタワーがなければ、面積が一八四万六〇〇〇平方キロメートルほどのリヤドは、クリーム色と白のブロックでできた、低い屋根の平たい建物ばかりが軒を並べる無秩序な町である。実際には建物の高さを三〇階までに制限する厳しい地方計画法があり、高層ビルはそう多くない。そうなると、アルワリードのプライドも喜びも高さ一八〇メートルまでということになる。アルワリードは世界中の建築家が描いた設計図を一〇〇点以上不合格にした。心の琴線に触れるものがひとつもなかったからだ。執務室には置く場所がなく、設計図は自宅のバスケットボールのコートに仕方なく積んでおいたのだが、それらもすべて片付け、送られてきた模型も全部処分してしまった。

その後、超高層ビルに特化している三つの建築事務所に設計を依頼。やがてアメリカのエラブ・ベケット社から送られてきた設計図を一目見たアルワリード、図面をつかむなり胸元に引き寄せてこう言った。

「これぞ、わがタワー」

オリジナルの設計では石とガラスが使われていたが、アルワリードは、それだとアラビア人の古い価値観の典型みたいだから、何かもっと超現代的で進歩的なものがいいと言い、全体をガラスとメタルにしたいと主張した。エラブ・ベケットのマネージングプリンシパルのウィリアム・チルトンは、王子には確かに鑑識眼があるが、本当の意味でやり手だと思ったのは、設計の規制をかいくぐったときだと述べている。つまり、一八〇メートル分の〝占有〟フロアを全部所有できるなら所有し、残りのフロア——全体で一二〇メートル分ある——を空き室にすればいいというのである。こうしてタワーの上部三分の一をメタルの骨組みだけにし、ビル全体を覆うように反射ガラスをはめ込んだ。上部五分の一は針の穴のように、また業界関係者によれば、栓抜きのようにも見える。最上階には〝スカイブリッジ〟と呼ばれる通路を走らせ、リヤドの壮大な景観を見下ろせる展望台にした。

まだ建設中だった一九九〇年代後半には、自家用のボーイング727型機が通り抜けられるように大きな穴を開けたような設計にしたのだ、と冗談を飛ばしていたアルワリードだったが、二〇〇一年九月一一日の同時多発テロ以降はそんな冗談もすっかり鳴りを潜めてしまった。

表彰もされたキングダムタワーがとにかく斬新な設計だというのは一目瞭然だ。タワーの設計者にとってもありがたいことだが、実に美しいタワーだという意見が圧倒的に多かった。時間帯によっては驚くべき方法で光を取り込み、骨組みに沿って雲の形をシュールに映し出す。また、夜には細長いスカイブリッジの下に開いた穴の部分に柔らかい光を当てるが、その光が色を変えながらゆっくりと穴の周りを一周するため、遠くから見ると光がネックレスのように見える仕掛けになっている。

アルワリードにもこれ以上人目を引くランドマークは思いつかなかっただろう。日の光に照らされた大きな一枚岩の針はガラスとクロムでできており、宇宙から降り立った宇宙ロケットを連想させる。アルファイサリアタワーという高層ビルがもうひとつ近くにあるが、やはりこのアイデアを踏襲したもので、これも宇宙ロケットをほうふつとさせる。もし宇宙人がオライヤ地区に降り立ったら、きっとアルワリードと会って将来の土地取引について手を打っているに違いない。

実は、一九九五年にアルワリードが発表したのは、一七億サウジリヤル（四億五三〇〇万ドル相当）を費やすキングダムタワーとすぐそばのキングダムセンターの建設だけではなかった。知名度を上げるために市内全体に自社名を掲げ、そこから利益を得るという壮大な計画を練っていたアルワリード、ほぼ同時期に四つのプロジェクトを発表したのである。

まずひとつ目はキングダムセンターとタワー。間違いなく最も注目されるランドマークプロジェクトである。決められた時間に女性たちが車を降りて直接ショッピングセンターのあるフロアまで行けるよう、ショッピングセンターに女性専用のドライブウエーを別に設計する。独身の男女が顔を合わせることがめったにないサウジアラビアの文化では、こうした配慮が必要だった。

二つ目は、四億サウジリヤル（一億七〇〇〇万ドル相当）を費やすキングダムホスピタル。これはアメリカのメイヨークリニック（**訳注**　ミネソタ州ロチェスターにある世界的に有名な病院）をモデルにしたもので、まずはベッド数が一二〇と、サウジアラビアでは最新設備を誇る病院にする。

三つ目は、三億三〇〇〇万サウジリヤル（八八〇〇万ドル相当）を掛けるプロジェクト、キングダムスクール。これはリヤドにある私立の上位三校に匹敵するもので、半年ごとに五三五〇ドルの授業料を納める学生四〇〇〇人を受け入れる。アルワリードは国立学校の教育課程に英語と技術の授業が足りないことを嘆き、実際にこうしたコースを自分の学校に設置することにしたのである。またリヤドの私立学校では、収容スペースの問題から年間五〇〇〇～六〇〇〇人の入学希望者を断っているため、こういうプロジェクトが大いに求められている。

そして最後は、四億サウジリヤル（一億七〇〇〇万ドル相当）を費やすキングダムシティー。

三三三世帯が住める居住スペースを擁する現代的な高級施設で、総合的なコミュニティーセンターも設置する。

この計画でのアルワリードの相対的な保有株比率は、キングダムセンターでは三二・五％、キングダムシティーでは三九％、キングダムホスピタルでは三六・四％、そしてキングダムスクールでは三〇％である。

一九九五年に一連のプロジェクトを発表したとき、アルワリードはすでに自社のブランドとこれらをどう一体化させるかを考えていた。キングダムシティーとスクール、ホスピタルを互いに隣接させ、一種のミニ都市を作るというのも一考であった。居住スペースの六五％の施設は、バラスト・ネダムのような大企業やキングダムホスピタルのスタッフに事前に貸し出された。学校はキングダムシティーに住む外国人の駐在員にとっては理想的だ。とくに子供を現地の学校に入れる余裕のある人にとっては便利である。病院も、そう簡単に国立病院には行けない彼らのニーズを満たすことができる。さらにアルワリードは、アップルに対して機材を学校に納入するよう依頼した。下のフロアについても、アルワリードは自身が所有する二つのブランドを入居させる計画を温めていた――フォーシーズンズにはタワーでホテルを運営させ、サックス・フィフスアベニューには高級小売店の目玉として近くのショッピングセンターに入居してもらうというもの。アルワリードが当時会長を務めていたユナイテッド・サウジ銀行もタワーのオフィススペースに入ることになった（銀行がここに移転してきたときには、サウジ・アメリカン銀行、つまりＳＡＭＢＡになっていた）。

こうしてアルワリードは、まるでジグソーパズルを完成させるように自らのブランドを構築していったのである。

企業帝国の拡張

自身にとっては不動産がまだ重要な資産だったため、アルワリードはホテルのポートフォリオが大きく成長していくのを見るにつけ、少なくとも中東では自分の戦略をもう少しきちんと組み立てる必要があると考えるようになった。

二〇〇二年三月、アルワリードは資本金二億一一〇〇万ドルでキングダム・ホテル・インベストメント・グループを設立した。一四のホテル施設の資産総額は、すでに営業中のものとまだ建設中のものを含めて約一〇億ドル。そこでアルワリード、拡張計画の一環としてホテルグループの経営で提携することで、以前から良好な関係にあった革命指導者ムアンマル・カダフィーとの関係強化を図ろうと、リビアに飛んだ。カダフィーのほうも、自身の国際的立場を向上させ、欧米に経済制裁を解除させてリビアに大規模な投資を誘致したいと考えていた。当初資本金は推定二〇〇〇万ドル。最初のプロジェクトとして考えられるのは、リビアにメーベンピックリゾートを開発することだった。

アルワリードがスイスのメーベンピックを取得したのは一九九七年一〇月のこと。すでにアメリカとカナダのホテルを所有していたアルワリードがメーベンピックに狙いを定めたのは、このヨーロッパ企業にはコア事業はなかったが、さまざまなタイプのホテルに投資をするという自分の計画に合致していたからだ。包括的業務に携わるセグメントに適したブランドが欲しかったが、すでに保有している企業と重複する企業や競合する企業は避けたかった。高級ホテルのフォーシーズンズはトップブランドだったし、フェアモントもそれに近かった。要するに、施設や場所によっては三つ星にも五つ星にもなる、柔軟なブランドとしてメーベンピックに白羽の矢を立てたのである。小規模ながらもアグレッシブなメーベンピックなら、一流ブランドが素通りするような多くの都市に入り込めるため、中東やアフリカに進出するにはもってこいだったのだ。

アルワリードは自らドイツのミュンヘンにメーベンピックの大株主であるフィンク男爵を訪ね、「貴殿のブランドには先がない」と告げたという。

けっして遠回しな言い方をしないアルワリードがこのドイツ人事業家の関心を引いたのは間違いない。長時間に及ぶ議論の末、フィンク男爵はこの若者の説得に応じた。メーベンピック株の二七％を取得する契約書に署名したアルワリードは、誠意のあかしとして、ベイルートのホテルをメーベンピックの傘下に置く取り決めに同意した。

その直後、アルワリードはベイルートにあるメリディアン・ホテルの五〇％を取得してメーベンピックに経営権を移すことで、フィンク男爵との約束を果たした。その後何年かはこのブランドを積極的に活用し、サウジアラビア、ヨルダン、エジプト、カタール、モロッコ、チュニジア、リビアでホテル開発と経営に当たらせた。二〇〇三年、メーベンピックにおけるアルワリードの保有株比率は三三％に増大した。

また、アルワリードはほかのブランド、とりわけフォーシーズンズとフェアモントにはさらに成長の余地があるとみて、フォーシーズンズの拡張を積極的に推進することを約束。そしてヨルダンの首都の一等地にフォーシーズンズ・アンマンを開発することを目指し、アラブ・ヨルダン投資銀行との七〇〇〇万ドルの合弁事業を引き受けた。小高い丘の上にあり、不規則に広がる市内が一望できるこの高級ホテルの自慢は、一七五の客室と広いレストラン、そしてパーティールームである。

この年、アルワリードは多額の小切手をもう一枚切り、カイロにあるナイルプラザという複合施設の五〇％を取得した。三億ドルを掛けた高級施設で、フォーシーズンズのほかにも高級アパートが入っていた。二〇〇二年には、人気のあるエジプトのリゾート地シャルムエルシェイクにもフォーシーズンズリゾートを建設することを決めており、後に一億二〇〇〇万ドルを出資した。

＊＊＊＊＊＊＊＊＊＊＊＊＊＊＊

アルワリードがメディア業界に進出したのは、まだ三〇代半ばのころだった。

一九九〇～九一年の湾岸戦争のさなか、サウジアラビアのもう一人の大富豪で、アルワリードよりも一五歳ほど年上のシェイク・サーレフ・カメルは、メディア帝国を築くのに余念がなかった。サーレフ・カメルはミドルイースト・ブロードキャスティング社（MBC）の設立を支援した一人だが、その後MBCはサウジアラビアのファハド前国王の義兄弟のワリード・アルイブラハムに買収された。そこでサーレフ・カメルは、メディア市場を狙っている別のサウジアラビア人とすぐにでも手を組もうと考え、一九九三年にアルワリードと商談をまとめ、サーレフ・カメルのダラー・アルバラカ投資会社が所有するアラブ・メディア社（AMC）をアルワリードに譲渡。イタリアの首都ローマの近郊に本社を置くAMCは、アラブ・ラジオ・アンド・テレビジョン（ART）ネットワークを傘下に収め、七〇〇〇平方メートルのスタジオからアラブ人視聴者を対象とした五つのチャンネルを運営していたほか、レバノン・ブロードキャスティング社（LBC）の衛星チャンネルであるLBCサットのほぼ五〇％も保有していた。

二億四〇〇〇万ドルを出資してART株の三〇％を取得したアルワリードは、同社を積極的にモニターするようになった。とくに音楽チャンネルに関心を抱き、会社をモニターする一方で、番組によく出演するトップシンガーやエンターテイナーとの交流も楽しんだ。当時からアルワリードは、最初のメディア進出はまだ序の口で、将来的にははるかに大きなビジネスに乗り出すことをにおわせていた。結局はアルワリードの言うとおりになったが、当面はARTがこの地域を制するテレビネットワークとして地歩を固めるのを見守っていた。

その翌年、アルワリードはほかの産業部門にも足を踏み入れた。それはロターナ・オーディオビジュアル社を一〇〇％取得するというビッグディールであった。ロターナ社はサウジアラビア最大のレコード会社で、当時はアラブ人のトップアーティストを一〇〇人ほど抱えていた。

とくにレバノン人の血を引いていることから進取の気性を持つアルワリードは、メディアの分野にすきを入れたくてうずうずしていたが、地元や地域の感情と衝突しそうな問題にはとくに注意を払っていた。

二〇〇二年にはロターナに追加投資をし、単なる比喩ではなく文字どおりに保有株比率を四八％に上げ、同社の保有高を増大させた。その翌年にはまた一歩踏み込んで、同社の経営権を一〇〇％取得した。

実は二〇〇三年、アルワリードはARTネットワークに進展が見られないことに少しイラ立ちを見せるようになった。そこでサーレフ・カメルとの取引でARTの保有株比率を五％にまで減らし、その代わりLBCサットの四九％を引き受けると、ARTミュージックを新しいアラビア語の音楽・娯楽チャンネルに刷新して完全に自社の傘下に置いた。続いてロターナ・ミュージックチャンネルを立ち上げ、やはりロターナに所属するアーティストの最新クリップを流すFTA（二四時間無料放送）として、直ちに放送を開始した。ここでもアルワリードが考えるブランドシナジーが機能していた。また、三カ月もしないうちに、トントン拍子に成功した初の音楽チャンネルをベースにロターナ2——ロターナ・クリップとして知られる——を誕生させた。ここには携帯電話事業者と契約したシステムを利用して視聴者にSMS（ショートメッセージサービス）を提供するという、ユニークな特徴を盛り込んだ。それから数カ月後には、ロターナ3——ロターナ・クラシカル——がアラブのオールディーズを流すようになった。

「わが社のチャンネルは、こうしたSMSや広告だけで採算が取れるんだよ」

アルワリードはそう言いながら、視聴者から寄せられた短いメッセージや愛情あふれるコメントが矢継ぎ早に、一行ではなく二行ずつスクロールしていく画面を指さした。問題を抱えたメディアを十分に機能させたアルワリード、直ちに一連のロターナ専門チャンネルの立ち上げ準備に入った。ロターナ3の開設から程なく、今度は映画チャンネルを開設。これで合計六チャンネル——当面は——という王子の目標にぐっと近づいたことになる。

＊＊＊＊＊＊＊＊＊＊＊＊＊＊

アラブ地域でのメディア投資とほぼ同時期に、アルワリードはサウジアラビアにあるもうひとつの企業を注視していた。一九九三年、リヤドの有名なスーパーマーケットチェーン、パンダが年間損失に苦しんでいた。アルワリードは同社株の過半数を買い付けて経営権を手中に収めると、一九八六年にユナイテッド・サウジ・コマーシャル銀行で見せたのと同じ経営再建の手腕を発揮し始めた。その後自社ブランドとその事業部門、そしてもうひとつの大型チェーン店アルアジジア・スーパーマーケットを統合すればシナジー効果が見込めると考え、この二社を合併させると、自分で調達した資本金二億六七〇〇万ドルを注入してアルアジジア・パンダ・ユナイテッド社（APU）を設立した。国内で四九％の市場シェアを占めるスーパーマーケットの誕生だった。

企業統合のパワーを実感したアルワリード、ブランド構築や資産開発のためにはまだやれることがあると考えた。そこでAPUを通して、十数店のレストランを展開する現地のファストフードチェーンで、市場シェアも最も高いハーフィーに出資した。

この王族の投資家にとって、一九九五年は多忙な一年だった。アルワリードはサウジアラビアで〝キングダム〟プロジェクトをきちんと組織するのと同時に、サウジアラビア屈指の企業の買収も視野に入れ、その年の五月にはナショナル・インダストリアライゼーション社（NIC）株の過半数を取得した。同社は四五の子会社を擁する巨大財閥で、事業を産業プロジェクトにほぼ集約させていた。アルワリードは新たな取締役会を選任し、大掛かりな再建に乗り出した。

続いて一九九六年三月には五億サウジリヤル（一億三三〇〇万ドル相当）を出資して、不動産投資と証券取引を扱うアルアジジア・コマーシャル・インベストメント社を設立した。

このころのアルワリードは、常に〝合併こそ未来〟という持論を展開しつつ、新たなベンチャーに乗り出していた。

一九九八年には、もうひとつの合併にも備えていた。サウジアラビアでは業界でも過去最大の合併だった。アルワリードが初めて手掛けたスーパーマーケットの合併事例となったAPUを、今度はサボラ社と提携させ、国内の二大食品メーカーをひとつのサボラ・アジアという事業体にしたのである――サボラ・グループとして知られている。今やアルワリードは、食品の製造とサービスに従事するサウジアラビア最大の巨大コングロマリットを支配下に置いたことになる。

成功の波に乗る銀行業

ほぼ二〇年間、死に物狂いで仕事に励んできたアルワリードは、一九九九年のビッグディールにはリラックスして臨めたようだ――ついにペルシャ湾岸地域最大の銀行を誕生させた。

アルワリードがサウジアラビアの銀行セクターに参入したのはその二年前の一九九七年だが、それは今でも金融業界に鮮烈な印象として残っている。ユナイテッド・サウジ・コマーシャル銀行（USCB）を黒字転換させて大成功したことがヒントになり、アルワリードには銀行、少なくともサウジアラビアの銀行の経営の立て直しについて良いアイデアが浮かんでいた。USCBが市場で競争するのを見詰めながら、競合するサウジ・カイロ銀行（SCB）をそろそろ合併させてもいいころだと判断したのである。推定四億ドルの不良債権と闘っていたからだ。こうしてUSCBとUCBは統合し、ユナイテッド・サウジ銀行（USB）が誕生したのだった。

ＵＳＢを率いるアルワリードがよりパワフルな競合相手サウジ・アメリカン銀行（ＳＡＭＢＡ）を時間をかけてじっと観察していると、優れた経営チームがいることが分かった。ＵＳＢとの合併候補としては理想的だ。アルワリードはそう判断した。

一九九九年、アルワリードはついにやってくれた。くしくもシティバンクと歴史的に関係の深いＳＡＭＢＡとＵＳＢを合併させたのである。一九七〇年代には旧シティバンクの支店網の一部が国営化されていたため、シティバンクは新組織の三〇％をそのまま保有、経営を続行していた。

アルワリードの保有株比率は合併するたびに下がっていったが、それでも当初の投資からは多額のリターンを得られている。アルワリードも初めは大した知識もなかった業界でここまでやってこられたことを誇りに思っていた。この二度目の合併が、今でもＳＡＭＢＡの名をそのまま使用しているサウジ・アメリカン銀行だったわけだが、アルワリードは自ら進んでその会長職を放棄した。そのときのアルワリードの弁はこうだ。

「喜んでそうさせてもらうよ」

＊＊＊＊＊＊＊＊＊＊＊＊＊＊

中東への分散投資でアルワリードの懐は十分に潤った。さまざまな業界に投資してきたアルワリードは、シナジー効果による多額のリターンを直接自分の資金プールに還流させるのがうまくなってきた。今では不動産や建設、農業、食品、農業プロジェクト、小売り、そしてもちろん銀行と、主要な産業界の株式を大量に保有するまでになった。〝世界〟の舞台に立てばもっと大きな賞をもらえたかもしれないが、アルワリードは自国やアラブ世界への投資をやめようとはしなかった。それでも多国籍企業を狙う王子は祖国への関心をなくしていくのではないか、と心配する声が聞かれた。だが、一九八〇年代後半に王子の下でユナイテッド・サウジ銀行を率いていたマヘル・アルアウジャンは、こうした見方を否定した。

「サウジアラビアの実業界を見捨てたわけではありませんよ。サウジアラビアの公開企業にずいぶん投資しているでしょう。小売店のアルアジジア・パンダ、サボラとかナショナル・インダストリアライゼーションにも投資していますしね。非公開企業ではキングダムタワー、学校、シティー、病院。しっかり分散しています。サウジアラビアに見切りをつけたわけではありません。露出度も下がっていませんよ」

＊＊＊＊＊＊＊＊＊＊＊＊＊＊＊＊

今度はエジプトという地域が視野に入ってきた。

上エジプトのアスワン近郊。アルワリードはトゥシュカ村の土地を一〇万ヘクタール購入した。総面積はバーレーンやカタール、その他一三カ国を合わせた面積よりも広い。キングダム・アグリカルチュラル・ディベロップメント社（ＫＡＤＣＯ）を通じた五億ドル規模の農業プロジェクトを計画していたのである。アルワリードによると、この広大な土地再生の謝礼として、ＫＡＤＣＯには水道と電気が無料で提供されたそうだ。しかもこれは多くのエジプト人にチャンスを与え、エジプトに資するプロジェクトであり、多数のエジプト人が北部のデルタ地帯から移動してくるための持続的な環境作りを目指していたことから、単なる農業プロジェクトではなく、政治的、社会的、そして人口統計学的に影響力を持ったプロジェクトの一例でもあり、エジプト政府と民間企業の力を結集させたベンチャーなのだ、とアルワリードは強調する。

一九九七年の夏、アルワリードは中東に全力を傾けていた。レバノンで暮らしていた幼少時代には近所に難民が大勢住んでいたこともあり、常にパレスチナ人の立場を支持してきた。パレスチナのアラファト議長とも密接な関係を維持していたが、それは政治に関与するというのではなく、イスラエルとの長期にわたる紛争によって彼らが直面している経済状態に力を注ぐということであった。

アルワリードは七月にパレスチナへの投資に着手し、ヨルダン川西岸とガザ地区の開発や建設のプロジェクトに参加していたパレスチナ投資開発会社（ＰＡＤＩＣＯ）に一〇〇〇万ドルを出資した。

また、大半が住宅やホテルのプロジェクトによってだが、エルサレム開発投資会社（ＪＥＤ

ＩＣＯ）を共同設立し、エルサレムという問題の地でパレスチナの存在をアピールしようともした。

大失敗だ――ミスではない

この実業界の起爆剤ともいえる男は、無性に多くの国に多くの利害関係を持つ人間になりたがっていた。一九九〇年代にハイピッチで投資を続けた結果、アルワリードは投資にますます熱を入れ、これまで以上に投資に時間を費やすようになった。ひとつの市場が閉まっても、まだほかの市場が開いているからだ。その不眠不休で仕事を続けられる能力――そして意欲――がこの多忙な時期にはずいぶんとプラスに働いた。情報収集や世界のニュースに精通することに神経を集中させられることから、おそらく夜が待ち遠しかったに違いない――けっして眠るためではなく、読書の時間として。

もし不動産やホテル、食品業界、農業、銀行業で多忙でなければ、一九九七年には間違いなく投資のピッチを上げていたはずだ。アルワリードによると、この年の自家用ジェット機の飛行距離は三四六キロメートル以上に上ったという。また、仕事関係だけで、電話代も月に八万ドルを超えたそうだ。つまり、アルワリードが情報を欲しいと言ったら、今すぐ欲しいということだ。昼であろうと夜であろうと（夜の場合が多い）、どこにいようと――機上であろうと洋上であろうと砂漠の真ん中であろうと――関係ない。〝タイム・イズ・マネー〟であるならば、アルワリードはまさに時間を節約することでお金を稼いでいたことになる。

それどころか、アルワリードは一般人の休息時間に当たる睡眠時間も削っていた。アルワリードと親しいいとこのリアド・アサードは、ベイルートで幼少時を一緒に過ごしており、アルワリードが夜明けごろまで寝室に入らなかったという話を聞いても驚かないと言う。

「いつもそうでしたよ。いつもですよ。彼が五～六時間以上寝ていたという記憶はありませんね。まったくありません。まだ若いときの話ですけどね。アメリカやサウジアラビアにいたときはどうだったか知りませんが、ここにいたときは……、とにかく活動的でしたね。まさに超人的でしたよ！」

フォーシーズンズのイッシー・シャープも初めからこのことに気づいていた。

「いろんなことを同時にこなしていたね。一番驚いたのは、彼の興味や関心の幅が実に広いことだ。だが、聞いたり読んだりしたことをきちんと理解する能力も持ち合わせている。雑誌である記事を見つけたら、そこに下線を引いて送ってくるんだよ。きっと興味があるだろうと思って、とか言ってね。わたしに言わせれば、彼は優れた読書家だ。つまり、書かれている内容を瞬時に理解できるんだ。彼の優れた才能のひとつだと思うね。きちんと理解して、自分なりの判断を下す能力があるんだよ」

アルワリードと取引関係にある人が必ず口にするのは、王子は戦略的に物事を考えるということだ。ゲームで駒を進めるようにビジネスを進めていくのである。王子の投資顧問を長年務めるサウジアラビア人のムスタファ・アルヘジャイランは、あるときくしくもこんなことを口にした。

「王子と一緒にいると、まるで本物のお金でモノポリーをしているみたいですよ」

子供のころからいとこのリアドとモノポリーで遊んでいたアルワリードがいかに競争心旺盛だったかを考えると、実に面白い一致である。

成功事例であれ失敗事例であれ、投資を見ても分かるように、アルワリードは進んでリスクをとっている。

「投資家はリスクをとらなければならないが、リスクは慎重にとるべきだ……。過度にとるとギャンブラーになる。わたしはギャンブラーではない。リスクテイカーだ――間違いなく、計算高いリスクテイカーだ」

少なくともこうした理由から、マイク・ジェンセンは、アルワリードがシティバンクで大当たりしただけの一発屋だと考えるのは間違いだと言う。

「確かにミスはありました。でも、批評家はそのミスばかりを取り上げていますよね。大成功した事例だってたくさんあるじゃないですか。それで彼は再び脚光を浴びるようになったわけですしね――シティの成功が大きすぎて、少し影が薄くなっているだけなんですよ。カナリーワーフだってどこから見ても巨大ホームランですし、ニューズ・コーポレーションやホテルへの投資だって同じです。そう見えないのは、実際の出資金額が公表されていないからでしょう。いずれにしても、彼は本当に見事な投資をしていますよ」

アルワリードによると、過去四半世紀の間に自分の投資や商才について書かれた記事には肯定的なものが多く、否定的な記事は基本的にひとつしかなかったらしい。

イギリスの経済誌エコノミストは、一九九九年の深く掘り下げた批判的な記事でアルワリードのパフォーマンスを評価しているが、それによると、シティバンクは別にして、アルワリードの財産の大半は不動産取引によるもので、一九九二〜九九年の株式投資の成果は標準以下だそうだ。実は、同誌ではアルワリードのことを〝並みの長期株式投資家に成り下がった天才短期不動産トレーダー〟と呼んでいる。

初めは同誌の記事に憤慨していたアルワリードも、今では冷静に受け止めている。アルワリードによれば、この記事については編集部に手紙を出してきちんと問い合わせたが、その後出版社からはまったく音さたなしだそうだ。だが重要なのは、アルワリード子の財産は一貫して増え続け、フォーブスの世界長者番付に載るまでになったということだ。

過去の損失を振り返ってみるのも面白いものだ、とアルワリードは言う。あるジャーナリストに「ミスをしたことはないんですか？」と聞かれたときのことも覚えている。

アルワリードは断固とした口調で「ない！」と答えたと言う。

驚いた顔をしてアルワリードを見詰めながら、ジャーナリストはこう言った。

「それはちょっと思い上がりでは？」

アルワリードは答えた。

「ない。ミスをしたことはないが……、大失敗をやらかしたことはある！　もしビジネスで方向を見誤ったら、それは単なるミスとは言えない――大失敗だ。数十万ドルとか数百万ドルの損失ならミスで済むが、二億～三億ドルの損失を出したとなると、それはもう大失敗だよ！」

数々の教訓

大失敗は別にして、マイク・ジェンセンは、失敗も成功も習熟曲線の重要な要素だと考えている。

「最初のうちは〝ミダス王〟だと言っていたんですよ――彼（アルワリード）は触れるもののすべてを黄金に変えてしまいますからね（**訳注**　ミダス王とは、ギリシャ神話に登場するフリギア王国最盛期の王。触れるものすべてを黄金に変えたといわれる。「王様の耳はロバの耳」でも有名）。でも最近はそうじゃないんだというのが分かってきましたよ。彼も何度か失敗していますす。プラネット・ハリウッドとかユーロディズニーとかね――王子の考えからすると、まだ合格レベルに達していない投資ですよ。われわれだってミスをしますしね。でも、福音だと思えるのは、彼は自分のミスから真剣に学んでいるということですね」

アルワリードにとっては一九九〇年代がその習熟曲線の一部だったのだ。評価という点から、ジェンセンはこれを次のようにまとめてくれた。

コア投資（国際コア投資も地域のコア投資も含めて）――ユーロディズニーとタイム・ワーナー以外は素晴らしい。王子は将来性が高いとみているが、この二社はまだスタートラインに立てていない。

ノンコア投資――全体的に月並みで少額だが、他部門での成功がいくつかの大きな痛手を相殺している。したがって、王子の全体的なＩＲＲ（内部収益率）にはほとんど影響がない。

また、ミスをするのは、たいていは主要企業のリサーチでつまずき、単に買いのエントリーポイントに達したからといって参入してしまい、しっかりした戦略から逸脱したときであり、王子も分かっている、とジェンセンは指摘する。東アジアへの投資も望んでいたような良い成果は上げられなかったが、仮に全然成果を上げられなかったとしても、韓国を不振から救う手助けはできた、とアルワリードも言う。

〝バイ・アンド・ホールド〟の道を外れれば、ただ経済的損失という砂漠に迷い込んでしまうだけなのだ。

大切な教訓を得たし、その損失で多少なりとも経済的に落ち込んだことはないのだから、自分は恵まれている、とアルワリードは言う。では、実際にアルワリードはどんな教訓を得たのだろう。

一．相場を追わないこと。

二．〝優良〟な投資をしないこと。辛抱強く待って〝極上〟の投資をすること。じっと我慢して底値で買うこと――そうでなければ買わないこと。

三．とくに多額を投資する場合には、流動性を最優先すること。

四．どんな投資でも、自分とその信託の純資産額の一％を上限にすること。実は、これがポートフォリオ全体を大きく左右することになる。

シティグループの会長サンディ・ワイルは、アルワリードの投資戦略に対する批判を耳にすると、同社の大株主であり友人でもある王子を真っ先に擁護する。

「結果についてつべこべ言うなということだ」とワイルは言う。仮にかつては運が良かっただけだとしても、現状を見ればすぐに分かるだろうというわけだ。

「幸運に恵まれているのは良いことじゃないか。何が問題なんだい？　当時シティへの投資ではすごいことをしてくれたんだよ。彼は何度も大金を出資している。カナリーワーフにも多額を投じているし、フォーシーズンズへの投資も大変なものだよ。アップルのような会社とも付き合っているから、アップルは持ち直したじゃないか。ほかにも大勢の人間と良好な関係を築いている。つまり、わたしが言いたいのは、だれでもミスをするということだ。進んでリスクをとって、進んでミスを犯さなければ、優れた投資家にはなれないということだよ。完璧な人間なんていないんだから」

マイク・ジェンセンによると、王子が投資計画を立てるときには信じられないほど細かいところまで決めるという。その結果、並外れた富の創出を実現しただけでなく、ビジネスを制度化し、地理的にも業種的にも分散することができたのである。また、王子の純資産額と戦略に十分な弾力性があったからこそ、一九九八年と二〇〇〇〜〇一年の相場の乱高下や暴落を乗り切ることができたのだが、王子はさらにその先に備えてポートフォリオを組んでいたという。

頑固な性格が幸いすることもあるし、逆に高いリターンを危険にさらすこともあるが、これは王子に限った特徴ではない、とジェンセンは言う。

「世界一成功している二人の投資家――ウォーレン・バフェットと王子殿下だと言われていますが――を見てみると、二人ともすぐに（投資から）手を引いたりはしないでしょう。だれもが言うとおり、二人とも頑固な投資家ですよ」

偶然にも一九九九年一二月、世界で最も影響力のある二大投資家の関係をより親密にするような出来事があった。経済誌フォーブスの国際版フォーブス・グローバル誌が「バフェット――どこで間違えたのか？」と題する記事を掲載し、〝アメリカのアルワリード〟の投資スキルに疑問を呈したのだ。皆が思っているほどの投資家ではないというわけだ。それを目にした〝アラビアのウォーレン・バフェット〟、すぐに援護射撃に出て、偏狭頑迷で公正さに欠ける記事だとしてフォーブスあてに素っ気ない手紙を出して対抗した。アルワリード自身は突っ込んだ質問や批判的な分析には慣れきっており、手紙を次のようなコメントで締めくくった。

「何と言われようが、やはりバフェットは偉大だ！」

その二日後にアルワリードのデスクに届いたファクスにはバークシャー・ハサウェイのレターヘッドがあり、こんな一文で始まっていた。

「大した男だね、きみは！」

オマハの投資の神様は、公に弁護してくれたアルワリードに感謝の意を表し、こんな約束をした。

「もしサウジアラビアで新聞に騒ぎ立てられたら声を掛けてくれ。お返しするよ」

億万長者でも友人をありがたく思っているのである

第8章 家族との時間

ジェットスキーをしていて、バカみたいなポーズを取ったんですよ……。結局、頭蓋骨が砕けて、右半身がまひしちゃって。

――ハレド・ビン・アルワリード・ビン・タラール・アルサウード王子（アルワリードの長男）

王女で一番良かったと思うことは？

リーム王女はすかさずこう言った。

「何も！」

だが、しばらく考えてから、茶目っ気のある目でちらっとこちらを見ながらこう答えた。

「そうねえ、〝わたしは王女〟って書いてあるTシャツを着ているときかな……。うそじゃないわ！」

では、王女で一番嫌だと思うことは？

「一瞬たりとも独りになれないことね。唯一独りになれるのがトイレ」

リームはそう言うと少しふさぎ込んだように見えたが、すぐにいつもの殊勝な品の良さを取り戻した。

何気なく見ていると王族であることを忘れてしまいそうだが、やはりこの二一歳の女性には妙に落ち着きがあり、実年齢よりも大人びて見える。じっくり物事を考え、言うべきことだけを言う性癖にはおとなしい性格が表れている。ほっそりして目の覚めるような美しい顔に、何かを秘めているような、アーモンド形をした情熱的な黒い瞳。引っ込み思案でおとなしい彼女のような女性は、とくによそよそしい護衛のような取り巻きが常にそばにいると心の平安が乱される。

「いつも監視されているんですもの。四六時中護衛がそばにいるの。これじゃあ、家族生活とか普通の私生活を送るのは難しいわね。いつも周りに人がいるとね」

リームは一息ついてからしばらく思案していたが、それが自分の身分や特権に対して支払う代償なのだから、進んで受け入れると言う。

少々しゃべりすぎたかとわれに返ったリーム。ずる賢い笑みを浮かべながら話題をそらし、隣に座っている父親のことを語り始めた。

気持ちよく晴れ上がった二〇〇三年八月のある日、南仏カンヌの海岸沿いの狭い通りは、何の目的もなくそぞろ歩きをする人であふれていたが、オープンカフェのテラスに有名人でもいないかと、きょろきょろしている人がほとんどだった。中東から来た観光客もかなり混じっており、アルワリード王子がいると分かると、時折ひそひそ声が聞こえてくる。たいていは「アルワリードだ」という一言だ。

アラブ世界では、〝アルワリード〟と言えばアルワリード王子のことを指すというのが常識。長年この海辺をひいきにしてきたアラブのエリートたちと同様、アルワリードも毎年コートダジュールのこの場所で夏のバカンスを過ごしている。

カフェの前方はアルワリードと取り巻きたちに占領され、ほかの客が入れる余地はほとんどなかった。一行は総勢三〇人を超えていた。一〇人程度が一列に並んで座れるように小さなテーブルをいくつも寄せ集め、その中心にアルワリードと娘が陣取り、残りの十数人はメインテーブルの周りに並べた小さなテーブルを囲んでいた。

自分の話題を避けたリームは、父親が食卓に着くと、必ず前に置かれたものを何でも脇へどける癖があるのだと言い出した。見ていればすぐに分かるが、きっと無意識のうちにそうしているのだろう、とリームは言う。生意気な気性が頭をもたげてきた。

「見てて。これだけの物を動かすのにどのぐらい時間がかかるか」

リームはそう言いながら自分の腕時計を指さすと、続けてナイフやフォーク、調味料、ナプキン、グラスを順番に指さした。どれもウエートレスがアルワリードの目の前に置いていったものだ。アルワリードはリームのほうを振り向いたが、リームは素知らぬ顔でそっぽを向いてしまい、父親が前に座っている顧問と再び話し始めるのを待っていた。そして二人が話を始めると、また腕時計に目をやって時間を計り始めた。

自分のことのように父親のこともよく知っているリーム。アルワリードが皿やナイフ、フォーク、飲み物を動かし始め、三〇秒もしないうちに終了するとニコッと笑った。精力的なアルワリードは、無意識のうちにいろいろなものを脇へ押しやりながらも、自らの手でやっていることを強調していた。

ゲームオーバー。リームは苦笑した。あまりにもあっけなく終わってしまった。

リームが父親の奇癖をもうひとつ明かそうとしたそのとき、料理が運ばれてきた。何も置かれていない白いテーブルクロスの上が色とりどりのサラダで埋まってきた。アルワリードは近くにある皿を二枚手に取ると、料理をスプーンで口に運んだ。しばらく味をかみしめていたが、急に皿を脇へ……、娘の前へと押しやった。リームは「ほら、言ったでしょう！」と言わんばかりに、話を聞いていた二人を見回した。

二人は黙っていた。

リームのアシスタント――〝女官〟の現代版――のスーザンとナーラが、そっと笑みを浮かべた。二人ともリームのことを知り尽くしており、彼女に雇われている身ではあったが、深い友情で結ばれている。控えめで、リームが求めるときにはいつでも手を差し伸べる。今まで何度も目にしてきたアルワリードの奇癖に面白がっていた二人だが、公の場でリームがそれを口にするのを聞いたのは初めてだった。

こんなふうにジョークを言い合えるほど、親子関係は親密だった。子供たちとのくつろいだやりとり、大人の付き合いによって信頼関係を築くことができたのだ、とアルワリードは感じている。

「息子や娘と親密な関係でいることがすごく大切なんだ。二人とももう大人だから、まさに友人関係さ。二人にはなるべくやりたいことを自由にやらせている。二〇年をかけて築いてきた土台があるからね」

自分の幼少時代はそうではなかった、とアルワリードは言う。断絶していたため、母親の住むレバノンのベイルートと父親が住むサウジアラビアの首都リヤドの間を行き来しているうちに、父親とも距離を感じるようになった。

「両親との関係も悪くはなかったけど、独りぼっちだったから、自分のことは自分でやらなければならなかった。アメリカ留学中に思ったのは、父親は放任主義だから、頼れるのは自分しかいないということさ」

しかし、アルワリードには父親のタラール殿下から学んだことがひとつある。宗教的価値観だ。子供たちには道徳律をたたき込み、徹底的に守らせるということだ。

「清廉潔白、倫理、高い道徳律の基本を教え、植えつけてやれば、子供たちも立派な人間になる。今のところそうなっていると思うよ」

有り余るほどのエネルギーを秘めているリームだが、父親の前ではそれを抑えている。ひとつは父親を尊敬しているから、もうひとつは、やはりおとなしい人間に育ったからだ。父親の前ではたいていおとなしくしている。その父親のほうは、昼食の間に何度も彼女のほうを向いては冗談を飛ばし、何かを聞いたり意見を言ったりしてリームにうなずいてもらうか、当たり障りのない答えを返してもらわないと気が済まない。

リームは父親と親密な関係にあり、安心しきって居心地良さそうに隣に座っているのがよく分かる。

「面白い人よ。兄ともわたしとも仲が良いの。オープンに何でも話せるし、隠し立てすることは何もないのよ！　話しにくいと思うときもあるけど、つまり、やることが多すぎて忙しいでしょう。でも、家族のためにちゃんと時間を作ってくれるし、いろんなものを与えてくれるのよ」

実は、アルワリードは可能なかぎり毎日子供たちと一緒に昼食を取るよう努めている。これは記しておくべきだろうが、昼食はたいてい夕方の五時から七時までである。外国旅行のときや留学中は別だが、リームと兄のハレドは毎日、父親と一緒に食卓に着く。

実際に若い王族はだれもがそうだが、ハレド王子も数人の取り巻きと共に現れた。街で買い物をしていたため昼食に遅れてしまい、急いで走ってきた。そして父親のほうに近寄ってあいさつをすると、時間に遅れたことを謝った。だが、父親と一緒にメインテーブルに着くのではなく、取り巻きと一緒にそばにある別のテーブルに着いた。ときどきそうしているようだが、これはハレドが大人になったしるしであり、二〇代半ばの青年として自立したことの表れなのだ――二〇〇三年にちょうど二五歳になった。とはいえ、父親と親密であることに変わりはない。父親とは良いコミュニケーションが取れている、とハレドは言う。

「父の一番好きなところは、話を聞いてくれるところですね。本当によく聞いてくれます。そっぽを向いて関係ない話をしているように見えるから、どうせぼくの話なんかどうでもいいんだろうと思うんですけど、夜になると、せきをしていただろうとか、しゃっくりをしていたね、とか言い出すんですから……。ちゃんと分かってくれているんですね。関心を持って気遣ってくれているというのが、とにかくうれしいですよ。つまり、そういう価値観を生活のなかで教えてくれているんです。年長者を敬うこと、家族を敬うこと、イスラムを敬うこと、基本的に何でも教えてくれます。子供のころは父の隣でお祈りをしてから昼食だったんですよ。昼食を先に取ったことはありません。必ず（お祈りの）あとでした。ぼくにとって、父は完璧な模範です」

父親の携帯電話にＳＭＳ（ショートメッセージサービス）でメッセージを送れるよう、手続きをしたのはリームである。手っ取り早く連絡が取れるし、実際に電話で話さなくても、いつもつながっていられるから便利なのだとか。アルワリードは二〇〇四年まではめったに携帯電話を持ち歩かず、必要なときには通信担当マネジャーに電話を取り次いでもらっていた。文字入力にてこずったりすると、クラムシェル型のモトローラの携帯電話をすぐにしまい込んでしまっていたのだが、今ではポンとたたいて開いてメッセージを送ったり、受信したメッセージ――娘や息子からのものが多い――に返信したりしている。背中を丸めて座り、携帯電話と格闘している姿など見たこともなかったのに、最近では独りでニヤニヤしながらメッセージのやりとりに没頭している。文字入力が本気で楽しくなってきたようだ。

二五年にわたって見事な成果を上げてきたアグレッシブで頑固な事業家と、子供たちに夢中になっている優しく温かみのある父親。そんな両極端なイメージに戸惑う人も多いが、実は、アルワリードは常に子供たちの幸せを気に掛けているのである。そう信じるに足る場面がこれまでに何度となく見られた。

アルワリードは、娘があまりメディアに露出しないようにも気遣っている。これはそもそも、女性が写真や映像に撮られることに極めて神経質なサウジアラビアの文化に配慮してのことである。また、自分の母親や姉妹を含め周囲の女性たちにも目を光らせているが、最終的には本人が決めることだという。

そんなアルワリードにとって、二〇〇四年は転換期となった。社内の女性スタッフが自分の仕事や専門知識について自由にメディアに語れない理由はないと発言し、サウジアラビアにおける女性の権利と自由の擁護者としての地位を確立したのである。だが、万一に備えて、女性がメディアに登場するときにはその女性が伝統的な考えに固執しているかどうかをまず確認する。

アルワリードにとっては家族が生活の中心だ。言うまでもなく莫大な資産を持つアルワリードは、家族の行事を避けて仕事をするか、それとも逆にすべきかを考えてから事に当たる。重要なのは、過密スケジュールを管理しつつ、慎重にそのことを考えているということだ。二〇〇三年六月、ちょうど二一歳の誕生日を迎えたリームが大学の修学旅行でイタリアのフィレンツェを訪れていた。そこでアルワリードはイタリアのピサまで自家用ジェット機を飛ばし、取り巻きを全員バスに乗せて娘のいるフィレンツェへと向かった。出張を終えてリヤドに戻る前に、リームの誕生日に合わせてフィレンツェを最後に訪れるという旅程を組んでいたのだった。

もちろんリームも父親が来ることは知っていたが、いざ父親がホテルに入ってくると興奮を隠せなくなっていた。アルワリードも誕生日を祝うには絶妙のタイミングだと独り悦に入っていた。イタリア映画をほうふつとさせるロマンチックな雰囲気のセッティング。フィレンツェの中心に位置し、美しく装飾された古いホテルはさまざまな個性に彩られている。そんなホテルのタイル張りの中庭、照明の明かりに照らし出された大きな噴水のそばで、アルワリードはリームとその友人たちと対面した。奥のバーには飛び切りシックな若者たちがたむろしている。映画『戦場のピアニスト』の主人公を演じて絶賛を浴びたばかりの俳優アドリアン・ブロティもいた。

アルワリードは娘と一緒に腰を下ろすと、ジョークを飛ばしながら、前日ロンドンで選んだ高級腕時計をプレゼントした。時間もないのにわざわざ会いに来てくれた父親に、リームは感謝した。友人たちも有名人のアルワリードを前に興奮気味だったようだ。

父親の企業経営に対する強い意欲と献身的な努力について知っているリームでさえ、その父親が地球の反対側でやっている仕事を中断してまで一緒に過ごす時間を作ってくれることには驚き、少し面白がっている。

「六年か七年前、まだ高校生だったころだけど、パパがアブドラーおじさん（サウジアラビアの皇太子）の農場から遅く帰ってきたことがあったの。朝七時よ、帰ってきたのは。わたしはちょうど起きたばかりで、学校へ行くところだったの。そうしたら、『ああ、学校か。何時だ？』とか何とか言ってね、どうしてもわたしを学校まで送っていくって言うのよ――そんなことを言うのは初めてだったから、びっくりしたわ。『えっ、パパが送ってくれるの！』って」

リームはさらに続けた。二人で車に乗り込むと、アルワリードはだれにも気づかれないようサングラスだけを出して、伝統的なアラブのかぶり物で顔を覆った。学校に着いた車はドロップオフゾーンで生徒を降ろしたら、次の車がスムーズに入ってきて生徒を降ろせるよう、すぐに発車しなければならない。リームも覚えているが、父親はあまりにも娘に気を取られていたようだ。

「門のほうに歩いていって、ちょっと後ろを振り向いたら、まだ車が止まっていたの。また少し歩いていって振り向いたら、まだいるのよ。だから手を振ったら、パパも手を振り返してくれたけど、ずっとそこにいるんだから。門の中に入っていってそっとのぞいてみたら、やっぱり車が止まっていたの。パパったら、今度は窓を開けて手を振っているのよ。わたしがちゃんと学校に行っているかどうかを確かめていたのね。後ろに二〇〇台も車が待っているじゃない！　そう思ったけど、ただわたしがいることを確かめたかったのよ。冗談だと思ったわ。本当に冗談みたい。友だちもみんなそう言っていたわ。大騒ぎだったのよ。パパが学校まで送ってきてくれるなんてね、だれも信じてくれなかった」

リームは内心欲しいと思っている誕生日プレゼントがあったが、父親にそれをねだるのもおかしな話だと思っていた。実際に品物をもらうよりも、一緒にピザハットに行って親子水入らずで食事をしたかったのだ。アルワリードも妙に気取ってそういう願いを聞き入れないことはなく、取り巻きたちのリクエストに押され、マクドナルドなどのファストフード店の前で車を止めることもたびたびだった。ただ、アルワリード自身は何年も前にフライドポテトのたぐいは断っていた。だが、リームが実際にそんな特別なプレゼントが欲しいと口に出したことはない。

娘の二一回目の誕生日にフィレンツェのホテルで目を覚ましたアルワリード、チェックアウトした途端に、そうだ、ピザの本場じゃないかと思い出し、反省でもしていたら皮肉な話である。

男の子はやっぱり男の子

南仏は安っぽくなった、とは批評家たちの弁である。

高級感にあふれ、管理が行き届いたえり抜きのリゾート地は、混雑した海岸通りをこれ見よがしに歩き回り、ときには派手な服装で高級車を乗り回す観光客に、その本来の魅力を台無しにされてしまった。数々のホテルやカフェも古き良き時代を知っていそうなものだが、すっかり忘れてしまっている。本物志向のシックな人々も、デザイナーズブランドを身に着けた成り上がり者に居場所を奪われている。

文字どおり世界中どこへでもバカンスを過ごしに行けるのに、どうしてアルワリードは毎年決まってカンヌやサントロペ、その付近のリゾート地を訪れるのだろう。少々謎ではある。毎年八月になると二週間ほど、ヨットをカンヌ沖に停泊させ、船と海岸とを毎日行き来する。アルワリードにとってカンヌが忘れ難い場所であるのは確かである。子供のころ、夏になると父親に連れてきてもらっていたからだ。それは自分があこがれ、密かに尊敬していた男と素晴らしい時間を過ごすめったにないチャンスでもあった。

ビーチに寝そべって幼少時代の思い出にでも浸っていたいところだろうが、アルワリードにはむしろ記憶から抹消してしまいたいバカンスがひとつあった——一九九三年の夏。だが、王子付きの医師はそのときのことを鮮明に覚えている。ジハード・アウカル博士は、王子が二〇代後半のころから王子に仕えている。

「サントロペにいたとき、救急車がサイレンを鳴らして走っていくのが聞こえたんです。神に懸けて誓いますが、彼（アルワリード）が言ったんですよ。『神の呪いだね。だれかが事故か何か起こしたんだろう』とね。それから一〇分後ですよ、船長さんから電話がかかってきて、ハレド王子がジェットスキーで事故を起こして、今サントロペの海岸にいるって。すぐに王子に連絡しました。『殿下、ハレド王子が大変です。事故です』とね。二人で飛んでいきましたよ。ハレド王子は担架に乗せられていましてね、『手も足も動かない』と言うんです」

この一五歳のハレド王子が事故を起こしたとき、カリフォルニア時代の親友チャック・グランも休暇でアルワリードを訪ねてきていた。

「本当にびっくりしました。ビーチに駆けつけて車を降りると、ちょうどハレド王子が間に合わせの担架で運ばれてくるところだったんです。横になっていましたが、痛そうでもないし、笑っているように見えたんですよ。でも、全身血で染まっていましたね。本当に危なかったんですよ。アルワリード王子も、どっちへ転んでもおかしくなかったと言っていましたしね。わたしたちは一緒に（病院の）部屋に行って、心配ありません、神様がお二人を見守ってくださるから大丈夫です、万事うまくいきますよ、と声を掛けました。まさに死の淵――死の一歩手前――をさまようほどの大ケガだったんですよ」

並んで立つと父親よりも少し背が高いハレドが九死に一生を得るような大事故に遭っていた

とは想像し難いが、ハレドは子供のころからスポーツ好きで、体格もがっしりしている。ハンサムで表情も穏やか、妹よりもおおらかで、大学生らしく茶目っ気のある笑い方をする。伝統的なサウジアラビアのトーブを着ていないときには手を高く上げてハイタッチをし、最新ファッションやだぶだぶのバギーパンツを身に着けては〝アメリカ野郎〟のカルチャーを謳歌している。わずかなヤギひげや口ひげも、顔に少し毛を残しておくべきとするイスラムの価値観を尊重してというよりも、むしろ欧米の若者をまねたもの。アクセントにしても、ダラス・カウボーイズというアメリカンフットボールのファンであることからしても（以前はサンフランシスコ・フォーティーナイナーズを応援していたが、好きだったディオン・サンダースという選手がフォーティーナイナーズからカウボーイズに移籍してからカウボーイズのファンになったようだ）、どう見てもアメリカの若者で通用する。しかし、もう少しよく観察してみると、思いやりや優しさだけでなく、文化的価値観もしっかりと備えた青年であるのが分かる。サウジアラビアの王子として求められる厳しさと魅力的かつ自由で表情豊かな欧米風のライフスタイルとの折り合いをうまくつけているのである。

ハレドは優しい笑みを惜しみなく振りまき、初対面でもその気立ての良さがはっきり分かった。大事故について語るときも、人生に対する達観姿勢がよく表れていた。足にちょっとした障害と頭皮に多少の傷跡が残ってはいるが、今ではそれを笑い飛ばしている。

「ジェットスキーをしていて、バカみたいなポーズを取ったんですよ。以前はうまくできたんですけどね。そのときはどうしてできなかったのか分からないんですけど、結局は水中に沈んで、頭蓋骨が砕け、右半身がまひしちゃって。友人が水中から引き揚げてボートに乗せてくれたんですが、最初にそれを目にしたのが妹でした。顔や全身が血だらけで、もう見られたものじゃなかったでしょうね。妹はわたしを見るなり興奮状態に陥って、逆上していましたよ」

リームはそれを思い出すたびに身震いする。

「ええ、見ていたわ。しばらく水中で気を失っていたの。本当に気が狂いそうだった。わが目を疑ったわよ。みんな（友人たち）が教えてくれて、それでボートに戻ったの。兄は白いTシャツを着ていたから余計衝撃的だったわね。もう血で真っ赤に染まっていて。しばらくボーッとしていたわ。兄は……、本当に奇跡よね」

リームはそう言うと、最悪の結末を迎えていた可能性もあると考えて動揺したのか、しばらく黙り込んでしまった。

単なる事故ではあったが、リームはハレドの身に起きたことは自分にも多少の責任があると考え、罪の意識を感じていた。

「わたしもジェットスキーをしていて、もっとスピード出してって叫んでいたの。ジャンプするわよ、とか。それであんなことになっちゃって。だから兄も、妹にできるなら自分だって、と思ったんでしょうね。それでスピードを出して、頭から突っ込んでジャンプしようとしたのよ。でも水中に飛び込んだ途端にジェットスキーが少しスローダウンして、頭をバックハンドルにぶつけちゃったの」

そのときハレドはまだ事故の深刻さが分かっておらず、ケガをしているのが〝自分〟だというのに、家族を落ち着かせようとしていた。サントロペの海岸に引き揚げられたときも右半身が動かなかった。一〇分ほどで手の感覚は戻ってきたが、足はまだまひしていた。保護者やジハード医師が付き添って地元の病院に担ぎ込んだが、診察した地元の医師は、サントロペの病院は設備が不十分だからマルセイユかパリの病院に移送したほうがいい、そこなら良い治療が受けられるだろうと言う。血だらけで担架に横たわっている息子を悲痛な面持ちで見詰めていたアルワリードは、急いでアメリカの専門病院に運んではどうかと言ってみたが、頭蓋骨が破損しているので一刻の猶予もないと却下されてしまった。そこでアルワリード、マルセイユ大学付属のディモーヌ病院までヘリコプターでハレドを移送することにし、ジハードにはヨットに戻って衣類が入った小さなスーツケースを持ってくるように、と頼んだ。

ハレドの母親のダラル王女は船に戻っていたが、ジハードは、ケガの詳細をダラルには話さないよう指示されたと言う。

「船に戻ったら、彼（ハレド王子）のお母様のところに親族の方が何人か訪ねてきていらっしゃいましてね。彼（アルワリード王子）からは、船なら一二時間ほどでマルセイユに着くからハレドの母親を心配させないようにと言われました。だから『かしこまりました、殿下。マルセイユに移送しましょう。大した事故じゃありませんよ』と言ったんです。それから船に戻り、王子の身の回り品を持って、四時間かけてマルセイユまで車を飛ばしたんですよ」

マルセイユに着くと、病院のベッドに横たわる息子の脇に心配顔のアルワリードが寄り添っていた。アルワリードはしばらく黙っていたが、やがて「ハレドは歩けるようになるだろうか」とジハードに尋ねた。「神様の祝福があれば必ず歩けるようになりますよ」とジハードは答えた。

ハレドはあとになってから自分が負ったケガの程度を聞かされた。

「脳振盪と頭蓋骨圧壊骨折でした。その一部が脳に突き刺さって、神経も損傷していました。それが脳の左半球だったから右半身がまひしてしまったんですね。一週間ぐらいですけど、足もまひしていたんです。そのあと手術を受けたんですが、神様の祝福を受けました。父も祈ってくれましたが、母は手術のこと、どの程度大変な手術なのかというのを翌日まで知らされなかったらしいですよ。手術室から出てきたあとで、父から教えられたようですけどね」

父親は考えられる危険性については母親に伏せたまま、どう対処すべきかを独りで考え込み、大変な負担を背負うことになってしまった、とリームは考えている。

「お医者様が手術を受けたほうがいいと言うので、パパはすごい決断を下したの。ママにも相談しないで自分だけで決めたのよ。『手術を受けさせればいいんだ、そうしよう』とね。気丈に振る舞っていたけど、あのころは辛かったわ……」

息子が歩けなくなり、車椅子の生活になるなんて想像できなかった、とアルワリードは言う。それからというもの、アルワリードは早朝を祈りの時間に充てるようになった。

友人のチャック・グランはアルワリードの集中ぶりを目にしていた。

「とくに問題はありませんでしたよ。王子は集中していたんですから。きっと神様に語り掛け、息子さんと自分を助けてくれるようお願いしていたんでしょう。あのときは本当におびえていましたからね」

しばらくすると、アルワリードが毎日病院を出入りするようになったため、ジハード医師が夜も寝ずに一週間ハレドに付き添うことになった。現地の外科医は能力の限りを尽くして執刀してくれたが、アルワリードは世界中の専門医に息子を診せたがり、各国の医師に連絡を取るように、とジハードに指示を出した。

「ドイツから二人、イギリスから六人、アメリカから四~五人の先生を呼んで診てもらったのですが、歩けなくなるという診断がほとんどでしたね。でも、ピッツバーグのジョゼフ・マローン先生――神経外科医――だけは、診察してこう言ったのです。『殿下、九五％歩けるようになりますよ』と」

一〇代のハレドにとっては初期のリハビリは辛く、手術後一〇日ほどは右足を動かすことさえできなかった。永遠にこの状態が続くのかとも思われ、楽天的なハレドもさすがに意気消沈していたが、担当の二人の理学療法士が粘り強く頑張ってくれた。

リームも兄を支えたが、兄の強い精神力が回復を後押ししたのだろうと言う。

「先生たちはみんな、歩くのはもう無理だ、元には戻らないって言っていたけど、兄はそうは思っていなかったの。『え、どうしてだよ？　フットボールができなくなる、歩くこともできなくなる、何もかも駄目だって？』って。でも、兄はそれを胸にしまい込んだのよ。実際に二カ月もしたら本当に回復してきてね。それから歩行練習を始めて、本当に回復に向かってすごい努力をしていたわ」

二〇日間ずっと付き添っていたジハード医師が、ハレドが回復してきたこと、完全に回復する見込みが出てきたことをアルワリードに知らせた。

「わたしも理学療法に立ち会っていたのですが、ハレド王子が足指を動かしたんです。もう飛び上がってアルワリード王子のところに直行しましたよ。そして『殿下、ハレド王子の足指が動きました！』と伝えたんです。そうしたら王子は、『おお、神様。もし足指が動けばほかの足指も動くようになるし、そうすれば歩けるようになると言われていたんだ』と言っていました」

アルワリードと取り巻きたちは、例年どおりバカンスを終えて南仏からパリへ向かったが、このときは息子のリハビリのためにフルタイムの理学療法士を連れていた。家族がリヤドに戻ってからも、アルワリードは息子に理学療法士を一年中付けていた。

強いきずな

この事故による目に見える変化のひとつは、アルワリードが優しさや弱い一面を家族や親友に見せるようになったことである。緊迫した場面では無表情をいかに貫くかを体得してきたアルワリード、仕事中には顔色ひとつ変えないのが自慢であった。

ところが、事故で右足がまひした息子が初めて一歩を踏み出した途端、その感情を爆発させたのだ。父子のきずなは強くなり、生まれつき楽天的なハレドも結果的に良かったと思っているのは間違いない。

「皮肉なことに、今までで最高の出来事があの事故なんですよ。命の有り難さが分かりましたからね。命を大事にするようになりましたし、家族や自分をしっかり見詰めるようにもなりました。涙の価値も知りましたね――父がボロボロ涙を流していたんです。父が泣いているなんて、初めて見ましたよ。昨日のことのように覚えています。初めて歩けるようになったとき――まだつえが必要でしたけど――、父は向こうへ行ってしまうんです。どうしてだろうと思ったんですが、カーテンの後ろで顔を押さえて泣いていたんですね」

ハレドはショックを受けた。父とは隠し事もなく信頼できる関係を築いていたつもりだったのだが、とくに父親が弱い一面を、感情的な一面を他人に見られるのをいかに嫌がっていたかを知ったからだ。

「父が泣いているのは見たことがありませんでしたから、ぼくにとっては大発見でしたね。『ああ、父も人間だったんだ、感情があったんだ、ぼくのために泣いてくれているじゃないか、本当かよ』って。それからは父とも母ともより親密になりました。父も母も惜しみない愛情を注いでくれましたし、ぼくが歩けるようになるまで必要な力を貸してくれました。だから歩けるようになったんですよ。本当に神様には感謝しています」

また、あの事故によって、とくにリームが次々と起きる出来事を目撃してからは、兄と妹の関係も一段と良くなった。

「あの事故のあとよ、わたしたちが本当に仲良くなったのは。それに、日々をだらだら過ごすのではなく大切に生きていかなければならないんだと、本気で人生を見詰めるようにもなったわ」

幸い、二人は以前から仲が良かった。それは自分たちと子供たちとの関係に、また子供同士の関係に離婚による悪影響が及ばないよう、アルワリードとダラルが配慮していたからである。二人とも子供たちと一緒に過ごすようにし、連絡の糸を切らさず、怒りや悪感情なども一切ないことを示していた。どちらかの親の側に付いたり、なついたりしないようにも気をつけていた。

リームも兄と妹のきずなを築くのはとても大事なことだと考えている。

「すごく驚くようなことがひとつあるの……。それはね、お互いを絶対にねたんだりしないことなの。つまり、子供が二人いたら——わたしたちのことだけど——、どちらかがねたんだりすることってあるでしょう。でも、両親はいつも平等に扱ってくれるの……。まあ、わたしたち、いたずらっ子だったから」

ハレドが徐々に回復していくのをそばで見ていたチャック・グランは、アルワリードがこの辛い経験を乗り越え、家族を元の状態に戻す決意を固めたのを感じていた。チャックによると、アルワリードはこうした忘れられない経験から息子を完全に立ち直らせ、力を与えることを目標にしていたようだ。

「とにかくこの一件は落ち着きましたが、アルワリードはハレドを元の体に戻すためにありとあらゆる努力をしていましたよ――だから今のハレドがあるんですよ」

仕事が伴侶

この辛い時期、息子のことに全神経を集中させていたアルワリードは、仕事のことしか頭にない男、というメディアの批判にひとつの答えを出したことになる。可能なかぎり家族全員が一緒に過ごせるよう常にスケジュールに気を配っていたことからも、子供たちにいかに愛情を注いでいたかが分かる。

振り返ってみると、アルワリードとハレド、リームとの関係は、自らの結婚生活よりもはるかにうまくいっている。

一九七六年にダラル王女と結婚したアルワリードは、まだ二〇歳そこそこの若者だった。つまり、子供たちが生まれたときにはアルワリード自身も未熟だったということだ。しかし、今ではアルワリードも五〇歳を間近に控え、ハレドとリームも二〇歳を過ぎ、友人同士のような関係を築けるほどになった。一方、アルワリードのいとこで、二歳年上のダラル王女との関係は、結婚後一八年の間に徐々に悪化してきたが、アルワリードは、結婚が失敗に終わったのは若くして結婚したからだという主張に反論している。

「必ずしもそうじゃないよ。一緒にいた時間は短かったけど、アメリカでは素晴らしい時間を過ごしたし、サウジアラビアに戻ってきてからも素晴らしい時間を過ごしてきた。若くして結婚したからだとは思わない。実際にアメリカにいたときにはすごく救われたしね。大学に入って一学期が終わったあとで結婚したんだけど、ずいぶん気持ちが落ち着いたし、家庭とか家族を大切にするようになったからね」

また、若いころには二人は互いに支え合っていた、とアルワリードは言う。王族という身分や有力な人脈があるにもかかわらず、自ら起業して力量を示してやろうと決心したときには、妻が陰で支えてくれていた。アルワリードは、結婚四年目に妻が示した意地に感動したことを覚えている。ちょうど会社の資金繰りが苦しかったころだが、頑固なアルワリードは裕福な親族からの援助に頼ろうとはしなかった。するとダラルが、プレゼントにもらった高価なネックレスを売って夫の資金の足しにしたのである。

美しいネックレスがおよそ一〇〇万サウジリヤル（当時のレートで三〇万ドル）したことを思い出したアルワリードは鼻先で指を振ってやめさせようとしたが、ダラルはためらうことなくネックレスを手放した。やがて資産が増えてくると、アルワリードは喜んで彼女に新しいネックレスをプレゼントした。宝石の価値もかつてのネックレスの倍はあったよ、とアルワリードは笑いながら言う。

アルワリードはダラルとの関係を振り返りながら、彼女は自分の生活を大いに安定させてくれ、習熟曲線を急速に上向きにする力になってくれたとは言うが、離婚の理由となると相変わらず口が堅く、「夫婦だけの秘密もあるんだよ」とかわしている。

リームは、両親は性格が異なると言い、母親の生き方についてはこう考えている。

「頑強だし、かなり未来志向よ。わたしたちのことは友人のように扱ってくれるわ。つまり、普通の母親みたいに、あれをしなさい、これをしなさい、とは言わないの。まあ、そんな人ね」

ダラルの成り行き任せの生き方は、日常の仕事を細かく管理するアルワリードとはかなり対照的だ。

「パパはすごく几帳面で、何でも事前に計画を立てるの。自分のためにそうしないと気が済まないんでしょうね。でもママは違うわ。ママはそういうのが嫌いなの。予定を立てるのが嫌いだし、何でも完璧にやろうとは思わない人よ。気楽に人生を楽しもうという感じね」

それが離婚の要因ではないと信じている、とアルワリードは言うが……。

アルワリードがアメリカに留学して間もなく仲良くなったチャック・グランは、結婚当時の二人を間近で見ていたが、若い夫婦は二人で生活を築き上げ、中東の祖国で親しんでいた文化とはかけ離れた環境に苦労しつつ、共にそれを乗り切ってきたと言う。二人とも互いに尽くしていたようだ。チャックは、ある朝早くアルワリードから電話がかかってきて、急いで来てくれと言われたことを覚えている。大柄で陽気なカリフォルニアの男はアルワリードの家へ急いだ。家の私道に差し掛かると、アルワリードがポーチに立って手招きしているのが見えた。二人が楽しみにしていた医師の診断結果が出たのである。

「おめでたの知らせだったんですよ。まあ、王子は大はしゃぎでしたね！　その後、ハレドがスタンフォード大学付属病院で生まれたときも一緒だったんですが、二人で手配した個室を使っていましてね――そんなことは前代未聞でした。王子のお母様もいらっしゃいました。そうしてハレドが生まれたんですよ」

こののんきなアメリカ人にとって、アルワリードと妻との関係で唯一不思議だったのは、公の場での愛情表現が乏しいことである。恋愛関係にある若者たちのおおらかな愛情表現に慣れていたカリフォルニア出身のチャックは、サウジアラビアの文化についても、二人とも王族という立場にあり、控えめな態度を保たなければならないということも十分に理解できていなかった。チャックは面白がった。とくに二人のキャラクターが強烈なのには驚かされた。

「もちろん亭主関白でしたが、おかしいと思ったことがあるんです。あるとき、三人でリムジンに乗って食事に行ったんですが、帰りはわたしが前の座席に座り、二人は後部座席に座っていました。でも、手もつながないんですよ。だからこう言ったんです。『ほら、もっとくっついて。キスぐらいしたらどうだい』とね。でも二人は嫌がって全然親密なところを見せないんですよ。いったいどうなっているんだと思いましたね。さっぱり分からないんです。いずれにしても、わたしが知るかぎり、二人はうまくいっていましたけどね」

アルワリードはその後の生き方の違いや離婚の原因をなかなか明かしてはくれない。

「最初の妻との秘密を全部話すわけにはいかないが、最後にはそろそろ別れたほうがいい、だが、やはり友人ではいるべきだと判断したんだ。もちろん、今でも彼女とはときどき会っているよ。彼女がうちに来るときもあるし、わたしが彼女のうちに行くこともある。連絡も取っているよ――毎月というわけにはいかないが、年に二～三回はね。少なくとも良い関係は保っている。プレッシャーや緊張感のなかで関係を悪化させるよりも、離婚して良い関係を維持するほうが楽な場合もあるだろう。だから別れて良い関係を維持するほうを選んだんだ。何しろ、かわいい息子と娘がいるからね」

結婚の固い約束を交わしてから一八年後、アルワリード王子とダラル王女は離婚した。一九九四年一二月にアルワリードがウォルト・ディズニーとの重要な契約に調印し、ユーロディズニーの大株主になってから間もないころだった。〝おとぎの国の王子様〟ことアルワリードは見事な手綱さばきでミッキーマウスを救ったが、自分の結婚生活となると、おとぎ話の結末のようにはいかなかったようだ。

ただアルワリードは、ダラルとの離婚には自分の幼少時代の経験を生かして対処した。両親の離婚によって子供のころに直面した状況、自分たちが味わった苦悩を繰り返してほしくはなかったのだ。アルワリードら兄弟と妹は母親と父親にそれぞれ引き取られ、サウジアラビアとレバノンで離ればなれに暮らさざるを得なかったからだ。アルワリードは、元妻とは同じ市内に、しかも近所に住んでいることから、ハレドとリームは今でも母親と親密な関係にあると信じている。子供たちは母親と父親の両方と多くの時間を過ごしている。

二〇〇四年一月一七日、リームがコネティカット州のニューヘイブン大学で卒業式を迎えたが、そのとき来賓として招かれ、目玉となる講演を行ったのがシティグループの会長サンディ・ワイルだった。友人が演壇の前に立ったとき、アルワリードはワイルの真正面の最前列に、左隣にはハレド、その隣にはダラルが座っていた。洗練された落ち着きや気品を備えているが、とても若々しく見えるダラルは、アルワリード自身の若さを十分に際立たせる存在だった。二人が離婚してから優に一〇年はたっていた。取り立てて互いに親密を装っていたわけではないが、子供たちのために仲直りする道を選んだのは間違いない。おかげで子供たちも心穏やかに暮らせているようだ。

二度目の結婚

ダラルと離婚したアルワリードは二年ほど独身を通したが、一九九六年には再び結婚に踏み切り、イマン・スデイリ王女を妻にめとった。だが、今回の結婚は一年そこそこしか続かない運命にあり、淡々と終わりを迎えたようだ。

一九九九年、四四歳になったアルワリードはもう一度結婚に挑戦してみることにした。このときアルワリードの目に留まったのがホルードという華やかな雰囲気の美女だった。息子のハレドよりもわずか一歳年上の二二歳。そんなホルードが王族の輪に加わり、ホルード王女としてアルワリードの隣に座ることになったのである。王族出身ではないものの、ホルードの生い立ちはアルワリードにとって不足はないように思われた。

アルワリードの生活の一部になったホルードは、ある意味で〝一番の難所〟に飛び込んだと言える。結婚したのは王子のビジネス上の取引が急増し、企業帝国を世界中に急拡大している矢先のこと。若い妻もアルワリードと一緒に国から国へ、都市から都市へと飛び回り、信じられないほど多忙な日々を送ることになった。彼女自身にも女官が三人、護衛も二人と、数人の取り巻きがいたものの、自分が嫁いだ〝人間ダイナモ〟、つまり発電機のような男についていくのが徐々に辛くなってきた。

ホルードは王族の一員として最善を尽くし、しかるべきときには会社にも顔を出し、夫の時間厳守の習慣や慎重にスケジュールを組まなければならないことを知るや、自分の予定を立てるときにも細心の注意を払うようになった。実は、アルワリードが彼女の予定を組むときにも自分の几帳面なやり方を貫いていた。ホルードは、夫の睡眠時間は四～五時間だし、一年中スケジュールがびっしり詰まっているし、絶対に普通の人間ではない、などと他人にも公然と冗談を飛ばしていた。

二人の関係が深まるにつれ、ホルードが王族出身でないことはまったく問題にならなくなったが、唯一彼女が困ったのは、つまり少し居心地が悪いと思ったのは、カンヌに停泊しているアルワリードのヨットで一夏を過ごしたときだった。

早朝の四時ごろ、アルワリードは大きなヨットの広いデッキで軽い朝食を取っていた。いつものようにデッキの後方にしつらえた大きなテーブルを、一～二人の来客を含め、大勢で囲んでいた。略式の会議に参加しに来る人もいれば、付き合いで来る人もいたが、連日のように入れ代わり立ち代わり、いろんな客がアルワリードに会いにヨットを訪れていた。夕食時はたいてい、王子の会社の旅行チームが翌日の旅程を配る時間に充てられており、とくにそのコピーを必要とする要人の大半がアルワリードとテーブルを囲んでいた。するとそのコピーを見た客の一人が、ハレド王子とリーム王女、そしてホルード王女のスケジュールをハイライト表示してある別の項目があるのを見つけ、何気なくこう尋ねた。

「アルワリードとお子さんたちには〝ＨＲＨ（His/Her Royal Highness）〟という称号が付い

ているのに、ホルード妃には〝HH（Her Highness)〟しか付いていない。これには何か意味があるのかい、それとも単なる印刷ミスかい？」

ホルードがじっと見ているのに気づいたアルワリード、徐々に落ち着きをなくし、口ごもりながら何かをつぶやいていたが、やっとのことで単なる王室儀礼だと言って片付けた。違う話題に移ったのはその後しばらくたってからだった（**訳注**　サウジアラビアで〝His/Her Royal Highness〟の称号を冠することが許されるのは、サウード王家のなかでもアブドルアジーズ初代国王［イブン・サウード王］の直系の子孫、すなわちファハド国王のすべての兄弟姉妹とその次世代の直系の王子と王女に限られる。それ以外の傍系一族の王子や王女には〝His/Her Highness〟が使われる）。

それでもアルワリードとしては、ホルードが一緒にいてくれるのは喜びであり、彼女のことを並外れて我慢強い女性だと考えていたようだが、ホルードのほうは、〝アルワリード式ダイエット〟を五年間続けた結果、エネルギーの蓄えが底を突いてしまった。朝六時、パリのジョルジュサンク・ホテルのロビーには、朝早く起きて貞節なところを見せようとするホルードの姿があったが、夫の夜型の生活に付き合っているふうを装おうと苦心していた。アルワリードもそれに気づいていないわけではなかった。

「当たり前だよ。わたしと生活するのは楽じゃないと思うよ――それはわたしが気難しいからではなく、几帳面すぎるからだ。それに、わたしは自分の生き方とか二四時間仕事の電話に追われていたりとか、いろんなこと――ビジネスや経済、金融、政治、慈善活動――に没頭しているからね。だから結婚生活に費やせる時間があまりないんだよ。ましてや、もう一人子供を作ろうなんてとんでもない話だ」

おそらくこれが二人の関係をこじらせた原因なのだろう。アルワリードにはすでに心から愛する二人の子供がおり、ホルードにもこのままの状態でいたいと明言していた。

「これは娘のリームが生まれたあとで決断したことなんだ。二〇年以上も前にね。これ以上子供を作らないことにしたんだよ。ずっと一貫しているよ。この点では、わたしの忍耐力も大したものだね。自分でもこれ以上子供が欲しいとは思わないんだ。どうしてなのか分からないんだが、完全にそう思っているね」

実際、これには多く人が驚きを隠さない。アルワリードのような傑出したサウジアラビア人が、しかも王族が、二人の子供しか持たず、さらにこれ以上は作らないと進んで明言しているのだ。他国の多くがそうだが、中東でも、昔から子供は天からの授かり物だと考えられており、心の繁栄を示すしるしだとされている。確かに現代のサウジアラビア人はそのような考え方をしなくなり、欧米人のようにせいぜい二～三人しか子供を持たない夫婦もいる。アルワリードには腹違いの子を増やすことで家族間に緊張が生まれるという考えもあったのだろう。サウジアラビア王室の分家間の争いについては豊富な資料があり、父親は同じだが母親が違う王子たちが財産や権力の座を巡って争奪戦を繰り広げている。アルワリードの場合も例外でなければ、家系争いや後継者問題というリスクを回避しているのは明らかだ。

いずれにしても、二〇〇四年初頭には、アルワリードの旅程表から〝HH〟の称号が付いたホルード王女の項目が消えていた。

アルワリードは少し肩の荷が下りたかに見え、一月に冬のバカンスでアメリカのワイオミング州ジャクソンホールのスキーリゾートを訪れたときにはほとんど腕白少年に戻っていた。息子が一人、娘が一人、そしていつもの取り巻きに囲まれたアルワリードは、ことのほか上機嫌だった。何人かは王子の微妙な変化に気づいていたが、それは妻とその要求に応える責任から解放されたからではないようだ。アルワリードは周囲の人間に対する責任感が人一倍強く、全員が参加して楽しんでいるかを進んで確かめるほどである。夜遅く長時間座っているのは、元妻にとっては明らかにストレスだった。もしかしたら、イベント盛りだくさんの楽しい旅をアレンジできなければホストとしては失格だ――アラブ世界では極めて重要視されている資質――、と思わせるような不安要素がアルワリードにはあったのかもしれない。いずれにしても、この男は注文が多い厳しい上司であり、夫であり、父親であり、友人であり、他人にプレッシャーを掛ければ逆に自分に跳ね返ってくると考えているのである。

失敗に終わったばかりの結婚を振り返りながら、アルワリードは率直に評価し、ざんげのようなことも口にしている。

「二度目と三度目の結婚では結構大きな役割を果たしたと思っている。残念ながらうまくいかなかったけどね。几帳面なわたしのやり方、わたしのライフスタイルでは、（もう）結婚なんて無理だよね」

アルワリードはすべてが無理だと言っているのではない。しばらく物思いに沈みながら、男にとって妻を持つことは必要だが、それは信頼できる、安定した関係でなければならないと言う。しかし、自分のライフスタイルを維持しつつ、そういう関係を築く自信はない。

「これまでの人生でも自問自答しながら判断してきたけど、何でもスピーディーにこなすという生き方は、もしかしたら安定した結婚生活とは相いれないのかもしれないね。でも、まだ最終結論に至ったわけじゃない。まだ見極めている最中だ。この問題には素直に取り組もうと思っているよ」

一九九九年にアルワリードとホルードが結婚したとき、新聞には「世界一結婚相手にふさわしい独身貴族の座から引きずり降ろした女性」との見出しが躍った。二〇〇四年、新聞には再びこのような見出しが躍るのだろうか。

次の世代

「後継者はだれになるのだろう？」

これは成功している企業や組織が抱える悩ましい問題だ。

アルワリードの場合はとくに問題だ。キングダム・ホールディング社は巨大な企業帝国であり、アルワリードが莫大な金額で取引を成立させようものなら金融市場に激震が走るようなグローバルな投資会社。過去二〇年間、その帝国を細部に至るまで管理してきたのがアルワリードである。したがって、もしその座を後継者に譲ったらどうなるのかが問題になるのは当然なのである。いったいだれがその後を継ぐのだろう？　息子なのか娘なのか、はたまたその両者なのか？

両者の可能性が高いだろう。アルワリードも、将来的に子供たちがキングダム・ホールディングを動かすことについて発言するようになってきた。例えば、ハレド王子は二〇〇四年末に大きなプロジェクトの管理を引き受けるようになり、プロとして真剣に責任を担っている。リーム王女も、二〇〇四年一月の大学卒業直後に会社の周辺で仕事を探し始めた。もっとも彼女の当面の目標は、二年ぐらいは兄に倣い、外で十分な経験を積むことだった。

アルワリードが今も蓄えている異常なほどのスタミナからすると、現時点で〝フルタイム〟の引き継ぎができそうな人材は、いざ引き継ぐ段階になったら年齢的に難しくなる。やはりこの問題によって、アルワリードが子供たちを自分の会社に導き、近い将来にどう権限を委譲するかも変わってくる。彼らの教育はアルワリード自身とは大きく異なっており、そうしたなかで自分なりに希望や野心を抱くよう方向づけられているのは間違いない。

成功への意欲は早くから培われていた、とアルワリードは言う。

「幼いころからすごくはっきり意識していたよ。いつも勝ちたかったたし、最前線にいたかったし、一番になりたかった。それはわたしの一部なんだよ。自分しか頼るものがないというのが、自立し、意欲的な人間になる一因だったんだと思う。自分を大いに頼りにしているからね」

これで自分の個人的な野望を子供たちに押しつけるのではないか、自分と同じ高いレベルで成功させようと圧力を掛けるのではないかとの懸念が出てくるが、アルワリードは自己弁護をするように、子供たちの目標や野心にはあれこれと口を出さないよう、意識的に努力していると言う。

「わたしは自分の義務を果たしてきたし、自分の子育てにはすごく満足しているよ。子供たちは信仰心も厚いし、高い道徳観念も持っている。それで十分だ。あとはわたしのようにやる気満々で仕事をしようが勉強嫌いになろうが構わない。子供たちに任せるよ。その土台は作ってあげられたと思うからね。わたしにとってはそれが重要なんだ。あとは子供たち次第だね」

簡単なことのように聞こえるが、もう少しよく考えてみると、アルワリードは内心、自ら模範を示して子供たちを感化してきたと思っているようだ。

「正直に言うと、もちろん、子供たちはわたしのそばで暮らしてきたわけだから、わたしが仕事に追いまくられ、意欲的なのは知っている。だから、そんなわたしを見て影響を受けるのは仕方がないよね。意欲的になり、もっとうまくやろう、向上させよう、常に一番になろうというのは悪いことじゃない。そういうやる気は受け継ぐだろう。それを阻むようなことはしないつもりだが、がけっ縁に追い込むつもりもない。プレッシャーを掛けて、イライラさせたり混乱させたりする気もないよ」

またアルワリードは、どう育てられたかを考えたら、子供たちは根本的に違った生き方、つまり物議をかもすような生き方をするとも思えないと言う。家族で築き上げ、培ってきた理解力やコミュニケーション能力によって、彼らはまっとうな道、順当な道を――理想を言えば自分の会社で働く道を――歩んでいくだろう、とアルワリードは信じている。

リームが言うには、家族全員が信頼感で結ばれており、自分とハレドは、自分の将来については責任をもって管理するよう、父親から繰り返し言われているようだ。

「本当はそういうことは言いにくいと思うわ。でも、父はわたしたちを信頼してくれているし、多くのものを与えてくれるの。つまり、一切命令はしないし、やるべきことを与えてくれるわけでもない。ただアドバイスをしてくれるだけだから、どうすべきかは自分たちで決めなくちゃいけないのよ」

アルワリードは、子供たちがまだ幼いころからなごやかに接してきたし、イスラムだけでなく、高い道徳観念を持つことや自分たちの義務や勤めを果たすことの大切さもしっかりと理解してもらえるよう、力を入れてきたと強調する。

ハレドは自分が問題児だったころに父親がどう対処したかをはっきりと覚えている。フロリダ州オーランドへ家族旅行に出掛けたときのことだが、両親がハレドとリームを残して二日間外出してしまったことがある。まだ九歳か一〇歳だったハレドは、一八階のバルコニーから下にいる人目掛けて物を投げ落としてやろうと考えた。そこで灰皿やら水の入った風船やら、投げる物を密かにかき集めると、そうっと一八階まで上っていった。そこから投げれば、地面までは六一メートルほどあるので物が激突する。アルワリードは戻ってきてから何が起きたのかを把握したが、このような常軌を逸した行動に接しても、しつけには気をつけていた。ハレドは父親にたたかれる恐れはなかったと言う。

「父がぼくに手を上げたことは一度もないんです。まったくないんですよ。でも、父の目つきがね……、たたいたりはしないんですけど、こうしてじっとぼくをにらんでいるんですよ。それで終わりなんです。ぞっとしますすよ。そうしてぼくたちを罰するんです。部屋の隅に連れていかれ、壁のほうを向いて立たされたんですけど、一二時間ぐらい立っていたと思いますよ、本当に！　まるで軍隊の訓練ですよ。でも、ぼくにとってはよかったと思います。いい経験になりましたよ。一生忘れられないですね。悪さをして父に罰せられたのは初めてでしたから。それ以来、一度も悪いことはしていないんですよ」

幸い、勉強ではこうした軍隊の訓練のようなことをする必要はなく、ハレドは二〇〇〇年にはコネティカット州のニューヘイブン大学を卒業し、経営、マーケティング、金融の学位を修得した。

サウジアラビアの外で経験を積みたいと考えていたハレドは、マイク・ジェンセンがいるシティバンクのジュネーブ支店に勤めることになった。ジェンセンはジュネーブ支店でプライベートバンカーのチームを率いており、とくにアルワリードのような大口顧客を担当していた。ハレドの説明によると、父親との接点はあったが――ジェンセンが父親と親しかったが――、自分の仕事に父親の影響が及ぶことはなかったようだ。

「父とは全然関係なかったんですよ。報告など一度もしたことはないですね。報告は決まってマイクの仕事でした。マイクが規則どおりに全部やっていましたよ。ぼくはマイクに雇われているだけでしたし、もちろん、マイクもそれを承知していました。だから（父と）一緒に仕事をすることになるのかな、というプレッシャーはありませんでしたね。父にも『わたしのことなど構うな。自分のやりたいことをやれ』と突き放されていましたから。シティバンクは、まさに自分が希望していた会社なんです。だから行ったんですよ。その後はちょっとバカなことをしましたけどね。バカなことと言ったのは、今思うとそうだったからです。F1関係の仕事がしたかったんですよ。チームを買収して、あの轟音のなかで仕事をしてみたかったんです。今のインターネットブームにも乗ってみたかった。買収したい会社があったんです。でも、自分がやりたいと思っていたのはちっぽけなことで、バカげていると思いましたね。結局は何も実を結ぶことはありませんでしたからね。何も出てこなかった。全部駄目だったでしょう。F1の会社もつぶれたし、テクノロジーも……、まあ、インターネットブームの話はやめておきます。どうなったかはご存じでしょう！」

生まれつき謙虚なハレドは、自分には少々厳しい性格で、自分の能力についても恥ずかしがってあまり話そうとはしない。実はこのころ、オンライントレードで見事な成果を上げていた。自分のお金のなかから六万六〇〇〇ドルを元手にしてイー・トレード証券に口座を開き、友人と一緒にそれを一〇万ドルに増やしたのである。続いて、借り入れた五万ドルで信用取引を始め、合計一五万ドルを投資した。単なる趣味で投資を始めたハレドはまだ二一歳。夕方、昼食を取ると必ず寝室に向かい、ノートパソコンを立ち上げる。机に向かっているよりもベッドに寝転んでいるほうが好きらしい。そしてトレードを開始。ちょうどアメリカのビジネスマンが昼前のコーヒーを飲んでいる時間だ。父親はインターネットやテクノロジー関連の銘柄を敬遠していたが、ハレドは流行の先端を行き、AOLやルーセント、インテル、コンパック、デルといった米国株を買い付けていた。サウジアラビアではインターネットの回線速度が遅かったため、デイトレードはしなかった。何度か痛い目に遭ったが、その後は株価が五％上昇したら利食い、五％下落したら損切るという、五％ルールを設定。また、一銘柄の保有期間は長くても三週間程度だったようだ。

一九九八年一二月にイー・トレード証券に口座を開いてから八カ月の間に、ハレドは元手を倍の三〇万ドルに増やした。当時の取引報告書によると、父親のアルワリードは同じ八カ月の間に元手を二一％増やしており、二人とも一八％しか上昇していないダウ平均株価指数に勝っていたことになる。それでも現金ベースで見ると、一九九〇年の同期間中にアルワリードは二五億ドル増やしていた。

その二年後、二〇代半ばに差し掛かったハレドがキングダム・ホールディング社に入社し、父親と一緒に仕事をすることになったのは自然の流れだろう。

「何でも自分でやろうとしました。一日が終わると――どういうことか分かりますか？――大人になるんです。こんなに素晴らしい先生がいるじゃないかと思ったんですよ。仕事はやりがいがあるし、自分はいったい何をしているんだとね」

ハレドは二人の仕事上の関係を早々に評価してこう話している。

「今はすごく良い関係です。父親と上司とを混同していないからでしょうね。職場では父が上司で、ぼくが従業員です。父もそれを分かっています。だから、ぼくが何かでへまをしたら――俗っぽい言い方ですみませんが、へまをしたら――、プロとして処理します。適切に処理しますよ。だからすごく居心地が良いし、やりがいもあります。ここ三年ぐらいずっとそんなことを考えていました。つまり、前の仕事と違ってすごくやりがいがあるんです。でも、現在自分が担当している国内投資の仕事では、父のためにもっと難しい仕事にチャレンジしている感じがしますね」

リームも、二〇〇四年一月の大学卒業時には兄と同じような岐路に立たされた。やはり最初は外国で経験を積みたいと思っていたが、結局は父親の会社で働くのが一番の選択肢だと分かり、最終的にはアルワリードが毎年一億ドルを寄付している慈善活動部門を選んだ。

二〇〇四年の時点では、この若い王女がずっと考えていた幅広い国際経験をどこで積もうとしていたのかは不明だが、無理やりキングダム社に入社させられたのでないことだけは確かである。父親の商才に触れることで貴重な経験を積めるため、兄と同様、本当に〝進みたい〟道だと感じたのである。それに、リームはすでに、入社するために父親が門戸を開けてくれているることに気づいていたと言う。

「何をやろうと、父はわたしを導こうとしていたのね。兄とも話したわ。父とはどんなふうに接しているのかって。だから、きっと働くときには父娘の関係にはならないと思ったの。わたしもそれを望んでいないから、絶対にそうはならないわ。家のなかだけで十分よ――結局は父の娘なんですもの」

母親と父親の性格がいかに違うかを説明してくれたリームは、当初は自分が母親似で、ハレドが父親似だと思っていたが、ハレドの考えとは一八〇度違っていた。リームはしぶしぶこう話している。

「兄の見方だと、兄のほうが母親似で、わたしのほうが父親似らしいんだけど、どうしてだか分かったわ。まさにそうね」

しかし、完全な長期投資家で長期の計画を立てる父親とリームには大きく異なる点がひとつある。

「一人の人間として、何かに取り組むというのがすごく大変なの。つまり、何かを始めてもすぐにあきちゃうのよ。のんびりした性格だし、おとなしいほうだから、父みたいに何かの計画を立てるというのが好きじゃないの。その日その日のことをやればいいと思っているのよ」

父親について率直な考えを述べる二人だが、二人とも父親のテンポの速い生活については同じ考えだ。アルワリードは年を取るにつれてますますせっかちになり、何かに取りつかれたようになってきた。スタミナも衰えを見せず、子供たちは健康を損ねるのではないかと心配している。

長い間アルワリードと仕事を共にしてきた仲間も同じ考えで、それでときどきアルワリードが見せるチックの症状が悪化していると考えている。プレッシャーのなかで強力に推し進める商談中には顔の筋肉のけいれんがやや激しくなり、リラックスしていると筋肉が緩んでくる。だが、世界有数の医療機関で行われる王子の定期健診に立ち会っている王子付き医師のジハード・アウカルは、王子の健康を心配する彼らを一蹴した。ジハードによると、王子の健康状態はすこぶる良好で、血圧やコレステロール値といった生物学的指標も、重要な基準値を大きく下回っている。若々しい外見に呼応するように、王子の肉体も健康そのものだ。定期的に運動をし、食べ物に信じられないほど神経を使っていることも手伝っているのだろう。

子供たちはやはり父親にもう少しのんびりしてほしいと思っており、リームも父親のペースについていくのは大変だと感じるときがある。

「自分に対して厳しすぎるときがあるの。睡眠時間も短いし、四六時中読書をしているし、電話でも仕事の話ばかりして……。少しゆっくりしたらどう、と言いたくなるときもあるわ。『たまには仕事のことを忘れて、外でおいしいものでも食べたら』って。少し頭を冷やしたほうがいいと思うんだけど。とにかく頑固でしょ。ゆっくり寝ようとかリラックスしようなんて考えたこともないのよ」

ハレドも同じような思いを語ってくれた。体が休みたがっているのに無理やり頑張ろうとする父親には困っている。二〇〇四年一月の冬のバカンスにワイオミング州ジャクソンホールに旅行に出掛け、リヤドに戻る途中の話を妹から聞かされたハレドは、あるエピソードを話してくれた。自家用のボーイング７６７型機で大西洋を横断する長いフライト中のことだった。ハレドは機内の寝室ですぐに寝入ってしまった。リームはベッドに入っていたが起きていた。父親が入ってきてリームの隣に横になったが、明らかに休もうとしているように見えた。リームは父親が数分間うたた寝をしているのに気がついた。ところが突然、父親は目を開けると、ため息をつきながら舌打ちし、寝入ってしまったことを認めようとしないらしいのだ。また、ハレドはある日、〝頭を冷やす能力〟を父親の特性のひとつに挙げようと思ったと言う。

「この世には完璧な人間などいないんですから、父にはもっとリラックスしてほしいですね。一生懸命働くし、知識欲も旺盛で、読書好きです。いつも勉強しているんですよ。いつも一番になろうとしている。もう一番になっているのに、けっして満足しない。さらに上を目指しているんです。（週末に）砂漠でゆっくりするだけでは足りませんよね。もっとレジャーの時間、遊ぶ時間、リラックスする時間を作ってほしいと言いたいですね――もっと友人たちと過ごしてほしいですよ」

リームもさらにこう話す。

「父には目標があるのよ。何としてでも達成しなければならない目標が。どんな目標だか知らないけど、ただ一番になりたいのではなく、全部が良くなければ駄目なのよ」

活力や速いペース、旺盛な意欲については、アルワリードはやや守勢に立っている。

「速いが、手に負えないほどじゃないよ。確かに速いが、われわれ（キングダム・ホールディング社）はこの一〇年の間それでやってきたんだ――それで加速がついたんだよ。でも、優秀なスタッフがいるからいろんな仕事ができるようになったんだよね。その分野ではそれぞれが専門家だ。だから立派な土台ができたんだ。自分では頭を冷やそう、落ち着こうとは思わない。自分のやっていることは正しいし、自分や周囲の人たちのためにもなっていると思うからね。長年やってきたとおり、これからもやっていくと思うよ」

アルワリードにはまだ孫はいないが、家族や友人の多くは、もし孫でも生まれたらどうなるのかと興味津々で待っている。アルワリードはと言えば、一方ではハレドとリームに世界を経験させ、とくにキングダム社で仕事に携わるよう仕向けておきながら、一方では結婚して落ち着いてほしいとも思っており、ハレドが家庭を持ったときにすぐに住めるよう、以前の家をそのままにしてあるようだ。現在、若いハレドは新しい宮殿の一棟で暮らしているが、実際にはすぐ隣である。

「隣に住みたがると思うよ。リームもだ。すごく仲の良い家族だからね。あの家もハレドのために取ってあるんだ。結婚するときに好きなように改装すればいいさ」

職場でも自宅でも毎日のように一緒に過ごし、気持ちの上でもオープンな三人。やがてこの若い王子と王女が結婚したら、ばらばらになることも考えられる。アルワリードによると、子供たちの結婚を承諾する基準は、配偶者がムスリムのサウジアラビア人であることだけだという。アルワリードの母親がレバノン人だということを考えると、少し意外ではある。ほかの王族との結婚については気にしないらしい。実はアルワリード、二人が王族と結婚することはないだろうと言う。現在も国内で親しんでいるオープンな表現や自由を我慢しなければならないからだ。これを深読みすると、もし二人の配偶者が王族エリートなら、かなり保守的な相手と結婚することになる、とアルワリードが考えていることになる。

やはりアルワリードはある程度子供たちに有利になるよう考え、二人の独立性を認めているのである。

旧友のチャック・グランも、アルワリードが二人の子供に世界への扉を開いているのを知っており、父親は現在、息子と娘が人生の次なるステップに進むのを目にする心の準備をし、へその緒のように深く依存している関係を絶ち切る用意をしているのだと考えている。

「親としては子供たちに離れていってほしくはないのですが、へその緒はいずれ切れるものです。王子もそれを望んでいますよ――二人が結婚して親元を離れ、自立してほしいとね。もしそうなったら、そのときはすべてまっとうな形で進んでくれればいいと思っているんですよ」

二〇〇四年が終わると、アルワリードは、ハレドが婚約話を持ち出して、その次なるステップに進んだことを知った。相手の女性は若いモニーラ・イブラヒム・アルアサーフ。二人を引き合わせたのは、ほかならぬリームだった。

兄と妹として、リームとハレドは人生のどんな局面でも互いに支え合っているようだ。

第9章 大家族

家族同然ですよ。王子と一緒にいると安心するんです。

――アルワリード王子付きの医師ジハード・アウカル博士

時計は正午を告げようとしていた。案の定、予定どおり上階に現れたアルワリード王子が大きな階段を駆け降りてきた。二人のお付きも、上司がとっさに必要としそうな品々――数々のサングラスや身の回り品、そして高価なテーラーメードのスーツのへりがほつれたときのためにしぶしぶポケットに入れておく布の切れ端などが入ったケース――を手にして後ろから降りてきた。実際にはひとつとして持っていく必要のない高級品ばかりである。財布、くし、ペン、鍵、携帯電話。何も要らなかった。われわれにとってはお荷物でしかない脂肪がないため、アルワリードの身なりは一段と立派に見える。

階段を取り囲むように集まっていた十数人は儀礼にのっとってすでに起立しており、アルワリードが階段を降り切ると、「アッサラーム・アライクム」（**訳注** アラビア語の〝こんにちは〟。〝あなたに平和が訪れますように〟の意味）とあいさつ。全員の視線がアルワリードを追っていた。アルワリードは軽やかな身のこなしで中央の椅子に腰を埋めた。これが取り巻きも着席していいという合図である。

旅行担当マネジャーのロバート・エルハージがアルワリードの斜め後ろにさっと歩み寄り、腰をかがめながらその日の旅程表をそっと手渡した。アルワリードはそれにちらりと目をやると、ひげの先で表をもてあそび、うなずきながら再びロバートに戻した。そして突然立ち上がり、大声でこう告げた。

「出発だ」

全員が不意を突かれ、慌てて立ち上がって身支度を整えた。

輪の外に出たアルワリードは、宮殿の自宅の正面玄関のほうへ大またで歩き始めた。職服を着た長身の男が二人、じっと待っている。一人は香炉を手にしていた。白っぽい細い煙からかぐわしい香りが広がっている。もう一人は装飾を施した小さな香水瓶を載せたトレーを持っていた。なかには濃いブラウンの液体が入っている。

アルワリードはトレーから香水瓶をひとつ選んでふたを開け、ふたに付いている細い塗布具を使って濃厚な液体を手首に一塗りした。そしてふたを閉めて瓶をトレーに戻すと、香炉を手にした男のほうへ歩み寄り、前かがみになって煙に顔を差し出した。燃えている残り火までは約二〇センチ。そして一方の手で立ち昇る煙をすくうようにして顔と体を清めた。

アルワリードが前庭に止めてある黒いリムジンのほうに歩いていくと、取り巻きたちも同じ儀式に臨み、濃厚なアラビアの香り〝ウード（香木）〟を手首に一塗りした――その手首で耳の後ろをこすり、首筋に香りをなじませる者もいた。そして透き通った黒い煙を衣服や髪へ運び、身を清めた。

間もなく、待機していたリムジンと数台の車が大きな正面ゲートから次々と姿を現した。

これがアルワリードが外国旅行に出掛けるときの典型的な光景である。二〇〇三年六月一四日午後にリヤドの自宅を出発し、六月二〇日の早い時間に戻る予定になっていた。わずか五日間だが、旅程には余分な時間などまったくなかった。

リヤド空港のＶＩＰターミナルで自家用のボーイング７６７型機に乗り込んでから当日の晩にパリに着くまでの間、アルワリードは五日間のことに集中していた。王子の外国旅行は、スケジュールの面でもルートの面でも徐々に野心的になっていた。

キングダム・ホールディング社はごく少人数で運営している会社だが、スタッフはすでに限界に達しており、これ以上仕事の負担が増えるとかなり苦しい状態だ。アルワリードも負担を軽減する必要性に気づき、二人のスタッフを補充した。一人はアルワリードの相変わらずの長い一日に付き合う世話係、もう一人は旅行チームのメンバーで、スケジュールが詰まっているロバートとアシスタントのハーニ・アーガの補佐係である。こうしてチームは大所帯になり、飛行機も少々込み合ってきたが、アルワリードはボーイング７４７型機を新たに購入することでうまく切り抜けた。大きさは現在使用しているジェット機のほぼ三倍、長旅でも全員が快適に過ごすことができる。この大型ジェット機は、アルワリードの室内レイアウトやデザインの好み、そして——これが重要なのだが——キングダム社のカラーであるベージュとグリーンで改装されることになっていた。

今はほぼすべての座席がヨーロッパへ向かうアルワリードと妻のホルード、そして取り巻きたちで埋まっている。参加しなかったのは二人の重要人物、旅行中のハレド王子と妹のリーム王女だけ。リームは二週間にわたる大学の修学旅行でイタリアのフィレンツェに滞在中だった。アルワリードの旅に同行するスタッフの数は、このときすでに三〇人に上っていた。

顔なじみ

キングダム・ホールディング社と宮殿のスタッフのうち数人は、常にアルワリードの旅に同行している。

ジハード・サード・アウカル博士は長身で細身、肌の色が白い五〇代の男。髪には白いものが交じり、上部は薄い。びっしりと生え、きちんとそろえた口ひげは頭髪の色の名残を感じさせ、アインシュタインのような印象だ。アルワリードと初めて会ったのは、サウジアラビアで営業していたキングダム社の専属医師に就任するため、一九八七年にレバノンから移住してきた直後のこと。家族の面倒を見ながら、必要に応じて旅にも同行してくれる医師を探していたアルワリードが、地元の人を通じてジハードのことを知り、会社を通して接触してきたのである。三二歳のアルワリードとの一五分間の初の面接が無事に終わると、ジハードはすぐに連絡をすると告げられた。二度目の面接に呼ばれたのは、それから二カ月後であった。

このとき、アルワリードは座ってしゃべりながら一枚の紙を取り出すと、それをジハードに手渡し、これは医師のリストだが、だれか知っている者はいるかと尋ねた。ジハードは自分の名前を指さした。

「『ええ、一人知っています』と答えました。『だれだね？』と聞かれましたので、『二五番の』と答えましたら、『名前は？』と言うんです。『ジハードです』と言いましたら、『きみの名前じゃないか！』と。わたしは『ええ、そうです』と答えました。そうしたら『ユーモアのセンスがあるな。気に入ったよ』と言われまして、『それはどうも。わたしも好きですから』と答えたんですよ」

アルワリードはジハードをいわゆる〝壮大な〟砂漠の旅に招き、二週間ほど砂漠のなかにある人里離れたキャンプで生活を共にした。この旅で二人は互いを知る時間を持つことができ、ジハードはアルワリードの妻や小さな子供たちとも親しくなった。リヤドに戻ったジハードは間もなく宮殿のスタッフから連絡を受け、王子は会社でも現在の仕事を続けてほしがっているが、同時に週末ごと——水曜日と木曜日——に砂漠のキャンプに出掛ける家族の面倒も見てほしいと告げられた。

こうしてジハードは、八カ月ほどリヤドの会社の仕事と週末の砂漠の旅との二重生活を送ったが、その八カ月が過ぎたある金曜日の夜、王子から夕食に招かれ、候補の医師を三人に絞ったことを告げられた。アルワリードはジハードをからかいながら真面目な顔をして、スタッフの一人が明日連絡を入れ、採用する医師の名前を告げると伝えた。ジハードの反応はシンプルだった。

「承知いたしました、殿下」

ジハードの淡々とした反応に驚いたアルワリードはこう尋ねた。

「だれだか知りたくないのか?」

ジハードはやはり淡々として答えた。

「殿下がお決めになることですから」

アルワリードはジハードののんきな態度に少し当惑したが、同時にその落ち着きぶりに感服した。

翌日、ジハードは会社の仕事を辞めてフルタイムで王子付きの医師になるよう告げられた。一九八七年後半のこのとき以来、ジハードはアルワリードの人生の紆余曲折に立ち会うことになり、単なる医師ではなく友人にもなったのである。

「家族同然ですよ。王子と一緒にいると安心するんです。正直なところ、ときどき休暇をいただくのですが、四~五日たつとつまらなくなりましてね。王子と一緒だと活動的ですよ。ただ仕事をしているだけでなく、常に緊張感がありますからね。休暇中は何もしないで二〜三時間じっと座っていられますが、王子と一緒のときはそうはいきません。あれをやったりこれをやったり、あっちへ行ったり……。常に行動を共にするんですから」

アルワリードの一日が終わるのが早朝、そのあとで取り巻き全員が解散することもあるが、何とか王子に付き合おうと奮闘する彼らと同じく、ジハードも王子のスタミナには驚いている。毎年行っている健康診断でも王子の体調が良好なことから、ジハードは、睡眠時間が少なくても生きていけるよう、自分で鍛えているのだろうと思っている。

「王子の四〜五時間の睡眠が普通の人の八〜九時間の睡眠と同じなんです。体がその睡眠時間に適応しているんですね。五時間の睡眠でも八時間、九時間、一〇時間寝ているような感覚なんですよ」

しかしジハードは、王子の過密スケジュールについていこうとすると自分の体がストレスを感じ、それが人間にとっていかに酷なことかがはっきりと分かってきた。王子付きの医師として、珍しく王子が重圧を感じている瞬間を目にしたときなどは心配になる。

「消耗しきっているときがあるんです。疲れていますし、少しリラックスするか睡眠を取るべきでしょうね。でも、限界まで自分を追い込み、限界だと思ったところでやめるんです。行きすぎるときもありますしね。出張中は朝の六時から夜の一一時まで外出して、そのあとホテルに戻り、朝の四時までロビーにいるんですから。それから新聞や雑誌を読んだり、食事をしたりとね。しかも周りにだれかがいないと駄目なんですよ」

取り巻きたちも王子が部屋に下がるまでは付き合わなければならないため、出張中には当たり前の一日一八時間労働についていけない人にとってはかなりハードである。

そんな旅に、ジハードは親密な家族を必ずもう一人連れている。

取り巻きのなかにレバノンの豪族出身者がもう一人いる。モハメド・エルアミネは王子付きの理容・美容師だ。スポーツ好きで背丈は中ぐらいだが、ジハードよりはやや低く、年齢も少し若い。ウエーブのかかった髪をいつもジェルで固めてオールバックにし、後ろを長く伸ばしている。一九八〇年代の懐かしいスタイルだ。グレーの口ひげはきちんと整えられ、ぱっと見は俳優のオマー・シャリフ。とくに笑ったときの顔がそっくりだ。アルワリードの朝は二日ごとに昔から変わらないホットタオルとブラシと石けんで始まり、モハメドにかみそりでひげを剃ってもらう。まるで昔の西部劇か『ゴッドファーザー』のワンシーンだ。毎日ひげを剃るのが嫌いなアルワリード、重要な会議でもないかぎり、普段は二日ほど伸ばしたままである。また、毎週のようにモハメドに髪をカットしてもらっており、ここ二〇年ほどは一貫してきれいに整ったヘアスタイルを保っている。モハメドのストーリーは、アルワリードの最初の妻の美容師だったころにさかのぼる。ダラル王女の大ファンだったモハメドは、今まで出会った女性のなかでは最もエレガントで洗練されているのがダラル王女だと言う。物静かで優しい性格で、王子の家族にも献身的に尽くし、常にそばにいてサポートしている。アルワリードは痩身のモハメドをうらやましく思っていた。何しろ、いくら食べてもまったく太らないのである。甘党のアルワリードは太る危険性を十二分に認識しており、カロリー計算に取りつかれ、運動も毎日欠かさない。ある日、モハメドがハンバーガーを四個もたいらげておきながら、まだ足りないとぶつぶつ言っているのを聞いたアルワリード、冗談でこう言った。

「ひどいと思わないか？　わたしは食べ物を見ているだけで体重が増えてしまうというのに、いくら食べても全然体型が変わらないなんて」

モハメドはフライドポテトをほお張りながら、笑って冗談を返した。

「殿下、もし一〇〇〇万ドルくださったら、殿下のために喜んで体重を増やしますよ」

アルワリードはカリフォルニア留学中に二八キロほど体重を落として以来、口にするものには何でも気をつけるようになった。リヤドの王子付きシェフが作るのは決まって低脂肪食。料理には油をほとんど使わず、デザートも砂糖抜きである。行きつけの店の料理人も王子の好みを知っており、ジョルジュサンクなどのホテルでも、アルワリード仕様のメニューを王子と取り巻きのために用意している。また、空腹を抑えるため、アルワリードは食事の前に低カロリーのメルバトースト（**訳注**　天火でカリカリに焼いたパン、ラスク）を食べることが多く、外出時にもお付きが袋に詰めて持っていく。二〇〇四年、アルワリードは新たな発見をしてお付きの持ち物にそれを加えた。低炭水化物のトマトケチャップだ。ケチャップが大好きなアルワリードだが、糖分や炭水化物の多さを以前から気にしていた。〝低炭水化物〟ダイエットの新発見——味も気に入っている——は完璧な答えだった。今では食卓のそばに常に置いてある。また、ダイエットにはサラダを欠かさず、食べる量も控え、焼き魚などの料理にしか手を出さない。肉はまったく口にしない。

ただ、アップルパイの誘惑には勝てないアルワリード、やはり砂糖抜きで注文するようにしている。スプレンダなどのダイエットシュガーは好んで使う。アップルパイはアルワリードの定番デザートで、ホテルで作らせては、外出時に入るレストランにも届けさせている。ところが、アップルパイといっても、アルワリードは上のパイ皮を持ち上げて中のスライスしたリンゴを口にするだけなのだ。リンゴを取り出したら再びパイ皮でふたをし、あとは食べないのである。それならパイ皮抜きで、詰めてある煮込んだリンゴだけを注文すればよさそうなものだが、と問い正されたアルワリード。答えはこうだ。

「だって、それじゃあアップルパイにならないじゃないか!」

確かに、そのとおりである。

今では何人もの取り巻きが上司に倣って同じことをするようになった。アルワリード王子主催の食事会が終わるとアップルパイの皮ばかりが大量に残っているのだから、世界中のレストランの給仕係も当惑しているに違いない。

アルワリードは二〇代のころから異常なほど食べ物にこだわっている、とジハードは言う。

「わたしと知り合う前から、一緒に仕事をする前から、王子は(食べ物に)詳しかったですね。

何でもカロリー計算をしていましたから――何でもですよ！　医者が栄養士であるとは限りませんが、もし医者なら健康や健康製品のことには詳しいでしょう。でも、王子はよくこう言っていました。この〝わたしに〟ですよ。『これは何カロリーで、こっちのほうが高カロリーなんだ』とかね。あまりに詳しいので驚いたものです」

アルワリードが大所帯で旅行をするときの必需品や、とくに席決めや随時王子に近づくときの儀礼を管理しているのがハッサン・ムフタールである。中肉中背の浅黒い肌をしたサウジアラビア人で、もう二〇年近く王子と行動を共にしている。口数はあまり多いほうではないが、取り巻きの行動には常に目を配り、王子が話したがっている相手を素早く察知する。

メディアからの問い合わせには、キングダム・ホールディング社の広報担当マネジャー、アンジェド・シャッカーが対応する。アンジェドの白い肌と米語のアクセントには、相手も戸惑いを見せる。王子の取り巻きとして対応していると、アラビア語で王子に話し掛けるまではよく西洋の白人に間違えられるのだ。一九九七年半ばにアンジェドが入社するまでは、キングダム・エスタブリッシュメント・フォー・コントラクティング・アンド・トレーディング社には広報やコミュニケーションを担当する正式な部門がなかった。アンジェドが入社したのは、ちょうどアーサー・アンダーセンの主導で同社が事業再編を完了し、キングダム・ホールディング社と社名変更した直後だが、アンダーセンのアナリストは広報部門がないことを指摘。アンジェドは面接でその部門のマネジャー職はどうかと打診された。アメリカで生活し、幅広く学んできたこの若いサウジアラビア人は、サウジアラビアに戻ったらフルタイムでテレビ関係の仕事に就こうと考えていたが、その七月二一日の出来事を正確に覚えている。

「自分の職場を見せられてから一〇分後でした。コンピューターにログオンするときのパスワードとか長距離電話をかけるときのパスワードをもらったのは。それから新聞社のファイルをどっさり渡されましてね、王子が整理してくれと言うんですよ。最後には、王子にインタビューをしたいという世界中のメディアの申し込みを三〇～四〇件選び出したんです。その後少しずつですが、王子とのやりとりで、王子が何を考えているのか、どんな戦略なのか、何をしたいのか、メディアをどう使うのかが分かってきましたね」

夕暮れから夜明けまで

旅行中、アルワリードは会議の時間をたいてい正午に組み、ジョルジュサンク・ホテルの一階の部屋から、滞在中には必ず押さえてあるロビー奥のエリアに現れる。ところが二〇〇三年六月一五日、パリでの最初の会議は朝八時半という、いつになく早い時間に始まった。

バックグラウンドでピアノを演奏するピアニストにとって、その日は少し時間が早すぎた。アルワリードはいつもプロのピアニストの奏でる音に誘われるように昼ごろやって来る。昼間の演奏を担当し、趣味良く装飾された専用ロビーの雰囲気を盛り上げるピアニストはジャン・クロード・オルファリといい、長身で人当たりのいいエジプト人だ。五〇代で、ひげをきれいに剃り、白髪をオールバックにしている。

前回はアルワリードがチームのメンバーを連れてロビーにやって来るたびに、すかさず『ミッション・インポッシブル』のテーマ曲に切り替えていた。驚愕のスタイルと豊かな味わいを兼ね備えた見事な演奏だった。

ただ、いつもこの曲ばかりだった。アルワリードも少し首をかしげながらピアニストに近寄ると、しっかりした口調でこう尋ねた。

「どうして『ミッション・インポッシブル』なんだ？　〝不可能《インポッシブル》なこと〟なんか何もない――すべて可能《ポッシブル》だよ！」

悲観的なタイトルの曲を選んだとしてユーモアを交えて怒られたオルファリは少し神経質になってしまい、次回からはその曲を演奏しないことにした。

ところがこの六月の朝は、アルワリードがロビーまで来て〝くれなかった〟のである。シティグループの会長兼ＣＥＯ（最高経営責任者）のサンディ・ワイルが昼に出発してしまうため、パリにはわずかしか滞在できなかった。アルワリードもワイルが出発する前に会いたいと思っていた。アルワリードは豪華なスイートでワイルと面会したが、そのとき、ホテル側がこのスペシャルゲストを最高の待遇でもてなしていることを初めて確認した。友人であり筆頭株主であるアルワリードにあいさつしたワイルは、ランドマークであるフォーシーズンズのスタッフのもてなしがいかに素晴らしいかを語った。オーナーと一緒に朝食を共にしたいと考えていたアルワリードは、それを聞いても驚かなかった。

ワイルと別れたアルワリードは、メモや資料を見ながら、午前中の残りの時間を午後早々に始まる最初の会議の準備に充てた。そして機長のダンカン・ジレスピーとコンサルタントのブレット・リンゼー率いる航空チームに、すぐあとに控えている油断のならない交渉について尋ねた。アルワリードが購入したばかりのボーイング747型機の改装プロジェクトには四社が入札していた。入札価格は九〇〇〇万ドルから一億二〇〇〇万ドル超までと幅があった。アルワリードはその四社と三〇分ずつ面会し、二時間以上をかけてそれぞれの提案や入札価格についての説明を聞くことにしていた。

最初の交渉相手が入ってきた。全員が笑みを浮かべ、アルワリードが座るソファの脇と向かい側にぎっしり並んでいる椅子に向かって歩いてきた。常に王子のそばにあるテレビ画面はCNBCを映し出し、オルファリは明るい午後に合わせて優しいメロディーを奏で始めた。ホテル中央の中庭を見下ろす高い窓ガラスを通して、明るい光が差し込んできた。

全員に座るよう促したアルワリードは、午後の真剣勝負に挑もうと心に決めた。A社——名誉のためにあえてこう呼ばせてもらう——は当然、王子のような特別な顧客と会うのだからと、最高幹部を送り込んできた。彼らは一億ドルという、中ぐらいの入札価格を提示。ところが、しばらくつろいでおしゃべりをしたあとで、アルワリードがどの程度の利益を見込んでいるのかと言い出して全員を驚かせた。しどろもどろになった彼らは言葉に詰まり、動揺しながら助けを求めるように互いの顔を見合わせた。こんなことを聞かれるとは、だれ一人予想していなかった。すると少々不愉快な思いをさせてしまった、とアルワリードが助け舟を出した。

「二〇〇〇万ドルか、それとも二五〇〇万ドルか……？」

四人の幹部のうちの一人が大きなデザイン帳を開き、おどおどした様子でのぞき込んだ。すると彼らが口を開く前にアルワリードが金額を示した。

「オーケー。じゃあ八〇〇〇万ドルではどうだろう？」

「しかし、殿下……、その金額では難しいと思いますが……」と一人がやっとのことで答えた。

「それならいい」とアルワリードは自信ありげに答えた。

「少なくとも、個人所有の最も高価な自家用ジェット機のプロジェクトなんだと公言しないといけないね。どれだけの仕事が御社に流れてくるのか想像してみてほしい。どれだけの宣伝効果があるか」

A社の幹部はこの件についての議論や入札内容の説明もままならず、ほとんど途方に暮れていた。

しばらく沈黙が続いたが、やがてアルワリードが口を開いた。

「向こうで検討してみてくれませんかね。それからまた話し合いましょう」

アルワリードはロビーの隅のほうを指さしながらそう言った。

困惑している幹部たちは、ジレスピーとリンゼーにコーナーのテーブルへ案内された。待ち構えていた給仕係がぺこりとお辞儀をし、コーヒーか紅茶の注文を聞いた。ロビーの奥のほうではオルファリが何食わぬ顔でピアノに向かい、『ワルチング・マチルダ』（**訳注**　オーストリアの国民的歌謡曲。ワルツを踊るマチルダの意味）を弾き始めた。何か強力なドリンクがよさそうだった。

ジレスピーとリンゼーが戻ってくると、もし来ていれば次の相手を通すよう指示された。幸い、大型受注のチャンスを目前にしたB社がすでに正面ロビーで待機しており、アルワリードとの商談を待ちわびていた。

万一に備えて、おそらく早朝から外にテントを張って野宿していたのだろう。

微笑みながらのあいさつと握手のあと、アルワリードは幹部らと向き合って座ると、一億二〇〇〇万ドルという入札価格が一番高かった、と言っていきなり彼らを責め始めた。

「八〇〇〇万ドルでやってくれるところがあるよ」

信じられないという顔をしている幹部らに、アルワリードは物思いにふけりながらそうぶつけた。

「それに合わせてもらわないとね」

アルワリードの論法はここでも同じだった――つまり、これほど名誉あるプロジェクトを受注できるのだから、それを大きな損失として扱っても採算は取れるし、ジェット機のメンテナンス契約も含め、長期的な利益を引き出せるはずだというわけだ。

二番目の交渉相手も別のコーナーで考えてくるよう促された。『ワルチング・マチルダ』のメロディーはまだ続いていた。

アルワリードが現在所有するボーイング767型機の仕事を受注するという幸運にあずかったのは、いやや、ふたを開けてみたら不幸にも受注してしまったのは、C社であった。アルワリードは彼らの仕事のやり方や仕上げの質に完全には満足していなかった。もっとも、思っていたほど悪くはなかった、と後に打ち明けているが……。問題は、アルワリードがどんなに細かいところも見逃さないということだ。ねじが一本違っていてもそれに触れ、説明を求めるのである。C社の入札価格は一番低く、九〇〇〇万ドルほどであった。おそらく幹部らはアルワリードとの前回の交渉の傷を引きずっており、明確な金額を提示しなければならないことに気づいたのだろう。

「767で失敗しているから、御社にはタダでやってもらわないとね」

この日の午後、航空業界の大物らは皆おどおどしていた。

「前回の仕事で大金を手にしているし、メンテナンス契約でもずいぶん利益が出ているだろう。考えてみてくれないか」

ジョルジュサンクのロビーのコーナーは悩めるビジネスマンであふれていた。

最後のD社は、二番目に高い一億一〇〇〇万ドル近くを提示してきたが、極めて評判の良い会社でもあった。最初にアルワリードの目を引いたのは、幹部が抱えていたジャンボジェット機の大型模型で、キングダム社のカラーで彩られていた。アルワリードはベージュとグリーンの彩りに目を奪われた。賢明なやり方だった。幹部は戦略としてアルワリードの目の前の右側に模型を置いた。

D社もやはり他社と同様の議論を経てから退席を命じられたが、模型は置いていった。アルワリードはジェット機がどんなふうに見えるのかを知りたがったが、それとは別に、再び交渉に戻ってきた他社の幹部らにその模型に気づいてほしいとも思っていた。そうすれば、これは競争であり、いくら模型を持ってきても駄目だということを強調することができる。

短いミーティングに呼ばれたジレスピーとリンゼーは、現状を確認し、王子が価格を下げられるような別の手を検討した。

「かなり高いと思っているのはわたしぐらいだろうか?」

アルワリードはソファにもたれ、その言葉を強調するように腕を大きく広げた。

「わたしだけかな?」

偶然の一致か、はたまた自然の成せる業なのか?

ピアニストは『オーソレミオ』を奏で始めた。

いずれにしても、その後、一時間の間にA社、B社、C社、D社との価格交渉が相次いで行われた。アルワリードは夜になっても最終的な落札価格を明かしてくれなかったが、当初聞かされていたよりははるかに安い値を引き出していた。

交渉の最後に、アルワリードは客室乗務員の件で二点質問をした。厳しい交渉のあとだけに、これはやや緊張がほぐれるような話題であった。アルワリードが若い女性たち――二人とも西洋の白人だった――にリヤドを拠点にして働くのは嫌かと尋ねたのだ。安全保障上、ここ数カ月は緊張も高まっており、アルワリードも断固として営業拠点やスタッフをサウジアラビアの外に移さないことで自国支持を表明していた。いつものビジネスのやり方だ。

二人とも過去に何度か中東で暮らしたことがあったため、何らためらいはなかった。

すでに日も暮れかかり、昼食の時間が近づいてきた。この日は予定がびっしり詰まっていたため、アルワリードも当初予定していたシャンゼリゼ大通りのレストランまで足を伸ばす気にはなれず、代わりにジョルジュサンクでチームと一緒に食事を取ることにした。そうすれば食事の時間も短縮できるし、ニール・ブッシュとの午後六時の会議にも時間どおりに臨むことができる。

米大統領のジョージ・ウォーカーとよく似た弟のニールは、兄とは違い、またもう一人の兄でフロリダ州知事のジェブとも違い、政治家としての経歴はなかった。アルワリードはこのニール・ブッシュとパリで将来のベンチャービジネスについて協議し、もしブッシュが明確なアイデアを出してくれるなら調べてみようということで会議を終えた。

その一時間半後にはアルワタン・アルアラビ紙のトップ、ワリド・アブダハルが非公式な表敬訪問に訪れ、その後は最近採用したばかりのロターナ・ミュージックのトップ、ミシェル・エルムールとさらに活発な議論を戦わせたが、ロターナの進展状況についての話し合いは三〇分では足りず、さらに話し合いを続けるため、アルワリードは夕方のパリの散歩にエルムールを誘い出した。

それから程なく、紳士的で物腰も柔らかいエルムールは、アルワリードの速い足取りについていきながら話もしなければならず、四苦八苦することになった。

この日の夕方の散歩は、いつものシャンゼリゼの三・二キロのコースではなかった。アルワリードは次の約束の場所であるおばのアリア・エルソルハの家まで行きたかったのだ。午後八時半の約束だった。

母方のおばは一年のうち数カ月を、ここパリの外交地区の中心にある邸宅で暮らしている。華麗なロココ様式の装飾を施した部屋は、旅行をしながら長い年月をかけて収集した美術品であふれている。お茶を一杯飲んでから、アルワリードはまた時速八キロのペースで、いつものようにシャンゼリゼに面したゴーモン劇場まで歩いていった。ウオーキングに付き合わなかった取り巻きやアリア邸訪問のリストに載っていなかった取り巻きが、ここで王子を待っていた。

すでに午後一〇時。映画の上映時刻にちょうど間に合った。スケジュール管理を担当するロバートとハーニは、大人数のレストランの予約や、王子とその一行のプライバシーや安全を考えて映画館の後部座席を八〜一〇列確保するという仕事もこなさなければならなかった。

映画が終わったのはちょうど深夜を回るころ。映画館から出てきた王子とその一行は、パリでお気に入りの盛り場へと繰り出した。

ジョルジュサンクの近く、シャンゼリゼに面した世界的に有名なカフェ・フーケ。ここにはアルワリード専用の飛び切りのテーブルが用意されている。古くて色あせた感のあるフーケだが、やはりパリのナイトシーンには欠かせないランドマークであり、パリを訪れるエリートたちのたまり場のひとつになっている。

大きく開いた窓のすぐ脇の席は外界を眺めるには絶好のロケーションだ。アルワリードも世の移り変わりを眺めながら、非公式の夜のミーティングを開いた。

深夜二時、カフェも店じまい。今度はジョルジュサンクのなじみ深く居心地の良いロビーに戻り、集中して読書をする時間である。

いつものように、インターネット版のニューヨーク・タイムズ、ワシントン・ポスト、インターナショナル・ヘラルド・トリビューン、ウォール・ストリート・ジャーナル、そしていくつかのアラブ系の新聞がアルワリードの帰りを待っていた。アルワリードはその後二時間ほど、静かに読書に没頭する。

早朝四時ごろにはいつもの軽いスープとサラダで遅い夕食を取り、それから再び読書にふける。

パン屋が各家庭に朝食用のクロワッサンを配達し終わるころが、アルワリードの就寝時刻である。実は、アルワリードが就寝前の朝六時ごろに再びウオーキングに出掛けないのは珍しいケースであった。きっと一日をスタートさせた時刻が早かったからだろう——ほぼ二四時間前になる。

これがこの日のアルワリードのスケジュールである。

時計を見ながら

アルワリードが決めた過密なスケジュールは、それを調整しなければならない旅行チームにとってはとくにハードである。

最初に起床し、最後にベッドに入るのがロバート・エルハージとハーニ・アーガ。二人とも二週間の外国旅行のあとは消耗しきっていたが、ロバートは何とかして厳しい要求を回避する方法を模索しているらしい。

「自分を鍛えていますよ。どうやって殿下についていけばいいのかは分かっています。ついていくために、いつ一〇分間の仮眠を取ればいいのかも分かっています。もし二時間ノンストップで仕事をしたら、どのぐらい食べたらいいか、いつ睡眠を取ったらいいかも——もし寝る時間があればの話ですけどね。スタミナをどうやって保てばいいかも心得ていますよ」

とりわけアルワリードが時間厳守にこだわり、時間を無駄にしたがらないことから、毎日、一分一秒が大切なのだと肝に銘じておく必要がある、とロバートは強調する。

「かなりの努力が必要ですね。とにかく殿下は完璧主義者ですし、何をするにも二〇〇％の出来栄えを要求しますからね。殿下についていくには大変な努力が必要です。かなりの集中力も必要ですよ――かなりの集中力ですよ。それからしっかりした手順を踏むことも」

その手順には、事前に旅行先のロケをして、王子とその一行が到着したときに準備万端整っていることを確認する作業も含まれている。王子がリヤドにいる間に、ロバートかハーニが先に出張先に赴き、王子が滞在したり、訪問するのに最適な場所を探してくることも多い。また、交通手段やセキュリティーのチェックをしたり、現地のサウジアラビア大使や総領事に連絡を入れ、王子が近々訪問することを知らせておく必要もある。リヤドに戻ると、その旅の詳細なレポートを書き、現地で選んだオプションなどを報告する。王子が入念にレポートを読むことを二人とも知っている。ロバートによると、せっかく細心の注意を払って計画を立ててもすべてが水の泡、ということもあるらしい。

「仕事でうまくいかなかったときは最悪です。わたしも完璧主義者でしてね、すべて準備を整えたあとで駄目になったときは、それはもうショックですよ。つまり迅速にイニシアチブを取って、しかも反射的にその場で問題を解決しなければならないんですから」

実際には、多くがこの若い二人のレバノン人に懸かっているのである。つまり、出張が事務的にうまくいって王子が喜んでくれれば、相当なボーナスが期待できるということである。逆に失敗して問題が起きれば、王子は四半期ごとのボーナスを減額して不満を示す――しかも、成功しようが失敗しようが、王子はたった一度の出来事もけっして忘れることがない。広報担当のアンジェド・シャッカーもこう話している。

「王子は実にいろんなことに注意を払っています。多かれ少なかれ、映像として記憶しているんですね――すべて覚えているんですから。つまり、何ひとつ忘れることがないんです！何ひとつですよ。どんなにささいなことでもね。それを心にメモしておくんです。そして何度も優れた仕事をした人に、いきなりボーナスをくれるんですよ――三カ月分、六カ月分、一年分の給料をボーナスでね。かなりまとまった額です。素晴らしい仕事、並外れて優れた仕事をすれば、それに対してボーナスを出してくれるんです」

スタッフの多くは、二〇〇三年の春にアルワリードが五日間でアフリカ一〇カ国を歴訪するという奇跡に近い仕事をやってのけたあとに、ロバートが丸一年分の給料に相当するボーナスをもらったと思っているようだ。

しかしその同じ年の夏、カンヌでレストランの予約がうまく取れなかったときのロバートの顔は、かわいそうなほど狼狽しきっていた。王子のフラストレーションが募るにつれ、ロバートはボーナスが減っていくのを感じていた。

プランニングがすべてなのだ。だが、ロバートとハーニは嫌というほど知っている。人生で唯一確かなのは、何もかもが不確かだということを。

＊＊＊＊＊＊＊＊＊＊＊＊＊＊

二日目、アルワリードのいつもの一日が始まった。スタッフには午前中に朝食を取ってもらい、その後の仕事――夜明けまでノンストップ――に備えることを王子は期待している。

ロターナのミシェル・エルムールと短いフォローアップ会議を済ませたあと、アルワリードは中東地域のホテル担当者――サルマド・ゾク、ラムゼー・マンカリアス、そしてティム・ハンシング――を集めた。成功への強い意欲を秘め、やる気満々のこの若いチームは、とくに創業者一族の若きルイトポールド・フォン・フィンク男爵、同社のCEO（最高経営責任者）ジャン・ガブリエル・ペレスなど、メーベンピック・ホテルグループの代表者との会議に出席することになっていた。アルワリードは、同ホテルチェーンがサウジアラビアの大きな港町ジェッダに所有するホテルの質の悪さについて不満を表明するつもりでおり、彼らに語ったのも、適度な収入に安易に飛びつくのではなく、クオリティーもイメージも申し分ないメーベンピックブランドを構築せよ、ということだった。

会議は一時間弱で終わり、アルワリードはその後のスケジュールを見直して二つの予定を入れ替えた。その結果、昼食を少し早く、午後四時半近くにシャンゼリゼ大通りの中心から少し離れた中華料理店で取ることになった。基本的にはワーキングランチで、このときはアメリカに拠点を置くホテル・キャピタル・アドバイザーズ社のコンサルタント、チャック・ヘンリーとサイモン・ターナーが同行した。アルワリードはホテルのことで頭がいっぱいだった。

午後六時ごろ、ジョルジュサンクに戻ってきたアルワリードは、間もなくロビーでAOLタイム・ワーナーのトップ、ディック・パーソンズの姿を見つけた。するとあいさつ程度の時間があるかどうかを聞いてくるよう、すぐにチームの一人をパーソンズの元に行かせた。アルワリードは同社の大株主。この長身のアフリカ系アメリカ人のトップも、アルワリードがいかに重要な人物かを十分承知している。体格は良いが都会的なパーソンズは、用事はすぐに終わるので喜んでお会いしたい、と告げた。

ロビーの奥に予約したラウンジのほうにパーソンズが歩いてくると、アルワリードはさっと振り向いて、リモコンのボタンを必死で押しながらテレビのチャンネルをCNBCからCNNに切り替えた。

「見たぞ！」

開口一番――大きな笑みをたたえながら――、パーソンズはそう言った。

二人の会話は、パーソンズがAOLタイム・ワーナーを短期的、長期的にどういう方向に持っていくかに集中した。ここ二年の間、このメディアの巨人の株価は大きく下げていた。会談時間は短かったが、二人は年が明けたら早々に会うことで意見が一致。パーソンズが部屋に戻ると、アルワリードは、パーソンズのホテル代が自分の勘定に付いているかを確認しておくようロバートに指示。それから一週間後、パーソンズから王子あてに礼状が届いた。

偶然の出会いでその日の予定が大きく狂うこともなく、アルワリードは船舶部門との話し合いに臨んでいた。新しい特注ヨットの計画を練っている最中だったのだ。少なくとも現在のヨットの倍の大きさで、ヘリポートも二つあるという話を聞くと（「キングダム5－KR」号には一機分のヘリポートがあるだけ）、実際にはとてもヨットとは呼べない代物だ。新しいヨットの当初の設計では、一機分のヘリポートが艇体の脇腹から飛び出しており、なかに引っ込めないと駄目だった。

世界一大きくて豪華なヨット、というのがアルワリードの希望である。細部にわたってすべてチェックするアルワリードは、欄干の木の材質や使用するガラスの種類など、どんなにささいなことにも注意を怠らないため、設計チームは常に緊張を強いられていた。このプロジェクトを監督しているマーク・ビニーは、現在アルワリードが所有している5－KR号の世話もしているが、「まだ始まったばかりだし、ご要望はすべてのみますから大丈夫です」と言ってこの王族の顧客を安心させた。アルワリードはごくささいな問題についても設計者の目の前で重箱の隅を突っつくようにけちをつけるが、一方では顧問の助言を仰いだりもする。小さなプロジェクトでも厳しい戦術で臨むのは、後に同じ会社と大型契約の交渉をするときの方向性を打ち出しておくためだそうだ。そうすれば初めから彼らの可能性をつかみ、付加価値を付けることができるからだ。

大きな青写真と設計図を丸めて片付けたあと、ヨットのプロジェクトにかかわっている一握りのスタッフが退散した。アルワリードはこれまでの交渉に満足したように腰を下ろしていた。親しい顧問たちだけが残ったところで、アルワリードはこう言い放った。

「わたしはすべてを安く上げるために生まれてきたんだよ!」

これはアルワリードが自分の交渉術に自信を持っていること、そして節約もしたいことを強調するために時折持ち出すフレーズだ。実質ベースでヨットの建設に数億ドル掛かる場合、節約すれば数千万ドルの費用が浮く。高級な洋上の宮殿を建設するとなると、〝安い〟といっても単なる相対語にすぎないが……。

＊＊＊＊＊＊＊＊＊＊＊＊＊＊

午後八時、AST(アルワリード標準時間)によると、一日はあと半分以上残っていた。アルワリードはまだ余裕しゃくしゃくだ。

その三〇分前のことだが、アルワリードはフランスの首相補佐官とキングダム・ホールディング社の二人の投資顧問との会議を無理やり押し込み、とくにユーロディズニーが停滞しており、再び財政難に陥っていることについて議論していた。王子はフランス政府の潜在的支援を望んでいた。スペインなどヨーロッパの他国ではなく、フランスに建設するために必死でロビー活動をしたからだ。だが、政治にうるさい世論は国民の税金を投入することには反対するはずだ。フランス政府にとってはそれが頭痛の種だった。ジャック・シラク大統領は、自分の首を絞めることなく救済できるよう、その政治的手腕をフルに発揮する必要があった。会議では何ひとつ解決しなかったが、アルワリードは、近い将来ディズニーに追加投資できるよう期待しているとして、事態の推移を注意深く見守っていくことを強調した。

そして午後八時ちょうど、アルワリードはセネガル大統領夫人と息子のカリム・ワッド氏を迎える準備に入っていた。年初のアフリカ訪問が成功したことで、セネガルで、とくにホテルセクターで事業を展開するチャンスが与えられたのだ。またアルワリードは、セネガル大統領夫人が長年温めてきた教育プロジェクトに一〇〇万ドルを寄付したことで夫人に慕われていた。その寄付金はセネガルに一〇カ所ほど学校を建設するのに充てられたそうだ。

自分が訪問したアフリカ諸国のひとつが大きく前進していることに気を良くしたアルワリード、セネガルの代表団と会ったあとにはさらに熱が入り、じっとしていられなくなったようだが、あとひとつ、ウオーキングの前にこなしておかなければならないちょっとした予定が詰まっていた。

アルワリードはホーガン・アンド・ハートソン社というアメリカの法律事務所の所長マーク・マゾと広報担当のアンジェド・シャッカーと共に、キングダム社の広告キャンペーンのプランについて話し合う短い会議に入った。自社が巨額を投資している一流企業のロゴマークを印刷物とテレビCMの両方で使わせてもらい、キングダム社がフォーシーズンズ、サックス・フィフスアベニュー、アップル、シティグループなどのグローバル企業を金融面で支えて成功していることを強調したいと考えていたのである。そのためには、それらの企業の許可が必要だ。ロゴマークは登録商標であり、著作権も存在するからだ。そろそろ夜のウオーキングの時間だった。アルワリードは出掛けたくてうずうずし始めたが、今夜はとことん、この問題についてカフェ・フーケで話し合いを続けることにした。

護衛とベドウイン

買い物をする人、運動をする人、ただ人間観察をする人、される人。これはシャンゼリゼ大通りを行き交う人々のごくありふれた姿である。ところが、毎晩ジョルジュサンクから出てくるアルワリードと取り巻きたちの様子は、街行く人々とは少し趣を異にしている。

足長でもないのに大またで闊歩する王子についていくのは、長身の取り巻きでも息を切らせるほど。王子とその後ろから二〇人もがぞろぞろ歩く光景は、パリで一番トレンディーな大通りの名物になっている。八月と九月には、バカンスでパリにどっと押し寄せるサウジアラビアの男たちに気づかれ、じろじろ見られることもある。ファハド前国王の息子や子孫の一人など、サウジアラビアの王族とばったり出くわし、ウオーキングの時間が削られることもあるが、そうでなければ、ピンを倒すボウリングのボールのごとく人ごみを縫って進んでいく。

アルワリードの通り道に邪魔物がないかどうかを確認するのは護衛の仕事である――王子の訪問がまだ知られていないときには、邪魔物をどかしているだけで気づかれてしまうので大変な仕事である。

ほかの保安要員に指示を出すのは、王子に最も近い護衛の一人で、外国旅行にもほとんど同行しているナセル・アルオタイビだ。外交儀礼として、フランス政府も王族の一行が市内にいる間はアリワリードと息子と娘、そして妻に一人ずつ護衛を付けてくれる。同じ仕事を続けることで慣れ親しんでもらうため、普通はいつも同じ人間が担当する。したがって、毎年サウジアラビアから同行してくる護衛もフランス人の護衛に親しみを込めてあいさつをするのだが……、ちょっとでも自由時間ができると互いの銃器を見せ合いながら楽しんでいる。

ナセルは王子と歩調を合わせ、すぐそばの少し前を歩くが、王子のすぐ後方――そして前方――を歩くのがフランス人の護衛である。二人は歩道の中央をぶらぶら歩く人々や交差点の信号機が変わったときなど、障害物を予知して歩くが、何よりも王子の身の安全を脅かす脅威を事前に察知しなければならない。銃の携帯を許されている彼らは、カジュアルな服装のときには腰のポケットにそっと銃を忍ばせているため、常に神経を尖らせている。弾丸が詰まったピストルが股間近くにあるとなれば、神経を尖らせるのも当然だろう。

身分上検討しなければならないセキュリティーの問題も数々あるが、アルワリードはそれを冷静に受け止めている。

「結局は代償を払わなければならないんだけど、わたしはちゃんと払っているよ。独りでいたいし、自由でいたい。しかし、今のわたしの立場だと高くつくんだ。王室の一員、サウジアラビア人であることに、そして神が与えてくれた財産を保有していることに対しては、高い代償を払わないとね。みんな税金を納めているだろう。わたしも喜んで払うよ」

しかし、その財産のせいで自分自身や家族が誘拐や身代金の標的になろうと、その国籍や王族の身分そのものに決定的な政治的含意があろうと――サウジアラビアの緊張を踏まえて――、アルワリードは身辺警護にはそう固執していないと言う。

「サウジアラビアから護衛が来てくれているし、フランス政府も警備してくれているから、そんな脅迫観念はまったくないね。わたしは神を信じているし、社会や自分の信仰のためにベストを尽くしている。アラブ世界と欧米世界のはざまでベストを尽くしているんだ。だから標的になるとは思わないけどね」

だが、二五年来の友人チャック・グランはそれに異論を唱えており、アルワリードには護衛が必要だと主張する。

「護衛を付けるべきですね。つまり、彼はもうただの人じゃないということです。有名人なんですから。そういう警備は必要ですよ、絶対に。彼の身に、またこの重要人物の部下の身にもしものことがあったら困るでしょう。そんなことになったら多くの人が心を痛めますからね」

チャックの見方は興味深い。相場を動かすほど巨額の投資をしている男に護衛が必要なのは、その男自身のためではなく、経済的安定を乱されたくないと思っている他人の心の平安のためだと言っているのである。

幼少時からセキュリティーはアルワリードの生活の一部になっている。レバノンでの自由な生活ではそのような心配はなかったが、サウジアラビアでの生活はベドウインの伝統に彩られている。つまり、射撃能力が権力を意味し、部族間闘争ではテントのキャンプを守る武装した戦士の必要性が浮き彫りになるような土地柄なのだ。今でもアルワリードは、砂漠にいる間は伝統的な装束を身に着けたベドウインに囲まれているが、彼らの多くは肩から斜めに掛けた銃弾ベルト、装飾を施したピストルやライフル銃を誇らしげに見せつけている。だが、武器の携帯は保身のためというよりは伝統から来るもので、使い古しの銃が多く、いわばコレクターが骨董品を収集しているようなもの。だれかを標的にするのではなく、彼らを攻撃しようとする相手に対する抑止力なのである。

だが、やはりこれは象徴的なもの。丸ごと伝統であり、アルワリードが大切にしているものなのだ。

砂漠のキャンプにいるときはナセルもトーブとかぶり物を身に着けているので目立たないが、常に王子の隣で身構えていることから、すぐに護衛だと分かる。旅に同行するときにはスーツやカジュアルな洋装に変わるが、立場はまったく変わらない。背丈は中ぐらい、太ってずんぐりした元軍人のナセルは、肩幅も広く、筋骨隆々としているが、山を張るような余裕はない。王子が動き出しても大丈夫だと分かるまで、そばにいる人をけっして路上には行かせない。常に黒っぽいサングラスを掛け、絶えず辺りを見回している。訪れる国や場所によっては、ピストル以外にも携帯を許された小道具を持っている。一番役に立つのは、数千ボルトの電流を出すたばこの箱ほどのサイズの小道具で、襲われそうになったときに相手を気絶させられるのだという。ナセルはそのスタンガンを指さしながら声をひそめ、どんな大男だろうがノックアウトで、数分間は床に倒れたままだと話してくれた。

まれなケースだが、例えばアルワリードがカンヌの海岸を散策するときには、護衛もドレスコードに従ってショートパンツを履くが、ナセルの両膝を見ると、周りに大きな傷跡があるのが分かる。それについて聞いてみると、きれいに整えたひげを少しゆがめながらこう話してくれた。

「軍隊にいたときにパラシュートで降下したんですけど、着地に失敗しましてね」

目に見える恐怖がどんなものかを端的に物語るものである。

アルワリードが路上で立ち止まってだれかと話を始めると、ナセルはさっとそばに寄り、ウエストポーチに手を掛けながら周辺の動きをくまなくチェックする。一方、長身ですらりと細く、金髪を五分刈りにしたフランス人の護衛も、少し後ろに立って周囲を見回してチェックする。

いつものことだが、偶然に出くわしたアラブ人同士が畏敬の念を瞳に宿し、立ち止まってあいさつを交わすことがある。遠い親戚の場合には敬意を表さなければならない。アルワリードはウオーキングを中断したくないし、次のスケジュールまで時間も迫っていたため、早々に立ち話を済ませた。

その日の夜、珍しくアルワリードがまた映画を見に行こうと言い出した。旅行中だと映画鑑賞は別の日にするのが普通だが、パリに来てからは一日一日が長く、しかも会議ばかりが続いているため、少々息抜きをしたかったのだろう。

ウオーキングをしているアルワリードとその一行が映画館に到着したときには急に人数が増えていた。ホテルからウオーキングに参加しなかった取り巻きがシャンゼリゼを歩いてくる王子を見つけて合流したのに加え、ウオーキングをしているグループとゴーモン劇場で直接落ち合おうと考えていた取り巻きもいたからだ。後者のグループには取り巻きのなかでも年配のベドウインがいた。

常にアルワリードの周囲にいる取り巻きの顔ぶれを眺めてみるのも面白い。医師や理髪師、会社の親しいスタッフとは別に、アルワリードはいつも、厳しい自然と闘ってきたことを物語る肌に、驚くほど彫りが深い顔立ちの高齢の男たちを連れている。アルワリードの外国旅行に付き合うこの五～六人のベドウイン、どう見ても場違いである。フォーマルスーツはとくにそうだが、洋服も着心地が悪そうで、まるで拘束服を着せられているようだし、ネクタイにしても、不器用に締めているところを見ると、首からウエストまで——その半分ぐらいの丈のものも多い——垂れ下がるカラフルな輪縄のようである。彼らはいったい何者なのか、何のために王子に仕えているのか。そう尋ねると、サウジアラビアの伝統で、王族が親しくしているベドウインの仲間だという答えが返ってきた。アラビア語で〝フーヤー〟といい、友人、仲間、信者、同胞などの集団を意味する。ベドウインとアルワリードら王族との関係は、ただサウジアラビアの伝統に根ざしているだけでなく、優れた知識や価値観、文化的な力を尊重することが根底にある。かつての不安定な時代には砂漠の民と親密で直接的な関係を築き、彼らを保護することに深い意味があったのだろうが、今では基本的に大家族の大切な一員である。

高齢のベドウインの賢者は物事に対する見方も異なり、助言をすることもしばしばだが、若いアルワリードの茶目っ気あるユーモアに慣れているこの無頼漢のような男たちは、そんな王子と冗談を言い合うのが好きである。多くは六〇代後半から七〇代半ばだが、八〇に手が届こうという者も二人ほど。肉体的にも精神的にも実に元気であることを考えると信じられないが……。欧米の高齢者とは違い、彼らは自然に親しみながら活動的な生活を送っており、口にするのもほとんどが自然食だ。その結果、ごく普通に見られるような現代病とは縁がない。ともかくも、彼らは王子の尋常ではないスケジュールに遅れを取ることなく、高度なウイットやスタミナを維持している。アルワリードは、取り巻きたちの気分を常に明るくしてくれる彼らの力、生まれ持ったユーモアのセンス、そして場合によっては王子にとってかなり過酷になりかねない生活に対する見方を高く買っているのである。

彼らのなかには、敬語を使ってアルワリードを〝アブ・ハレド〟、つまり〝ハレドのお父さん〟と呼ぶ者もいる。中東の男性はよく親しみを込めて〝長男のお父さん〟と呼ばれる。アルワリードの場合は、長男の名前がハレドなので〝ハレドのお父さん〟となる。同様に、母親も〝ウンム・ハレド〟、つまり〝ハレドのお母さん〟と呼ばれる。この伝統に従うと、アルワリードの父親のタラール殿下は〝アブ・ワリード（ワリードのお父さん）〟となる。

そんなアブ・ハレドの取り巻きのなかでも、ひときわ目立つベドウインがアグフサイン・アルシャイバイニである。八〇歳の彼のわずかに残る白髪、もじゃもじゃの口ひげ、そして深いしわを刻んだなめし皮のような皮膚は、今でも鋭さを失わない眼光を一段と際立たせ、その顔も、常に照りつける太陽に打ちのめされていたが、再び勝者として返り咲いたことを物語っている。取り巻きのなかには、冗談で彼を評して、シュールレアリズムの巨匠の故サルバドール・ダリの年寄り版だと言う者もいる。ずいぶんと日焼けしたダリである。怖いものなしにも思えるアグフサインだが、歯が全部抜けたその口から放たれる陽気で甲高い声は、まるで子供が楽しそうに笑っているかのようだ。心配事もなさそうだ。あるとき、カンヌでジェットスキーに乗って沖のほうまで行ったことがある。ジェットスキーは初体験だったが、泳げないにもかかわらずパワー全開で、青い大海原を前に大はしゃぎだった。幸い、万一の場合に備えて、ヨットの二人のスタッフが彼のライフジャケットをロープで固定していたため、小さなモーターボートで近くを回っていたほかのスタッフと一緒にあとを追いながらヨットへ導くことができた。ジェットスキーを降りたアグフサインは処女航海に興奮し、デッキで大笑いしながら見守っていた人々と海の初体験を祝っていた。

アグフサインと仲間たちは、互いに言い合ったりやじったりするふりをしたり、常に機知に富んだ言葉を口にしたりして、終始アルワリードを楽しませているが、ときにはアラビアの民間伝承やことわざを持ち出してピリッとスパイスを効かせることもある。だが、最も重要なのは、彼らは多くの時間を王子と過ごしているため――王子が生まれる前から家族に仕えている者もいる――、第六感で王子の気持ちが分かるということだ。だから、王子が集中しているときには静かにしているし、少し退屈しているようなときには雰囲気を明るく盛り上げてくれるのである。

アルワリードは取り巻きたちの雰囲気を盛り上げようとする彼らの努力を高く評価しており、厳しい局面を迎えたときには暗いムードを断ち切るのがとても大切だと言う。

「わたしはとてつもないプレッシャーのなかにいる。それは間違いない――率直に言うと、物事を個別に処理することが大切なんだ。ある分野の問題を生活のほかの部分に持ち込まないことだよ。すごく多岐にわたっているから、すべてを笑い飛ばしながら、楽しみながらやろうと思っている。自分にあまりプレッシャーを掛けないようにしているんだよ」

長年アルワリードを見詰めているチャックもそれを十分承知している。

「わたしの考えでは、王子は自分以上にみんなに楽しんでもらいたい、満足してもらいたいと思っているんですよ——無茶な話ですけど、みんながおいしいものを食べて満足し、仕事に満足し、見ている映画に満足してくれることを望んでいるんです。もしみんなが満足していなければ、王子自身も満足できないんだと思いますよ。そういう意味では懐が深い人ですね——スタッフ全員の幸せを考えているんですから」

王子付き医師のジハード・アウカルは珍しいケースを知っている。つまり王子が面倒な問題を抱えてプレッシャーを感じたときのことである。

「王子のご機嫌が悪いときには近づかないようにしています。不機嫌だと分かっていますので、お呼びが掛かるまでそっとしておくんです。王子が不機嫌のときには何の交渉もできませんし、何を言っても無駄ですからね」

チャックが言うには、アルワリードは緊張を和らげるために仕事と遊びを区別するすべを心得ているらしい。

「ユーモアのセンスがある人ですね。仕事のときは仕事、遊ぶときは遊ぶ。家族と過ごすときは常に家族のことを考え、仲間と一緒にいるときは常に楽しむんです。ですから、いったん仕事を始めると、とことん仕事をするんですよ」

＊　＊　＊　＊　＊　＊　＊　＊　＊　＊　＊　＊　＊　＊

二〇〇三年六月のある暑い夏の日の夜、こうしてアルワリードとその一行は午後一〇時三〇分にパリの映画館の前に集合した。このときアルワリードは、一般の上映時間には間に合わないため、映画館を借り切って映画を追加上映してもらうよう、ハーニに指示を出していた。

アルワリードについてひとつ言えることは、お金よりもまず時間を大切にするということだ。つまり、〝タイム・イズ・マネー〟なのだから、時間を活用するためにはお金を惜しまないということである。少々混乱しただろうか？

ロバートがこの点をうまく説明してくれている。

「われわれの時間が空いているときに映画を上映していれば、そんなことはしません。でも、もし都合が悪く、殿下がそれでも映画を見たいというのであれば、映画館全体を借り切ります。もちろん殿下は大金持ちですが、何ら見返りがなければ一銭足りとも出さないですよ。無駄遣いはしないんです。一〇〇万ドルを使って人助けはしますが、無駄だと分かれば、一〇ドルの支払いでも拒むんです」

基本的に、重要な会議があって定時の上映時刻に間に合わなければ、アルワリードもその重要な会議を続けたほうがいいと考え、お金を少し使ってでも映画館全体を借り切り、自分のスケジュールに合った時間に映画を楽しもうというわけだ。

映画館の前に集まったアルワリードとその一行は、がらんとした映画館に入っていった。追加上映のために映画館を開けて待っていてくれた映画館のスタッフは、目を充血させていたが、とくに驚いている様子でもなかった。王子がパリにいるときにはよくあることなのだろう。金払いが良ければ、彼らも喜んで動いてくれるのだ。

カフェ・フーケの夜

映画館の近く、ジョルジュサンクに向かう途中にあるカフェ・フーケのギャルソンたちも、アルワリードの要求には慣れている。ロバートとハーニが、王子が旅行中に足しげく通うあらゆる店の経営者と良好な関係を築いているため、王子はいつでもカフェの前方にある飛び切りのコーナーを自由に使えるようになっている。実際、カフェの一部の小部屋を独占しているのである。このときも人でごった返した店内にはかび臭いテーブルがひしめき合い、古き良き時代のにおいが立ち込めていた。限られたメニューのなかから、ギャルソンも最高級のサービスを提供する――フランス式のサービスは有名だ。ノスタルジーに浸りつつ、今でも常連の金持ちたちの記憶のなかで生き延びているフーケは、何よりも観光名所である。アルワリードにとってはホテルに近いこともあり、戦略である。こうして幼少時の思い出が詰まったこの有名な老舗のカフェならではの傷を眺めながら、アルワリードはいつもの夜のキャンプの準備をする。

カフェの外、窓際に座っているアルワリードのすぐそばにも護衛が一人立っている。店内では王子の近くのテーブルにもほかの護衛が陣取っている。王子が子供たちか妻と一緒にカフェにいるときには、多くの護衛も集まっておしゃべりをしながらその日の出来事を報告し合っている。きっとあちこちで目にした命にかかわる事態を想定して語り合っているのだろう。

話を戻すが、SF映画やアクション映画とは違い、アルワリードは今回の映画を楽しんだようだ。アルワリードには決まったやり方があり、それに従ってロバートかハーニに映画館で上映している全映画のリストと簡単なあらすじを手に入れるよう指示を出す。それが入手できたら、取り巻きたちに見せて何を見に行くかを投票させるのだ。つまり、最も票が集まった映画が民主的に選ばれたものということなのだ。ベドウインは英語が分からないため、どの映画を見に行くかの相談を持ち掛けられることはなく、映画にも付き合わないことが多い――『アラビアのロレンス』が一度もリスト入りしたことがないので失望しているからかもしれない。

『アルワリードは好みの映画、アダム・サンドラーとジャック・ニコルソン主演のコメディー『NY式ハッピー・セラピー』を存分に楽しんだ。それは映画のテーマのような旅がしたかったからではなく、きっと前日に打ち負かした航空会社の幹部らに関係した内容だったからだろう。

映画が終わると、アルワリードはフーケのテーブルでペリエをすすりながら活動を開始。ボーイング747の件はどうなっているのか、ダンカン・ジレスピー機長とコンサルタントのブレット・リンゼーから状況の説明を受けた。おそらく王子のプレッシャーが効いたのだろう。二人は最終的な決断を下し、契約締結の準備に入っていた。王子も新たな情報を聞き出したはずだ。

その後は弁護士のマーク・マゾ、そしてホーガン・アンド・ハートソン社のロンドン事務所から独立した彼の同僚ダン・マコビーと広告キャンペーンの打ち合わせに入った。結局、キングダム・ホールディング社の広告に各社のロゴマークを使用できるよう、許可を求める書簡を送ることを決め、彼らがサックス・フィフスアベニュー、アップル、AOLタイム・ワーナーといった企業のキーパーソンに連絡を取ることになった。AOLについては、以前から王子がディック・パーソンズ会長と会って親交を温めていたのでスムーズにいきそうだった。

アルワリードが資産の半分近くを投資している最重要企業、シティグループ。ここに許可を求めることについては、すぐ隣に座っているマイク・ジェンセンの手に委ねられることになった。

資産の管理人

マイク・ジェンセンはアルワリードについて多くを語ってくれるが……、そのあとで口封じのためにあなたをあやめることになるだろう。かつてある経済誌はそう書き立てた。しかし、長身で温厚なこのプライベートバンカーは、けっしてそんな自殺行為をするような男ではなく、実際には金融業界で最も厳しい規則に縛られている。都合の悪いことを明かそうものなら長期間監獄行きの可能性すらある。長期間の獄中生活がこの男の人生のゴールではないはずだ……。口を割るよりも相手を殺すほうが簡単なことなのかもしれない。

一見するとジェームズ・ボンドによく似たジェンセン。おしゃれで身だしなみもきちんとした細身のスポーツマンタイプである。もう一〇年ほどアルワリードと親密に仕事をしている。一九九三年四月にアルワリードがシティバンクにプライベートバンカーのセドリック・グラントを訪ねたときに紹介され、二分ほど話をしたのがすべての始まりだ。グラントとアルワリードは長きにわたって無比の関係を築いてきた間柄だが、ジェンセンは当時、シティでコーポレートファイナンスを担当しており、この王族の顧客の仕事はほとんどしていなかった。

「一九九四年の四月でしたが、王子がセドリックに何やら専門的なことを聞いてきましてね。セドリックはプライベートバンカーでしたから、その質問には答えられず、わたしに聞きに来たんです。ですから、わたしがセドリックに頼まれて、王子にお答えしたんですよ。そうしたら王子がさらに専門的な質問をぶつけてきましたので、またわたしがお答えすることになったのです。それがきっかけで王子の会社のお仕事をさせていただくことになったんですよ。長い間、セドリックとわたしは王子の仕事でチームを組んでいました。セドリックが口座担当者兼プライベートバンカー、わたしが技術担当、コーポレートファイナンスの技術担当で、定期的に呼び出されましたね」

アルワリードのビジネスは主にコーポレートファイナンスであり、銀行業務ではなかったため、ジェンセンとこの王族の投資家の関係は急速に進展していった。もうひとつ重要なのは、王子の仕事や私生活の異常に速いペースに完全に合わせる能力をジェンセンが持ち合わせていたことだ。

六〇歳間近だというのに、ジェンセンは驚くほど元気で、何よりも定期的に運動をしてダイエットに気をつけたいという王子の熱意を十分理解していた。スポーツカー好きでパイロットとしての訓練も受けており、上空からのパラシュート降下はお手のもの。肉体的にきつい仕事も喜んで引き受けていた。ただ、王子が関心を抱いていたのは、その鋭い分析力と投資機会を素早く見極める能力だった。王子はしっかりしたベースになる情報収集やリサーチに熱中していたが、ジェンセンもそんな王子と一緒になって情報収集やリサーチに熱中した。ただ、王子が扱いにくい顧客であることに変わりはなかった。王子に資料を渡すと、シティバンクの金融チームと同じぐらい細かく、じっくり読み込むのをジェンセンも知っていた。

「要注意人物ですよ。わたしどもは王子のために一生懸命リサーチをしますが――王子のためにリサーチをして、王子に代わってふるいに掛けるのがわたしどもの仕事ですからね――、王子には別の情報源があるんです。でも、主な情報源は当行ですよ。未処理のデータに短い概要を添えて送り、それからわたしが分析に基づいて意見を述べるんですが、それに対して王子が同意するかしないかなんですよ」

いかにもアルワリードらしいが、アルワリードがこのバンカーを信頼するまでには少し時間がかかった。

「以前よりは楽になりましたね。かつてコーポレートファイナンスのトップとしてセドリック一緒に仕事をしていたときですが――セドリックが顧客関係のマネジャーでした――、知りたくないけれど知っておく必要があることも王子にお話ししなければならなくて。それがわたしの仕事でしたからね。時間はかかりましたが、それで王子が信頼してくれるようになったのです。たいていは不都合なことよりも好都合なことを言っていましたけどね」

十分な時間をかけたおかげで、ジュネーブにいたジェンセン以下五人のチームは、王子のグローバルな株式投資をモニターし、銀行勘定――総額で一〇億ドルを優に超えていた――を管理することが許されるようになったのだ。また、彼らは王子がその資産の大半を預託している家族の信託の管理の世話もしている。

一九九三年に初めて王子と会ったときには、ジェンセンはすでにかなりの経験を積んでいた。UCLA（カリフォルニア大学ロサンゼルス校）を卒業後すぐにシティバンクに入行し、以来二六年間在籍しているが、サンパウロ、マニラ、ソウル、ボゴタ、東京で次々と上級職に就いたあとに、ロンドン、そしてジュネーブの支店長となった。

これはジェンセンの役に立ったが、世界中を転々として疲れていたため、どんなことでも良く思えるようになっていた。ふさふさしたシルバーグレーの髪もまだ少年らしさを残した顔立ちを損ねることなく、とにかくよく笑う。だが、王子の完璧なフィルターの役目を果たすに当たっては、それが彼なりのやり方であり、大掛かりな仕事に取り組むタイミングを察知する秘訣なのだろう。ジェンセンは巨大な投資銀行から提案やレポート、PR用の資料を受け取ると、それらをより分け、王族の投資家にとって検討に値するものだけを手渡している。王子の今後の株式投資のリサーチでは、その会社の状態を調べ上げ、王子の要件に合わせてエントリーポイントを設定している、とジェンセンは言う。IRR（内部収益率）はほぼ二〇％だそうだ。シティでのジェンセンの最も重要な仕事は上得意客の世話をすることだが、それが同行のトップの座に近づく理想的な地位――王子が今望んでいるように、キングダム社の広告にシティのロゴマークを使用する許可を与えることもできる地位――へとジェンセンを押し上げたのである。

行動計画に合意したアルワリードとその一行は午前二時の閉店と共にフーケをあとにし、ちょうど徒歩で五分ぐらいのところにあるジョルジュサンクに歩いて戻ってきた。重要な一日を前に、アルワリードはこの日の読書を短時間にとどめ、夕食も〝早め〟に、軽く済ませた。

常に電話でつながって

その晩、ラウーフ・アブードは一睡もできなかった。

ホテルの一階のラウーフの部屋は印刷所と電器店に挟まれているようなものだった。ラウンジのテーブルには、ずらりと並んだ充電装置の上に置いたウオーキートーキー（携帯用無線電話機）や携帯電話、インターネットに接続したパソコンが散在していた。壁際には大きな業務用プリンターがいつになく静かに構えている。いつもなら新聞や雑誌を印刷する特大のＡ３用紙を何枚ものみ込んでいるのだが。

ラウンジから少し外れた寝室には、空っぽだが大きくて頑丈な旅行かばんが一二個ほど積み重ねて置いてあり、足の踏み場もないほどだ。

ラウーフの部屋はアルワリードとそのチームの連絡センターになっていた。

長身でがっしりしたこのアルジェリア人と話をするのも一苦労だ。数分置きにいくつもある電話のどれかが鳴り出すものだから、ポケットに手を突っ込んで鳴っている電話機を探り出さなければならない。王子から電話がかかってくると、ズボンのベルト前に挟んである電話機に自動的に手が伸びる。探している猶予はない。

ラウーフのピカピカのスキンヘッドとオリーブ色の肌は、とくにジェンセンの隣にいると００７シリーズに出てくるジェームズ・ボンドの子分を思わせるが、おおらかでゆったりとした笑い方から、常に神経を尖らせているこの通信のエキスパートの優しい一面を垣間見ることができる。

ＧＳＭ携帯電話、衛星電話、ウオーキートーキーなど、ラウーフは使えそうな通信装置をすべて用意している。彼の仕事は、王子が世界中どこにいても連絡が取れるようにしておくことだが、さらに重要なのは、連絡が取れたうえで、かつ仕事ができるようにしておくことである。連絡係のラウーフ自身は常に王子と連絡が取れるようになっており、即座に応対する。初めて訪れる場所に連絡するときには、王子の宿泊先のホテルのスイートの電話機を普段自宅やリヤドの執務室で使っているものに交換する。前もってボタンもプログラムしておき、分かりやすくするためにラベルを貼っておく。王子のリヤドの宮殿への直通が1のボタン。同様に、王子の家族や保安要員、ラウーフ自身、旅行チームといったキーパーソンにも直接つながるよう、ボタンをあらかじめプログラムしておく。それ以外はたいてい王子がラウーフに電話をし、連絡を取りたい相手の居場所を聞き出している。

ラウーフによると、王子にとって電話連絡は極めて重要だが、同じようにテレビも重要だそうだ。

「王子がいる場所には必ずテレビと電話を設置します——王子は〝どこにいようと〟電話がないと駄目ですし、テレビが見られないと駄目なんです」

たとえ王子がテレビや電話の前にいなくても、やはり間接的につながっている、とラウーフは言う。

「ウオーキング中でも電話を持っていますし、リヤドには必ずだれかがいて、終日テレビを見ています。もしテレビで何らかの報道があれば、その人が知らせてくれますから、それをこちらでテープに録音するか、その人がテープを送ってくれるんです」

実は、ラウーフは新しいシステムについて調べておくよう王子から頼まれていた。ラウーフによると、それは衛星回線やインターネットを介してビデオ映像をMPEG4フォーマットで送信するシステムで、これを使えば王子とその一行が世界中どこにいても、ビデオ映像を送受信することができるようになるという。

ラウーフによると、多忙を極めるのは王子がリヤドの拠点を留守にしている間だそうだ。

「王子は一日中電話で話しているんです。ウオーキング中はとくにそうですよ。ちなみに、商談をするにはウオーキング中がベストですね。一日に二～三回、ウオーキング中に電話会議をすることもあるんですよ。王子が言うんです。この人と電話会議がしたい、あの人と電話で話したいと。ですから、だれとでも電話がつながるようにしておかなければならないんです。そうして王子のほうから電話をして、商談をまとめるんです」

テクノロジーや通信のセクターには巨額の投資をしているものの、アルワリードは〝便利グッズマニア〟にはなれなかった。アルワリードは今でも手のひらサイズの小型インデックスカードを気に入って使っている。それには旅程が色分けして記録されているが、アルワリードは一日中カラーインクで予定を書き直している。イスラムの色であるグリーンのインクがお気に入りだ。

このローテク方式は、アルワリードが若いころから長年愛用しているものである。いとこのリアド・アサードも、アルワリードがいつもインデックスカードを使っていたことを覚えている。一九九二年にサウジアラビアで二人がばったり出くわしたとき、リアドはアルワリードにこう尋ねた。

「『資産総額はどのぐらいになっているんだい？』と聞いてみましたら、彼は『ちょっと待って』と言うんです。そして例のインデックスカードを取り出してこう答えたんです。『ああ！　資産は……、シティバンクとUSBが……』って。それから三年ほどして、また聞いてみたんですよ。『あのインデックスカードはどうした？』って。そうしたら『ああ、ごめん！　インデックスカードね』と言って、またインデックスカードを取り出したので、その話になったんですけど、彼は手書きでカードに書き込んでいましたよ」

なかなかインデックスカードを手放さないアルワリードだが、連絡を絶やさないようにするために最新テクノロジーも採り入れたいと思っている。まさにその最先端にいるのがラウーフなのである。

「王子とテクノロジーの話をしたらきっと驚きますよ。わたしは通信のプロですけど、王子はもっと詳しいですからね。新しいものを教えてあげようとしても無駄なんです。すでにかなりの情報を仕入れているんですから。機能についてもすべて把握しているんです。毎週、最新テクノロジーに関する記事を王子が送ってくれるんですが、どこに行けばあるんだと聞いてくるんですよ。わたしにそんなことを聞かれてもねえ……。王子に教えてもらっているようなものなんですから。テクノロジーや航空技術もフォローしていますしね」

何らかの事情で王子と連絡が取れないことは一瞬たりともない、とラウーフは言う。

「ありませんね。今までに一度もありません――一日二四時間、一年三六五日、どこにいようと仕事をしています――眠っていても仕事をしていますからね」
この運命の夜、ラウーフは大変な一日に備えて大量の通信機器をかばんに詰めるため、自分の睡眠時間も削らなければならなかった。

パラシュートで降下する王子

アルワリードの取り巻きのなかでも高い高度からのパラシュート降下のエキスパートはマイク・ジェンセンぐらいだが（護衛は除く）、例えて言うと、アルワリードが国内外におけるパラシュート降下の知識を持っているのは確かである。

旅行担当マネジャーのロバート・エルハージにとって、二〇〇三年六月一七日（木）は、わずか三時間睡眠を取っただけで朝七時に起床した瞬間からほぼ二四時間後、タフな仕事が終わってベッドに倒れ込むまでは緊張の一日であった。

この日はアルワリードにとっても特別な日であった。四カ国六都市を訪問するのである――しかも一日で。

ロバートはアルワリードとその一行と共に朝九時に出発するが、ハーニのほうは、ベドウィンの取り巻きとジハード医師と一緒にアルワリードの当時の妻ホルード王女に同行するため、午後三時に出発し、パリから最終目的地のロンドンまで直通で走るユーロスターに乗る。

パリ郊外のルブールジェ空港では、アルワリードと一〇人前後という比較的少人数のチームが搭乗したボーイング767型機が離陸を待っていた。ここは大半の自家用ジェット機の離着陸や毎年催されるパリ航空ショーで使用される空港だ。

午前一〇時三〇分、ジレスピー機長は九・七五三六キロメートルまで高度を上げ、アムステルダムの空港へ向かっていた。飛行機が水平飛行に入ると、アルワリードは座席を離れて舷窓のところまで行き、当惑した表情を浮かべながら外を見回した。そしてラウーフを呼び寄せると、後方に〝もう一機〟は近づいているかと尋ねた。

機長に確認しに行ったラウーフは、しばらくしてから戻ってくると、確かにすぐ後方の飛行経路を〝もう一機〟が飛んでいるが、王子の相対的な位置では見えないだけだと答えた。

結局、それはアルワリードがチャーターした八席の小さな自家用飛行機で、その日一日中ボーイング767を追跡させていたのだと分かった。アルワリードによれば、ボーイングが何らかのトラブルに巻き込まれ、精力的な会議でびっしり詰まったスケジュールが台無しになった場合に備えて〝保険〟を掛けていたのだそうだ。もしそのようなトラブルが発生したら、コアチームと一緒に小型ジェット機にさっと乗り換えればいいというわけだ。

三万ドルというのは、一日の保険料としてはかなり高額だ。

＊＊＊＊＊＊＊＊＊＊＊＊＊＊＊＊

パリを飛び立ってから一時間もしないうちに、駐オランダ・サウジアラビア大使のワリード・アルフライジの表敬を受けたアルワリード王子は、その後間もなく大使と一緒にリムジンの車列を組み、オランダのベルナルド王子に謁見するためにバールンにある宮殿へ向かった。

大きな宮殿をあとにしたアルワリードは、正午を少し過ぎるとロッテルダム近郊のニューウエへインへ向かう道を走っていた。アルワリードが巨額を出資しているオランダの国際的な建設会社バラスト・ネダムの最高幹部らを表敬訪問するためだった。

これも短い訪問だったが、続いてアルワリードはリムジンでハーグに向かった。ここでは住宅相から〝オレンジ・ナッソー勲章〟を授与されることになっていた。女王がお出ましになると、住宅相がシャンパンのボトルを開けて祝福してくれたが、アルワリードは酒を飲まないので辞退し、代わりにグラス一杯の水をもらった。その後、アルワリードと住宅相がグラスを手にしたまま一緒に写真を撮ることになったのだが、ここへきてアルワリードが突然ためらいを見せ始めた。カメラマンに待ったを掛け、水が入っていたのは最初に手渡されたワイングラスではなくストレートグラスだったかと尋ねた。

首をかしげながらも、住宅相はすぐに撮り直す段取りを整えてくれたが、写真がモノクロで現像されたらグラスの形を見ないと中身が分からなくなるため、白ワインのグラスを手にしているように写ってしまう、とアルワリード。間違ったメッセージが伝わってしまうとまずいので、水が入ったストレートグラスを持っていたほうがいいと思ったのだ。

アルワリードとその一行が大きな黒塗りのリムジンであちこちを訪問している間に、ボーイング767と〝もう一機〟はロッテルダム空港に向かい、午後三時四五分のアルワリードの到着を待っていた。予想どおり、アルワリードは定刻に到着し、午後四時にはダブリン空港に向かう機中にいた。アイルランドのメアリー・マッカリース大統領との会談が目的だった。

ハードスケジュールをきちんとこなしているアルワリードだったが、マッカリース大統領と一緒に座っているときには落ち着き、リラックスする余裕もあった。アイルランド経済の変革やヨーロッパにおける同国の位置づけについても詳細に語り、大統領を驚かせた。また、互いにユーモアのある話をして盛り上がった。三〇分後の午後五時三〇分、リムジンは大統領官邸をあとにしてラッシュアワーのダブリン市内へ消えていったが、時間厳守にかけては完璧なアルワリードが時間に遅れそうになったのは、このときが初めてだった。

典型的なアイルランド人の運転手はのんびりした性格で、心配するな、うまくいくから、と言う。首都の狭い通りには場所塞ぎの車がずらりと止めてあった。アルワリードはそんな車をのぞき込みながら気をもんでいた。

時計を見ながら

アルワリードにとってはスピードが第一。もし目的地に早く着けば、リムジンの中でじっと座って待つこともあるが、約束の時間になるまでウォーキングに出掛けることが多い。アルワリードはなぜそれほど時間にこだわるのかをどうしても説明できず、自分はなぜこうなってしまったのかと考えて時間を過ごすこともあるらしい。

アップルのスティーブ・ジョブズとカリフォルニア州サンノゼ近郊で会談をしたときのことだが、アルワリードとその一行は約束の時間よりも二〇分早く到着した。するとアルワリード、平気でキャンパスのような会社の敷地内を全速力で歩き始めたのである。そして正面扉を通り抜け、応接室までまっすぐに進んでいくと、取り巻きたちを見回し、時計にちらりと目をやりながら笑った。一行はジョブズが待つ上階へと案内された。

ジョージア州アトランタでも同じようなことがあった。ジミー・カーター米元大統領との会談に向かう途中だったアルワリードとマイク・ジェンセン、そして随行員の二人は、市内のダウンタウンを通るハイウエーが渋滞していたため、ストレッチリムジンの中でイライラしていた。するとアルワリード、小柄で年配のアフリカ系アメリカ人の運転手に、もし約束の時間午後五時三〇分までにカーターセンターに着いたら三〇〇ドルやろうと言い出した。最初のうちは運転手も大きく目を見開いて、けげんそうにバックミラーから客をにらんでいた。三〇〇ドルもチップをもらえれば、半日で丸一週間分の稼ぎになる。

「からかっていらっしゃるんで？」

運転手は強いアトランタなまりでおもむろにそう言いながら、アルワリードを見据えた。車はほとんど動かなくなり、時間もどんどん迫っていた。

アルワリードは途方に暮れていた。

「どうして時間を無駄にするんだ？　あと一三分しかないんだぞ！」

運転手はすぐさま長いリムジンを動かして車線変更すると、ハイウエーの出口へ向かった。

「約束は守ってくださいまし。おっしゃったことは守ってくださらないと。あっしは約束を守る男ですよ。約束は守ってくださらないと」

その数分後、大きなリムジンは市内の裏道に入り、市内の東にある小さな庭園にたたずむカーターセンターの平屋の事務所に向けてスピードを上げていた。

カーターセンターに近づいてほっとしたアルワリードは、運転手をからかい始めた。

「今日はラッキーだね。一〇〇ドルがきみのものになるんだから」

運転手はバックミラーをにらみつけた。無表情を装おうとしているアルワリードが映っていた。

「三〇〇ドルでしょう！　あっしは約束を守りましたよ。だんなも約束を守ってくださいまし。からかっちゃいけませんよ」

アルワリードはカーターセンターで車を降り、歓迎を受けた。約束の時間まであと三〇秒だった。ロバートのほうを振り向いたアルワリード、運転手に間違いなく三〇〇ドルを手渡すように、とそっと告げた。

＊＊＊＊＊＊＊＊＊＊＊＊＊＊

綿密な計画を立てたうえであろうと幸運であろうと、ときにはチップを弾むこともあるが、アルワリードが時間に遅れることはめったにない。もちろんこのときも、ダブリン空港で定刻の午後六時一五分に離陸予定の自家用ジェット機へ向かった。

次の目的地はイギリス西部のエクセター市だった。空港に到着したのは午後七時過ぎ。エクセター大学までは車で少しだ。アルワリードは大学の副総長と会い、自身が多額を寄付して金融面で支えているアラブ・イスラム研究協会のセミナーに参加してから短いレセプションに出席した。現地のジャーナリストとのインタビューもあった。

朝からの慌しさと比べると、エクセター滞在は少々緊張をほぐしてくれる二時間だったようだ。アルワリードはかなりリラックスしていた。重要な約束はほとんど果たし、保険も不要になったとして、〝もう一機〟もお役御免となった。

その日の激務が終わったのは午後九時三〇分。アルワリードのボーイング767はエクセター空港を飛び立ち、ロンドンのスタンステッド空港に向かった。少し辺ぴな空港で、市内までは長い道のりだったが、大型自家用ジェット機の使用許可を得るには一番便利な空港だった。

アルワリードがロンドンの中心部にあるパークレーンのフォーシーズンズ・ホテルに戻ってきたのは午後一一時一五分だったが、深夜から始まる会議があと二つ残っていた。慈善団体の代表者との会議、そして雑誌記者との打ち合わせだった。

彼らが到着する前に、アルワリードはハーニを呼び出して、映画の最終上映時刻は何時か、どんな映画を上映しているのかと尋ね、取り巻きに投票するよう求めた。

しばらくして戻ってきたハーニは、得票の多かった作品を伝えたが、最終上映時刻はもう過ぎているとも告げた。

「そうか」

アルワリードはそう言うと、旅程を記したカードを見ながらこう言った。

「午前一時半に行くと言っておいてくれ」

ロバートとハーニは映画の上映中はずっといびきをかいて寝入っていたが、それを耳にした者はおらず、彼らを責める者もいなかった。こうしてその日は何事もなく終了。上司である王子もご満悦だった。

レスタースクエアにあるエンパイアという大きな映画館を二〇人強の男たちが独占していた。しかし、大型スクリーンの光に照らし出された彼らの顔を見ると、多くが目を閉じていた。007のパロディー映画『ジョニー・イングリッシュ』でイギリスの俳優ローワン・アトキンソンが熱演しているのもお構いなしだった。幸い、ジョニーはイギリスを危機から救おうと奔走中。『ミスター・ビーン』で世界中に知られるこのコメディアンも、がらがらに近い劇場を占領している数少ない男たちが睡眠時間を補っているのを見たらがっかりするに違いない。

＊＊＊＊＊＊＊＊＊＊＊＊＊＊＊

しかし、これで終わりではなかった。一日が大成功に終わって意気揚々としているアルワリードはハーニを呼んで、さらに隣の映画館を予約させたのである。取り巻きたちが選んだもう一本の映画『マトリックス2』を見てもらおうというわけだ。寝ずに映画を楽しむ余力のある者もいたが、映画が始まると同時にアルワリードが出ていったのにはだれも気づかなかった。アルワリードの好みの映画ではなかったからだ。また、途中で席を立って出ていったら取り巻きたちも気を使い、また儀礼から一緒に出てきてしまうだろうと考えたため、こっそり抜け出してホテルに戻ったのである。これで多少は読書ができる。

アルワリードは大変な読書家だ。毎日必ず読む新聞があり、ラウーフが最新のニューヨーク・タイムズ、ウォール・ストリート・ジャーナル、ワシントン・ポスト、インターナショナル・ヘラルド・トリビューンのインターネット版を印刷し、毎晩王子の前にドサッと積み上げる。ラウーフによると、インターネット版だとニューヨークの人々が手にする前に印刷して王子に手渡すことができるそうだ。ニューズウィーク、タイム、ビジネスウィーク、エコノミストなど、高級誌もすべてそろえている。

もちろん書籍もある。二〇〇三年までは政治家の自伝や政治的シナリオの分析など、政治関係の本を大量に読んでいたアルワリードだが、その後はベン・スタインとフィル・デムース共著『あなたもマーケットタイミングは読める！』（パンローリング）など、金融関係の出版物を中心に読むようになった。

実は、アルワリードは一冊を読み終える段階になると不安になる。最終章に近づくと残りのページ数を数え始め、なぜもっと速く読めないのかと焦燥感が募るのだ。

取り巻きたちがレスタースクエアの映画館から戻ってきたときには、アルワリードはすでに深夜の読書に没頭していた。フォーシーズンズのロビーには軽食が用意されていた。外は白々と明るくなっていた。

王族の輪

多様性が人生のスパイスだとしたら、アルワリードの人生は活気あふれる中東のスパイス売り場と同じである。前日はヨーロッパ大陸とイギリスを旅し、商談をこなし、勲章を授かり、慈善活動に寄付をしたアルワリード、この日はスポーツ大会でイギリスの王族と合流する準備に入っていた。

ちょうどGCC（湾岸協力会議）ポロカップ２００３の決勝戦が、エリザベス女王の住まいであるウィンザー城付近で行われていた。アルワリードはその大会の後援者の一人だったのだ。英国皇太子チームではチャールズ皇太子自身と次男のハリー王子もプレーしていたが、ハリー王子は見るからにスポーツ万能な青年に成長していた。

午後二時、アルワリードとその一行はフォーシーズンズで昼食を取り、その後バスでウィンザーへ向かった。ロンドンの中心部から四八キロほどのところだが、アルワリードはバスの旅を楽しんでいた。取り巻きたちとの距離も縮まり、未解決の問題について考えたり、だれかを案じたり、スタッフと冗談を言い合ったりする時間が持てたからだ。

試合は午後四～七時にウィンザーのロイヤルガーズポロクラブで行われ、エディンバラ公フィリップ王子、エリザベス女王の次男のエドワード王子の御前で、エリザベス女王とアルワリード王子が共同でトロフィーと賞金を授与することになっていた。

優勝してトロフィーを手にしたのは、チャールズ皇太子のチームだった。

試合の直後、アルワリードはオレンジジュースを飲みながらの歓談中に、まだ汗だくで上気しているチャールズ皇太子に話し掛けた。かつてイギリスを訪問したおじのアブドラー皇太子が帰国してからこんな話をしてくれたそうだ。エリザベス女王がアブドラーを車に乗せ、自ら運転して敷地の周りを走り回ったのだが、女王陛下は運転しながら〝自分〟のほうばかり見て会話に夢中になっていたのでだんだん不安になってきた。ぎょっとしたアブドラーは前を指さしながら、女王陛下に前を見て運転するよう注意したのだとか。

アルワリードがチャールズ皇太子に語ったのは、おじがいかにエリザベス女王の運転にハラハラしていたかという思い出話だった。

チャールズ皇太子は笑いながら、分かっているよ、と言わんばかりにうなずいた。

その後アルワリードは慈善活動に寄付するために小切手を手渡し、エリザベス女王とチャールズ皇太子と一緒にアフタヌーンティーを楽しんでから、ロンドンの中心部へ戻った。

世界的に有名なデパートで、エジプト人事業家モハメド・アルファイドが所有するハロッズ。その向かい側のナイツブリッジに差し掛かった大型バスは、しばらくの間、渋滞で動けなくなった。バスの窓から見える独特の建物を眺めながら、アルワリードはイギリスの高級なランドマークの買収について口にしたが、アルファイドがどのぐらい高値を提示してくるか、掘り出し物どころの話ではないと言う。しかし、アルワリードはバスが動き出しても名残惜しそうに後ろを何度も振り返っていた。

ホテルまではあと一キロほど。ハイドパークの近くまで来ると、バスはまたちょっとした渋滞に巻き込まれた。アルワリードは時計にちらりと目をやった。

午後八時五分だった。

バスの前方を照らすテールライトを見詰めながら、アルワリードは首を横に振り、ホテルまではあとどのぐらいだと尋ねた。そして答えを聞いたアルワリード、運転手にドアを開けるよう命じると、バスから飛び降りてしまった。あとに続こうとする取り巻きたちもバスを降りたため、大混乱に。アルワリードはパークレーンのフォーシーズンズに向かって早足で歩き出し、午後八時一五分ちょうどにホテルの正面玄関《ファサード》の扉を押した。満足そうな顔があった。

＊＊＊＊＊＊＊＊＊＊＊＊＊＊

午後九時。ロンドンの通りをウオーキング。シャンゼリゼ大通りとは少し勝手が違い、骨の折れるコースであった。歩道は狭く、曲がりくねっているうえに交差点も多く、アルワリードの両脇を歩こうとする護衛にとっては厄介だったからだ。それでもアルワリードはウォーキングをやめず、取り巻きも再び歩いて映画館に行く羽目になった。アルワリードはいつもよりやや早い午前二時に食事を取ったが、その後は夜明けまで読書にふけった。

アルワリードは、イスラムの生活を律する早朝の礼拝の時間になるまで起きていることが多いが、少しの間眠ってから起きて祈りをささげ、再びベッドに入るよりはいい、と言う。また、夜明け前にウオーキングをして、戻ってきてから祈りをささげ、その後ベットに入ることもある。

アルワリードの一日のスケジュール表には、この礼拝のために数カ所空欄があるが、取り巻きのムスリムにもその日の旅程表と共に配られる。

＊＊＊＊＊＊＊＊＊＊＊＊＊＊

翌日はこの短い旅行の最終日だったが、やはり忙しいことに変わりはなかった。

アルワリードが取り巻きを連れ出して早めのウオーキングを済ませると、間もなくいつもの正午の会議が始まった。その後、一行はバスでスタンステッド空港へ向かった。ロンドン北部から一時間ほどの道のりだ。

午後四時四五分、ジュネーブ行きの便は定刻に離陸し、午後七時一五分ごろに到着。アルワリードとその一行はまっすぐにホテル・デ・ベルグへ。アルワリードが買収、刷新するために目をつけていたホテルである。

取り巻きたちはロビーに残って軽食を取っていたが、その間アルワリードは秘書だけを伴って、病気で入院しているおじのミシャール・ビン・アブドルアジーズ・アルサウード王子を見舞いにジェノリークリニックを訪れた。

ホテルに戻ったアルワリードは本来の仕事に戻り、状況をチェックしてから、再び空港へ向かった。

午後九時三〇分、一行は再び飛行機でイタリアのピサに飛んだ。

一行をフィレンツェまで連れていくため、ピサの空港にはまた大型バスが待機していたが、到着が遅れたため、もし時間どおりに着いていれば……、とアルワリードは考えていた。実際にフィレンツェのホテルに着いたのは、ちょうど深夜一二時を回ったころだった。娘のリームの二一回目の誕生日を祝うのにちょうど間に合った格好だ。

リームは父親と過ごせることを喜んでいた。アルワリードも娘と一緒にホテルを見て回り、娘の部屋を訪ねては部屋の状態と娘が快適に過ごせているかを確かめた。フィレンツェへの修学旅行で、リームは学校の勉強やサウジアラビアでの平凡な家庭生活からは解放されたが、深刻に悩んでいる問題が頭から離れることはなかった。リームはまだ保安上の理由から監視されており、目に見えるような脅威はほとんどないとはいえ、常に寝ずの監視が付いていた。

午前一時三〇分、アルワリードは名残惜しむように娘に別れを告げ、またフィレンツェからバスに乗ってピサの空港へ向かった。ところが、バスがピサに近づくと、アルワリードはとんでもないことを思いついた。

ここからピサの斜塔まではどのぐらいかと尋ねられた運転手は、それほど遠くはない、と答えた。するとアルワリード、空港に連絡を入れて離陸を遅らせてもらい、これから世界的に有名な斜塔に行ってみようと言い出したのである。

午前三時三〇分、塔の近くに止めてある一台の車の中に寄り添うように座っていた二人の地元警官は、二〇数人の外国人とおぼしき男たちの集団が歩いてくるのを見て戸惑った。見るからに日焼けした年寄りまでいるのだから。

砂漠のわが家

ジェット機のタラップを降り、まぶしいリヤドの太陽に照らされたキングダム・ホールディング社のスタッフの顔には、明らかに安堵の表情が浮かんでいた。リヤドは湿度が低いため、いくら太陽が照りつけても砂漠の高温にはどうにか耐えられる。過熱の危険はあるものの、タラップを降りて少し夏の太陽に照らされる程度の不快感など大したことはないのである。

もうすぐ正午を回る時間だったが、幸い、その日は金曜日。サウジアラビアでは週末に当たる。慌しい旅を無事に終えて戻ってこられたことで、ようやくスタッフも一息入れられるというわけだ。

スタッフにはビッグイベントが成功したという満足感はあったが、同時に燃え尽きていた。こんなに厳しい状況のなかで、なぜこれほど粘り強く仕事を続けられるのだろう？　この点について、アルワリードはこんな見方をしている。

「われわれの仕事のやり方はプロに徹したものだが、実に魅了ある仕事でもある。だから採用するまでが本当に大変なんだ。だれかを雇うには、どんなに小さなことでも困難なプロセスを経て、彼らをふるいに掛け、話し合ったり意見交換をしたりするんだ。それから採用を決めたということを伝えるんだ。一～二カ月とか一～三年ぐらいで辞めてほしくはないだろう。ほとんどが五年、七年、八年、一〇年ぐらい勤めている人間だから、良い関係ができているんだよ。でも、あくまでもプロに徹しているよ。人数は少ないけど、彼らには共通点がいくつかあるんだ。例えば、みんな三〇～四〇代だし、みんなアメリカかイギリスで教育を受けている。テクノロジー志向で、てきぱきと仕事をこなす。優秀だし、ＩＱ（知能指数）も高い。活動的だし、みんなで協力し合っているしね」

アルワリードは、彼らを最大限に活用するための強力なインセンティブとしてボーナス制度を利用していると言う。ボーナスについては、一九八〇年代後半にユナイテッド・サウジ・コマーシャル銀行（USCB）を買収したときに初めて導入し、それをインセンティブとして活用して黒字転換に成功したという経緯がある。

「すごくバランスが取れているだろう。給与はそれほど高くないが、以前からインセンティブを比較的高くしているんだ。もし月末か四半期末に決まった額の給与が保証されていたら、普通に働くだけだろう。だから給与よりも賞与とか報奨のほうを重視しているんだよ」

アルワリードはやる気以上に速いペースでてきぱきと仕事をこなすことを好み、この点をボーナスに加味している。スタッフも終始一貫して能力を発揮することができれば、標準的な給与以上の額をもらうことができるのだ。大半のスタッフにとっては、一日の長さや常軌を逸した勤務時間を考えると、それも厳しい要求だ。だが、アルワリードはこう反論する。

「常軌を逸しているって、だれのことだい？　わが社のスタッフにとっては――わたしにとっては――普通だよ。一日が終わったときに、その日がうまくいけば、成功や結果を求めたくなるし、好きになる。自分もその一部だと感じるだろう。だれだって失敗はしたくない。わが社はサウジアラビアで、そして中東でナンバワーンの会社なんだ。多くの政府系企業の上を行っているんだ――わずか三四人でね」

キングダム・ホールディング社の広報担当で、一〇年近く王子の下で仕事をしてきたアンジエド・シャッカーは、多くの一流企業と比べると、トップと直接接触する機会ははるかに多いと言う。

「世界中どこを探しても、これほどオープンに、これほど自由に、上司に物を言える会社などありませんよね。世界中どこを探したって、スタッフの家族のことをこれほど気遣ってくれる上司などいませんし、子供の名前や年齢を知りたがり、気遣ってくれる上司などいませんよ。スタッフの結婚問題とか家族の問題についても、何とか解決してくれようとする上司が何人いるでしょう？　従業員が金銭的な問題を抱えていたら、それを解決しようと知恵を貸してくれる上司が何人いるでしょう？　王子とは単なる上司と部下の関係ではなく、友人関係になれるんですよ」

しかし、アルワリードはだれに対しても心を開いているわけではない、とアンジェドは言う。

「まずは王子の信頼を勝ち取ることですね。王子は以前からロナルド・レーガンの信頼の原則を信じており、それを実践しているんです。多くの人間を信頼しますが、問題によっては別の人を信頼します。多くの問題について他人よりも多くの信頼を勝ち取れるのは、言ってみれば、周囲の人間でも二〜三人だけの特権でしょうね」

王子付きの医師ジハード・アウカルは、アルワリードの信頼を勝ち取るには長い時間がかかるが、一度信頼を勝ち取ってしまえば、長期間忠実に仕えてくれたことに対して報いてくれると言う。また、王子が自分から進んでその莫大な財産を周囲の人間に分け与えることもあると言う。

「株価が上がって優れた投資だと分かったときに、王子が小さな紙切れに一筆書いて、わたしと取り巻きの二～三人にくれたんです。大金を（約束してくれたんです）……。まあ、チップのようなものですね。『わたしが元気なんだから、みんなも体調には気をつけてもらわないとね』とか言って、結構な金額をくれたんですよ」

ジハードによると、王子がくれた最も〝高価な〟ものは一〇〇万ドル相当の住宅で、最も〝価値ある〟ものは王子の信頼だそうだ。

経済的にも社会的にもこれほどの地位にいると真の友人を作るのが大変なのでは、と尋ねてみると、アルワリードは言葉を選ぶことなく単純にこう答えた。

「そんなに大変じゃないよ、本当に。サウジアラビアにも中東にも世界にも、そしてアメリカにも素晴らしい友人がいる。属している社会も宗教も違うが、素晴らしい友人がいるよ」

部下についてはどんなに細かいことにも注意を払うが、アルワリード自身はそれほど親しみやすいほうではない。常に王子についていき、世界中を慌しく回る旅に同行しているような者でも、王子のことをきちんと理解し、信頼を勝ち取るには相当の時間を費やさなければならない。王子は常に家族と一緒に生活しているが、それは取り巻きや護衛に囲まれた軟禁生活のようなもの。王子の世代はそうした伝統や儀礼に慣れているのかもしれないが、次世代の人間がそれをどの程度受け入れるか、とりわけ取り巻きや護衛と一緒に生活するという制約をどの程度受け入れるかを見てみたいものである。

　息子のハレド王子はそれを冷静に受け止めている。

「そうですね、難しい問題ですね。でも、神様から与えられた権限ですからね。ほかのだれから与えられたものでもないんです。だから受け入れますよ。妹も受け入れていますし、父も受け入れています。ぼくたちはうまく対処していますし、それを最大限活用しています。文句は言えませんよね。もちろん、休暇については文句を言いますし、時間そのものについても文句を言います。でも、明日の夜は食べ物にありつけるのかとか、明日はどうなるのかと不平不満を言う人もいますよね。ぼくは神様に感謝していますから、そんなことに対して文句を言うつもりはありません。自分はすごく恵まれていますし、ありがたいと思っていますからね」

　しかし、知的で自立心旺盛な娘のリーム王女はちらりと反抗心をのぞかせ、もちろん護衛に囲まれずに生活したいと言う。

「ええ、将来的には絶対にそうしたいわ。すごくそう思ってるわよ。周りに人が大勢いるなんて嫌だもの。今は外出中も常に監視されているでしょう。とにかく神経に障るのよ。だから、将来はそういう生活をするわ。わたしが独りで歩いているのを見掛けるかもね。周りを見回しても、後ろにだれもいないの」

第10章　ビジネスの王国

王子はどこにいても仕事をしています――眠っているときも仕事をしているんですから。

――ラウーフ・アブード・キングダム・ホールディング社通信担当マネジャー

アルワリード王子の生き方を音楽に例えるなら、さしずめヘビーロックといったところだろう。どんな曲でもしっかりしたビートを規則正しく刻み、自然に出てくるアドリブなどはほとんど、いや、まったくない。つまり、明確かつストレートな計画を立て、脇へそれることなくその計画どおりに実行するということだ。

ところが、アルワリードの心のなかをのぞいてみると、紛れもないジャズが鳴り響いているのである。縦横無尽に展開し、テンポを変え、ボリュームを変えていくため、先を予測するのも難しい。まさにさまざまな楽器が互いを補い合う、場合によっては聞いてもらいたくて競い合う、そんなサウンドであり、まさにジャンルを超えた音楽祭といった感がある。

心のなかに鳴り響くジャズがうまくロックに移行して二四時間のスケジュールを奏でているとはとても思えないのだが、アルワリードはそれを一言でこう説明する。

「コンパートメントさ」

キングダム・ホールディング社が多岐にわたる、しかも数十億ドル規模の事業をこれほど少人数で運営することができるのは、アルワリードがすべてをコンパートメント（訳注　仕切り。細かく区分けすること）に仕切っているからだ。アルワリードの心のなかで鳴り響いているナンバーは特定のチャンネルに流れていくのである。

アルワリードは指を振りながらきっぱりと断言する。

「すべてコンパートメントに仕切ることとさ。わが社には特定分野のスペシャリストがいるわけだから、彼らに権限を委ねるんだ。適材適所を心掛けているよ。複数分野にまたがっているケースはほとんどない――みんな自分のやるべきことを理解し、それに取り組んでいるからね。生活のコンパートメントが独自に動いてくれるから、わたしはただそれを管理していればいいんだよ」

とはいえ、アルワリードは自動操縦装置を動かす前にシステムをきちんと機能させ、スタッフを軌道に乗せるために、細部に至るまで徹底的に注意を払う。また、各レベルに顧問を置くほかのトップビジネスマンとは異なり、アルワリードは少人数のスタッフしか置かず、自分の決断を最大限に活用する。実はアルワリード、大変な量のリサーチや読書をこなしているため膨大な知識を持っており、最新の時事問題にも精通しているため、顧問に自らアドバイスをすることも多い。

アンジェド・シャッカーは〝広報のコンパートメント〟を取り仕切っており、よく執務室から新聞の記事をもらってくる一人だが、王子はグリーンのインクを使って手書きでその記事にしるしをつけ、そこを精読したことを示してあるらしい。王子がいかにして毎日これだけの情報を頭のなかで整理しているのかはよく分からない、とアンジェドは言う。王子はすべてに目を光らせ、新入社員を注意深くじっと見守ったり、彼らの行動を監視したりすることもあるらしい。

「スタッフが長時間仕事をしていなかったり、王子のことをよく理解できていないような部門では、だいたいミクロマネジメントの手法を採りますね。自分が全面的に彼らを信頼できるようになるまで、王子はそうした部門を事細かに管理するんです。要するに、スタッフ次第ということですね。もし王子の信頼を得られなければ、与えられた任務を果たせていないというわけです。だって、そのために雇われたんですから」

コンパートメントを管理する

キングダム・ホールディング社のコンパートメントは、アルワリードの主要な投資や短期の投資、ビジネスを管理するのと同時に、スケジュール管理や旅行、広報、メディア対応、通信も手掛けている。リヤドの中心に構えたこじんまりした大理石造りの二階建てビルで長年やってきた同社が新しいオフィスに移転したのは、つい最近の二〇〇四年四月のことである。アルワリードが大半の株式を保有する巨大なキングダムタワーの六六階に移ったスタッフは、今では窓から見える市内の絶景を独占している。

建物自体も高級感にあふれ、スペースも広くなったが、キングダム社には比較的少人数のコアなスタッフしかいない、とアンジェドは言う。いくらオフィスが快適になっても、効率が悪くなるようでは困るからだ。

「頭数を数えてみたんです。毎年サウジアラビアではどの会社が何位にランクされているのかを用紙に記入して調べるんですが、ちなみに、サウジアラビアではわが社が三年連続で一位なんですよ。実は、わが社で働く人数を正確に数えようとして困ったことが起こりましてね。お茶くみの少年たちは人数に入れるのか、航空部門の人間は、メンテナンス部門の人間はどうするのか、という問題が出てきたんです。どこで線引きをしていいのか分からなくて。だって、彼らは会社だけでなく、宮殿でも王子に仕えているんですから。だから最初はごく少人数だったんですが、だんだんと増えてしまって……。こんな数字を言ってもだれも信じてくれませんけどね。結局は四九人になりました。でも、王子と親密な関係にあるのは一〇人ぐらいです。彼らを通して、王子はほかのスタッフと連絡を取り、欲しい情報やデータを入手するんです。王子はアウトソーシングがいい、周囲にはごく限られた人数を置いておけばいいと思っているんです。何よりもその親密な関係がコンパートメントに仕切るきっかけになったんですよ。

おかげで全員が王子を理解することができました。周囲に少人数だけを置いておけば、大勢に同じことを説明しなくても済むでしょう」

アンジェドによれば、コンパートメントを全部合わせても大した数にはならず、各コンパートメントにもごく少人数のチームがあるだけらしい。

「わが社には、経営管理、国内投資、国際投資、ホテル、人事、政府関係、財務会計、秘書、インテリアデザイン、IT、通信、旅行、広報の部門があるんです」

キングダム・エスタブリッシュメント・フォー・トレーディング・アンド・コントラクティング社がキングダム・ホールディング社に社名変更した一九九五年から王子の下で働いているのがサレハ・アルグールである。アーサー・アンダーセンなど多くの経営コンサルタントの力を借りて事業再編を何度も行い、小規模の事業を徐々に拡張し、現在の地位を築いてきたのが同社である。コンサルタント事務所は、会社の運営方法など、どのような位置づけを目指すべきかといった新たな企業戦略を打ち出す際に尽力してくれた。CFO（最高財務責任者）として〝財務会計のコンパートメント〟を任されたサレハは、王子は初日からすべてにわたって効率の良い経営や引き締まった経営を目指していたと言う。

「大金があるからといって、もし王子が安心して細かいところにまったく注意を払わなくなったらどうなると思います？　想像してみてください。でも本当は、わたしどもは資金繰りが苦しいような顔をしてやっているんですよ（笑）。だから厳しいですよ。何ひとつ無駄にできませんしね――ミスをしたり無駄遣いする余裕などまったくないんですよ。でも幸いなことに、わが社の組織は資産面でも収益面でも潤っています。といっても、すべてがしっかり管理されていますし、会社経営の手法を常に微調整していますからね。ですから、完璧にやり遂げたと思っても、まだ微調整する余地があると分かれば、さらに効率の良い経営を目指すんですよ」

アルワリードは自身の哲学をこう述べている。

「賢明に働き、懸命に働く」

〝賢明には働くが、懸命には働かない〟という言葉は好きではない、とアルワリードは言う。もっと懸命に働きたいが、まずは賢い働き方から始めるべきだと考えているからだ。

「われわれはアグレッシブだ――本当にアグレッシブなんだよ。だからスタッフには限界に挑戦してほしいと思っている。頂点を極めたいんだ。でも、それを超える必要はない。常にやる気満々で引き締まった状態でいたいんだが、裏目に出たらまずいよね。もし助けが必要だという話を聞けば、その必要な助けを求めるべきだよ」

例えば、広報のコンパートメントはわずか四人のチームだが、アルワリードの幅広いビジネスや活動のおかげで、引きも切らないメディアからの問い合わせに忙しく対応している。実は二〇〇三年一一月ごろからアルワリードがサウジアラビア王国の現状について政治的な発言をするようになり、それ以来、このコンパートメントの仕事量が一気に増えている。

アンジェドは広報担当として常に王子のそばにいるが、フルタイムの仕事で、王子の外国旅行にもほとんど同行を求められる。リヤドで留守中のとりでを守るのが広報チームのハーニ、アブダルラーマン、そしてアベドである。アンジェドとその上司である王子の承認を得られれば、二〇〇三年六月に起きた旅客機の墜落事故の犠牲者のためにスーダンに一〇〇万ドル以上を寄付したとか、執務室で世界中の要人らと頻繁に会談を行っているなど、王子の活動に関するニュースをプレスリリースの形で発行する。

アルワリードはサウジアラビアをはじめとする中東地域の新聞や雑誌に定期的に登場し、見出しを飾っている。慈善活動からビジネス、ときには政治的な発言まで、内容はあらゆる分野に及んでいる。

それまではアルワリードが事業家としての役割に徹していると主張していたこともあり、正式な〝政治のコンパートメント〟はなかった。

アラブ・ニュース紙の編集長を務めるハレド・アルマイーナは、折に触れてアルワリードと面会しており、アルワリードの成長ぶりにおおむね好印象を抱いている。

「とても意欲的な人間だと思いますよ。現地の経済界だけでなく世界の経済界でも名を上げましたしね。成功したいんですよ——もう成功していますけどね。いつもゴールポストを動かしていますね。ここサウジアラビアでは多くの人の注目を浴びています。社会的にも極めて重要な役割を果たしている人間として、寄付をして——ただ金をばらまくのではなく——社会の期待を高めた人間としてね。でも、彼が実際にかかわっているのはまだごく一部なんでしょうね」

ビジネスでは心を開いて

二〇〇〇年初頭のドットコム時代をほぼ無傷で乗り切ったアルワリードのビジネス戦略が、長い月日の間に成熟してきているのは確かである。今でもスイスの銀行口座を多用し、資産を秘密裏に運用管理している中東の多くの事業家とは異なり、アルワリードは投資についてオープンに語り、取引は透明でなければならないと執拗に主張する。

キングダム・ホールディング社のスタッフによると、最近のアルワリードのビジネス戦略には三つのアプローチがあるそうだ。ひとつ目は、投資先の数は限定するが、王子が言う「その会社の真の価値に対する人々の認識を自分の投資で変えられるような会社」の株を大量に取得すること。

二つ目は、王子はグローバルなビジネスに徐々に熱を入れており、ホテルやメディア、銀行業など、すでに国境の壁を越えている業界かブランドを物色すること。経済がグローバル化している時代にはブランドが付加価値を生み出すと考えている王子は、その価値をさらに重視している。

三つ目は、単に会社の収益を伸ばしてくれるだけでなく、それ以上のものをもたらしてくれる〝付加価値のあるパートナー〟を探すことである。例えば、ニューヨークのプラザ・ホテルを共同で買収する際にはクエック・レンベンと取引をしたが、それは王子がクエックのホテル運営会社CDIを質の高いホテル運営会社だと評価していたからである。王子はホテルを刷新したいと考えていたようだが、クエックが反対したため、結局は二〇〇四年八月に六億七五〇〇万ドルでクエックに売却し、二人とも途方もない利益を手に入れた。

王子のプライベートバンカーのマイク・ジェンセンは、王子の戦略について、ユナイテッド・サウジ・コマーシャル銀行などのベンチャーで当初採用していたミクロマネジメント的な手法をやめ、最近はよりマクロ的になってきたと言う。

「自分のことを正確に分析していると思いますよ。森の上空をヘリコプターで飛んで自分を見てみたいと言っていましたからね。だから問題を解決するときに森を見られるんですよ。まっすぐに降りてきて、核心に入っていく。それから問題を理解し、考えられる解決法を探すんです――その後、再び上空のヘリコプターに戻って、全体の状況をもう一度見直すんです。そういうのがすごくうまくなりましたね。他人にも権限を与えるようになりましたしね。でも、現地の持ち株会社では部下が望むような権限を与えているかと言えば、それは違います。その方向には向かっていますが、数年前には彼が会長とCEO（最高経営責任者）を兼ねていましたからね。まさに彼はヘリコプターのようなことをしているんです」

ヘリコプターで上空を飛びながらスポットライトで地上を照らし、問題のある会社を見つければ、大企業の外にいてでも――実際に森に住んでいなくても――大丈夫だ。そうすればわなにはまることなく影響力を行使することができるし、外部の大株主として、もし取締役会のメンバーがミスをすれば彼らをたたくこともできる。しかし、もし自分がその会社の取締役会に入ってしまえば、〝自分自身をたたく〟ことになる。アルワリードはそう考えているのである。

あるインタビューで、一社でどの程度の所有権を握りたいのかと質問されたアルワリードは、少数株主のほうがいいと強調した。なぜなら、大株主になるというのは会社を支配することであり、それは所有、経営を意味するからだ。自分は世界中の数々のセクターに資本参加する投資家だから優れた経営を買いたいのはやまやまだが、仕事そのものを請け負う必要はない。アルワリードは繰り返しそう述べている。同じように、アルワリードがマクロマネジメント的な手法に戻ったときには、経営陣にそのまま任務を続行してほしいと思っているときである。

「会社を買収する場合には頭脳――経営、専門知識、ノウハウ、実績、経験、そしてネームバリュー――を買うんだ。昔から一番が好きなんでね」

ジェンセンは、王子が最初に投資してから次に投資するまでの間、実に辛抱強く待つようになったとも言う。それは極上のビッグチャンスを見つけ、やはり長期にわたって優良企業であり続け、最低でも七～一〇年というスパンで投資が可能な企業を物色したいからである。今でも王子はトップダウン方式の投資家であり、国内市場のリサーチから始め、その市場の業界、その業界の少数企業のリサーチへと移っていく。そして自分で設定した厳しい基準に従って、ここぞというタイミングを見つけたら直ちに行動に移し、株価が自ら設定した目標値に達したら、喜び勇んで大きな買い物をするのである。

勝ち組企業のシティバンク、アップル、ニューズ・コーポレーション、フォーシーズンズ・ホテルズ、フェアモント・ホテルズ、カナリーワーフなどはその部類に入るが、ドットコムブームの時期に慌てて買った企業は、ITバブルの崩壊に伴って大きな負担となった。アルワリードは顧問の言葉に注意深く耳を傾けるが、最終的には着実に増大していく自分の知識ベースと直感に基づいて自ら決定を下す。こうしたやり方で、アルワリードは自分が出した命令に従い、自分の投資チームには「信用しろ、だがきちんと確認しろ」とアドバイスしている。

アルワリードは短期のトレードをすることもあるが、ジェンセンによれば、それほど大きな額ではないらしい。

「確かにトレードのポートフォリオはありますが、会社とは別にトレードしていますし、全体的なポートフォリオからすれば微々たるものですよ。大半は長期的な戦略に基づいたものです。わたしが今までに出合った戦略のなかでも最も洗練された戦略のひとつですね。どんな事業家のものよりも洗練されています。わたしも三五年間この仕事をしていますが、こんなに素晴らしい戦略にはお目に掛かったことがありませんね」

最近は短期のトレードをしていることを認めているアルワリードだが、主な戦略はやはり長期的視点に立ったものである。ただ、アルワリードの流動資金は、どんなチャンスにでもすぐに乗じることができる金額であり、長期の投資先がない場合には、トレードで同じように短・中期の投資チャンスを最大限に利用する。ミスはしたくない。アルワリードは長期的なアプローチを単純明快な言葉でまとめてくれた。

「どう考えたって、牛がすっかり乳を搾り取られているとは思えないだろう」

またアルワリードは、いくら短期であろうと、債務や借金を抱えてまで投資をしたいとは思っていない。

数々の提案が持ち込まれるが、その多くは日和見主義的なもの。あるスタッフによると、王子の手元には一日に二五〇件以上のアイデアが持ち込まれるが、王子がきちんとリサーチをせずに動くことはけっしてないらしい。

「何かを見つけたら徹底的にリサーチして評価する。それからスタッフを全員集めてフィードバックしてもらうんだ。大急ぎでもらうこともある。急いで行動に移さないと間に合わない場合もあるだろう。チャンスはそう長く待っていてはくれないからね。でも、じっくり時間をかけて評価してから動くこともあるよ。それにしても、うちのスタッフは本当に優秀だよ。それはすごく誇りに思っている。わたし一人で全部をやっているなんて、それはうそだからね」

よくトップビジネスマンは、上司にはけっして歯向かわない〝イエスマン〟ばかりをはべらせておくといわれる。アルワリードにも確かにイエスマンはいる。しかしアルワリードは、率直な意見を進んで述べてくれるスタッフを高く評価していると言う。

「批判は好意的に受け止めているよ。批判に向き合うことが大切だからね。少なくとも親しい人間から出てきた批判にはね。そういう意見は喜んで聞くよ。わが社の取締役会のメンバーも、『殿下、わたしどもは賛成ですよ』と言うから、『反対者の意見を聞かせてくれ』と言うんだ。物事を別の側面から見たいからね。わたしは違う側面から物事を見るのが好きでね。討論、議論、論争が好きなんだ。とても大事なことだよ。すごく健全なことだと思う」

言うは易く行うは難し。スタッフも、王子は生まれつき困難に立ち向かうのが好きなのだと言うが、ピンと張った綱から一歩足を踏み外した者はすぐに護身に走らざるを得なくなる。愚か者に厳しいアルワリードは、間違っても彼らを甘やかして時間を無駄にしたくないと思っているからだ。

若者よ、西を目指せ

国際投資に注目し始めたアルワリードは、欧米のプレーヤーの一人として受け入れられてきたため、うまく相手に合わせるという興味深い課題にも直面した。一九八〇年代にサウジアラビアで実践してきたビジネススタイルを、まったく異なる欧米のビジネス環境に、とくにアメリカの押しの強い有力者のやり方に合わせなければならなくなったのだ。

シティバンクの救済でウォール街では知名度が上がったが、やはり国際的に認知されている企業のトップとは正面切って交渉に臨む必要があった。

ウォルト・ディズニーを率いるマイケル・アイズナーは、ここ二〇年ほどはその冷徹な支配で名をはせており、最初に衛星電話でアルワリードと話をしたときも、いったいなぜ取引の最中に砂漠のど真ん中に座っている〝殿下〟に電話をする必要があるのか、と腑に落ちない様子ではあった。ただ、これまでのところ、アルワリードとは深刻な問題に発展したことはない。

「いいやつだと思うよ。なかなか良くできた男だ。フランスとアメリカで直接会っただけだが、欧米式のビジネススタイルだったたし、欧米風の考え方をしていた。アメリカで学んだからだろうね。A型のアグレッシブなアメリカ人資本家のような感じだったね」

お世辞にもこのような評価を下すのは〝血液型がA型のアグレッシブなアメリカ人資本家〟のアイズナーぐらいだろう。皮肉屋ならそう言うかもしれないが、いずれにしても、アイズナーのような厳しい審判を味方に付けられれば、もう勝利を手にしたも同然だ。

「頭が切れる男だよ。グローバルな投資家には忍耐が必要だ。会社だって長い間活動しているし、人間の頭脳、性格、遺伝子の一部なんだ。そういう会社に投資をすれば安心だろう。彼はそういう巨大ブランドが意気消沈しているときに資本参加し、不振に陥っている質の高いブランドは再び返り咲き、経営陣が刷新されたり景気が良くなったりすれば、そういう弱点も克服できると確信しているんだろうね」

敏腕な交渉人として知られるもう一人の事業家がニューズ・コーポレーションの会長ルパー

ト・マードックだが、彼は中東でもアメリカでも実に効率良く仕事をこなすアルワリードの能力に驚いている。

「東西の融合とはまさに彼のことだね。二つの文化の橋渡し役を実にうまくこなしている。まさにすご腕ですよ。分析力も優れているし、ギャンブルに備えるのと同時に、市場に対する支配的な考え方に逆行しようともしているんだから。その点では大成功していると思うよ。みんなが尋常じゃないと思っているときにインターネットに飛びついて投資するんだからね。そのときに買った主な銘柄は見事なパフォーマンスを上げている。考え方がすごく独創的だね」

ビッグネームが不振にあえいでいるときにその銘柄を拾うというアルワリードの戦術は、一見するとご都合主義的で、弱り果てている企業を食い物にしているという批判にさらされる。そういう批判に、ジェンセンは喜んで応えている。

「シティバンクは食い物にされたとは思っていませんよ。天の恵みではありませんが、自分たちが引き続きビジネスを成功に導くに当たってはとても重要な要因でした。もし同じことが言えるなら、ニューズ・コーポレーションのルパート・マードックの例がそうでしょう。彼は王子が資本参加してくれてすごく喜んでいますからね。カナリーワーフもそうですよね――ポール・ライヒマンの成功にとって重要な要因でしたからね。だから王子も撤退したんですよ――王子が出資したときと比べて、カナリーワーフが今どうなっているかはご存じでしょう」

だが、アルワリードは少し無愛想に、「いいかい、われわれは全員をどん底から立ち直らせてあげたんだよ。リードもそう、ライヒマン、シャープもそう、ベルルスコーニだってそうだ」と言いながら、シティコープ、カナリーワーフ、フォーシーズンズ、メディアセットのトップの名を次々と挙げていった。

＊＊＊＊＊＊＊＊＊＊＊＊＊

もう一人、アルワリードのビジネス上の関心事を見守っているのは、若くて活動的なレバノン人のP・J・シュカイルだ。〝国際投資のコンパートメント〟に採用された男である。一九九七年にサウジアラビアに移住してからはコンサルティング事務所に勤めていたが、最後に担当したのが上得意客のキングダム・ホールディング社だった。エネルギッシュで意欲的なP・Jが同社に引き抜かれ、王子の国際投資特別顧問としての職責を担うようになったのは、それから間もないころだった。

「彼（アルワリード）は戦略に長けていますね。ひとつの投資が次の投資に結びつくかどうかを見極められるんですから。長期的な視点に立っていますし、友好的ですし……、それが付加価値を生むんですよ。多くの場合、信頼関係もないのに取引をしているでしょう。でも、王子には基本的に相手の信頼を勝ち取る力があるんです。経営陣にも友好的だということが分かります。裁定取引もしませんし、根気よく稼ぐ人ですね。チームに対しては要求が多いから金額がかさむこともあるんですが、われわれがついているんだ、あとからとやかく言うことはないんだと、みんな分かってくれていますよ」

そうした信頼関係を裏付けるように、取引相手の大物事業家は、重要な問題や出来事については必ずアルワリードに報告している。

ロバート・ルービン米元財務長官のシティグループ参加が決まったときも（**訳注**　一九九九年一〇月にシティグループの経営執行委員会会長に就任）、同社の副会長ポール・コリンズがリヤド郊外にある砂漠のキャンプにアルワリードを表敬訪問し、そのニュースが間もなくＣＮＢＣで流れることを伝えている。ラクダに囲まれながらも砂丘に衛星テレビを設置しているアルワリード、すぐにチャンネルを合わせ、もちろん数分後に流れたニュースをチェックした。

コリンズはアルワリードとの取引を楽しみ、そのビジネス手法に共感していると言う。

「彼は起業家のような考え方、規律正しい事業家のような考え方をしますね。どうしたらもっとうまく説明できるのか、どうしたらもっと良くなるのかとね」

Ｐ・Ｊは、王子の投資ポートフォリオの七五％は国際投資、対外投資だが、二〇〇〇年初頭以降はサウジアラビアや中東地域への大規模な投資も増えていると言う。王子がそういう取引に最初にどう関与するかは、まさにまちまちだそうだ。

「投資銀行主導のときもありますし、民間の証券会社を通して投資をしたり、王子が何か――新聞に載っている注目記事とか――を読んで参入したりする場合もあります。何とか投資できないものか、とわたしどもが追求するときもあります。ケースバイケースですよ。それぞれ違うんです」

しかし、王子が出資するまでのプロセスはまず関心を持ってもらうことから始まる、とP・Jは言う。

「投資については、これというのは何もありません。ただ、まずは王子に注目してもらえるかどうか、王子にとって興味深い投資先かどうかを見極めることですね——基本的には、それからフォローするんですよ。事前にかなり下調べをして、チャンスとリスクの大きさを素早く評価してからでないと、戦略的に理にかなった投資なのか、ここで投資をすればポートフォリオに付加価値が付けられるのかどうかが判断できたことを簡潔に伝えられませんからね。そこで王子の承認を得るわけです。あとは基本的に具体的な作業を進める顧問チームを結成し、その後ずっと王子にかかわってもらうことになるんです。王子は細かいことにすごくこだわる人ですが、同時にマクロ的なところもあるんですよ」

キングダム・ホールディング社のP・Jのオフィスの脇を通りかかると、数々の案件をまとめようとして夢中になっているか、その対応に追われているP・Jの姿が見える。彼の仕事は、アイデアを見つけることから投資銀行や弁護士との打ち合わせ、既存のポートフォリオのモニタリング、デリバティブやオプションの取引、さらにはプロジェクト開発の仕事と、ありとあらゆる事柄に及んでいるという。通常はこれだけの量の仕事が四〜五人のチームに割り振られる。サウジアラビアの市場も開放され、民営化も進んでいることから、負担はさらに重くなり、アルワリードも確かな主力産業やセグメントを注意深くモニターしている。

サウジアラビアが変化してきたことで、王子の国内投資担当エグゼクティブディレクターも常に気を抜けない状態だ。

タラール・アルマイマンがキングダム・ホールディング社に入社したのは、Ｐ・Ｊよりもちょうど一年早い一九九六年。少し珍しい形での入社であった。サウジアラビアの高等教育機関の必要性を説いた論文を執筆していたタラールは、論文をどこに送付すればいいのかが分からず、王子が慈善事業にも携わっているという話を聞いて、とりあえず王子の執務室あてに送ってみた。その後はアメリカの大学で電気工学の学位を修得し、国の中央銀行であるサウジアラビア通貨局で政府関係の仕事に就いていた。ところがその一年後、ＦＲＢ（米連邦準備制度理事会）を訪問した折に、王子から会いたいという電話がかかってきた。出張から戻るまでは都合がつかないと説明したタラールは、結局サウジアラビアに戻ってから自らキングダム社に出向くことにした。しばらく話をした王子はタラールに好印象を抱き、立ち上がって帰ろうとするタラールに、「一か八かやってみないか、仕事はある」と告げたのである――タラールが決断するために与えられた時間はわずか二分間だった。

そのチャンスに飛びついて以来、タラールは四億サウジリヤル（一億七〇〇〇万ドル相当）規模のキングダムシティープロジェクトという深みにはまってしまったというわけだ。

仕事はきついが気持ちの面では慣れてきた、とタラールは言う。

「アルワリード・ビン・タラール王子のところで働くに当たって忘れてならないのは、単なる仕事ではないということです――ライフスタイルそのものだということです。それが一番大切なことなんです。特定の仕事の内容うんぬんではないんです。そのライフスタイルについていけなければ、続かないんですから。王子がけっして許さないのは、何らかの仕事で失敗することです。だからスタッフはその基本線、ボトムラインを理解していないと駄目なんですよ」

アルワリードは成功が一番だと強調しており、スタッフへの要求も高い。P・Jによると、王子には取引を選別し、成立させる能力が生まれつき備わっているようだ。

「やはり王子は意欲的ですね。実は、ますます意欲的になってきたみたいですよ。それに交渉のコツもつかんでいます。取引のにおいをかげば、どのボタンを押せばいいのか、どのボタンを押してはいけないのか、どうやって価値を引き出せばいいのかが分かるんですよ。交渉に入ると、人懐こい笑みを浮かべながら、しっかり勝利をもぎ取りますからね。それが王子の本来の力なんですね――においをかぎつけて、直感でそれを選ぶというのが」

しかし、結局のところ、王子はしたたかな交渉には何が必要なのかを知っているのだ、とP・Jは付け加えた。

「ポーカーの持ち札を使っているようなものですよ。だから王子が本当に交渉を続けたいのか、それとももう興味をなくしているのかが分からないんです。何かが起きると、スタッフでさえ戸惑うことがあるんですよ。でも、そのやり方でうまくいっているんですから、それでいいんですよね」

交渉人

いったん取引が成立すれば、アルワリードは必ず約束を守る。アルワリードと顔を突き合わせて座っていた交渉相手の多くがそう語っている。悩み苦しみながらも優良企業であり優秀な経営陣であることが確認できれば、その価値を高め、けっしてちょっかいを出して困らせるようなことはしない。それがアルワリードなのである。

「投資先企業の会長やＣＥＯとはすごく良好な関係だよ。それは、わたしの戦略や目標がそうした企業と相反しているからではなく、一致しているからだ。その会社の方針に反対だったら、そもそもどうしてその会社に投資などするのか、というのがわたしの考えだからね。そういう会社には投資などせず、次の日には新聞や雑誌で悪口を言っているよ。その会社が嫌いなら、売却してどこかほかの会社に投資しているし、次の日にはメディアでたたいているよ。そうじゃないいんだ。その会社を支持しているから投資しているんだよ」

一九八〇年代後半に、前代未聞の銀行の敵対的買収、続いてビジネス用語で言うとやはり敵対的な活動で頭角を現したアルワリードだが、そのやり方はその後一五年ほどの間に多少は丸みを帯びてきた。しかし実際には、敵対的買収が必ずしもベストな戦術とは言えないようだ。ビッグネームが絡み、はるかに莫大な金額が懸かっている国際投資の場合にはとくにそうである。投資家として淡々と事を進め、与えられたチャンスを最大限に生かし、すでにその会社の経営で足場を固めている人間と協力しようと努力している、とアルワリードは言う――それから両者の長期的な関係をどうしたら良くしていけるかを考え、そこで初めて成功したことをしみじみ実感できるのだと。

「その企業を信じているから投資するんだ。経営陣や実績を信じているからだ。信じていなければ欲しいとは思わないだろう？　別の企業に投資するよ。敵対的買収はすごく高くつくと思うよ。大金を使わないといけないからね」

年に数回の旅行中でも、アルワリードは一度か二度は自分が巨額を出資している世界中の企業のキーパーソンと会うよう努めている。ひとつは大株主である自分の目標を知ってもらい、念を押しておくための表敬訪問。もうひとつは、より個人的なレベルで強力な関係を築くため。そしてもうひとつは、投資先企業がどうしようとしているのか、どういう方向を目指そうとしているのかを肌で感じ取るためである。一線を越えてしまうと、インサイダー取引などの不法行為になったり外部の大株主としてのスタンスが危うくなったりするため、細心の注意を払う必要はあるが、アルワリードのファイナンシャルインテリジェンスへの強い思いは変わらない。

「会社の経営方針がどうであれ、わたしが口を出さないのはみんな知っている。彼らとは友人として、社内や社外での彼らの立場を良くするために会うんだよ。サウジアラビアの企業であれ中東地域の企業であれ国際的な企業であれ、その企業のためなら何でもするつもりだ」

これはディズニーのマイケル・アイズナーなど、アルワリードと取引関係にある大物事業家との会談中に、必ず具体的に見られる考え方である。

「彼は優秀な経営陣をサポートしようとしているね。無責任にわれわれを批判する連中には批判的だし、確かに役に立ちそうなアイデアを思いついたときには、わたしと対話の機会を持ちたがる。せっかちだね。わたしもせっかちだから、わたしにとっては都合が良いがね。そういう点では、実に欧米人的だ。睡眠時間は短いようだが、世界中どこにいようとすぐに連絡が取れるしね。電話だと本当によくしゃべるよ」

アルワリードの実用主義的なやり方を支持するのがフォーシーズンズのCEOイッシー・シャープである。

「自分はどこで役に立てるのか、どこでアドバイスをすればいいのかと聞いてくるんだよ。常に事情に通じているから、彼にとって不都合な問題が起きたらどうすべきかを決断するんだろうが、けっして経営陣に命令して自分が関与してくることはないね。経営陣を信頼して、会社にとって得策になる決定を下すよう促すんだ」

基本的にアルワリードの数十億ドルの資産の半分ほどを管理しているシティグループのCEOサンディ・ワイルにとっては、アルワリードが経営に口を出してくるかどうかはかなり重要な問題だ。

「王子は会社の取締役会の決定を左右しようとはこれっぽっちも思っていないんだよ。話し合いをしたいんだ。王子がどこで何を主張したいのか、われわれには分かるんだが、王子はそこで、われわれにそれを言わせたいんだろうね。それにしても、王子は柔軟だし、立場についても独断的な主張をしないね。本当に経営を支えてくれているよ。銀行経営は望んでいないが、単なる株主では納得しないんだ。物言う株主になりたいと思っているんだね」

タラール・アルマイマンが言うには、王子はビジネスパートナーに対してもこのやり方を通しており、はっきりした対話路線があるようだ。

「王子はあらゆる時間、あらゆる瞬間をとらえて、彼らと一緒に考え、アイデアを共有するんです。投資資金の運用を任されているのに、ですよ」

皮肉にも王族であることが今の王子には不利に働いている、とタラールは付け加えた。提携しようと王子に接触してくる人の多くが、大金を持ってはいるがビジネススキルに対する理解は乏しいと思っているなど、間違った憶測を立てているからだ。だが、いざ王子と面と向かって交渉する段階になると、彼らはたいていショックを受ける。詳細なリサーチを済ませ、時間をかけてあらゆる角度から検討していることが分かるからだ。

アルワリードは、サウジアラビア国内だけでなく外国のトップビジネスマンにも均等に機会を与えているが、結局のところ、世間はサウジアラビアの王族を相変わらず一まとめにして裕福な投資家だとみているのである。

レンガとモルタル

アルワリードがほかの事業家と提携して幅広く手掛けているのがホテル事業である。不動産のオーナーと運営会社の大株主という一人二役をこなしつつ、アルワリードは二つの収入源を確保している。サルマド・ゾク率いるキングダム・ホテル・インベストメンツ社（ＫＨＩ）は、アルワリードが中東とアフリカで取得し始めた不動産と、フォーシーズンズ、フェアモント、メーベンピックといったホテル運営会社との良いバランスを生み出せるよう特別に設立された会社だが、ゆくゆくは分社化し、別会社として上場させる予定である。

もう一人、〝ホテルのコンパートメント〟で長年サルマドと共に仕事をしている年若い幹部がいる。ラムゼー・マンカリオスはわずか二七歳だった一九九六年にキングダム・ホールディング社のホテル事業開発担当上級副社長に就任した。アルワリードはとくに若者たちに高い地位を与えていた。若者はやる気があるだけでなく、十分なスタミナも持ち合わせているからだ。ラムゼーは面接のときにそれを確信したと言う。

「あれだけのスタミナの持ち主だと、こちらのモチベーションも上がりますし、気分も高揚しますよね。会議中に元気をもらうこともありますし、その良い気分が翌日まで続くこともあるんですよ。野心的でアグレッシブで、情熱的な人ですね。本当に思い掛けないことをする人です」

サルマドもラムゼーも、王子と仕事をするのは「焼けた火かき棒をいじっているようなもの」だと冗談を飛ばすが、実にユーモアのセンスがある人だとして王子を擁護する。王子とのきずなも強い。ラムゼーは二〇〇四年に退社して自分でコンサルタント会社を設立したが、その後もKHIとは緊密な関係を続けている。

アルワリードも認めているように、ここ何年かはホテル投資に過度に集中しているが、サルマドは、同セクターの価値は高く、十分な見返りがあると感じている。二〇〇四年には中東やアフリカの一部でホテルセクターを拡張するよう果敢にプレッシャーを掛けられたサルマドだが、王子はそれほど必死にチャンスを狙ったり追求したりはしていないと言う。

「王子は敵意を抱いているわけではありませんので、略奪者だとは言えませんよね。問題が起きてこそチャンスが生まれるわけですから、その問題の周辺で取引を組み立てているんです。不動産――ホテル――は長期的な資本集約型ビジネスです。王子は価値を理解し、その価値を高められるようなホテルを建設することに実に長けています。ですから経験豊かな不動産・ホテル投資家と言えるのではないでしょうか」

また、アルワリードが不動産とホテル運営会社の投資家として成長していくにつれ、利益相反という問題が交渉中にも持ち上がってくる。サルマドも王子がそれにどう対処しているのかの説明に追われている。

「わたしどもが商談をまとめようとしていると、必ずこの利益相反という問題にぶつかるんです。実際にはその逆なんですけどね。王子は二足のわらじを履いていますから、利益相反にはならないんですよ。運営会社のオーナーであり、不動産のオーナーでもありますが、王子のポートフォリオを見ると、その価値の大半が――つまりこれまでの投資資本と言ってもいいんですが――不動産です。不動産があるから運営会社はどうでもいいという意味ではありませんよ。不動産所有の話になればオーナーとして行動しますし、成長戦略とか拡張の話になると運営会社側の人間として行動します。結果的に少し借り入れをしましたが、その結果、王子はパートナーの利潤を高め、守ることができたわけです。ですから利益相反にはならないんですよ」

ジェンセンはこのアプローチはバランスが取れていると強調するが、逆にそこに問題があるとも指摘する。

「それぞれ自分たちのホテルを成功させたいと思っていますが、問題は、例えばですが、修復工事にいくら費やすのかということです。運営会社の収入を最大限に増やしたいのか、つまりホテルの収入を最大限に増やしたいのかということなんですよ。殿下はホテルに少額を触媒として投資し、大半の投資をホテル運営会社に振り向けるのが好きなんですが、まさにそういう理由からですよ」

また、アルワリードはこのセクターに果敢に進出しようとしているが、ホテルチームによると、ホテル資産の話になっても、王子は直感や感情に流されて決定を下すことはなく、取引とはむしろ距離を置いているそうだ。

アルワリードはこう話している。

「エゴがあるところには行かない。利益があるところ、実行可能なところに行くんだ」

メディアによると、一九九六年にアルワリードがジョルジュサンク・ホテルを買収したときにはまったくそういうことはなく、間違いなく話題性のある不動産を物色していたそうだ。

「三つの要因が重なったんだ。ジョルジュサンクのネームバリュー、パリという要因、そしてこれが最も重要なんだが、フォーシーズンズの経営陣という要因だ。この三つの要因が重なって（世界の）ベストホテルが出来上がったんだよ。完成までの二年の間にね。だから、はっきりしたのは、このホテルを所有することがカギであり、重要だということなんだ。コストについては、十分すぎるぐらい妥当だと思っているよ。今ではこのホテルの価値が出資当時の二倍以上になっているからね。ＩＲＲ（内部収益率）で見ると、ここまでのところ二五％に上っている」

先にも述べたが、ジョルジュサンクの買収を巡ってアルワリードはフォーシーズンズの会長イッシー・シャープと対立したが、このカナダ人のホテル経営者は、それが二人の対立の原因ではなく、目標が少し違っていただけだと言う。

「いや、対立じゃないよ。彼は最大のホテルにしたかったようだが、わたしの目標は最良のホテルにすることだったんだ。そういう意味で、彼の出資額はわたしよりも少し多くなったがね。だが、プレッシャーを掛けて多少なりとも会社の方向性を変えてしまうようなことは一切言わなかったよ。一緒にできる仕事以外のことはね。そうやって、彼はいつでもわが社の成長をサポートできるよう備えていたんだが、いざどうするかという段階になると、常にわれわれの判断に任せてくれたよ」

ジェンセンはアルワリードのホテルセクターへの取り組み方を〝触媒〟という言葉で表現したが、フォーシーズンズの副会長ロジャー・ガーランドも一九九九年のインタビューでそれに同調し、王子のマネーがほかのマネーを呼ぶのだと言う。

「彼（アルワリード）のカードをポケットに入れて交渉に臨むと、相手もわれわれが資本を調達できると思うみたいですよ」

高級ホテルの二つの主要運営会社に出資したアルワリードだが、問題が発生したときにアルワリードが仲裁役を演じるという面白い場面が見られた。フェアモント・ホテル・アンド・リゾーツのCEOビル・ファットも、少なくともあるケースではアルワリードに大局を見る能力があったと感心している。

「フォーシーズンズとフェアモントの間でちょっとした争いが起きたんですが、王子のことで気づいたのは――フェアモントよりもフォーシーズンズに出資した額のほうが多かったんですが――、両方の側から問題を理解しようとしていたことです。どちらか一方に付こうとは思わないと明言していましたしね。ただ問題が何なのかを理解したいんだと。そして互いに協力し合って、株主が最大の利益を得られるような結論を出してほしいんだとね。自分も争いに巻き込まれるかもしれないと思っていたんでしょうが、実にしっかりしたやり方でした。実にうまく処理してくれたと思いますね」

銀行勘定が大きく膨らんでくると、アルワリードは長期的なアプローチ――P・J・シュカイルが指摘するような〝忍耐強い投資〟――でホテルセクターを管理することができるようになった。取引には自己資金を使っていたため、公的資金を利用する人間――主として常にチェックを怠らず、短期でハイリターンを求める人間――のように苦しむことはない。また、それによって、より柔軟性のある取引にアプローチすることもできる。つまり、自己資金の使い方という点で、直接的な長期投資家として投資をするのか、それとも戦略的パートナーとして投資をするのかを選べるということだ。だがスタッフによると、何よりも王子は優れた問題解決者なのである。効果的な解決法を見いだす人間であり、最初から問題がありそうだとして取引にかかわるのを自粛したりはしないのだ。

その結果、西暦二〇〇〇年から数年のうちにホテルセクターにおけるアルワリードの立場はどんどん強くなっていった。その成功や名声のおかげで、スタッフにとっても保証や戦略的パートナーを獲得するのが容易になった。また、王子の北米とヨーロッパのホテルコンサルタントを務めるチャック・ヘンリーも指摘するように、王子がホテルポートフォリオの価値を十分に高めてくれたおかげで、小切手にサインをするのに並ぶ他人をよそに、小切手を何度も切らずに済むようになったという。

この点では、アルワリードもおおむね信頼できるパートナーを見つけたと言える。また、そのパートナーがアルワリードにあまり実績や経験がない分野の専門知識を持っていれば、いっそう評価される。アルワリードは既存の専門知識を買い付ける、またはチームを組んで買い付けるのが好きである。それはすでに定評があるものだし、最初から市場シェアの獲得で苦戦する時間が省けるからだ。

フェアモントのビル・ファットによると、アルワリードは付加価値を生み出す投資家になるべく最善を尽くしているという。

「彼はわれわれの方向性や戦略を確かに理解しようとしていますね。戦略について議論したり、さまざまな面にチャレンジしたりするのが楽しいんですよ。またそういうのが好きですね。自分が理解できているかどうかをそれで確認できるからです。株主としてはとても魅力的な人ですね。少なくともわたしが知っているかぎり、彼は毎日株価なんて見ていませんよ。見ているのは会社の戦略です。彼も言っていますが、自分が、またはキングダム社がどうしたらその会社を――自分の投資先を――助けられるかということなんです。自分はその会社をもっと良くする手助けができる、それができれば爽快だね、とね。彼にはわれわれの戦略を推し進める才能、ビジョンやスキルがありますからね。それに、ほんの短期間とどまって、時間が来たらさっさと出ていくような株主でもありませんからね」

キングダム・ホールディング社の部門のうち、ホテルチームは間違いなく最も忙しいチームのひとつだが、最も王子の意欲を高く評価しているチームでもある。極めて要求の多い仕事に就いていることについて、チャック・ヘンリーの片腕であるサイモン・ターナーは「ワクワクして仕方がない」と言い、こう付け加えている。

「彼（アルワリード）は時間や資源の無駄遣いを嫌いますし、実に規律正しくて、物事にも迅速かつ効果的に対応します。それでわたしたちもやる気が出るんですよ。進んでやりますよ。だから一生懸命働くんです」

ホテルチームは、王子のことを粘り強くて献身的かつ情熱的だと評するが、そのおかげで彼らは常に多忙を極めているのである。

目立つ巨大ブランド

電話がかかってくると、まずは青いライトが点滅し、続いて着信音が鳴り響く。ラウーフ・アブードはベルトに留めてあるクラムシェル型の電話機を手に取ると、画面を開き、フランス語圏のアルジェリア人やアラブ人に共通するアラビア語なまりのフランス語で「もしもし？《アロー》」と電話に出る。

その携帯電話のロゴマークをよく見てみると、モトローラであることが分かる。〝通信のコンパートメント〟のトップとして、ラウーフは最新の携帯電話には十分精通している。王子と密接に連絡を取り合う人間として、王子が自分の投資先のブランドに忠実なことも十分承知している。そういうわけで、モトローラがスタータックという機種を発売したときに王子から二〇〇台注文するようにと指示されても大した驚きはなかった。王子が半導体、エレクトロニクス、携帯電話のメーカーの大株主になった今、スタッフがモトローラを使わざるを得なくなったのは間違いない。だが、王子がこれほど大量に買いたいと言い出したのは意外であった。実は、家族や友人にあげるためだったのだ。キングダム社のスタッフだけでなく、なるべく多くの家族や友人にも自分の投資先のブランド製品を使わせたくて仕方がなかったのだ。

日常の活動を通してアルワリードをじっと観察していると、一定のブランド名が何度も顔をのぞかせているのが分かる。食卓でアルワリードのディナー用大皿の横に陣取っているのは（むしろリーム王女のスペースを侵しているが）、ダイエットペプシの缶である。アルワリードは今でもペンと紙で仕事をするほうが好きなのだが、黒塗りの執務室のデスクにはアップル製のノートパソコンが置いてある。昼食を取るため執務室を出て自宅に向かうときには、ヒュンダイ製の大きな黒塗りのリムジンを使う。メルセデスベンツ製のV12エンジン搭載のS600という最高級リムジンを韓国製の車に変え、フォード車と一緒に使っているのである――共にアルワリードの投資先企業である。

どこであろうと――自宅、執務室、ヨット、自家用ジェット機であろうと――、アルワリードのいるところには必ずと言っていいほど投資先ブランドの旗を掲げた小さなフラッグツリーがたなびいている。アルワリードはこれらのブランドをとくに誇りに思っており、自家用のボーイング767の機内でも、航空写真の画面がオフのときにはビデオ画面にロゴマークが表示されるよう手配していた。

アルワリードが座ってくつろいだり、会議を開いたり昼食や夕食を取ったりすることができるよう、ヨットには広いバーベキュー用のデッキがあるが、ここでもフラッグツリーが圧倒的な存在感を示している。しかし、二〇〇三年の秋まではある旗が妙に目立っていた。ほかの旗とは違い、サイズが数センチ違っていたからだ。それは、ただ紙の上にペンで〝DKNY〟と走り書きし、それをコンパックやニューーズ・コーポレーション、タイム・ワーナー、シティグループなどの旗の間に無理やりはめ込んだものだった。

そんな間に合わせの旗について聞いてみると、アルワリードは少し間を置いてから、悪びれる様子もなくこう言った。

「リームだよ」

一九九七年、ファッションやアクセサリーのブランド、ドナキャラン・ニューヨークにもっと興味を持ってもらおうと考えた娘のリームが、父親が二〇〇〇万ドルを同社に出資すると、フラッグツリーに加えてほしいと言って強引にやったことらしい。しかしその二年後、シャンパンのモエ・エ・シャンドンやコニャックのヘネシーなどアルコール製品で有名なルイ・ヴィトン・モエ・ヘネシー（LVMH）グループに同社が買収されたのを機に、アルワリードは同社の株を手放してしまった。

アルワリードに七〇〇万ドルの損失を与えた旗がコレクションに加わっているわけだが、すでに株を手放していたアルワリードとしては、ヨット上のフラッグツリーに掲げるぐらいなら、と大目に見ているのかもしれない。一〇代の娘がキングダム社に自分の存在を誇示したいと思ってやったことに、アルワリードもある種の郷愁を感じているのである。

＊＊＊＊＊＊＊＊＊＊＊＊＊＊

アルワリードは欧米のブランドに魅了されているが、それが裏目に出ることもしばしばだ。メディアにはそういうコメントが躍ることもある。

だが、アルワリードはそんな雑音を物ともせず、ブランドとその価値に対しては相変わらず楽観的だ。

「ブランドを信じている。一番だと信じているよ。例えば、ジョルジュサンクを見たらビッグチャンスだと思うよね。シティグループを見たときと同じようにね。率直に言えば、わたしがジョルジュサンクを買収したときには三つ星だったが、今にも倒産しそうだったんだ。だから買収して、二年間閉鎖して刷新したんだよ。何もかもだ。バックオフィスからフロントオフィスまで完全に解体してね――水道設備、下水などすべてをね。そうして二年後にリニューアルオープンしたんだけど、どうなったと思う？　フォーシーズンズがパリで運営するジョルジュサンクが、前例のない四年連続で世界のベストホテルに選ばれたんだよ。そのあとはどうなったと思う？　レストランもミシュランの三つ星を獲得したんだ――営業開始後これほど早く三つ星を獲得できたホテルのレストランなんてないよ」

フェアモントのCEOビル・ファットは、アルワリードと会った瞬間、その知性と意欲的な性格とにすっかりほれ込んでしまった。

「直接会ってみたら、当時いろんな人から聞かされていたのとは大違いだと思いましたね。すごく堅実で、とても知的な人なんですよ――それは最初に少し言葉を交わしただけで分かりました。でも、わたしが心を奪われたのは彼の物の見方、視点です。長期的に物事を考える人です。ときどき他人とは反対の行動を取りますが、わたしが高く買っているのは、もちろんわたしの経歴から言えることなんでしょうが、彼がブランドに価値を置いているということです。わたしにはとても重要なポイントなんです。王子にとってもそれが投資の中心的テーマだと思いますよ」

アルワリードの目標はビジネスのすべての面で一番になること。しかも、アルワリードは多くの面でそれを達成したことを誇りに思っている。そうした企業はわずか一年の間に世界的な賞を一〇回も獲得している。

「一番になることが重要なんだ。わたしにとっては極めて重要なことなんだよ。本当に重要なんだ！　だからシティへの出資が世界一の銀行への出資になったことをとても誇りに思うし、世界一のホテル運営会社フォーシーズンズへの出資も誇りに思っている。ユナイテッド・サウジ・コマーシャル銀行（ＵＳＣＢ）と合併させて設立したＳＡＭＢＡという銀行も世界一だしね。とにかく、一番が好きなんだよ。だれだって一番になりたいじゃないか」

この点では、アルワリードは確かにほかのだれよりも一番という目標を達成していた。世界のベストホテルに選ばれたジョルジュサンクの際立った一貫性以外にも、フェアモントが所有するニューヨークのプラザ・ホテルも北米一のホテルだし、ニューズ・コーポレーションもグローバルなメディアグループとしては一番である。サウジアラビアのＳＡＭＢＡは明らかに中東地域で一番の銀行である。一方、二〇〇二年にはキングダムタワーが新しい超高層ビルとしては最も素晴らしいビルだとして、スカイスクレーパー・ドット・コムから表彰されている。

アルワリードの国際投資顧問であるＰ・Ｊ・シュカイルは、巨大ブランドにむやみに傾倒することには警鐘を鳴らすが、見込みのある取引の場合、王子に着目してもらうにはそれもいいだろうと言う。

「それでいいんだと思いますよ。でも、最近はそうしたブランドも高額になってきましたからね。両刃の剣といったところでしょうかね」

しかし、アルワリードはブランドへの出資の成功をてこに、二〇〇四年には初めてキングダム・ホールティング社のテレビCMキャンペーンを展開した。「キングダム社はナンバーワンブランドに投資して成功を収めているが、今後もその路線を継続する。世界的な投資を通して東西を結ぶ架け橋になる」というのが基本的なメッセージだ。

P・Jによると、キングダム社はサウジアラビア国内への投資に限定しており、国際投資の運用はアルワリードとその信託が行っているようだ。

公開企業でもないキングダム社がグローバルなCMキャンペーンに乗り出すとは驚きだが、アルワリードによれば、中東を拠点にしているグローバルな有力事業家がどういう人間なのかを多くの欧米人に知ってもらうという戦略だそうだ。サウジアラビアの企業でも欧米のスタンダードで事業を展開し、途方もない成功を収めることができるのだ、とアルワリードは言う。

「世界中のレーダー網に引っ掛かってほしいね。そうすればキングダム社がどういう会社なのかがみんなに分かってもらえるからね」

同社の広報担当マネジャーのアンジェド・シャッカーはそのアイデアを膨らませる。

「キングダム社はサウジアラビアではブランドなんですよ。中東の一部でもそうです。でも、現在巨大ブランドになりつつあるのが〝アルワリード〟なんです。面白いでしょう。サウジアラビアでは、王族の末裔やアブドルアジーズ国王の子孫は〝殿下〟と呼ばれるんですが、アルワリード王子を呼ぶときには〝殿下〟ではなく、ただ〝アルワリード〟なんですよ。アルワリードが一種のブランド名になっているからですね」

マネーが奏でるメロディー

二〇〇三年八月に始まる一連の熱い会議の舞台になったのが南仏カンヌである。正確に言うと、実際の会議場はカンヌ沖一キロ弱のところにあった。

アルワリードは、アラブ音楽業界の大物四人と贅を尽くした「キングダム5－KR」号のキャビンに集まって、業界を一新しようと計画を練っていた。全員がそれぞれ音楽制作、アーティストのマネジメント、マーケティング、配給などの分野で実績を評価されている実力者だったが、そんな彼らの視線はたった一人の男に向けられていた。

いくらのんびりした休暇中のドレスコードに従ってパステル色のショートパンツや明るい色のコットンシャツ、デッキシューズを身に着けていても、アルワリードのハードなスケジュールが緩むことはなかった。

「ビーフがいい！　ソース抜きで。マッシュルームも要らない。ビーフが食べたい！」

ところがしばらくしてから、「いや、実はビーフは食べないんだ……。魚がいい！」と王子。

新チャンネル設立の交渉ではスタッフに最高の契約を勝ち取ってほしいと思っていた王子、こんな言葉で自分の気持ちを強調していた。

アルワリードは自分が一〇〇％所有する音楽制作会社ロターナにさらにてこ入れしようと考え、二〇〇三年にはアラブ・ラジオ・アンド・テレビジョン（ＡＲＴ）で提携しているシェイク・サレハ・カメルと交渉し、ＡＲＴの持ち分の大半をレバノンの衛星チャンネルＬＢＣの四九％と交換した。また、ＡＲＴの音楽チャンネルをさらに活発なロターナ・オーディオビジュアルに変身させ、自分の音楽制作会社と統合するチャンスも獲得した。

ヨットに業界関係者を集めたのは、アルワリードが所有する音楽産業の全資産を統合できるようなプランの開発が目的だったのだ。

「この制作会社（ロターナ）について話し合ったんだけど、アラブ世界の音楽シーンではわれわれが圧倒的に優位に立っているんだ。だからこの会社をテレビに移行させようと思ってね――つまりテレビ局にするんだよ」

熱が入った会議で汗だくになっていたのがミシェル・エルムールだ。物腰が柔らかく道理も分かる人物だが、自分が所有するローカルテレビ局ムールテレビジョン（ＭＴＶ）の件でレバノン政府と激しくぶつかったこともある。

「ブレインストーミングでしたね。実は、いろんな部門、いろんな国から何人ものトップが集まったのは初めてなんですよ。ロターナは単なるテレビ局ではなく、制作会社でもあり、配給会社でもあり、レコード会社でもあるんです。そこで全員が集まってロターナの戦略を練ったんです。それでブレインストーミングをやっていたんですよ。王子のどこが好きかと言えば、仕事中にいろんな話に耳を傾け、それから決定を下すところですかね」

他人の話に耳を傾けているかぎり、アルワリードは自分の構想を生かしたいときには実に鮮明なアイデアを思いつく。

「ギャップがあったんだよ。大きな開きがね。開きがあるならそれを埋めようと思ってね。自分が音楽制作会社を買ったのがすべての始まりなんだ。一〇〇人以上のアーティストを抱えているし、アラブ音楽では八〇％ぐらいの市場シェアを握っている。だからそういうアーティストを管理し、ビデオクリップを流し、アラブ人歌手のコンサートやパーティーをやるTVチャンネルを新たに設立しようと思ったんだ。最初の四カ月の間にロターナ1を設立することができた。それからロターナ2を設立したんだ」

案の定、二〇〇三年一〇月八日に開局したロターナ1は、コンサートを収録した音楽ビデオやクリップ、娯楽番組を放送し、アラブ音楽のファンをとりこにした。アルワリードによると、二〇〇四年二月に行われたファンの人気投票では、一〇〇余りあるチャンネルの中で第二位に選ばれたという。

「音楽と映像を統合したんだ。ロターナのオーディオビジュアル部門を統合したわけだけど、まさに大成功だね。まだ一〇億ドルまではいかないが、数百万ドルの利益は出ているよ。投資したのは少額だけど、資産価値はすでに四倍以上になっている」

必死に市場にアプローチしたから成功したわけではなく、初めから分かっていたことだ、とアルワリードは言う。

「それほどアグレッシブに行ったわけじゃない。評判が良いからみんなが見てくれるようになったんだよ。物議をかもすような映像は流さない。許容範囲を超えている映像はタブーだからね。例えば、ヌードは駄目だ、使えないね。宗教や文化には逆らわないつもりだ。それが極めて重要なことなんだ。そういう映像がなければ、親も子供たちに安心して見せられるだろう。それがすごく大きいんだよ」

エルムールはそれに同調し、いくつかの方法で他チャンネルとの差別化も図った。

「アラビア語だけですから、ほかのチャンネルとは違います。ほかのチャンネルは欧米の音楽も中東の音楽も一緒に流していますが、わたしどもはアラブ音楽にこだわっているんですよ。二つ目は、ほかのチャンネルとは違って、わたしどもには（配信）基盤があるということです。三つ目は、有名なアーティストの番組を持っていることですね。実際にずば抜けていますよ。調査会社もわたしどもの成功に本当に目を丸くしていますから」

エルムールは一カ月間の視聴率が二三％だったことを挙げ、成功の大きな要因はプロジェクトに対するアルワリードの全体的な取り組み方だと言う。

「王子は適任者を選びましたね。それに、細かいところにもすべて直接関与していました。

王子がいかに精力的に、そしてひたむきに仕事をこなしていたかはご存じでしょう。王子は細かいことにうるさいし、すごくこだわります。だから成功したんですよ」

議論を呼びそうな素材を使わなくても、ロターナはあの手この手でアラブの若者たちを取り込むことで十分アピールできている、とエルムールは言う。

「わたしどもの局ではお互いに対話をしながら進めています。若者たちも大勢出演しています。アラブ全域を対象にしたテレビ局ですからね。エジプト人のニュースキャスター、アラブ首長国連邦出身の人やレバノン人もいます。対話をしながら協力し合っているんです。さらにSMS（ショートメッセージサービス）やMMS（マルチメディアメッセージサービス）を使った双方向の番組もあります。それらが全部ダイナミックに見えるんですね」

そのちょうど二カ月後にアルワリードが立ち上げた二番目のロターナチャンネル（ロターナクリップとして知られる）のユニークな特徴がSMSとMMSであった。ロターナはショー形式の番組よりも中東全域のビデオクリップを中心に放映していた。

これが瞬く間に視聴者の心をとらえた。携帯電話から送ったメッセージがテレビに映るかもしれないからだ。数週間もしないうちに、ロターナに送られてくる一日のメッセージは四〇〇〇通にも上るようになった。

アラブ音楽の世界には多くの欠点とチャンスが同居しているという思いを抱いていたアルワリードは、ロターナが特定のニーズに合わせたチャンネルを数々抱える花束のようなものになったと考えている。

「ロターナ1は少々堅苦しい感じがするだろう。二〇〜五〇代向けのチャンネルなんだよ。でもロターナ2はティーンエージャー、一七歳から二〇代前半の若者向けだ。彼らはSMSが好きで、自分が送ったメッセージがテレビに映るのを見たがるし、双方向のやりとりも好きだ。ロターナ2ではそれができるんだよ。だからそういうものをすべて提供しているというわけさ」

間髪を入れず、アルワリードは二〇〇四年一〇月八日――ロターナ1の設立一周年記念日――にロターナクラシックという第三のチャンネルを立ち上げた。アラブ音楽の黄金のオールディーズを流す専門チャンネルだ。

「われわれの得意分野なんだ。ロターナ3では懐かしい音楽を流すんだ。古いやつをね。一〇年、二〇年、三〇年前の歌だ。つまり三つのチャンネルで、一五年前の曲だろうと六五年前の曲だろうと、あらゆるジャンルの音楽をカバーしようというわけさ」

エルムールは、大半の音楽関係者は音楽チャンネルのようなプロジェクトでは王子と付き合いがなかったようだが、王子は自分が何をしているのかを把握しているようだと言う。

「以前ARTでかなり経験を積んでいますからね。カンヌで協議していたときも、みんな驚いていたんですよ、全員が王子と同意見だったんです。波長が同じだったんですよ。だからロターナは成功したんです。自分たちのプロジェクト、自分たちが同じビジョンを共有していることを全員が確信したからですよ」

アラブ音楽の業界関係者も、驚異的なスピードで成長していくロターナの存在感とインパクトには驚きを隠さなかった。アルワリードの努力を思い出したエルムールは、ここまでの急成長の理由がよく分かっていた。

「彼のスタミナですね……。一日に一八～二〇時間も費やすんですから。不眠不休で働いているんですからね！　何でも計画を立てるんです。ステップごとにですよ。けっして行き当たりばったりではやりません。どこにそんなスタミナがあるんでしょうね。本当にすごいですよ。原則を貫く男ですね。とても重要なことですけどね。アラブ世界にはそれが足りないんですよ、正確さとか誠実さがね。何をやるにも彼は誠実ですし、正確です」

ビッグネームをアグレッシブに追い求めるアルワリードの背中を押したのがその誠実さと正確さだったのだ。

アルワリードはロターナとは未契約だったトップアーティストと積極的に契約を結ぼうとしたが、それがアルワリードは市場独占を狙っているという憶測を呼ぶことになった。できるだけ多くのトップアーティストを砂漠のキャンプに招待したいとも思ったが、ロターナを設立してから成長していくにつれ、未契約の歌手やタレントとの交渉もますます難しくなってきた。自分のやり方が誤解されているのだ、とアルワリードは言う。

「率直に言えば、市場を独占したいなどとは言っていない。それは正常とは言えないよね。もし市場を独占したら緊張感がなくなるじゃないか。ぬるま湯に浸ってしまう。わたしは競争が好きなんだよ。企業同士が競争しているのを見るのも好きなんだ。気を抜かずにいられるし、スタッフも緊張感を維持できる。最終的には一番になりたいけど、競争するのは全然構わないさ。とにかく音楽業界にしっかりした足場があれば、それが他社にとっての（市場への）参入障壁になる。自分のとりではしっかり守ろうとするからね」

二〇〇四年末、アルワリードは自分の立場を強化するため、二〇〇五年中にはロターナのチャンネルを増やすことを発表した――二つは映画専門チャンネル、もうひとつは宗教専門チャンネルだ。

アルワリードは何カ月もの間、カンヌ、パリ、リヤド、ベイルートの間を何度も往復しながらひとつのチャンネル――今では複数のチャンネルだが――を設立するのに奔走した。それにしても、この期に及んでどうしてそこまで闘うのだろう。エルムールはよく分かっていた。ロターナのトップも、ヨット上の交渉では王子がトリックをうまく使っていたと言う。

「難しいですよ（笑）。王子との交渉は本当に難しいですが、王子には少なくとも王子なりのロジックがあるんです。わたしたちが言っていることは正しいんだと思わせておいて、それから先へ進むんですよ。王子は独裁者ではありませんから、自分はこうしているんだと必ず納得させようとしますね。たいていは王子が正しいんですけどね」

資金の出どころ

上空のヘリコプターから眼下の森にスポットライトを当てながらチャンスをうかがっているというアルワリードのアナロジーは、アルワリードが国際的な事業家として成熟してくるにつれ、またその蓄財により注意が必要になってくるにつれ、ますます当てはまってくる。ヘリコプターはかつてのように陸に降りなくなり、地上に大問題が見つかるまでは空中で待機している。それは大勢の人が地上で手を振って、頭上を旋回しているキングダム社のヘリコプターに降りてきてもらおうとしているからではない。

二〇〇三年にはウォルト・ディズニーがまさにその状態で、もう一度自分たちの敷地にアルワリードが降りてきてくれるのを待っていた。ほかの数々の企業も、苦境に陥って助けが必要になると、この王族の投資家なら助けてくれそうだと考えていた。アルワリードもそう思われていることについて異論はない。

「それで問題は起きないだろう。逆にチャンスだよ。サウジアラビア国内、中東地域または国際的な舞台で交渉中の取引が毎週常に五～六件あるんだ。当然われわれのためになる取引、われわれの社会のためになる取引、われわれが関係する国のためになる取引――そしてプロジェクトそのもののためになる取引――を物色しているけどね。だから厳しく選別するんだよ。そういうプロジェクトに参加する適切なチャンスが訪れるのを待っているんだ」

キングダム社の財務管理担当エグゼクティブディレクターのサレハ・アルグールは会計の観点から王子を見ているが、王子が日和見主義者に狙われる心配はないと言う。

「他人が何を言おうとしているのかを、王子はその人が言い出す前に言ってしまうんです。そういう勘は鋭いですね。気づいているんですよ。常に警戒しています。五感すべてを使って判断しているんですよ。人の性格を見抜くのがうまいですね。それが王子の大きな強みのひとつだと思いますよ」

一九九六年にさかのぼるが、アルワリードが見事に性格を見抜いた人物の一人が国内投資担当エグゼクティブディレクターのタラール・アルマイマンだ。タラールは面接のときに即座に入社を決めて以来、王子の側近として働いている。

「わたしの考えですが、王子はより慎重になっていますね。以前と比べると、常に別の角度から物事を見るようになりましたし、他人の話も聞くようになりました。あくまでもわたしの考えですけどね。話を聞いていても、注意して聞いているようなそぶりは見せないんですが、王子がテレビを見ているとき、ほかの人の話を聞いているときが勝負なんです。その人の話も聞いているんですよ。ひとつには、王子の性格が変わったんだと思いますよ。厳しい環境のなかでより鍛えられたんですね。ナンセンスだなんて、とんでもないですよ。王子の顔色を見ながら、『殿下、ひとつ目はこうで、二つ目はこうで、三つ目は……』などと言っても駄目なんです――もし話をでっち上げても、王子はその人の目をのぞき込めば心が読めるんですから。

話を持ち出そうとすると、まだ何の話だか分からないうちに、王子は答えを口にするんですよ。もし顔色を変えたり、別の心配事があったり、目つきが変わったり、違ったことを言ったりすると、それを基に承認したり却下したりする場合もあります。でも正直なところ、王子はグループ（スタッフ）から少し距離を置いていますね。もっと親密に仕事をしてくれる人が必要なんですよ。あくまでもわたしの考えですけどね」

タラールは最後の点をさらに詳しく説明してくれた。そういう認識に至ったのは、一部はこ数年のキングダム社の変化に起因しているらしい。とりわけ少人数のチームだったころには、アルワリードも個々のスタッフと接する時間を多く持つことができたが、会社が成長し、しっかりした組織になってくるにつれ――世界中で幅広いビジネスを手掛けるようになるにつれ――、各個人と接する時間が減り、スタッフと直接コミュニケーションを取るのもだんだん難しくなってきた。そこで仕事をスタッフに任せるようになり、幅広い人材の採用に積極的にかかわり始めたのである。とくにアルワリードが積極的に推進したのが女性の活用であった。

アルワリードが他人と距離を置き始めたことについては、いとこで幼なじみのリアド・アサードも心配していた。リアドは、王子が感情を排して、より型にはまった付き合い方をするようになったと感じている。

「アルワリードはスタッフともっと親密になる必要がある」とタラールは言いながら少し顔を曇らせたが、入社から四年ほどたったある日のこと、上司の言葉に感動したことを覚えている。

「息子が事故を起こしたんです。現場に駆けつけたときにはちょっとした昏睡状態に陥っていましてね。仕事も休みました。そうしたら彼（アルワリード）が電話をくれまして、こう言うんです。『タラール――正確に覚えていないのですが、確かそう言っていたと思います――、タラール、心配するな。きっと良くなるから。もしわたしが、わたしの金でも飛行機でも、何かの役に立てるなら世界中どこへでも行く準備をしておくからな』と。（融資）パッケージのことや（職場での）待遇のことをすべて忘れさせてくれる瞬間でしたね。肝心なところで必ずスタッフを守ってくれるんですよ。それがわたしの人格に大きく影響しているんです。もしそう言って間違いでなければ、わたしの忍耐にもね」

正しいメッセージを送る

国際的レベルでのアルワリードの力はまだまだ衰えを見せていない。世界のトップビジネスマン、とりわけアメリカの事業家は、サウジアラビアの人間に少し疑念を抱いているのが普通だが、そんな彼らも、今ではアルワリードを仲間として受け入れている。ディズニーのマイケル・アイズナーのような人間もこう話している。

「話してみなければ何も始まらない。彼（アルワリード）は頭の回転が速くて鋭いし、激しやすい性格だ。カリスマ性もある。サウジアラビアの人々も彼のことを話題にしているよ。単なる投資家ではなく、名士としても有名なんだ。サウジアラビアでは普通の人間なのか、それとも変人なのかは知らないが、一緒にいると面白い男だよ」

そしてもちろん、シティグループのサンディ・ワイルも次のように話している。

「自分の時間帯で彼と付き合う努力をしているよ。必ずしも彼の時間帯に合わせる必要はない。だって、彼は常に真夜中にホテルやキッチンをうろつき回っているんだろう。わたしが寝ているときでもね。でも、付き合ううえでは一切問題はないよ。一緒にいると本当に面白い男さ。途方もないことを考えているんだから。常に何かを考えているね。だから、話をしたりアイデアを交換したりするのが面白いんだよ。世界には違う考え方もあるんだというのが分かるからね」

彼らの大半がアルワリードを頑固な事業家だと思っているが、フォーシーズンズのイッシー・シャープは、アルワリードとの交渉には機転を利かせる必要があると考えている。

「彼のことはこう表現してもいいだろうね。彼は自分の欲するものが何なのかを知っており、それを求める。その後ある程度たってから、必要なものが手に入ったことを確認するんだ。だから一定の目標を達成することができたわけだが、他人の目の前でちゃんとやってのけたんだから立派なものだよ。彼に何を期待できるか分かるだろう。彼は最終的な意思決定者なんだ。ぐずぐずと決定を先延ばしにするような人間じゃない。決定を下せるまで十分に詳細にわたって調べ、一度前に進んだら、こういう言葉が正しいかどうかは分からないが、〝絶対にあとへは引かない〟んだ。本当に熱心な事業家だよ」

それでもアルワリード、望むときには驚くべきカードを切ってくる。より賢明で感性豊かな一面を見せようというわけだ。

フェアモント・ホテルズのビル・ファットがリヤドを訪れたとき、アルワリードは会社から自宅の宮殿まで自分で車を運転してファットを昼食に招きたいと言い張った。いつも車の後部座席に座っている王子に、スタッフも驚いた。王子が外国から来た客を車に乗せて自分で運転するというのだ。ファットはこのときのことをよく覚えている。

「宮殿に着いたら、王子の家族や宮殿に仕えている人たちを紹介されました。あとから王子に聞いたのですが、自ら車を運転してわたしを宮殿まで連れてきてくれたというのは、王子にとっては一大イベントだったようですね。それに、キングダムはフェアモントに資するためにあるんだということを、メッセージとして部下に伝えたかったみたいですよ。自分にとってフェアモントはとても重要で、戦略的な投資先なんだとね。王子が車を運転して自宅まで連れていってくれたのは、キングダムの資源は、前進してブランド展開するフェアモントを支援するのに使われるんだということを象徴的に示していたんですよ。こんなふうに部下にメッセージを伝えるなんて、面白いやり方だと思いましたね」

ジミー・カーター米元大統領もアルワリードには驚かされている。

「ここ（カーターセンター）の話をしましたら、彼の興味の対象が広いのに本当に驚きました。

わたしたちが関係している企業の話をしたときも、彼がその全部、またはその半分を所有しているることが分かって本当にびっくりしましたよ！　また、世界最高級のホテルに客として宿泊すると、やっぱり彼がそのホテルのオーナーだったり大株主だったりするわけで、まさに驚いたことを覚えています。ですから、彼が控えめなのには感心しているんですよ。けっして『ここは自分が所有しているんだとか、あれは自分が支配しているんだ、あそこの大株主なんだ』と言って出しゃばったりしないんですから——絶対に自分の口から言うのではなく、ほかの情報源から分かるようにしているんですよ。だから『ずいぶん謙遜しているじゃないですか』と言って彼をからかったこともあるんですよ。わたしと太いパイプがあり、こうした共通の（慈善）活動に参加してくれたことに謝意を表すために、わたしが連絡を取って彼と会っていることも、一般の人には知られないようにしているんですからね」

成功を決定づける

「自分は世界一の金持ちになりたいのか？」

こんな自問自答を繰り返しつつ、ゆったりとソファにもたれていたアルワリードが、急にデスクに手を突いてこう言い出した。

「ほら、世界ではわたしの前を三人か四人走っているだろう。だから、なぜ自分が一番じゃないのかと自問するんだ。でも、後ろを振り返ってみると六〇億ドルぐらいになっているから、こう言うことにしたんだ。『神様に感謝します。わたしはこんなに前を走っているんですよ』と」

比較的短期間のうちに信じ難いほどの飛躍が可能であることを証明した男の口からこういう答えが出てきても、あまり説得力があるとは思えない。アルワリードが椅子にふんぞり返り、成功に大喜びしながら自己満足に浸っているような男ではないことを考えると、さらに説得力に欠ける。アルワリードは、本人の言葉を借りると、「わたしは成功するのが好きなんだ。大好きなんだよ！」と言いつつ、明らかに成功を狙っている男なのである。

それだけではない。実は、アルワリードはけっしてスイッチをオフにせず、いくら思考が停止していても睡眠は時間の無駄だと信じていると言う。

また、首位を独走しているため、今ここで立ち止まるわけにもいかない。

「成功を測る尺度はたくさんあるよね。ビジネスの観点から見れば、明らかに会社の業績だ――それがひとつの指標だ。二つ目は、周囲の人間からのフィードバックの量。三つ目は、国際社会からのフィードバックの量。四つ目は、メディアからのフィードバック。このように、個人の成功の大きさを測る尺度や指標はたくさんあるんだ。さらに、一番重要なのは五つ目の尺度なんだけど、それはその人が得られる個人的な満足度さ。良い仕事をしたのか否かは、自分が一番よく分かっている。人間にはそれが分かるんだ。ミスをして訂正しなくてはならないときでも、ちゃんと分かるんだ。わたしはミスをするし、自分にもミスを許しているし、他人に許すこともある。あとで訂正してから前に進めばいいんだから」

アルワリードは実業界で気持ちよく自分のミスに乗じてきた。一日に数億ドルの損失を出すこともあるが、逆にその同じ金額を一日で取り返すこともある。

あるとき、スタッフの一人が王子を引き合いに出してメディアにこう語った。

「王子がまったく考えていないビッグディールなど地球上にはありませんよ。王子の産業界や現状に関する知識はものすごいですからね。一人の人間がこれほどメディアに露出するのも珍しいですね」

本人も指摘しているとおり、ビジネスの観点から見た成功は、ある程度は企業の業績で測ることができるが、アルワリードが政治の舞台に顔を出すようになると、事態は少し複雑になってくる。ここでミスをすると金銭的な損益で測るわけにはいかず、人々の信頼と支持という、より感度の良いバロメーターで測らなければならなくなるからだ。

政治の道に進もうかどうしようか、アルワリードはまだ決断していないが、すでにキングダム社ではスタッフの支持をかなり取りつけていた。彼らは日々のプレッシャーでストレスを感じていると言うが、王子の慌しいスケジュールと要求の多さから来る職場での大変さを笑い飛ばしている。サレハ・アルグールは、ユニークな上司と一緒にいられるのだから、その代償として重いプレッシャーが掛かる仕事でも喜んでやると言う。

「王子は大人ですよ。知識の量も大変なものです。スタミナという点で言わせてもらえば、一六年前にわたしと知り合ったころと変わっていないと思いますよ。仕事の鬼ですね——それが欠点かどうかは分かりませんが、それで周囲の人間のスタミナもかなり消耗するのは間違いありません。入社以来、わたしは糖尿病ですし、血圧も高いんです（笑）。でも一番楽しいと思うのは、とにかく退屈しないことですかね。朝でも夜でも会社にいらっしゃれば分かりますよ。いつもバタバタしていますから（笑）」

タラール・アルマイマンもそれに同調する。

「そんな感じでやっていますね。プレッシャーはありますよ。でも、そのプレッシャーが快感になるときもあるんです。きちんと管理され、最終的には理論と公正な評価に裏打ちされているならね。わたしの考えでは、チャレンジしない人生なんて人生じゃありませんから」

＊＊＊＊＊＊＊＊＊＊＊＊＊

要するに、王子の側近たちは、日々王子が奏でるヘビーロックのパルスビートに合わせて動き続けているわけだ。ヘビーロックは皆が習い覚えた音楽だが、だれもが好きになれるわけではない。キングダム社では、だれがロックを奏でられ、だれが奏でられないのかがすぐにはっきりする。王子が各コンパートメントに対して素早く難しい決定を下すということが分かっていれば、彼らも慌しいペースや動きを楽しむことができ、ときには耐え抜くこともできる——

そしてそれを認めることもできる――のである。

アルワリードは心のなかに流れている複雑なジャズのメロディーに合わせて変奏曲やオフビートを奏で、次々に無数の決定を下していくが、側近がそのメロディーを耳にしたことはない。

だが、ここではジャズもすでに習い覚えた音楽だ。

第11章 アラブ人とアメリカ人

ムスリムは敵ではない、とアメリカ人にはいつも言っているんですが、彼らは信じたくないんですね。内心アメリカとは利害関係のない集団に支配されたほうがましだと思っているんですよ。

――ハレド・アルマイーナ・アラブ・ニュース紙編集長

メディアのせいで、ある言葉と言葉はほとんど切り離して考えることができなくなってしまった。

イスラムとテロリスト……、アラブと過激派……、イスラムと原理主義者。

世界中に偏見が見られるようになったのは、人間がはっきりと悪口雑言を口にするようになってからである。しかし、いわゆる文明の時代になっても、こうした無意識の固定観念が醸成する憎悪への取り組みが遅れているというのは驚きである。

アメリカでは〝ポリティカルコレクトネス〟（**訳注** 偏った用語を追放して中立的な表現を使用しようという運動で、主にアメリカで広がった）によって一定の人種差別的な言葉や表現、とくにアフリカ系アメリカ人やヒスパニック系の人々、女性や身体障害者、マイノリティーのマイナスイメージを強調するような言葉や表現は使われなくなったが、ムスリムや、とりわけアラブ民族に対する変わらない固定観念を払拭する手だては皆無に等しい。

中東関連のニュースや報道には必ずと言っていいほどそうした表現があふれている。そもそも、これはジャーナリズムの無能と怠慢にほかならない。だから、一般に欧米人が抱いているアラブ人、とくにサウジアラビア人のイメージは極めて悪いのである。

二〇〇四年に公開されたドキュメンタリー映画『華氏９１１』では、マイケル・ムーアがかなりの時間をサウジアラビア人の批判に充てている。ムーアは素晴らしい映画監督だが、あたかも〝サウジアラビア人〟全員がオサマ・ビン・ラーディンの支持者であるかのごとく、全員がアメリカと密かに経済的利害関係があるかのごとく語るのは少々まゆつばものである。政治課題――反ブッシュ――に対しては実に率直で、それが多くの観客を動員し、映画好きなアラブ人も繰り返し拍手喝采を送ったのである。これは確かに称賛に値する。だが残念ながら、このアメリカ政治の弱みを突いた画期的なドキュメンタリーでは、不当な非難にさらされた人もいる。

では、典型的な欧米人の認識がそうである以上、アラブ人とムスリムはどういうスタンスを取ればいいのだろう？　こうした事態に光を投げ掛けるに最もふさわしいのは、ホワイトハウスの元住人で、頻繁に中東を訪れ、和平へのイニシアチブを監視し続けている男、アラブ世界の若者の心に敵意や憎悪を植えつけ、一般のアメリカ人にも永遠に同じ固定観念を抱かせるような、遅々として進まない状況の変革を提唱している男だろう。その最高の和平の調停者とは、ジミー・カーターその人である。

「残念ながら、多くの欧米人には、アラブ世界やアラブ人やムスリムについての知識、地理的、民族的、宗教的に自分たちと異なる人々についての知識がかなり欠如しています。言ってみれば、ほとんど無知だということです。これは悲しいことですね。ところで、今回の件では本当に失望しました。在任中は何度となくパレスチナ人に理性や正義、平和をもたらす努力をしましたが、メディアの歪曲報道のせいで、首脳クラスの公式声明にも相変わらずパレスチナ人やアラブ人に対する中傷が見られるというありさまです。まるでテロや犯罪、暴力を犯しているのは彼らだと言わんばかりです。これは完全な誤りですよ」

カーターの言葉を信じようが信じまいが、これは同じ人間として欧米人と接しようとするアラブ人にとっての問題提起である。広く行き渡った固定観念や偏見が障壁を作るのだ。その障壁を強固なものにするのは簡単だが、乗り越えるのは難しい。アルワリードには、この問題にさらにサウジアラビア人である――しかもサウジアラビアの王族である――という要因が加わる。昔からサウジアラビアは断頭刑や死刑など厳格な規則や厳しい刑罰を強制する閉鎖的な国だと考えられている。建国から三〇余年、こうした認識を変える努力は皆無だったと言っていい。

サウジアラビア人のイメージは一九七〇～八〇年代のオイルブーム時にすでに悪化している。多くのサウジアラビア人が、文字どおり大金を詰め込んだかばんを持ち歩き、ヨーロッパで最も洗練されたブティックでデザイナーズブランドを買いあさっていたからだ。オイルマネーに後押しされた行きすぎはその後何年も続いた。次世代の若者や裕福なサウジアラビア人までもが下品な格好でヨーロッパのリゾート地を真っ赤に染めていた。

アルワリードも気づいていた。カンヌやサントロペのリゾートでリラックスしながら、目の前で繰り広げられる光景を目にしていたからだ。

「欧米でも中東でも若者はみんなこうなんだ。残念ながら、サウジアラビア人が偏見を抱かれるのは、欧米を訪れる彼らの行動が原因だね——もちろん全員がそうだとは言わないけど。年を取っても同じことをしているんだから、弁解の余地はないよ。もちろん、われわれはこうした固定観念を変えようと悪戦苦闘しているわけだけど、わたしの考えでは、欧米ではムスリム、アラブ人、とりわけサウジアラビア人については、良いイメージを持ってもらえるようになったと思うよ」

旅行中のアルワリードはいっそう保守的になる。酒もたばこものまず、ナイトクラブやバーにも行かない。取り巻きからは許されている羽目を外した行動も控えている。そして欧米人との取引では低姿勢を保ち、プロ意識をもって臨む。この点では、アルワリードもかなり徹底している。

一九九〇年代の買収などを通して、アルワリードは裕福なアラブ人の行動にも違った側面があることをどうにか示すことができたが、そんな努力も二〇〇一年九月一一日に大きな一撃を食らうことになった。

あのテロ攻撃に加わった一九人のハイジャック犯のうち一五人がサウジアラビア国籍。アメリカのメディアは、世界貿易センタービルの跡地から煙が上がらなくなってもこの事実を繰り返し報じた。

アメリカ政府はそれほど大騒ぎをしていないと感じたアルワリードは、テロの直後のインタビューでもその点を明確にした。

「アメリカ政府はこう言っているんだと思うよ。『オーケー。一五人のテロリストは全員サウジアラビア人だ。すべてのサウジアラビア人を悪く言うつもりはないが、（ただ、）メディアが意図的かつ果敢なユダヤ人右派の圧力に屈してしまったのだ。彼らは何とかしてこの一件に乗じてアメリカとサウジアラビアの友好関係をぶち壊そうとしているからだ。アメリカとサウジアラビアの関係は良好だが、今後はそうはいかない。心に傷を負ってしまったのだ。とても深い傷を』」

こうした状況を見て少し動揺しているのがカーター米元大統領である。この地域の和平の調停者として長年苦労してきたのに、そのほとんどが水の泡という事態に直面していたからだ。

「ええ、それが昨今のテロリズムという世界的脅威の大きな原因のひとつなのです。以前はそんなことはありませんでしたけどね。まさに最近の動きです。言ってみれば、正義と主権の回復、イラクでの武力衝突の終結、それにパレスチナとイスラエルの対立、その他同様の問題は、国際社会が――少なくとも世界の主要国が――一丸となって全面的に関与して解決に当たらなければなりません。アメリカ政府もようやく気づき始めたという感じですね――単独では無理だということ、この地域に平和をもたらすための共通の努力には、大国のフランスやドイツ、ロシアなど、われわれが常に仲良くやっていけるとは思っていない国も含め、他国を引きずり込まないと駄目だということをね」

九・一一の傷を癒やすための提案が世界各地から寄せられた。おおむね欧米諸国は、九・一一のテロを糾弾する声が聞こえてこないとしてアラブ世界全体を非難していたが、そのアラブ世界では冷静に対処するよう呼び掛ける声が上がっていた。

ヨルダンのアブドラー国王の妻で、若くて美しいラニア王妃は、自国のみならず他国でも若者たちのロールモデルだと考えられているが、九・一一のテロ事件からわずか数週間後の一一月、「マーケット・ウィーク」という番組でCNBCの花形キャスターを務めるマリア・バルティロモのインタビューを受けた際にも、如才ない受け答えに終始した。

「本当に……、わたしたち全員、本当に衝撃を受けました。全員が自分たちを見詰め直さなければなりません。いわゆる自己評価、自己分析をしてみる必要がありますね。アメリカの人々は、世界中に正義を植えつけるためには何ができるのかを対外政策を見て考えますが、わたしたちの場合は、若者たちが成長できるような、透明で民主的で平等な機会が得られるような健全な環境を確保するにはどうしたらいいかを考えるときに、内側しか見ていないのです。でも、わたしたちが考えるべきだったのは——今でも考えるべきなのは——、テロの原因になるようなあらゆる状況を未然に食い止めるにはどうしたらいいかということです」

アルワリードも、九・一一後はアラブ世界とアメリカの間の細い境界線上を歩いていることを憂慮していた。ニューヨークのジュリアーニ市長に一〇〇〇万ドルの寄付をして友情を示そうとしたものの、アメリカの中東政策の見直しを迫るプレスリリースを発表した途端、寄付は公然と拒否されてしまった。一方、当初は多額の小切手を持って駆けつけてアメリカに魂を売り渡した男だと思っていた自国の懐疑論者たちの間では信頼が高まった。パレスチナ情勢とテロリズムについて暗に指摘したアルワリードのコメントは、アラブ地域が抱える大きな問題を忘れてはいない、ということを示したものでもあった。

だがやはり、異なる二大地域に経済的利害を持つ男にとっては手品を操るような事態になってきた。二〇〇三年一一月、多くのアラブメディアの合同インタビューでも、アルワリードはきっぱりと自らの懸念を語った。アメリカとサウジアラビアの首脳レベルでは良好な関係が続いているし、エジプトのリゾート地シャルムエルシェイクに自身が所有するフォーシーズンズ・ホテルで行われたブッシュ大統領とサウジアラビアのアブドラー皇太子との会談に出席したときにもそれを実感した。しかし、オサマ・ビン・ラーディンやアルカーイダがこの二国間関係を上からぶち壊すとは思ってもいなかった。もしかしたら一般人レベルではまた別の問題なのかもしれないと。

「アメリカの世論、議会、そしてメディアは九・一一のテロ事件にサウジアラビア人が関与していたことを絶対に忘れないだろうね。サウジアラビア人にはそんな作戦を仕掛ける能力はないから、真の犯人はイスラエルに違いない、とわれわれがいくら主張してもどうにもならなかったからね」

だがアルワリードは、アラブ世界が短絡的にイスラエルを名指しで非難するのはあまりにも簡単なことであり、誠実さに欠ける、と説明してからこう付け加えた。

「一五人のサウジアラビア人があのおぞましいテロ行為に加わっていたという事実は受け入れなければならないし、あの行為が集団の記憶や歴史書からは簡単に消え去るものではないという認識も持たなければね」

なぜそこまでアメリカに引かれるのかと尋ねられたアルワリードは、こう答えている。

「ただ世界一重要な国だからだ。それに、一九四五年にビター湖上（訳注　スエズ運河の中間点にある湖）でルーズベルト大統領とアブドルアジーズ国王との首脳会談が行われて以来、わが国とアメリカは戦略的な関係にあるからだ。もしアメリカ側が無理な要求を突きつけてきたら、彼らと率直な対話をする必要がある。敵対する国の話ばかり聞いてもらっては困るからね」

では、アルワリードが国内で高い評判を維持しつつ、同時に尊敬を集める貴重な国際投資家――アメリカ最大の外国人個人投資家――としての地位を維持するための秘訣は何なのだろう？

まず、アメリカでは長期投資家であることを公言している点である。九・一一後、そしてブッシュ大統領の〝テロとの戦い〟後のアメリカへの投資は大きな打撃を受けたが――とくにアメリカ最大の外国人個人投資家である王子のような投資家にとっては――、アルワリードはそのまま投資を続けることを確認した。

ただ、ブッシュ大統領が演説で「われわれの味方か、さもなくばテロリストの味方だ」（**訳注**　同時多発テロ事件直後の九月二〇日のブッシュ大統領の「連邦議会両院合同会および合衆国人民に対する演説」より）と発言して決断を迫ったときには、アルワリードも懸念を表明した。これは「アメリカは独裁国家だ、だから敵である」と主張する過激派や皮肉屋を勢いづかせるだけだからだ。

現在、サウジアラビアには政治や社会の問題に取り組むべく圧力が掛かっている。アルワリードもリヤドの砂漠の暑さのなかで少し熱くなっていた。

オサマ・ビン・ラーディンの支持者が一連の自爆攻撃――多くが自爆テロだった――でサウジアラビアの首都を攻撃したときには、ビン・ラーディンとの関係が取りざたされていたサウジアラビアもある程度は嫌疑を晴らすことができた。二〇〇三年五月に外国人居住地区が襲撃された事件では、欧米人、サウジアラビア人、その他のアラブ人を含め、三四人の命が奪われた。この一件から分かるのは、サウジアラビアでは明らかに一般市民を巻き込むか否かに関係なく標的が選ばれたということだ。アルワリードは事件のあと、直ちに外に飛び出してこう言った。

「現実を真正面から直視するときが来た。ぐずぐずしている場合じゃない。ミスは許されない。この問題を受け入れなければ。テロという病を抱えていることを認識しなければ。これ以上疑う余地はない」

サウジアラビアがビン・ラーディンとアルカーイダに資金供与をしているという話にもアルワリードは憤慨し、過激派グループはアメリカや欧米諸国だけでなくサウジアラビアにも攻撃を仕掛けていると指摘。また、サウジアラビアの統治者一族の失脚が彼らの狙いだとも言う。

「これが警鐘でないと言うなら、われわれは永久に目を覚まさないだろうね！　今すぐ過激主義を根絶しないと――明日では駄目なんだ」

二つ目は、アルワリードが東西を分断するフェンスの上でバランスを保ちつつ、ユダヤ人には何ら反感を抱いていないことを明確にした点である。たとえ相手がユダヤ人であれ、アルワリードは大企業のトップとのハイレベルな取引について常に率直に語ってきた。とくにユダヤ教徒は全員がイスラエルの対パレスチナ政策を熱狂的に支持しているなど、アラブ世界の多くがやみくもに偏見を抱くのは悪いことなのだと。

アルワリードが初めて問題になりそうだと実感したのは、フォーシーズンズ・ホテルグループのトップ、イッシー・シャープとの初の会談中であった。一九九四年の夏の終わりごろ、カンヌ沖の王子のヨット上で議論に没頭していたシャープは、この会談のことが気掛かりだ、と単刀直入に王子に語った。

「わたしはユダヤ人だし、イスラエルと太いパイプがあることははっきり言っただろう。もしそれが問題になるようなら、交渉を始めるべきではない」

アラブの事業家はユダヤ人との取引を控えているといわれていたことから――イスラエルと実際に関係があるか否かを問わず――、アルワリードはシャープの懸念に理解を示したが、そんなことはまったく関係ないと明言した。実際、あるアラブ人ジャーナリストにシャープとの関係について尋ねられたときも、アルワリードは間髪を入れず、こう主張している。

「イッシー・シャープは現在のイスラエルの政策を支持しているわけではない。確かに彼はユダヤ人だが、隣り合う二つの国家が平和に共存することを前提に、パレスチナ＝イスラエル危機の解決策を模索する必要があると力説しているよ。パレスチナ人に権利を与えていいとも言っている。シャロン政権とも何ら関係はない。彼は穏健派なんだ。そういう人間とは仲良くすべきだよ」

やはりカンヌ沖の王子のヨット上だったが、カナリーワーフのポール・ライヒマンとの取引についても、アルワリードは同様の質問を受けた。このとき、ライヒマンのアシスタントの一人がプライベートな時間を静かに過ごしていたアルワリードに、このカナダの大物事業家が信仰するユダヤ教は取引の障害になるのかと尋ねた。アルワリードは必ず笑いながらこの話をしてくれ、ライヒマンは正統派ユダヤ教徒だし、自分も正統派ムスリムなのだから、二人とも事実上正統派だ、何の問題があるのかと言う。

契約成立後、ライヒマンはこうコメントした。

「彼は伝統を重んじていますし、信仰心も厚い。でも現代的ですね」

ライヒマンとの関係を擁護しつつ、アルワリードはアラブメディアにこう語った。

「彼は信仰心の厚いユダヤ人だが、政治にはまったく関与していない」

もう一人、シティグループを率い、アルワリードとも親交のあるサンディ・ワイルも著名なユダヤ人である。ある週末、ワイルは妻を伴ってリヤド近郊の砂漠のキャンプにアルワリードを訪ね、ベドウィン文化の真髄を体験した。

「彼（アルワリード）は必ず、だれということはないが、取引をするにふさわしいと思う相手と取引をするんだ。しっかりした倫理観や道徳観念を持っている人間とね。宗教は関係ない。それが問題になったことは一度もないね。わたしはユダヤ人だが、何の問題もないよ。すごい言い訳かもしれないが、そんなのは教育でどうにでもなるんだよ」

ワイルが砂漠のキャンプを訪れたことは注目に値するが、その数年前、アルワリードがマイケル・アイズナーとユーロディズニーの契約に調印した直後、このディズニーのCEO（最高経営責任者）がユダヤ人だということがメディアで取り上げられたことがある。アイズナーはその記事を読んで動揺した。宗教上の理由で、自分はサウジアラビアに入国できないというのである。そこでアイズナーはアルワリードにファクスを送り、この記事を読んで怒りを覚えたことを伝えると、アルワリードはアイズナーの懸念を一掃し、自分がサウジアラビアに招待すると言って安心させたという。

ユダヤ人事業家と友好関係にある一方でパレスチナ人の運動を明確に支持するという、二重人格とも取れそうな点については、アルワリードも説明に苦慮していた。

「ユダヤ人と一緒にいても何ら問題はないよ。わたしが問題にしているのは、パレスチナで暮らしているパレスチナ人を抹殺しようとするシオニズム（**訳注**　ユダヤ民族が祖先の地パレスチナに国家を建設しようという運動。一九世紀後半に始まり、一九四八年にはイスラエル共和国が独立したが、以前から定住していたアラブ人との間で新たな衝突が起きた）だよ」

アルワリードはさらに、実際に東西の実業界の架け橋になろうとしているときに、双方と取引する人間を〝二重人格者〟呼ばわりするのはいかがなものかと言う。

アラブ・ニュース紙の編集長ハレド・アルマイーナは、アルワリードと同じく進歩的な改革支持派のサウジアラビア人だが、アルワリードがユダヤ人と取引をしても何ら問題はないと考えている。

「預言者ムハンマドもユダヤ人女性と結婚しているから何ら影響はありませんよ。つまり、われわれとユダヤ人とは一対一の関係だということです。アラブの新聞に記事を書いているユダヤ人記者もいますし、パレスチナでデモ行進に参加するユダヤ人もいます。ロンドンでもローマでも、イスラエルの政策に抗議してデモをしていますよ。しかし、もちろんそういうデモやわれわれが彼ら（ユダヤ人）と取引をしているのを見て気分を害する人間（アラブ人）がいるというのも事実です」

アルマイーナによると、ブッシュ政権が誕生して以来、サウジアラビア国民の間では、興味深いことに、ユダヤ人との取引よりもアメリカ人との取引に対する反発が強まっているようだ。

「アメリカ人はわれわれの願望をつぶそうとしているのに、なぜそんなアメリカ人と取引をするんだと（彼らは言うんですよ）。ヨルダン川西岸が攻撃されたときに、ブッシュ大統領が（イスラエル首相の）シャロンを〝平和の人〟と呼んで援軍を派遣したでしょう。そのときにそういう声が上がったんです。それで反感を買ったんですよ。ファストフードでも飲料でも自動車でも、何らかの製品を販売している会社に対して徹底して不買運動をする連中がいましたから、アメリカ製品やブランドの多くは被害を被っていました。アメリカの産業界にとってはかなりの痛手ですよ（でしたよ）」

文明の衝突

こうしたアメリカとアラブ世界の対立は、キリスト教とイスラム教の争いとして語られることが多い。

中東以外の世界では、この地域にクリスチャンのアラブ人がどのぐらいいるのかはまったく知られていない。例えば、ムスリムではないパレスチナ人、レバノン人、シリア人、ヨルダン人は大勢いるが、彼らはムスリムの自国民と同じ懸念を抱いている。パレスチナ問題は、一般にはムスリムによる宗教戦争だと誤解されているが、本質は国連のパレスチナ分割案に反発したパレスチナ人の領土奪回のための戦いなのである――宗教とは関係ない。パレスチナ人のなかでも目立っていたのは、実はカリスマ性のあるパレスチナ民族評議会議員ハナン・アシュラウィ博士をはじめとするキリスト教徒の声だったのだが、実はこの博士、自国民に改革意識が欠如していることに失望し、議員を辞職してしまった。

このように中東にも多様な宗教があるという事実は、サミュエル・ハンチントンが一九九三年夏にフォーリン・アフェアーズ誌に発表した論文「文明の衝突？」に賛同する評論家たちを勢いづかせることになった。

なかでもハンチントンは次のように述べている。

「この新世界で起きる紛争の根本原因は、そもそもイデオロギーでも経済でもないというのがわたしの仮説だ。人間を大きく分け隔てているもの、紛争の主原因は文化である。国民国家は依然として国際問題の主役を演じているが、世界政治における主な紛争は、ある国民とその国民とは異なる文明を持つ集団の間で起きている。文明の衝突が世界政治を支配し、文明間の断絶線《フォルトライン》が将来の戦線になるのである」（『文明の衝突』［集英社］、一部要約）

率直に物を言うアルマイーナもそんな評論家の一人である。ハンチントンの理論を擁護しているわけではないが、パレスチナ＝イスラエル紛争をイスラムと欧米の戦いだと考えるのは事態を悪化させるだけだとしており、双方の若者がダメージを受けることを懸念してはいるが、自分のような親米派のアラブ人が懐疑的な若者への理性の声になるのは困難だと言う。

「わたしのような人間が、アメリカは偉大な国だ、民主主義の信奉者だ、と言ったところで、彼らはこう言うでしょう。『じゃあ聞くが、民主主義、人権とはどういう意味なんだ？』と。パレスチナにいる三五〇万人が土地を奪われ、殺害されているんですから。アメリカは何をしているかと言えば、せいぜい自爆テロの話ぐらいでしょう——それで毎日のようにパレスチナ人が殺害されているんですよ。民主主義を口にするなら、なぜ人々からその民主主義を奪うんです？」

アルマイーナは、ブッシュ大統領がサダム・フセイン打倒に動いたあとの中東のスタンスの変化を見詰めているが、サウジアラビア人としては、九・一一以降すでに両国の関係は悪化しており、まだまだ終息に向かう気配はないと感じている。

「現在サウジアラビアとアメリカの関係は悪化しています。これからはもっと悪くなるでしょうね。アメリカは他人の話に耳を傾けようとしませんからね。残念ながら、その種のアメリカ人は他人の夢とか希望など意に介さず、容赦なく踏みにじっていくんでしょう。ムスリムは敵ではない、とアメリカ人にはいつも言っているんですが、彼らは信じたくないんですね。内心アメリカとは利害関係のない集団に支配されたほうがましだと思っているんですよ。冷戦のときもイラク戦争のときも、いつだってアメリカ人はムスリムと自然の同盟を結んでいたのに、突如として一〇億もの人々が一部集団の敵だという烙印を押されたんです――これはあまりにも不当だと思いますよ。ですから、しばらくはサウジアラビアとアメリカの関係が良くなるとは思いません。難しいですね。ここ二～三年の間に、われわれが敵なんだというのを人々の心に刷り込んでいるんですから」

ニュースの視点

グローバルメディアの帝王ルパート・マードックは、アメリカの対外政策以上にアラブ世界に問題があるとみている。

「今は実に危険な状態だ。とくに若い世代にいろんなテロ組織が生まれている。彼らは欧米――彼らが言う異教徒――に対する憎悪を植えつけられ、アメリカはその最たるものだと教えられているからね。明確なターゲットさ――とはいえ、おおむね彼らは中東そのものを本気で変革したい、近代化の動きを止めて一六世紀の神政政治に戻したいと思っているようだ。だから大いに緊張が高まっているんだよ。もう緊張を通り越していると言ってもいいだろうね。明らかにテロリストは――もし広い意味でそう呼んでもいいなら――、アラブ諸国では少数派だろうが、サウジアラビアのように、まず自国の政権を倒そうとする集団と、ここアメリカやヨーロッパを攻撃して、欧米諸国に甚大な被害を与えたがっている集団とに分かれているんだ」

マードック率いるメディア帝国ニューズ・コーポレーションは右寄りのＦＯＸニュースも傘下に収めている。保守的な見解も広く受け入れられ、より右寄りの、いわゆる中流階級の視聴者にも確かに受け入れられており、偏向報道だという見方をマードックは否定している。また、同じような懸念を表明した大株主の一人であるアルワリードにも反論している。

「公平だと思うし、両派の見解を報道していると思うよ。著名なムスリムに名乗り出てもらって、反米の立場とは違った意見を述べてもらうのは極めて難しいことだが、そういう見解もしっかりカバーしているさ。彼（アルワリード）もそれをフォローしてくれるし、それに対して彼からとやかく言われたことは一度もないよ。彼は本当に知的な男だ。世界で何が起きているのか、ちゃんと理解しているし、強い関心も抱いている。単に自分の経済的な利害からではなくね。単にサウジアラビアの重鎮というだけでなく、自国を左右する問題に強い関心を抱いている人間でもあるんだ」

メディアがアラブ世界とアメリカの関係にどう影響しているのかを調べてみるのも面白い。サダム・フセインがクウェートに侵攻し、まず一九九一年にアメリカがイラクを攻撃してから一二年後の決定的な戦争までを振り返ってみると、当然興味深い報道がたくさんある。

最初にフセインがクウェートに侵攻したときには、ほとんどのアラブ人がジョージア州アトランタに拠点を置くアメリカのCNNに情報を依存していた。二四時間体制でありのままを報道するとして、CNNはアラブ世界でも政治の影響を受けることなく自由に視聴することができた。

ところが、次に米軍がイラクに上陸して大規模な攻撃を仕掛けると、アラブのメディア界は一変した。まずはアルジャジーラが誕生。アラブの視点に立ってパンチの効いた報道をするアラビア語の有力な衛星テレビ局だ。実は、カタールのドーハに本社を置くこのテレビ局に寄せられた苦情は、報道があまりにも感情的で生々しいというものだった。それと正反対の報道をし、米政権をやみくもに支持しているとしてFOXテレビが批判されていたのと同じであった。

イラク報道でアルジャジーラのすぐあとに追随したのがアルアラビアである。ミドルイースト・ブロードキャスティング・コーポレーション（MBC）から分離独立した新しい放送局で、UAE（アラブ首長国連邦）の中心地にあるドバイメディアシティーにスタジオを構えている。また、アブダビテレビも突如として誕生し、深く掘り下げた報道と紛争の真っただ中に飛び込んでいく姿勢とで世間をあっと言わせた。

こうした主力放送局のほかにも、中東諸国には多数の国内向けチャンネルがあり、偏向報道だ、プロパガンダだ、との批判にあえいでいる欧米の衛星放送局とはまったく異なるスタンスでニュースを提供した。

尊敬を集めるパレスチナ人の著述家ラーミー・フーリーはクリスチャンだが――パレスチナ人は全員がムスリムだという欧米人の思い込みに反して――、二〇〇三年一一月にレバノンの英字新聞デイリースターに寄せた記事で自身の見解を簡単に述べている。

「われわれは二つの領域で、つまり中東人の物の考え方とアメリカの対外政策とで、深刻な問題を抱えている」

さらにフーリーは、イラクで米軍と対峙するアラブ諸国を擁護しつつ、こう付け加えた。

「アメリカにわれわれの政治風土を規定する資格はない。アメリカは何十年もの間独裁政治を支持してきたのに、ここへきていきなり中東の民主主義を推進すると言われても、少々うさんくさい」

もう一人、著名なパレスチナ人ジャーナリストのマルワン・ビシャラは、アラブ世界がアメリカとイスラエルの関係をどう考えているか、それがいかに否定的な考え方かを説明してくれた。二〇〇三年六月に執筆した「イスラエル化してきたアメリカの中東政策」という記事では米軍のイラク駐留について検証しつつ、次のように述べている。

「同日付のインターナショナル・ヘラルド・トリビューン紙の二枚の写真は実に饒舌だ。一枚はヘブロン市（**訳注** ヨルダン川西岸にある市）で両手を上げる市民に自動小銃を突きつけているイスラエル人兵士の写真。もう一枚は、イラクのファルージャでまったく同じことをしているアメリカ人兵士の写真である。キャプションがなければ、どちらがどちらの写真だか区別がつかないだろう」

ビシャラも同じ記事のなかで興味深い問題を提起している。

「イスラエルもアメリカも、中東のムスリムやパレスチナ人が自爆攻撃をする理由をあえて聞こうとしない。過去一四〇〇年もの間、ムスリムやパレスチナ人には見られなかった行動なのに。イスラエル軍の占領とアメリカの軍事支配が、中東の戦場を宗教的情熱に乗じた憎悪と紛争に適した肥沃な土地へと変えてしまったのだろうか？」

ビシャラもまたクリスチャンのパレスチナ人である。

とくにこの二人のジャーナリストの記事は、アメリカ人と多くの中東人との間になぜ大きな隔たりがあるのかを解き明かす手掛かりになるものである。

だが、楽観的な見方をする人がいないわけでもない。アルワリードの息子のハレド王子は、アメリカで教育を受けたものの、サウジアラビア人であるという確固たるアイデンティティーを感じており、自分と同じように中道を貫く人間も大勢いると信じている。

「同世代にはすごく楽観的ですよ。とくにサウジアラビアについてはね。柔軟な考え方ができる人をたくさん知っていますから。サウジアラビアには素晴らしい未来が開けています。今はまだ不安定ですが、献身的で知識も豊富でそつがない同世代の若者たちは大いに信頼してもいいでしょう」

しかし、ハレド王子の父親のような個人がいくら首脳レベルでオープンな対話を続けても、草の根レベルの格差は拡大していきそうだ。

ボブ・ホーク・オーストラリア元首相は声を大にして中東和平を提唱する人物だが、東西が共に大きな一歩を踏み出すべきだとし、イスラムと欧米の間で大きな衝突が起きているという考え方に迎合することはできなかった。

「サミュエル・ハンチントンとも議論をしましたが、わたしは単純化しすぎていると思っているんです。現在起きているのは文明の衝突ではなく、イスラム世界内部の衝突ですよ。経済への取り組みでイスラムの近代化を望むそれなりの人と、精神的な核となる部分への取り組みでイスラムの近代化を望むそれなりの人とね。でも、それとは逆に、冒涜するだけの欧米の悪魔どもを抹殺するのが唯一、真の信仰だという狂信者もいます」

もう一人、紛争の解決や対話の促進を進める世界的リーダーがいる。フィデル・ラモス・フィリピン元大統領である。ラモスも二つの文明がそんなに簡単に衝突するわけがないと感じている。

「わたしは楽観視していますよ。より理解が進んでいくと思いますね。この二大文明の間には大きく重複している部分もあるからです。まず、倫理に関して言えば、ムスリムはクリスチャンと同じぐらい道徳観念も倫理感もあるという点です。二つ目は、景気の回復によって先進国の利益を同じように共有できるようになるという点。過去五〇〇年にわたって続いている恨みや憤りを拭い去るには長期的な解決策が必要なんですよ」

まさにラモスが問題視していたテロの増加を非難する学派もある。多くのアナリストによると、貧困がイスラム過激主義の根本原因のひとつであり、それが多くの人々に幻滅や不満を植えつけているのである。テロの首謀者は政治課題を推進するような聡明で知的レベルの高い中流・上流階級の若者だから、貧困と不平等という条件がそろえば、宗教の名の下に自分の本分を尽くし、自爆犯になることも辞さない最貧困層の若者を簡単にリクルートできるのだ、とラモスは言う。

アメリカの元大統領でノーベル平和賞を受賞したジミー・カーターは、和平の調停者として、また国際的レベルの交渉人としても名を上げた。カーターとジョージア州アトランタを拠点とするカーターセンターのチームは、貧困から政治的不安定まで、幅広い問題を扱いながら世界中を飛び回っているが、カーターは、国家には三つのレベル――貧富、宗教、東西――で格差があるとみている。

「貧富の格差が東西の格差というわけではなく、いわば、例えば油田を持つ中東の比較的裕福な国と、おそらく日本を含む欧米諸国との格差ということでしょう。言ってみれば、北半球の裕福な国と南半球の貧困に打ちひしがれた国々の格差……、でも、倫理的、宗教的には、明らかに中東と欧米世界の格差ということでしょうね」

しかし、ハレド・アルマイーナによれば、この分け方には基本的に大きな誤解があるという。「アメリカにはムスリムがイエス・キリストを信じていることを知らない人がたくさんいます。サルマン・ラシュディ（**訳注**　イギリスの作家。『真夜中の子供たち』『悪魔の詩』で知られる）のように、キリストのことを本に書くのは無理ですね。それはわれわれがキリストの到来を信じているからであり、キリストが復活して戦いに導くと信じているからなんです。どこが違うんです？　和平に反対している連中はユダヤキリスト教というルーツから逸脱しようとしているんです。コーランやキリスト教の聖書を読めば分かりますが、預言者の物語の九五％は類似しています。でも、違う服を身にまとっているだけなんです。つまり、違う言語で語られているだけということですよ。ターバンを着用している人もいますしね。信条に関して言えば――正しいものも間違っているものも含め――、最後には善が報われ、悪が罰せられるということです。ムスリムもクリスチャンもユダヤ教徒もそれを信じているんですよ」

中道を行く

アルワリードが自国の改革を提唱するときにはひとつの点を明確にする。つまり、近代化といっても何でもやみくもにアメリカを模倣することではない、ということだ。

「社会改革には賛成だが、イスラムの本質的な部分は維持すべきだ。イスラムの遺産も維持していくべきだね。その点は変わってほしくない。偶然にも、わたしが願っているいくつかの点は、欧米の願いとも一致している。サウジアラビアの多くの人々の願いでもあるんだよ」

アルワリードの母親のモナ王女は自立した見解や考え方で知られているが、それはレバノン独立後の初代首相を務めた故リヤド・エルソルハの娘として期待されているからかもしれない。ただ、息子が公にアメリカを支持していることには懸念を表している。

「あの子、アメリカは素晴らしいと言っているから（アラブ世界からの非難が）心配なのよ。そんなことを言わなければ、パレスチナ人を（寄付で）助けたがっているというだけで、彼ら（アメリカ人）もあの子を憎んだりはしないでしょう」

モナ王女の懸念は、とくに米軍がイラクを攻撃し、サダム・フセイン政権を事実上倒してから中東で支配的になってきた反米感情に向けられていた。つまり、アメリカと親密な関係にある息子も、アラブ人に反米感情と同じ感情を抱かれるのではないかというわけだ。

モナ王女は自由な発言の結末をじかに経験している。思い出してほしい。元夫でアルワリードの父親のタラール殿下は、一九六〇年代のサウジアラビアでは歯に衣着せずに物を言う改革派の一人だったが、結果的に数年間の亡命生活を余儀なくされたことがある。国王と和解するまでは一族とも絶縁状態になった。ただモナ王女は、息子がサウジアラビアや中東地域の名士として、また東西の架け橋として立派な地位を築こうとした、そのやり方は認めている。そう考えれば、欧米との問題における息子の公の立場にも納得できる。

「あの子（アルワリード）は慈善活動にかなり力を入れているから、（中東地域からの）支持も得られるのではないかしら。（だから）タラールとアルワリードが改革について忌憚なく発言していることを誇りに思うわ」

第12章　東西の架け橋になる

残念ながら、多くの欧米人には、アラブ世界やアラブ人やムスリムについての知識がかなり欠如しています。言ってみれば、ほとんど無知だということです……。これは悲しいことですね。

――ジミー・カーター米元大統領

あれは単純なミスだった。

世界をまたに掛けて活躍する人間がごくわずかしかいないとはいえ、アメリカ企業の首脳陣の大半が現実の世界を見るには至っていない。ビジネスクラスで空を飛び、五つ星ホテルに宿泊し、幹部クラスの相手との会議に出席する。よくある光景だが、それでも現実を見ようとしていない。

驚かないでほしい。これがアメリカのエリート事業家に一貫して見られる特徴なのである。現実の世界、つまり多くの問題や紛争は、テレビ画面という限られた表面積を通して見えるものにすぎず、真の草の根レベルで経験することはめったにない。

その結果、一九九九年後半にディズニーのトップがフロリダ州のウォルト・ディズニー・ワールドリゾートで博覧会を開催することを決め、エルサレムをイスラエルの首都として紹介したものの、自らが引き起こした問題にはまったく気づかない、という事態に直面したのである。

一九六七年の第三次中東戦争で東エルサレムを占領して以来（訳注　イスラエルは東エルサレム、ゴラン高原、シナイ半島、ヨルダン川西岸・ガザ地区を占領）、イスラエルは占領地全体を当然の首都だと主張している。

一方のパレスチナ人は、エルサレムを巡る紛争を和平交渉の中心議題と位置づけ、占領地の東側を将来建設する国家の首都にすると主張。

ディズニーの意図が発覚するや、国連ビルの廊下にはアラブ人の外交官が押し寄せて、このアメリカのエンターテインメントの巨大企業の大掛かりな不買運動を求めて上を下への大騒ぎになった。

アラブ連盟に加盟する国々も騒然となった。

ディズニーの幹部らは直ちに危機管理モードに突入し、ＥＰＣＯＴ（訳注　Experimental Prototype Community of Tomorrowの略で、〝実験的未来社会〟を意味するテーマパーク）でミレニアムビレッジを目玉として開催するウォルト・ディズニー・ミレニアム博覧会には、報道されているように、エルサレムをイスラエルの政治的首都として紹介する意図はないと釈明。

しかし、ディズニー側が態度を撤回したにもかかわらず、懐疑的な目が向けられるようになった。中東には、どんな形であれ、これ以上アメリカ企業とは取引をしないと脅しを掛ける国も現れた。

どうやらミッキーマウスを新世紀に連れていくにはベストな方法ではなかったようだ。

結局、ディズニーのＣＥＯ（最高経営責任者）マイケル・アイズナーはアルワリード王子に助けを求めることにした。メディアの視線がこの王族の投資家に集まると、アルワリードはディズニーを擁護し、アイズナーとは解決に向けて密接に協議をしているし、ウォルト・ディズニーはエンターテインメント企業であり、政治には関与していないとのアイズナーのメッセージを伝えた。

「アラブ人がディズニーをボイコットすれば、ディズニーが傷つく以上にアラブ人が傷つくことになる。それでは本末転倒だよ」

アルワリードはそう強調し、これを〝ミッキーマウス的決定〟と呼んだ（訳注　〝ミッキーマウス〟には、くだらない、陳腐な、時代遅れの、無意味な、などの意味がある）。

これはアルワリードにとっても災難だった。一九九四年にユーロディズニーに巨額を投じて以来、いずれ運気も上がってくるだろうと期待しつつ、ずっと持ち株を手放さずにいたからだ。

もちろん、アルワリードの支援を得られて喜んだアイズナーも、事態はけっして良くないが、最終的には解決に至るだろうと言う。

「わたしの問題は、アラブ世界に関する経験が乏しいということさ……。根本的な問題があるのは承知している。彼（アルワリード）もバンダル王子（駐米サウジアラビア大使）もずいぶんと助けてくれ、いかにわれわれが――遺伝子的に――親密か、文化的にもいかに親密かを説明してくれたよ。アドバイスをもらえて本当によかった。ヘンリー・キッシンジャーからもバンダル王子からも、そしてアルワリード王子からもアドバイスをもらえたからね」

アルワリードは、フォーシーズンズの創業者イッシー・シャープをはじめとするユダヤ人のトップクラスの事業家と共に仕事をしており、すでにアラブ＝イスラエル間の微妙な問題に対処してきているため、この問題に対してもバランスの取れた理想的な取り組み方があることを証明してみせたわけだ。そのシャープはこう話している。

「われわれはみんな同じなんだということ、人生やビジネスの大きな目標という点では同じ関心を抱いているんだということを教えられたね。もちろん、わたしはユダヤ人だし、彼はアラブ人だ。他人と仕事をするときにはそうやって平和の架け橋を築くんだ。他人に仕事をしてもらうには、まずその人と向き合い、自分のことを知ってもらうしかないからね。だから彼は世界中でそれができたんだと思うよ」

自らが好むと好まざるとにかかわらず、世界で最も影響力のある事業家の一人というステータスを得たことで、アルワリードは文化の架け橋のような役割を担うことになったのである。

分断線《フォルトライン》を越えて

テレビは極めて強力なメディアである。

一九八〇年代後半ごろから、テレビは本当の意味で地球規模の力になったが、それ以前は、ほとんどの国の人々が異なる地域の出来事をリアルタイムで体験する手段は限られていた。数億人の聴視者を擁するBBCワールドのラジオ放送は国際ニュースの情報源としては最たる地位にあったが、衛星放送が見られるようになると、やはり痛ましいライブ映像が与えるインパクトには勝てなくなった。

一九八九年に中国で起きた天安門事件をはじめ、さまざまな事件報道で先陣を切ったのに続き、一九九〇年のイラクによるクウェート侵攻、数カ月後の一九九一年のサダム・フセイン政権打倒を目指したアメリカの軍事行動など、前例のない報道で圧倒的な地位を確立したのが、アメリカのCNNである。

それ以来、放送波――正確に言えば〝衛星波〟――は多大な影響力を持った新しいネットワークで大混雑するようになった。ここで特筆すべきは、特定の地域や視聴者層だけを対象にしたネットワークが登場したことだ。

一九九六年にカタールというペルシャ湾沿岸の小国で産声を上げたアラビア語の放送局アルジャジーラは、既存の放送局の欧米寄りの視点に真っ向から挑んだ放送局のひとつである。経営局長のワダハ・ハンファルは、同社はアメリカやイギリスと異なる視点で報道しているだけでなく、アラブ世界にも自ら批判的に検証するチャンスを与えていると考えている。

「何十年もの間、われわれには欧米のメディアを通して自分たちを見詰める以外に方法がありませんでしたが、アルジャジーラが誕生して放送を開始してからは、自分たちを、そして世界を、アラブ人の目を通して見られるようになりました」

こうしたテーマについて極めて率直な見解を持つのが、BBC放送のベテラン記者で、外報部長を務めるジョン・シンプソンである。

「特定地域の人々がまったく異なるよその文化が作り上げたイメージを通して自分たちを見詰めなければならないなんて、何とも受け入れ難いことですよね。もし植民地時代のような恩着せがましい態度を取ったら、だれもわれわれの放送など見てくれませんよ。余計なことをしてくれるなとね」

だがハンファルによると、アルジャジーラをはじめとする新参の放送局は、大半のアラブメディアが好む丁重で議論の余地もないような路線を足げにしているわけではないという。

「アラブ世界の数々のタブーについて自由に意見を述べ合ったり、政治課題について、社会や文化の問題について、さらにはパレスチナ問題についても議論するという取り組みをスタートさせたんです。イスラエル人のスポークスパーソンが――その人の言葉で――アラブ世界に語り掛けるという番組を制作したのも、われわれが初めてなんですよ」

だれもがアルジャジーラにはショックを受けたが、やがてこんな言葉が記者たちの間で広く聞かれるようになった。

「もしみんながショックを受けたのなら、われわれは正しいことをしているんだ！」

九・一一の同時多発テロ事件後のアフガニスタンやイラクでのアメリカの軍事行動について、アルジャジーラは歯に衣着せぬ報道をしているが、米政権はそんなアルジャジーラを常に非難している。

ところが、地元では人気のある情報源であることに変わりはないものの、その歯に衣着せぬ報道を理由に、多くのアラブ諸国がアルジャジーラとは営業面で距離を置いているのである。

興味深いことに、アルワリードも中東と欧米の架け橋になろうとしたときにまったく同じ問題に直面した。中東地域の人々にアメリカの立場をうまく説明し、欧米の文化的価値観やライフスタイルを多少擁護する必要に迫られたのである。

「反欧米派のために反欧米派になるわけにはいかないよね。残念ながら、アラブ世界には反欧米の人間がいるんだ。そこに悪いものがあるからだ。でも、欧米には見習うべき優れたものだってたくさんある。それを公に提唱するのは悪いことだとは思わないけどね」

同時にアルワリードは、アラブ人やムスリムに固定観念を抱くのは不当なだけでなく危険極まりないことでもあり、両者の悪感情をあおるだけだとして、アメリカ人や首脳らの説得にも当たらなければならなかった。

このときアルワリードを支持してくれたのが、ジミー・カーター米元大統領である。

「多くの人（欧米人）は、パレスチナ人は生まれつき暴力的だ、イスラエル人は生まれつき暴力的だ、とはなから決めつけていますが、それは完全に誤りです。これは双方の首脳が引き続き一定の目標を掲げて努力すべき問題でしょう。アルワリード王子は、一方ではアラブ諸国の和平やイスラルの人々の国家認定を求めて粘り強く努力してきた一人ですが、イスラエルの占領地からの撤退やパレスチナ人に正義と平和を与えることについては、わたしも深く彼に共感しますね」

ただアルワリードは、アラブ世界にももっとやるべきことがあると言ってはばからない。アラブの指導者たちのイメージも欧米ではどうも芳しくない――サダム・フセインもしかり、過去二〇年間ではリビアのムアンマル・カダフィーもしかりである。

二〇〇三年の後半、アラブ世界では二つの大きな動きがあった。まずは八月に、スコットランドのロッカビー上空におけるパンナム旅客機爆破事件の責任をリビアが認めたこと。二つ目は、一二月にカダフィーが大量破壊兵器の計画を放棄し、国連の武器査察団の受け入れを決めたことである。カダフィーは対欧米政策をがらりと転換し、対決よりもコミットメントの道を選んだのである。

カダフィーは名誉挽回を果たし、再び国際社会に受け入れられた。アルワリードは、長期にわたって最高指導者の座に君臨してきたカダフィーとの関係を公にしており、この北アフリカの国で事業提携を模索している。欧米から批判を浴びる恐れはあるものの、この関係を投げ打つつもりはない。広報担当マネジャーのアンジェド・シャッカーも次のように説明してくれた。

「王子もカダフィーもアラブ人です。アラブ人同士を引き離すことはできませんよ。カダフィーは欧米との問題を少し抱えていますが、それはあくまでもカダフィーの問題です。わたしどもとは関係ありません。とはいえ、王子は常に東西の架け橋になることを考えていますよ。でも、いくら欧米と素晴らしい関係を築いているとはいえ、カダフィーとも素晴らしい関係を築けるとは限りません。二人とも閉鎖的な人間ではありませんし、わたしどももカダフィーとは疑われるような取引は一切していません。わたしどもはオープンです。彼らは飛行機でやって来て、わたしどものホテルと、エジプトでの農業プロジェクトに投資してくれたんですよ。けっしていかがわしいプロジェクトではありません。ちゃんとした既存のプロジェクトです――何の心配も要りませんよ。プロジェクトについてはガラス張りにしていますから」

アルワリードによると、カダフィーは制裁を科されて国際的に孤立していた長期間を振り返ったときにアルワリードに仲介役を依頼し、この問題に取り組む決意を固めたのだという。

「確か、ロッカビー事件（一九八九年のパンナム旅客機爆破事件）の遺族への補償に関する秘密会談のときだよ。あのとき、彼らに欧米で傷ついたイメージの回復を頼まれてね。結局は自分たちでやったけどね。でも、われわれが手を貸していても問題はなかったね」

アラブ世界はもっと自助努力をすべきである。ここ数年、アルワリードは声を大にしてこう主張している。二〇〇二年一〇月のドバイ戦略フォーラムで、珍しく公の場に姿を見せたアルワリードは次のようなスピーチをした。

「アメリカの一般市民との対話を始めなければならないし、九・一一の事件でダメージを受けたアラブ人、イスラム、そしてサウジアラビアの本当の姿を伝えるためには、アラブの民間セクターが多数その対話に参加すべきである。そうしたイメージアップがうまくいけば、過激派がその行動を正当化する論拠を失うことも考えられる」

大学に戻る

隅々まで浸透している反米感情を和らげるに当たり、アルワリードはアラブ世界に数々あるアメリカ研究プログラムに資金提供することで理解を促そうとした。二〇〇三年初頭には、一九一九年に開校した有名な教育機関カイロ・アメリカン大学（ＡＵＣ）に約四五〇〇人の学生を受け入れられるよう一〇〇〇万ドルを寄付した。寄付金は新しいキャンパスの人文・社会科学棟にあるアメリカ調査研究センターの資金として使われ、大学はカイロの東郊外に移転した。首都の雑踏から離れ、学生たちに落ち着いて勉強してもらうためである。そうすれば新しい建物の調査研究センターに通う学生も、アメリカの社会や政治に対する理解をより深めることができるというわけだ。

駐エジプト・アメリカ大使のデビッド・ウェルチは、アルワリードの努力に感謝しつつ、こう話している。

「相互理解は大変だと思うこともありますし、双方がひどく誤解している場合もありますね。情報が素早く伝わるようになり、技術も普及してきましたが、逆に双方の溝は深まっています。ますます深まっているという人もいますね」

また、多くのアラブ人はアメリカのことなどとっくに知っていると言うが、「アメリカ文化という虚飾に親しんでいるだけなんだ……、知っているものと勘違いをしているんだ。アラブ世界とアメリカとの関係は極めて重要だ。双方にとっても、こうした現状を放っておくわけにはいかない」というアルワリードの言葉に、大使も同感だと言う。

この寄付を受けて、AUCでは、より理解を深めるために学生や受講生の交流プログラム、そして地域社会や一般市民も参加できるようなプログラムの検討を開始した。これはアルワリードも極めて重要視しているものである。

「もちろん、全面的にレベルを上げられるわけではありません。まだすべての面で表面的にしか対応できておらず、双方の本質的な部分には至っていないのです。でも、どこかで始めなければなりませんからね。わたしは学問の世界、政治の世界から始めますよ。でも、一人では何もできません。双方からの支援が必要です。双方の企業にもこの溝を埋めるのを手伝ってもらいたいですね」

AUCに一〇〇〇万ドルを寄付したのとほぼ同時に、アルワリードはレバノンのベイルート・アメリカン大学（AUB）の同様のプログラムにも五〇〇万ドルを寄付していた。

AUBでは、アメリカの対外政策や歴史や文学など、少ないながらもどうにか開講にこぎつけたが、その時点ではまだアメリカの民族や宗教、経済に関する講座はなかった。

当然のことながら、中東の若者たちに、もっとアメリカのことを勉強するようにと説得するのは骨の折れる仕事であった。ひねくれた学生たちは、ベイルートのメディアの質問に対し、アメリカの対外政策やメディアの報道をちょっと見るだけで必要なことは全部分かる、とでも言わんばかりの受け答えをする。ある学生に至っては、レバノンの若者たちはすでにアメリカ文化に浸っており、あと五年もすればアメリカ人よりもアメリカ人らしくなると豪語している。

だが、アルワリードはこの溝を埋めるべくひたすら努力を続けており、アンナハル紙の編集長ジブラン・トゥエイニなど、レバノンには支持者もいる。

「彼は東西両方のメンタリティーを理解できているんです。新たなアラブ世界、新たな湾岸地域と欧米諸国の架け橋のようなものになるには適任ですよ。彼にその役割を果たしてもらいたいですね。とくに今、九・一一の事件のあとはね」

遠慮なく物を言うアルワリードは、二〇〇三年一一月にリヤド郊外の砂漠のキャンプで行われた長時間にわたるインタビューで、また数々のアラブの新聞に、九・一一のテロ事件にサウジアラビア人のテロリストがかかわっていたことで、サウジアラビアとアメリカの架け橋になるという自分の思いはより困難に直面したと語っている。

「両国の関係は深い傷を負ったと言わざるを得ない。二〜三年で癒えるような傷ではないだろうね。しかし、われわれは両国の人々が長年享受してきた良好な関係を回復すべく全力を尽くさなければならない。両国の関係をぶち壊してやった、とビン・ラーディンが大口をたたくのを黙って見ているわけにはいかないんだ」

ニューズ・コーポレーションの会長ルパート・マードックも、東西の架け橋になろうとするアルワリードが困難に直面しているという認識を持っている。

「彼はわれわれが知らないところでずいぶん努力していると思うよ。明らかにアメリカのことをよく理解している親米派だが、何よりも親サウジアラビア派なんだよ。しかし、わが国はやはりサウジアラビアとは密接な友好関係を保っているし、彼もこの関係を維持してほしいと思っているよ」

実際にアルワリードは、AUCとAUB、またごく最近ではシラキュース大学マックスウェル行政大学院に寄付をする前は、欧米人にイスラムやアラブ世界に関する知識を身につけてもらうことに尽力していた。また、アメリカ最大のイスラム系組織のひとつ、CAIR（米イスラム関係評議会）にも五〇万ドルを寄付している。CAIRでは、この寄付金で全米の図書館にイスラム関連の書籍を寄贈しようと考えている。

二〇〇三年夏にはイングランド西部にあるエクセター大学にアラブとイスラムの研究プログ

ラム費として一二〇万ドルを寄付し、イスラムや中東について学ぶヨーロッパの学生を支援する奨学金制度を発足させた。とくに九・一一のテロ事件後は怖がって中東に行くのをためらっている学生が極めて多いことから、実際にアラブ地域に赴き実地体験をすることで、固定観念や壁を取り除いてもらおうというわけである。

アメリカとの緊張にいっそう慎重に対処しなければならなくなり、アラブ諸国も大きな負担を背負ったものだ、とジャーナリストのアルマイーナは言う。

「アラブ世界は肯定的に受け止めるべきですよ。つまり、これまではPR会社や口のうまい連中を雇って対処していましたが、うまく乗せられて数百万ドルを搾り取られていたということです。もっと交流を深めるべきですね。みんながアメリカやNGO（非政府組織）など、いろんな組織や教会やシナゴーグを行き来して、直接相手と会って対話をするべきなんです。それがひとつの方法です。大々的なキャンペーンを展開する必要があるでしょうね。同時にわれわれももっとオープンになって、何も隠し事などしていないんだということを見てもらわないとね。もちろん、われわれは過ちを犯しています。この国にもほかのアラブ諸国にも過ちはありました。欠けているものもたくさんあります。でも、われわれだって彼らと同じ普通の人間です。弁解する必要はありませんよ。自分たちだって立派な人間なんだ、と言ってやろうじゃないですか。アラブ社会にも多くの面でアメリカに与えられるものがたくさんあるし、その逆だってあるんだと。単に技術を教えてもらおうなどと言っているんじゃないんです。アメリカには労働倫理とか優れた経営手法など、良いものがたくさんありますが、逆に、われわれだって彼らに素晴らしい価値観を教えることができるんですよ」

アルワリードの教育面での努力は、カーター米元大統領から明確な支持を得ることができた。「アルワリード王子が教育面で独自の主導的役割を果たしているのは知っています。エクセター大学、レバノン、カイロでね。今はアメリカの一〜二の大学に同様の学部を開設しようと、いろいろと策を練っているようですが、これはきっと大きな一歩になるでしょうね」

だが、アメリカのアラブ研究機関に寄付をした最初のアラブ人はアルワリードではない。一九九三年にはファハド前国王が、中東研究センターの設立に向けてアーカンソー大学に二〇〇〇万ドルを寄付しているし、サウジアラビアのほかの王族も、やはりアラブ研究プログラムの立ち上げに際してカリフォルニア大学やハーバード大学に寄付をしている。

アルマイーナによると、アルワリードはその個人的な役割のようなものに大きく依存しているため、アプローチがまるで違うらしい。

「王子は正しいイメージ——プロパガンダではなく——を抱いてもらうために寄付をしているんですよ。王子のやっていることは、国内であろうと国外であろうと……、すごく重要なことだと思いますね。ただ大金を持っていって、(寄付をしながら)あちこちに出没するのではなく、真面目な人間だという認識を欧米人に持ってもらうためにはね」

ただ金をばらまくのではなく、もっと積極的に文化的な溝を埋める役割を果たしたい、とアルワリードも言う。

ＡＵＣとＡＵＢの教授陣も、アメリカは〝ユダヤの巨大陰謀組織〟だという、広く浸透している誤解を双方で解こうというアルワリードの努力をサポートしている。

ビジネスの架け橋

アルワリードは教育機関を通した努力がどう報われるのかを注視しているが、次のステップではさまざまな提案や考え方を重視した高水準の多国籍組織を作りたいと考え、その進め方について検討している。

「付加価値を生み出せるシンクタンクが必要だね。そうすれば学問の世界でこれまでやってきたことを続けられるだろう。サウジアラビア人、アラブ人、アメリカ人、その他の欧米人に良い対話をしてもらえるようなシンクタンクを設立するんだ」

二〇〇四年一月のカーター米元大統領との会談時にアルワリードが売り込んだもうひとつの構想は、各国の首脳や一般市民が一堂に会する多宗教・多文化の大規模な会議を主催し、率直な議論を展開するというものである。まだ全容を明らかにしたわけではないが、この構想はカーターにもアピールしたようだ。

「三大宗教の幹部を集めて会議を主催するというのはかなり難しいですね。率直に言い合い、おそらく意見も対立するでしょう。きっと大変な議論になりますね。でも、表面化していない問題をオープンに議論し、研究できるようになれば、大きく前進すると思いますよ」

アルワリードは知識や学問の分野で対話を推進する努力を続ける一方で、ディズニーに参加したときのように直接的な場合もあるし、多国籍企業への投資のように間接的な場合もあるが、極めて影響力のある世界的事業家として、ますます橋渡し的な役割を担うようになってきた。

そんななか、キングダム・ホールディング社の広告キャンペーンが二〇〇四年初頭に始まった。コンセプトはずばり、〝架け橋〟である。CMには同社が傘下に収める国際的ブランドの数々が登場するが、その多くが、それぞれの分野でいかにナンバーワンとしての認識を持っているか、またサウジアラビア――多くの欧米人に言わせると、こういうコンセプトではまず考えられない活動拠点――で設立され、そこに本社を置く会社にいかに誠心誠意サポートされているかを強調していた。

CMではアルワリードが所有する大手ブランドが次々と映し出される。シティグループ、メーベンピック、タイム・ワーナー、ニューズ・コーポレーション、アップル、ディズニー、フォーシーズンズ……、まだまだ続く。そしてエンディングには〝キングダム・ホールディング社はビジネスを通して世界を結ぶ〟というメッセージが流れる。

では、どうしたらその溝を埋める役割をうまく機能させられるのだろう。それについては、キングダム・ホテル・インベストメンツ社（ＫＨＩ）のＣＥＯサルマド・ゾクがひとつの展望を示してくれた。

「ホテルには多大な影響力があるんですよ。ホテルは雇用を創出し、周辺に家内産業を生み出します。シェフは地元の市場に行ってトマトを買うでしょう。だからホテルから相乗効果が生まれるわけです。国際的なブランドですし、しかも欧米のブランドです。中東やアジアでもホテルを経営していますから、当然、東西を結ぶ大きな架け橋になれるというわけですよ。また、そういう理由から、ホテルをグローバリゼーションの一環だとも考えているんです――もともとグローバルなものですからね、事実上の架け橋ですよ」

アルワリードもこの偶然の一致については正直に認めており、その真価を十分に理解している。

「当然、架け橋の役割を担っているね。それとなくやっているが、それがわたしの第一の目標ではないんだ。もちろん、東西の溝を埋めるためにホテルを買収しているわけではないが、もし何となくそういうことであるなら、そのために頑張るよ」

ベイルートで一緒に過ごしていたリアド・アサードは幼少時からアルワリードを知っており、意欲的で超活動的な若者だと思っていた。また、母親とのレバノンでの生活と父親がいるリヤドに滞在しているときとの折り合いをつけるのに苦労していたのも目にしている。ただ、中東と欧米の溝はそれ以上に大きく、リアドも指摘しているように、常に不安定である。

「ワリードは二つのレベル、二つの次元、二つの基盤の上で勝負しようとしているんですね。

問題はそれがダイナミックに動いているということですよ。二つのものを長く同時に操るのは無理ですけど、彼には能力がありますから、二つの基盤の上でそこそこバランスを取っていられるんだと思います。でも、中東情勢は悪化しています。どんどん激しさを増してきましたよね。現在と過去の間で、父子の間で、将来の予定と希望の間で、そして基本的価値観の間で衝突が起きています。この衝突のひとつがアルカーイダであり、イラクであり、原理主義なんです。ワリードはそういう舞台に立っているんですよ。だから緊張しているでしょうし、もっと緊張を強いられるかもしれませんね」

レバノンを中心に活動し、いとこのアルワリードのように欧米社会とのかかわりがないリアドが暗い側面、いわゆる〝文明の衝突〟のようなものを感じているのは当然だが、アルワリードが自国と欧米との文化の溝を埋める架け橋になるのを思いとどまらせるにはそれだけでは不十分だ。これまでは学会でも評判が上々だった〝文明の衝突〟論だが、リアドはそのアプローチに基づいてさらに調べてみることにした。

少なくとも真のグローバルブランドとの提携やネットワークを維持していることで、アルワリードも政治的、文化的に二つに分断する大きなフェンスに気持ちよくまたがっていられるのだろう。

アルワリードは二〇〇二年のドバイ戦略フォーラムで、「人間は互いに知り合い、意思を伝達するものだ。コーランにはそう書かれている」と述べ、一人のムスリムとして多様性をどう考えるかについての見解を示してスピーチを締めくくった。
要は……、ネットワークを築くということである。

第13章 祈りの呼び掛け

三カ月間お祈りをしなかったんだけど、突然、夜中に目が覚めて怖くなってね、それから九〇日間毎日お祈りをしたんだ……。今までの分を全部まとめてね。それからは一度たりともさぼったことはないよ。

――アルワリード・ビン・タラール王子

高さ三〇〇メートルのビルの六六階。エレベーターが止まった。ここからがキングダム・ホールディング社のオフィスである。同社はこのフロア全体を占有している。受付を抜けると、タワー全体を包み込む曇りガラスの壁が通路とそれぞれの部屋を仕切っている。

社内を歩いていくと、〝モスク〟とだけ書かれたドアに行き当たる。期せずして獲得したタイトル〝世界一高いモスク〟とは書かれていない。タワーの建設を決めたときには、アルワリードも実際にそんなタイトルを主張する気はなかったが、ただこれだけ高いところにオフィスを構えるとなると、モスクも一緒に設置しなければならない。

哲学的なことを言えば、神にかなり近いところで礼拝ができるとも考えられるが、実は、アルワリードはさらに高所で礼拝を行っているのである。

自家用のボーイング767型機では、普段は二台のテレビがアルワリードの投資先ブランドのロゴマークと旅行者にとってはなじみ深い航空地図とを交互に映し出すが、礼拝の時間になると、画面は〝キブラ〟——サウジアラビアのメッカにあるカアバ神殿の方角——に切り替わる。どちらを向いて礼拝をすればいいのかが分かるようになっているのである。

ムスリムは一日に五回、メッカの大モスクの中心にある、イスラムで最も神聖なカアバ神殿のほうを向いて礼拝しなければならない。中東や多くの非アラブ系イスラム諸国のホテルでも、客室にはメッカの方角を示す目印が目立たないように付いている。アラブ諸国の国営航空会社でも、礼拝の時間になるとキブラを表示する。礼拝の時間は、日の出から日没までの一定の時刻と関係している。

機内でも、アルワリードは前方のラウンジ中央に設えられた椅子に置かれたマットを手にすると、ラウンジの奥にある会議室兼ダイニンググルームに入り、その小さなマットを広げ、画面に表示されている方角に向かって控えめに祈りをささげる。そして数分すると椅子に戻って再び読書や仕事に没頭する。

砂漠のキャンプで週末を過ごしているときも、アルワリードは礼拝の時間を忘れない。アルワリードとその一行は、常に同行しているイスラムの導師シェイク・アリー・アルニシュワンの指導の下で礼拝する。シェイク・アリー、そして十数人のスタッフが一緒に礼拝できるよう、アルワリードは砂の上に長方形の大きなじゅうたんを敷くが、これは砂漠のキャンプで決まった時間に、静かに、かつ整然と行われる日課である。だが、アルワリードは砂丘でてきぱきと礼拝を仕切るだけでなく、キングダムタワーの最上階のオフィスにも快適なモスクをしつらえている。儀式は儀式。周りの景色が違うだけなのだ。

礼拝が最優先

礼拝を欠かしたことはない、とアルワリードは言う。

「わたしはすごく信心深いんだ。宗教は多大な力を与えてくれる。宗教のおかげでやっていられるんだよ」

自宅にいようと世界のどこにいようと、礼拝はアルワリードのスケジュールに必ず組み込まれている。実際に外国を旅行している間も、旅行チームのロバート・エルハージとハーニ・アーガがその日の旅程表を王子に手渡すときに、礼拝の時間をすべて書き出した用紙を一緒に渡す。

王子のスタッフの多くがクリスチャンのレバノン人だが、これは中東のムスリム＝クリスチャン連合がほぼ満足のいくものだという好例である。礼拝したい人は自分の判断で自由に祈ればいい。まさに〝共存共栄〟の環境で、宗教間の争いや緊張もなく、特定の宗教を信じているからといって圧力が掛かるようなこともない。宗教は個人と神との関係だ、とアルワリードは言う。

とはいえ、サウジアラビアで育った人間にとって、宗教は生活と完全に一体化したものであり、礼拝をしなかった時期はだんだん不安になってきた、とアルワリードが言うのもうなずける。

「レバノンにいたころだけど、お祈りをしなかったことがあるんだ。どうしてだかは分からないけどね。一〇代後半のころだった。三カ月間お祈りをしなかったんだけど、突然、夜中に目が覚めて怖くなってね、それから九〇日間毎日お祈りをしたんだ。一日五回、四五〇回お祈りをしたよ。今までの分を全部まとめてね。それからは一回たりともさぼったことはないよ」

後悔の念を述べ、神に許しをこうにはそれで十分だった、とアルワリードは言う。さぼった回数分の礼拝を全部まとめてやる必要はなかったが、どうしてもやりたくなったらしい。

イスラムがあったからこそ、早い段階から確固たる基盤を築くことができたのだ。アルワリードはそう信じている。

「わたしはそんなふうに育ったんだよ。イスラムの社会で育ったんだ。レバノンだろうとサウジアラビアだろうとね。生まれたときから、まずはイスラムありきだったんだ」

王子のそばで働くスタッフは、王子が他人の信仰にこれほど寛容なのはレバノンで育ったことが影響していると考えている。彼らが言うには、王子のやり方が多くのサウジアラビア人のやり方として知られる批判的かつ独断的にならないのは、そのためである。

しかしアルワリードは、宗教的な信条があったからこそしっかりと基盤を築くことができ、良いときも悪いときも、きちんと人生に対処してこられたのだと言う。

「そう、わたしが雲の上の人間だと思うこともあるだろう。でも、祈りをささげれば地上に降りてこられるんだ。そうして人々と話をすれば、結局は自分も人間なんだと改めて気づくんだよ。たまたま神様が多くを与えてくださったということさ」

だれの目から見ても、礼拝はアルワリードにとって重要なものであり、祈っていたからこそ、息子のハレド王子が一五歳のときに生死にかかわる事故を起こしても、集中し、持ちこたえることができたのである。

全身を覆って

サウジアラビアでの生活は、やはりほとんどがイスラムの厳格な解釈にのっとったものである。制約の大半は文化面と宗教面に集中している。これがイスラム世界では多くの議論の発端になっているのである。

サウジアラビアでは、女性は車の運転が許されず、全身を覆い、顔以外はほとんど人目にさらしてはならない。両目を除き、あとはすべて覆ってしまう女性も多い。実際、男性の視線に耐えなくても済む自由があると主張する人もいる。洋服を着たらそうはいかないというわけだ。

いずれにしても、アルワリードは、サウジアラビアの社会は女性をもっと重用すべきだと声高に訴えている。また、外国旅行の折には腕の良いドライバーであることを証明してくれる自分の娘が国内で車を運転できないことにも不満を漏らしている。

これもサウジアラビアの社会の敏感な問題のせいである。とくに王族の場合には、アルワリードも娘や母親、結婚した妻など、周辺の女性に対し、外国人記者のカメラインタビューや写真撮影を認めないのが普通だ。国王の息子であるおじたちも、支配層エリートの女性が公の場に出ることには難色を示しており、アルワリードもそれを知っている。

人生の大半をレバノンで過ごしているモナ王女は、高齢になってもその魅力をとどめている。時折、レバノンではそのモナ王女の写真が公開されるが、サウジアラビアの雑誌では洋服姿の王女をそう簡単に目にすることはできない。

アルワリードもこのことはよく知っており、大家族との関係から敬意を表す必要があるが、同時にサウジアラビア社会の規範にも従わなければならない。これはサウジアラビアとイスラムの価値観や伝統を大いに尊重しているからである。

アルワリードがリヤドにキングダムセンターを建設したときも、ショッピングセンターには女性専用の入り口を特別に設計させた。車でこの入り口に到着した女性たちは、女性専用に別に造られた駐車場やエレベーターを使ってショッピングセンターのフロアまで行くことができる。

ほかの公共施設と同じように、ショッピングセンターにも女性用と男性用の礼拝の部屋が別々に設置されている。

アルワリードが二枚の石版を発注し、イスラムの聖典コーランの一節を彫らせたというのも、こういう価値観、宗教に対する敬意からである。アルワリードはその石版をパリのホテル、ジョルジュサンクのロビーに置いた。由緒あるホテルに入ってきた世界のエリートが、「神に感謝すれば、神は多くを与えてくれる」「すべては神の恵みの賜り物なり」の意味も分からずにそばを通っていくとは皮肉なものだ、とアルワリードは感じている。

しかし、社会的制約だと感じていることを克服していくに当たり、アルワリードはイスラムを明確に理解するためにシェイク・アリーに相談し、文化面での可能性とコーランの教えとの衝突を避けている。また、このようなやり方で女性が社会で重要な役割を果たせるよう、また車の運転を禁止するといった制約――王子に言わせれば、これはイスラムとは何の関係もない――に直面しなくても済むよう、女性の権利の促進を正当化することもできている。

宗教はアルワリードを礼拝に導くだけでなく、その他数々の儀式や義務、ときにはちょっとした習慣をも規定する。

サウジアラビアでは、イスラムのカラーであるグリーンが多用されている。アルワリードのジェット機、ヨット、ヘリコプター、何台もの自動車には、キングダム社のカラーである鮮やかなグリーンとベージュがそろって使われている。

アルワリードが書き物をするときも、たいていグリーンのインクを使う。スタッフに送る記事やメモもほとんどが手書きだが、やはりグリーンのインクで紙に走り書きされている。

ムスリムの生活の礎となるのが〝イスラムの五行〟であり、基本的には次の五つの行いをいう。

信仰告白《シャハーダ》――「アッラーのほかに神はなく、ムハンマドは神の使徒なり」と証言すること
礼拝《サラー》――一日五回の祈り
喜捨《ザカート》――貧者への施し
断食《サウム》――ラマダーン月の日中、飲食や性行為を慎むこと
巡礼《ハッジ》――体力や資力がある者は一生に一度聖都メッカのカアバ神殿に巡礼すること

喜捨《ザカート》は義務的なものであり、ムスリムが貧者を援助するために行う慈善活動の基礎になっている。これには決まりがあり、その人の収入や債務に応じて行うが、一般に年収の二・五％程度を寄付することになっている。

アルワリードも喜捨《ザカート》の方法をいろいろ検討しているが、そのいくつかは主に宗教的なニーズを満たすものである。また、この義務に加え、アルワリードは中東全域に十数カ所のモスクを建設するプロジェクトや、コーランの翻訳、とくにアルバニア語、シンド語、ペルシャ語など

多言語への翻訳も進めている。

また、自宅や週末の砂漠のキャンプを訪れる貧しいサウジアラビア人にも年間数百万ドルを寄付している。これには時間もスタミナも必要だが、礼拝と同じで、日常的に行う儀式のようなものになっている。

あるとき、来客が夕食の席でアルワリードの厳格な習慣、とくに日々の礼拝の話題を持ち出した。もし朝寝坊をして礼拝に間に合わなかったらどうするのかとの問いに、アルワリードは笑いながら首を振ってこう答えた。

「人間はだませても、神様はだませないよ！」

第14章 貧しき人に扉を開けて

まるで機械ですね。王子はグループ全体に慈善活動をやらせているんですから……。お金の使い方が実にうまいんです。

――アルワリード王子のプライベートバンカー、マイク・ジェンセン

広々としたテントの床が何枚ものじゅうたんで覆われる。入り口は完全に出入り自由。広さはサッカーコートの三分の一ほどある。

職服を着た最初の団体が入り口に姿を見せた。テントの広さに少々驚いた様子だったが、すぐに奥のほうに寄贈者が立っているのを見つけた。そして静かに、敬服の念を抱きながらもさっと一列に並んだ彼らは、その寄贈者のほうに仰々しく案内され、短いあいさつの言葉を頂戴した。

一人ひとりが歓迎のあいさつを受けたあと、団体はそっと待合所に案内された。テント中央の奥には寄贈者が座っていた。訪問者を案内する大勢のスタッフはてきぱきとさばいていたが、これだけでも延々と一時間以上はかかった。

最後の訪問者との握手が終わると、スタッフがその長い列を待合所のわずかに空いているス

ペースに案内した。その間アルワリード王子は、黒い布で覆った壁伝いに置いてあるクッションの上に、ずっと足を組んで座っていた。

続いてスタッフは、座って待っている訪問者に自分の番が来たらどういう手順を踏むのかを手短に説明して回った。ここまでのプロセスをすべて終えても、アルワリードはほとんど気づかない様子。新聞を読んだり、すぐ右側に置いてある小型液晶テレビの画面に見入ったり、と多忙を極めていた。電話に出ることもあった。アルワリードが使っているのはイヤホーンとマイクが付いたヘッドセット。電話はずっとアルワリードのひざの上にちょこんと乗っていた。すし詰め状態のテントはやがてしーんと静まり返り、いつ始まるのかという期待ではち切れんばかり。ちょっとした人海だ。多くは高齢者だが、幼い息子を連れた中年男もいる。王室の一員に謁見するのだからと、だれもが精いっぱいの身なりをしている。サウジアラビアの伝統的な赤と白のチェックのグトラ――シンプルな白一色のグトラの者もいるが――、そしてふわりと垂れるトーブ。クリーム色のものもあれば、砂漠の夜の冷気から身を守れる黒っぽい厚手の生地でできたものもある。だが、欧米のスーツ姿か、寒さをしのぐために上からスポーツジャケットを羽織っている者が大半を占めている。とくに住居もまばらな地域から遠路やって来たのは、王子との謁見を申し込んでから選別され、許可された者たちだ。同じ人が重複して王子と謁見することがないよう、平等にチャンスが与えられるという、実に組織化されたやり方だ。彼らにとってはまさに今、そのチャンスが訪れたというわけだ。じゅうたんの上で背中を丸め、足を組んで座っているが、口を開く者はいない。

　ようやく長身のスタッフが王子のほうに大またで近づいてくると、少し離れたところで立ち止まった。砂漠のキャンプで王子に仕えている典型的なベドウインだ。頑強そうないかつい肩、濃いひげ、すべてを覆い隠すような漆黒の瞳、自然に打ちのめされたなめし革のような皮膚。大きな胸板の上で誇示するかのように、肩からは弾薬が詰まり腰の丈ほどある銃弾ベルトを斜めに掛けている。柄の部分が黒ずんだ色の木でできた、いささか旧式のピストルが男の左脇下の銃ケースから飛び出している。

　しばらくすると、アルワリードはサングラスの上からその長身のスタッフに視線を送り、続いて人で埋まったテントを見回した。ほぼ二〇〇〇人に達していた。アルワリードが軽くうなずいた。するとそのスタッフは向きを変え、部下に力強く手で合図を送りながら入り口のほうへ向かい、大人数のグループを、王子から四・五メートル離れた位置を先頭に、さっと一列に整列させた。訪問者たちは職服のなかからメモを取り出しながら、すぐに場所を移動した。スタッフはこの週に一度の行事に慣れているため、怒号もトラブルもなく、速やかに整列させることができた。

　合図に従って、最初のベドウインの訪問者が一歩前に進み出てアラビア語のフレーズを詠唱し始めた。手にしているメモにはほとんど目をやらず、その手を高く掲げて大きく振り、もう一方の手を腰に当て、流暢に詠唱した。しゃがれ声から絞り出される波打つようなリズムが感情の高ぶりと呼応していた。

詠唱が進み、気分が高揚してきたまさにそのとき、スタッフが詠唱を遮り、訪問者に前に進んで王子にメモを手渡すよう促した。そして訪問者をテント隅の所定の位置に案内した。

次の男、また次の男も、同じように儀式に臨んだ。

変声期を迎えた少年がきしむような声で年長者と同じような感情表現を試みる場面もあった。後ろには父親が付き添い、そっと息子の肩に手を置いて励ましていた。とくに流暢に表現できた者には拍手が沸き起こる。たいていは王子の長寿を願ってその美徳を講釈するか、寛大なる英雄か救世主として王子を称える詩を作り、それを朗読するかである。

こうして詠唱や演説をしている間、アルワリードはテレビやスタッフから手渡された用紙にちらちらと目をやっていた。まるで次々に進み出て詠唱する男のことなど眼中にないかのようだ。唯一〝万事〟順調だと分かるのは、アルワリードが顔を上げ、読み上げた言葉の内容や表現した気持ちについて尋ねるときである。アルワリードは生まれつき王子だが、いくつもの仕事を同時にこなす帝王でもある。

手にしていた用紙がだんだん持ち切れなくなってきたアルワリードは、すぐ脇にいるスタッフにそれを手渡した。

用紙は幅広くアルワリードの援助をこう嘆願書で、教育や医療の支援をこうものから、自動車や設備など特定の品々の要求、多額の負債の返済に至るまで、広範囲に及んでいた。一人が王子の前に立てるのはほんのわずかな時間で、すぐに下がるよう指示される――とくに流暢に表現できた者には多少長い時間が与えられる――が、それでもこの儀式が一通り終わるまでには優に四時間はかかる。時間が足りないため、実際には全員が王子の前に出られるわけではないが、嘆願書はすべて受理され、王子がすべてに目を通す。ただ、この砂漠のキャンプに招かれる前に選別されているため、彼らの要求はほぼすべて、少なくとも一部は通ることが約束されている。

だがアルワリードは、だれもがここで嘆願できるわけではないと言う。

「ただここへ来て、あいさつをして厚情を述べるだけの者もいる。嘆願書を出して一定の要求をする者もいるが、手順としては、嘆願書を受け取って、宮殿にある委員会で全部読み直すんだ。一定の基準があって、その基準をクリアしていないと駄目なんだよ。それをクリアしていれば、それぞれの必要に応じて、スタッフが決めた一定の額を受け取れるんだ」

ある週末に砂漠のキャンプに王子を訪ねたことがあるフォーシーズンズのＣＥＯ（最高経営責任者）イッシー・シャープは、ベドウインが行列を作って並んでいるのを目にしている。

「時間をかけて一人ひとりに対応していたよ。素晴らしいことだね。王子は自分たちの遺産を尊重しているし、自分が祝福された人間だと信じているんだ。だからそれを人々に還元しているんだ。こんな話は世界でも聞いたことがないよ。何もビジネスの話をしなくても、静かに座っているだけで、この男がどういう人間なのかがよく分かる」

＊＊＊＊＊＊＊＊＊＊＊＊＊＊＊＊＊

ようやく群衆がテントを出て帰宅の途に着いた。職服姿の大勢の男たちが何やらつぶやきながら闇夜をとぼとぼと歩いていくさまは、何とも気味の悪い光景だ。時折、キャンプの明かりがその姿をくっきりと照らし出す。

この砂漠のキャンプや同じような場所にアルワリードを訪ねた者からすると、ベドウインが懇願するこの光景は圧巻だ。テントの中のときもあれば屋外のときもある。ほとんど毎週末に一〇〇〇～二〇〇〇人ものベドウインを招くのだが、アルワリードが長い砂漠の旅に出るとき、とくに春先に一〇日ほど砂漠にこもるときには、その数が三万人を超えることもある。サウジアラビアがわずか二二〇〇万ほどの人口が広く分布した砂漠の国であることを考えると、これはとてつもない数である。アルワリードもそのことは十分に承知している。

「経済的な基盤ができてからは、こうした貧しい人々が会いに来るのを見るとエゴも消えてなくなるよ。もちろん地に足が着いていなければ、お金で身を滅ぼすこともあり得るけどね。しっかりと地に足を着ける方法のひとつが宗教なんだ。一日五回の礼拝。スタッフと一緒に、みんなと一緒に祈るんだよ。確かにちっぽけな方法だけど、そうすれば地に足を着けていられるんだ。浮ついた気持ちになったり、一般人よりも偉いと思ったりしたことは一度もない――一度もね……。宗教が重要な役割を果たしているということさ」

カリフォルニア時代からの親友チャック・グランは、慈悲深さはアルワリードのキャラクターのひとつだと考えている。

「いつも偏見がない人間だなと思っていましたよ。とくに今はそうですね。自分の富や名声の原点を知っているから、それに気づいているから、毎日神様にお祈りしているんですね。皆さんは気づいていないかもしれませんが、今度は自分が多くの人を、多くの国を助けたい、惜しみなく手を差し伸べたいと思っているんですよ。彼には素晴らしい実績があるし、本当に気が利く人です。だから彼のやっていることを信じますよ」

しかし、世界で最も裕福で影響力のある投資家の一人に数えられる男が、毎週砂丘にしつらえたテントに座り、砂漠の民のゴマすりを延々と聞いている姿は、一日に数カ国をジェット機で飛び回り、てきぱきと仕事をこなす世界的事業家のライフスタイルとはあまりにもかけ離れている。このことに話が及ぶと、アルワリードは真剣な表情を見せた。

「サウジアラビアの制度、王室の制度は今から二五〇年以上前にできたんだけど、それ以来、ずっと人々と、つまり王室の臣民たちと触れ合ってきたんだ。わたしはそれが文化だから、習慣だからという理由でやっているんじゃないんだ。そうするのが好きだからやっているんだよ」

伝統に従うということは、アルワリードが庶民に近づき、しっかりと耳を傾けて一般社会の声を聞くことでもある。地域社会の考え方や課題に対してしっかりとアンテナを張ることで、社会や準政治的な問題にうまく取り組み、庶民の味方であることを示すことができるのである。

その莫大な富のおかげで、アルワリードは週に一度のベドウインの懇願にも比較的寛大になり、一度に一〇〇万ドル以上を費やすこともある。

「資格がある人、つまり貧しい人が対象だ。借金を抱えている人や病院に行く必要がある人、結婚したい人、債務がある人、家を建てる人。いろんな人に寄付しているよ」

何千人という人間が束になってアルワリードに謁見しに来るというだけで驚いてはいけない。サウジアラビアでは、アルワリードは慈善活動に多額の寄付をする人として評判が高まっているのである。

財産の問題

極端に大きく膨れ上がった銀行勘定について聞かれたアルワリードは、罪悪感はまったくなく、宗教法からも人間法からも、何ら精神的な負い目を感じることなく蓄財する資格があると言う。

「自分が生活している社会を見ずに、また周辺の貧しい人々を顧みずに、ただ蓄財しているという脅迫観念に取りつかれたら、それは負い目になるよね。人生のほかの側面を見ずに、ただ蓄財ばかりするのはよくないけど、わたしの場合はそうじゃないんだ。イスラムを実践しているからだ。宗教の教えをしっかり守って財産の一定額を社会や貧しい人々に寄付しているんだからね」

アルワリードの資産総額はおよそ二〇〇億ドルだが、ここから分かるのは、年間五億ドル程度の収入を生活費や会社の運営経費などに充て、さらに多額の資金を再投資に回していることである。アルワリードによれば、慈善活動に費やす金額は年間一億ドル程度になるそうだ。

「罪悪感などまったく感じないね。だって必死に働いて稼いだお金なんだから。遺産でもないし、贈与されたものでもない。だから、その点ではまったくやましいとは思わないよ。ただお金をばらまくという考えには反対だ。きちんと計画を立ててやっているよ。一部の寄付については守秘義務があるから公表はしていないが、きちんと公表しているものもある」

スタッフは、寄付金がどこに行くのか、だれの手に渡るのかを注意深くチェックしている。コンピューターに入力してある記録を調べ、寄付の対象を体系的に貧者や慈善運動に絞っていくわけだが、年間一〇〇万人以上のサウジアラビア人に五〇〇～三〇〇〇ドルずつ寄付をする場合には、王子のイスラムの導師シェイク・アリー・アルニシュワン率いる常勤のイスラム学者二人が六人ほどのスタッフを監視している。キングダム・ホールディング社の〝慈善活動のコンパートメント〟を擁する平屋建ての小さな建物は、コンピューターからコンピューターへと用紙を持って駆けずり回るスタッフでごった返しており、外のほこりだらけの通りには建物をぐるりと取り囲むように早朝から長い列ができ、歩道や周辺の通りにも人があふれている。窮乏しているサウジアラビア人は、だれに助けを求めればいいのかをちゃんと知っているのである。

アルワリードは、会社の慈善活動部門を娘のリーム王女に任せるつもりでいる。娘がこの部門を引き継ぎ、効率良く運営してくれることを望んでいるのである。かつて、父親の会社では一番興味を引かれる部門ではないかもしれない、とリームはざっくばらんに語っていたのだが……。

キングダム社が古いビルからキングダムタワーの最上階に移転したとき、アルワリードはそれまで使っていた二階建ての大理石のビルを慈善活動の拠点にした。この小さな場所から慈善活動が広がっていくのである。

王子のプライベートバンカーのマイク・ジェンセンは、王子の帳簿を見ながらこのやり方がうまく機能していることを確認した。

「殿下との経験で最も感銘を受けたのは、ビジネスと同じぐらい慈善活動にも熱心だということです。しっかりと組織化し、グループ全体で慈善活動に取り組んでいるんですよ。五〇〇～六〇〇人もの人が自宅や砂漠のキャンプを訪れるんですが、王子はジープとかラクダを買うためにお金を必要としている人に寄付をしているんです。相手が厳しい時代を生きてきた王室の仲間だろうと洪水の被害者だろうと、エチオピアで食料を配給するときだろうと、お金の使い方が実にうまいんですよ。その記録も全部保管しているんです。例えば、核家族に対しては同じ年に二回寄付をすることはありません。なるべく多くの人にお金が行き渡るようにしているんですね。彼の慈善活動には本当に感銘を受けましたよ。ビジネスと同じように洗練されたやり方なんですから」

アルワリードの寄付の大半はまだ国内にとどまっている。サウジアラビアには生活に困っている人がまだまだ大勢いるからだ。その寄付金の多くは、低所得者向けの住宅を年間一〇〇〇戸建設するプロジェクトなど、実用的に使われている。また二〇〇一年四月には一〇億サウジリヤル（二億六七〇〇万ドル相当）を出資して基金を設立し、主にサウジアラビアのイスラム慈善団体や社会運動を支援する予定であることを発表した。

アルワリードを近くで観察している人、とくに政治的野心があるのか否かを観察している人は、この草の根的な慈善活動が国内で幅広い人気を獲得する手段であり、おそらくは社会の底辺から集まり、一般にサウジアラビアの支配層エリートに反感を抱いているイスラム過激派から自分自身の身を守る手段でもあるのだろうとみている。

慈善活動の中心は国内の十数カ所にモスクを建設することである。また、アルワリードは農村部に礼拝所を建てることにも尽力しており、二〇〇一年一二月には、サウジアラビアに五〇のモスクを建設するために資金提供することを発表。これは大きく報道された。すでに三九のモスクが完成しているが、アルワリードはチュニジアのカルタゴに大モスクを建設するプロジェクトに四〇〇万ドル、レバノンのモスクに二〇〇万ドルを寄付するなど、地域の大型プロジェクトも支援している。

さらにアルワリードは、イスラム社会を、単にアラブ地域のみならず国際的にも支援する必要性を感じている。一九九〇年代の初めに流血の内戦で旧ユーゴスラビアが崩壊したとき、ボスニアのムスリムは最も弱い立場に立たされたが、一九九五年にボスニア戦争が終結し、ムスリムが復興への取り組みを始めたのを受けて八〇〇万ドルを義援金として寄付している。

だが、最も重要なのは、アルワリードがパレスチナ人を支援しているとしてアラブ全域で数々の賛辞を贈られていることだろう。パレスチナ人の窮状を救うためにアラブ各国政府にはまだまだやるべきことがある。アラブ地域のカフェはそんな議論を交わす男たちで熱気を帯びている。新空港の完成に合わせてボーイング727型機をパレスチナ当局に寄贈したり、イスラエルの軍事行動で破壊された地区のインフラ再建を支援するため、また衣料品や自動車を提供するために、二七〇〇万ドルの寄付をテレソン（**訳注**　長時間のチャリティー番組、二四時間テレビのような放送）を通して目に見える形で約束するなど、アルワリードの努力は広く知られている。さらにインティファーダ（**訳注**　イスラエルがエルサレムを不法占領したことに対してパレスチナ人が起こした抵抗運動）によって離職したままのパレスチナ人にも六〇〇万ドルを、九・一一の同時多発テロ事件後に欧米で悪化したイスラムのイメージアップを目指すアラブ連盟の基金にも一〇〇万ドルを寄付している。

それだけでなく、アラブ地域で天災や人災が起きるとすぐに義援金を持って駆けつけるとして、アルワリードの名はよくニュースでも取り上げられている。レバノン、モロッコ、アルジエリアへの寄付が好例である。例えば、三七三人の命を奪ったカイロの列車火災。アルワリードは犠牲者の遺族に二二〇〇万ドルを寄付した——エジプト政府が申し出た金額よりもはるかに多い。もう一例は、シリアのゼイゾン村の住民二二人が死亡し、数千人が家を失ったダムの爆発事故。アルワリードは村の復興を買って出た。

シリアは新しい村にアルワリードにちなんだ名前をつけたいと申し出ている。

レバノン人の血を引くサウジアラビア人

寄付金の主な行き先はサウジアラビアだが、アルワリードは第二の故郷であるレバノンにも大いに気を配っている。

内戦で荒廃した国の貧困率は高い。とくにベイルートのような都会ではインフラが破壊されている。ベイルート市内を車で走っていると、モルタル火災で崩壊したり、銃弾で壁に穴が開いていたり、その壁全体がなかったりと、大破した建物がまだ数多く残っているのが分かるが、多くの建物にはそのまま人が住んでいる。

市の中心街の一部はきれいに修復され、カフェやレストランにはエリートや中流階級の人々が戻ってきたが、不規則に広がるベイルート郊外にはまだまだ留意が必要だ。

国の再建で重要な役割を果たしたい。かつてアルワリードはそう話していた——メディアはよく、この発言を政治的布石を打ったものだと言う。こうしたメディアの報道を勢いづかせたのが、とくにホテルセクターなど、アルワリードがレバノンに数々の投資をしているという事実である。アルワリードはトレンディーなラウーシェ地区の海岸にメーベンピックリゾートを建設するなど、ランドマーク的な空間を創出しているし、もちろんフォーシーズンズ・ホテルも所有している。さらに大手金融機関のレバノン・インベスト社など、別ルートからも投資をしており、不動産をはじめ二つのテレビ局や二つの新聞社でも大きな実績を上げている。

一九九六年にイスラエルがレバノンの発電施設を爆破したときも即座に援助に乗り出し、一二〇〇万ドルをポンと拠出して六カ所に医療センターを建設することを約束した。これ以外にも、政治的信条が異なる二二の慈善団体に数百万ドルを拠出したり、レバノンのバスケットボールチームを約三五万ドルで買収し、二〇〇二年世界選手権インディアナポリス大会に出場させる、といった活動も行っている。

レバノンでのアルワリードの慈善活動は、この数年は母方のおばに当たるレイラ・エルソルハが運営するアルワリード・ビン・タラール人道基金を通した活動に集中させている。レバノンの一般市民や団体から数々の要望書を受け取っていたアルワリードは、サウジアラビアにいるチームを通してできるかぎりの対応をしていたが、ついにレバノン国内に活動団体を設立することを決めると、要望書をすべておばのレイラに手渡し、同団体の代表を務めてくれるよう要請した。

「レバノンの発展、レバノンのあらゆる分野の発展に役に立つよ。どの分野でも――教育、医療、当面はとくに医療――、クリスチャンであれムスリムであれ、一切差別しないんだ」

レバノンには医師の治療を受ける余裕がない貧しい人々がとくに多いため、当面は医療セクターを中心に活動する、とレイラは言う。

アルワリード人道基金では、問題のあるところにただお金をばらまくというやり方をしないようにも注意しており、援助先の事例や団体をそれぞれ入念に審査する。これはアルワリードがサウジアラビアでの慈善活動を監視するのとまったく同じやり方だ。また、単に現金を寄付するだけではなく、配給や物資の形で援助することもある。

最初の援助先のひとつは現地の聖ユダ病院――米テネシー州の聖ユダ病院の分院――だった。白血病の子供たちを受け入れていたが、必要な治療を施せるだけの資金が不足していた。同基金は必要な援助をできるだけ行うことを決定。レイラによると、次の二つのプロジェクトは身体障害者の治療と腎透析センターへの援助だそうだ。

アンナハル紙の編集長ジブラン・トゥエイニは、レバノンにおけるアルワリード人道基金の活動はほかの基金の活動とは違うと言う。

「彼はレバノン人のメンタリティーを理解しています。ほかの基金のように、ただお金を渡すだけではないんです。お金に困っている人、学校に行けない人、病院を建設したい企業などを支援しようとする慈善団体など、レバノンの団体を本気で助けようとしているんですよ。真剣ですし、アラブ世界や湾岸諸国でよく見掛ける慈善団体とはまったく違いますね。よくまとまった組織です。アルワリードを中心としたチームもすごくよくまとまっていますよ」

アルワリードは幼少期をベイルートで過ごしたが、レイラは近所に住んでいた。おばではあるが、年齢はアルワリードとさして変わらず、若いアルワリードが成長していくのを見守っていた一人である。

「いつもお母さんから週に一度お小遣いをもらうと、郊外に出掛けていくの――パレスチナ人の難民キャンプが近くにあったのよ。そこにはパレスチナ人やレバノン人の子供たちが暮らしていてね、あの子はもらったお小遣いをその子たちに分け与え、助けてあげていたのよ」

周囲の人々は、まだ若かったが気前が良いアルワリードの世話になっていたわけだ。当時は母親がポケットマネーでそのアルワリードの慈善活動を助けていたのだが……。

「いつもお母さんに電話をかけて、『配達を頼む』って言っていたわね。お母さんが『分かったわ。あなたの分、それともお友だちの分？』と聞くと、『違うよ、学校のみんなの分だよ。学校全体のだよ！』って言うのよ。二～三日おきに同じお願い、同じリクエスト。グリルチキンなのよ。あの子、グリルチキンが大好きでね。お母さんに『ここはサウジアラビアじゃないのよ。レバノンなのよ』って言われていたけど、あの子は『分かっているよ。ぼくが食べるんだ。みんなで一緒に食べるんだよ。ぼく独りじゃ食べ切れないじゃないか』って言い返していたわ」

世界的な慈善家

サウジアラビア国内や中東地域での慈善活動の政治的意味合いに気づいているアルワリードだが、国際的にも存在感を増すなかで、自身の人道主義は世界的にも広がりを見せている。

アルワリードの旅に頻繁に同行している広報担当マネジャーのアンジェド・シャッカーによると、王子は二〇〇三年ごろから進展を見せているアフリカの状況に関心を抱いているが、自分の会社だけでなく投資先の国々の利益にもなるビジネスチャンスの追求はさておいて、そうした国々から単なる大金持ちだと思われるのを嫌がっているという。

「一定の地域に援助が必要なことは王子も認めていますから、それに従ってすぐに行動し、小切手帳を取り出して結構な金額を書き込むんですけど……。（でも、）場合によっては投資を嫌がることもあるんです。教育や保健といった持続的なプログラム、予防接種などに資金を割り当ててほしいと言うんですよ。各国にもそう伝えています――これらは現在進行中ですけどね。各国の大統領やセネガルの大統領夫人からの要請でもあるんです。国からの要請としては至極当然のことですから、わたしどもも資金の行き先をきちんと把握できているんですよ」

二〇〇三年四月から二〇〇四年一月までの八カ月の間に、アルワリードがサハラ以南のアフリカに寄付した金額は合計七三五万ドルに上ったが、その資金は、ニジェールでは農村に井戸を掘ることや女性の支援や子供たちの教育に、セネガルでは学校を建設し、子供たちにミネラルウオーターを供給することに、ブルキナファソでは子供たちの歯科医療に、マリでは医薬品の供給に、ガーナではＨＩＶやエイズの調査といった活動に充てられた。

その資金のうち二〇〇万ドルは、とりわけ二〇〇三年四月にエチオピアに一〇五トンの食料を空輸するために使われた。

アルワリードがアフリカ支援への関心を深めていることに、ことのほか喜んでいるのがジミー・カーターである。この米元大統領の任務の中心になっているのがこの地域だからだ。

「ええ、彼とは何度も話をしました。リヤドで会ったのが最初ですが、その後、カーターセンターに来てくれましてね。わたしどもの仕事を十分に理解してくれましたし、先進国や工業国、発展途上地域のための彼自身の特別なプロジェクトや投資についても話してくれましたよ」

アルワリードは一〇〇万ドルをカーターセンターに寄付しており、特定のプロジェクトやこの政界の長老の目標を支援する努力を通して友好関係を深めていった。

「例えば、マリのような最貧国がいくつかありますが……、国民の九〇％以上が一日二ドル未満で、しかもその三分の二の国民は一日一ドル未満で暮らしているんです――プレーンズ（**訳注**　北米のロッキー山脈東の大草原地帯）やジョージア州、サウジアラビアに住んでいる人には想像もつかないでしょうね。そうした趨勢に逆らうこと、彼らに希望や自尊心を与え、病気を撲滅することはとても大きな挑戦です。アルワリード王子もそういう活動に尽力してくれているんです。とてもありがたく思っていますよ」

慈善はまず身近なところから

故郷のリヤドでは、人々がアルワリードの宮殿の自宅の外で座って待っている。慈善活動は、そんな形でアルワリードの日常生活にしっかりと入り込んでいるのである。

アルワリードが車を玄関に着けると、何十人という人が門に寄ってくる。昼夜を問わず、家の外には常に希望に胸を膨らませた人々がいる。ヒュンダイ製の大きなリムジンを見つけると、アルワリードが使っている車種かどうかを確かめ、一心不乱に手を振りながら車のほうに寄ってきて、自分たちの要求を突きつけてくる。ほとんどが伝統的なアバーヤで身を包み、ゆったりした黒い長衣で頭と顔を含め全身を覆った高齢の女性たちだ。皆、ここなら王子に話を聞いてもらえることを知っているのである。

アルワリードは毎日、いつものように遅い昼食を取るために夕方五時ごろオフィスから帰宅すると、五～六人の女性を家に入れるようスタッフに指示を出す。女性たちは防犯ゲートを通って豪華な居間の快適なソファに案内され、十分な食事が振る舞われる。全員が慣れない環境に、とくに女性を含め、スタッフのほとんどが洋服を着ていることに少し戸惑いながら、互いに縮こまっている。食事が終わると、王子と二言三言言葉を交わす時間が設けられ、要求を聞いてもらってから帰途に着く。

あるとき、一人の女性が小型トラックが欲しいと言ってアルワリードに泣きついてきた。身振り手振りを交え、声を振り絞って切々と訴えるのをじっと聞いていたアルワリードだが、やがて笑い出し、だれにトラックをあげればいいのかとアラビア語で尋ねた。女性はどうしてもトラックが欲しいと繰り返すばかり。アルワリードはまた笑い出し、女性は運転できないことになっているはずなのに、なぜなのかと尋ねた——サウジアラビアでは女性の車の運転は禁止されている。小型トラックなどもってのほかだ。

女性はしばらく黙って考え込んでしまったが、アルワリードは笑っている取り巻きたちの顔にちらりと目をやった。するとその女性、もちろん小型トラックを運転するのは自分ではなく〝息子〟だと言い、泣き出してしまった。

アルワリードはまた笑い出し、小型トラックをあげるからと女性に告げ、自分の座り位置に戻った。スタッフが忘我状態の女性を外に連れ出すと、女性は振り向きざまに、王子の長寿を祈ると声を張り上げた。

アルワリードは腰を下ろしながら近くにいる側近の一人に向かってこう言った。

「市内にどんな法律があろうと、砂漠にはベドウイン独自の法があり、小型トラックだろうと何だろうと、女性は喜び勇んで運転するんだよ」

家庭訪問

アルワリードがサウジアラビアの庶民と会うのは自宅や砂漠だけではない。アルワリードは国内の事情に精通していることを誇りに思っており、ラマダーン月には必ず貧民街の人々を訪ねることにしている。午後一一時ごろに出掛け、現金で施しをするのである。

封筒にはそれぞれ五〇〇〇サウジリヤル（一三七〇ドル相当）が入っている——貧民街のアパートの約一年分の家賃に相当する。アルワリードは月に八〇〇～一〇〇〇軒もの家を訪問し、一二〇万～一五〇万ドル程度を手渡しているのである。

サウジアラビア政府は昔から貧しい地域の存在を公に認めないという政策を採ってきたが、新世紀に入ると国も徐々に改革を受け入れるようになり、アブドラー皇太子——アルワリード王子のおじで、事実上サウジアラビアのトップ——もサウジアラビアには貧困層が存在することを公に認めるに至った。また、当局もついに、国の発展のためには一定の現実を直視する必要があることを認めるようになってきた。

慈善活動で荒廃した地域に赴いていることから、アルワリードはすでにこうした現実をよく知っており、ラマダーン月には、たいていは日曜の夜だが、必ず四～五回は施しをしている。この断食月の間は、食事や人との付き合いはたいてい夜間になるため、皆夜遅くまで起きている。人口の大半が断食をする多くのイスラム諸国と同様、サウジアラビアでも昼間はしーんと静まり返っている。

＊＊＊＊＊＊＊＊＊＊＊＊＊＊＊＊

ラマダーン月の次の日曜の夜がやって来た。アルワリードは特注のミニバスとスポーツタイプの大型車を何台か従えて、宮殿の門を出た。王子の側近の一人が、今回の施し用に二〇〇通の封筒——合計二五万ドル以上が入っている——を誇らしげに抱えていた。

午後一一時半ごろ、大きな黒塗りの車の列が静かな貧民街に到着。人々は石造りの掘っ立て小屋のような住まいで最低限の暮らしをしている。ほとんどの人が起きていたが、気温も下がってきたため、外に出てくる者はいなかった。

アルワリードとその一行が次々と車を降りると、まずは路上をうろついていた浮浪者が驚き、恐れをなした。一台目の車——大型のＳＵＶ——からアルワリードが現れると、すぐに護衛の一人が降りてきた。間もなく、アルワリードとその取り巻きの車を挟むように脇を走っていた別の車から、数人のお付きも降りてきた。アルワリードは四人のうち三人のスタッフに、がれきやごみが散乱した戸口のほうに行ってみるように、と手で合図した。三人はそれぞれの方角に散り、家の扉——ほとんどは金属の門のような造り——をたたいた。

一軒目から応答があった。それがアルワリードに伝えられると、アルワリードはすかさずそのあばら家に駆けつけ、おもむろに扉のほうに進んでいった。高齢のやせ細った住人が驚愕していることなどお構いなしだ。最初は政府の手入れかと思ってビクビクし、狂気をはらんだ目をした住人も、すぐに何か良いことをしてくれる人が来てくれたのかと、警戒しながらも期待を寄せるようになった。アルワリードは男の前を通りすぎながら、こう尋ねた。

「あるじはだれだ?」

男の返事も待たず、アルワリードはいつものエネルギッシュなやり方でさっそく部屋の中を行き来し始め、作業に取り掛かった。

「いいか、彼らの暮らしぶりをよく見ておくんだぞ」

アルワリードは取り巻きにそう言うと、急場しのぎの台所を見て天を仰いだ。むき出しのれんがの壁が二枚と、大きな軽量コンクリートブロックが積んであり、その上にガスバーナーが二つ付いた小さな携帯用コンロが置いてあるだけで、調理器具や廃棄された容器、安っぽい収納箱が散らかっていた。

「ムカムカする。こんな生活をしていちゃ駄目だよ」

アルワリードは一通の封筒を右手で取り出すと、その部屋に集まってきて興味津々で見詰めている家族の前にちらつかせた。肉づきが良く、ブルカで全身を覆った女が前に進み出た。そして黙っている年老いた男の前に立ちはだかると、自分が家長だと名乗り出た。男がつべこべ言うのも一切受け付けない。アルワリードが封筒を女の前に突き出すと、女は宙でそれをつかみ取り、胸の前で握り締めた。アルワリードはくるりと後ろを振り向いて、そのまま扉のほうへ歩き出した。女はすぐにあとを追うと、王子への称賛を歌にしたためて、立ち去る王子を送り出し、王子の長寿と神様のご加護を祈った。

スタッフが見つけた次の家まではほんの数メートルだった。

アルワリードが着いたときにはすでに玄関の扉が開いており、アルワリードはすんなりと中に入っていった。

見た目には最初の家と同じだった。みすぼらしい廊下が玄関になっており、同じように湿っぽい部屋へ続いている。そこには寝具ともクッションともつかないものが散在し、座ったり寝転んだりできるようになっている。家具がないのがこうした住居の際立った特徴で、六～七人の家族が住んでいるというよりも不法占拠者が居座っているという感じである。

アルワリードが建物と建物の間の狭くてほこりっぽい通路をジグザグに進んでいくにつれ、人々の平均的な生活水準も歴然としてきた。大半が子供を数人――全員が八歳以下――抱えている家族だった。住人たちは、大家族であることを示す証拠があれば、突然やって来た寄贈者が置いていく金額も多くなるかもしれないと考え、子供の数を記した公文書を振りかざしていた。

ほかの家に比べると確かにきれいにしている家もあった。

「見てみろ。貧しいがしっかり体面を保って、自分の住まいをきれいに整頓している者もいるが、まったくお構いなしの者もいる」

壁をきれいに塗り、小さなじゅうたんを敷いて石の床をうまく覆っている家に入るや、アルワリードはそう言った。

確かにそうだった。アルワリードとその一行が足を踏み入れると、食べ物や包み紙、明らかに路上で拾ってきたがらくたなどが散乱している家もあった。玄関の隅に置いてあるほこりだらけの箱に古い靴やサンダル、スリッパを積み上げたり、おかしな並べ方をしている家、ボロボロの古い建物の限られたスペースを古い電器製品やおもちゃが占領している部屋もあった。

もう一軒の家は驚くほどきちんとしており、物が比較的豊富にそろっていた。古いが普通に映るテレビ、食器棚、壁際に置かれた安っぽいけれど清潔なソファとクッション。この家のあるじ、長身のアフリカ系らしき男は、ナイジェリア出身だという。

アルワリードはためらいながら、通常この特別な寄付はサウジアラビア国民を対象にしたものだが、集中力が切れたのか、思わずパンドラの箱を開けてしまったよ、と釈明した。

この男、普通なら寄付金をもらう資格はないはずだが、アルワリードは貧民街で自分の住まいをここまできちんとしていることに感銘を受けたらしく、封筒に手を伸ばしたのだった。

男は浅黒い顔から大きくて真っ白い歯をのぞかせながら笑った。

ナイジェリア人の家をあとにしたアルワリードは取り巻きの一人にこうつぶやいた。

「あの男の家に入ったら、『何もあげるものはないよ、バイバイ！』と言って、さっさと出てくるわけにはいかなくなった。何かあげないとね。スタッフには貧しいサウジアラビア人の家を見つけてもらいたいんだけどね。そうすればそういう人たちの家だけで済むだろう」

そうこうしているうちに、近所では見知らぬ人が扉をノックして住人にお金を施してくれる、といううわさが飛び交い始めた。辺りはそのうわさで活気づいてきた。アルワリードとその一行が来る前に家の前でアピールする人々も現れた。

路上では、この深夜の訪問者がアルワリードだと気づいた一人の女が取り乱しながら王子のあとを追い、声をかぎりに王子を褒めたたえていた。あっという間に人だかりができたが、多くはブルカで全身を覆った女だった。最初のうちは数人に一通ずつ封筒を渡していたアルワリードも、徐々に勢いがついてきた。だが、明かりもないような路上では、同じ女が何度も寄付をもらいに来ていないかを確認することもできない。今やこの人ごみがアルワリードの護衛を悩ますようになってきた。道をふさごうとしても、群衆がどんどん押し寄せてくるため、身動きさえできない。

アルワリードはピッチを上げ、うまく護衛に守られながら、どうにかあと二十数軒を訪問したが、それ以上訪問するのはあきらめた。アルワリードは寄付をするに値する者に封筒を手渡しながら、玄関の前で列を作って待っている人々を前に語り始めた。

何とか護衛を振り切ってアルワリードに襲い掛かろうとする女も一人、二人。薄明かりのなかでは、まるで黒ずくめの亡霊のように見える。女たちはお金を求めて声を張り上げていた。

アルワリードは身動きが取れなくなって立ち往生しながらもお金を手渡していた。だがこの女たち、それで引き下がるどころか、もっとお金をくれと言ってくる。ここで護衛が立ち入ってきて、この地域には貧しい人々がまだ大勢いるのに恥ずかしくないのか、もういいだろうとたしなめ、女たちを排除した。それでも女たちは言うことを聞かず、アルワリードが先に進んでいくと、その横にぴたりとついて歩いてきたため、アルワリードを守っている大柄のベドウィンがようやく彼女たちを引き離すというありさまだった。

さて、封筒もあとわずか。しかし、とてつもなく大きく膨らんだ群衆が貧民街の狭い路地を通るのは不可能に近い。アルワリードもこの夜の仕事をこれで打ち切ることにした。

残った封筒をスタッフの一人に手渡しながら、アルワリードはまだ何も受け取っていない人にこっそり手渡すよう指示をした。

そして車を止めてある場所に戻ろうとしたアルワリード、うっかり逆方向に行ってしまい、がれきの山と化している薄暗い路地へと迷い込んでしまった。立ち止まって方向を確かめようとしていると、また群衆が集まってきた。アルワリードとその一行をずっと追っていた大きな黒塗りの車がすぐ後ろに現れたのはそのときだった。振り向いてもらおうとうるさく騒ぎ立てる群衆を何とか振り払い、アルワリードもようやくＳＵＶに乗り込むことができた。

ドアを閉めると群衆のざわめきは聞こえなくなったが、曇りガラス越しに車内をのぞき込もうとする顔がいくつも見えた。

車が大通りに抜けて宮殿に戻れるよう、二人の護衛が道を空けさせた。

このときばかりは、さすがのアルワリードも精根尽き果てたかに見えた。

スタッフの一人が上機嫌でそっと耳打ちした。

「殿下、これならいくらでも散財できますね」

第15章 掘り出し物を狙う億万長者のライフスタイル

ワリードの場合は、一日二四時間では足りませんね。

――ジブラン・トゥエイニ・アンナハル紙編集長

鮮やかな配色を見ると、このボーイング767型機がキングダム・ホールディング社所有のジェット機だというのがすぐに分かる。自家用ジェット機としては破格の大きさだ。ベージュの地色にダークグリーンの縁取りのジェット機は、サウジアラビアの王族がよく使う自家用飛行機専用の空港ターミナルの滑走路脇で待機していた。国王や王子など、VIPの旅行者をできるだけ煩わせることのないよう建設されたのがこの空港だ。VIPを乗せた車は、簡単な通関手続きを素早く済ませると、手荷物検査を受ける場所までそのまま走っていく。パスポートを持った先発隊がすでに出入国や税関の手続きを済ませているからだ。

ここは大混雑とは無縁である。交通渋滞もなければ、駐車場の奪い合いもない。チェックインも簡単だし、荷物を預ける心配もない。手荷物検査の列に緊張して並ぶ必要もないし、込み合ったラウンジやターミナルで無駄な時間を過ごす必要もない。ただ車で乗りつけて搭乗すればいいのである。

ヒュンダイ製の大きな黒塗りのリムジンで、まずはアルワリードが到着した。続いて取り巻きを乗せた車列も到着。全車両が大きなジェット機——実際、個人が所有する自家用飛行機では世界最大級——の脇に一列に止まった。車を降りたらそのまま飛行機のタラップを昇れるようにするためだ。タラップが機体の底部に横づけされた。これは王子お抱えのパイロットで〝航空のコンパートメント〟を率いるダンカン・ジレスピー機長と乗務員の一人の任務だ。そばを見上げると、アルワリードの子供たちにちなんで命名した「ハレド&リーム」号という文字が目に入る。

タラップを昇って機内に入ると、きりっと着こなした九人の客室乗務員が豪華なじゅうたんの上で並んで出迎えてくれた。有能で笑顔の似合う若い美女ばかりである。

このボーイング767、大半のジェット機とは確かに違う。

アルワリードの飛行機なのだ。

カラーコーディネートや機内のレイアウト、椅子に張る革の種類や床に敷くシルクのラグから、乗務員の制服のデザインやカット、機内食の種類、機内の数カ所に置いておく小さな黄金のトレーの菓子やスナックに至るまで、どんなに細かいところにもアルワリードのこだわりが見て取れる。

フロントラウンジには四つのソファ——両側に二つずつ——が並び、その先、機室の中央には玉座のような〝機長〟席が前方を向いて設置してある。後部のガラスのスクリーンが、会議でも使用する大きなダイニングテーブルとラウンジエリアの仕切りになっている。そこを出ると右手に通路があり、完全に作りつけのベッドルームとリビングルームへ続いている。その奥の右手はシャワールームと小さなオフィス、左手は取り巻きが使用する広くて快適なリビングルームである。世界的な事業家は、スタッフには機内の後部を占めるエコノミークラスの座席しか用意しないのが普通だが、アルワリードは違う。一八〇度回転する座り心地の良いアームチェアを備えているため、スタッフは互いに向き合っておしゃべりができるし、わざわざ設置した折り畳み式のテーブルでトランプやボードゲームに興じることもできる。後部には乗務員用にきちんと機能する調理室や、バッグやコートを置く収納スペースもある。これではっきりしたのは、アルワリードは自分の飛行機を整然ときれいに片付けておくのが好きだということだ。バッグが椅子の上に置いてあったり、ジャケットがバッグの上から無造作に垂れ下がったりしているのは嫌なのだ。

しかし、すべてが合格点というわけではない。贅沢だと思われるだろうが、今やこの飛行機もアルワリードのニーズを満たすには狭すぎるのである。

アルワリードは常にスタッフのスリム化を図っているが、企業帝国が大きくなるにつれ、追加で人員を雇用せざるを得なくなってきた。スタッフが限界に達していることを承知しているアルワリード、ついにスタッフを補充することにした。また、大人になった子供たちが旅をする回数も増えたため、さらに広い飛行機が必要になってきたというわけだ。

しかし問題は、何を置いてもまず、この尋常ではないスケジュールについてこられる人材、もうひとつは――これも同じく重要だが――、アルワリードを中心とした大家族とうまくやっていける人材を見つけるのが難しいということだ。

解決策はあるのだろうか？　もっと大きな飛行機を買えばいいのである。

アルワリードは現在ジャンボジェット機を所有しているが、これは事実上、個人所有の飛行機では〝世界一〟の大きさである。これを新たに買い替えるとなると、やはり約一一・二八キロメートル上空を飛ぶ最も高価なボーイング747型機になる。

こんなに快適なフライトを経験したら人間は駄目になってしまうだろう。だが、アルワリードがそれを求めるかぎり、何もかもが完璧なのだ。最高級の食事と最寄のフォーシーズンズ・ホテルからアルワリードが持ち込んだ最高級の品々。〝ソファ〟というオプションがあるため、座席もいつもの〝通路側か窓側か〟を決める必要はない。

自家用飛行機で定期的に空を飛んでいるエリートでさえ、アルワリードが自家用ジェット機に施した内装がいかに快適かを語らずにはいられない。広さがほぼ三倍もある飛行機に彼らが乗り込んだらどういう反応を示すか、想像してみてほしい。

ボーイング747が空飛ぶ宮殿であるのは間違いない。

空飛ぶ宮殿

さらに、「キングダム5－KR」号（ハレド王子とリーム王女の頭文字を取ったもの）というヨットもある。

全長八三メートルのこのヨット、あの「タイタニック」号のほぼ三分の一の大きさだ。

当時は維持費が掛かりすぎるとして、アメリカの著名な億万長者で不動産王の異名を持つドナルド・トランプがアルワリードに売却したものである。常に掘り出し物に目を光らせているアルワリード、保険会社の見積もりでは一億ドルという最高級の船舶を一九〇〇万ドルで手に入れた。以前から自分でヨットを造るつもりでいたが、良い買い物を持ち掛けられて気持ちが抑えられなくなったのだ。

億万長者もバーゲンが好きなのだ。

キングダム社のカラーに染まったヨットは、洋上にずらりと居並ぶ定番の白い船のなかでは異彩を放っている。とくにデッキ先端に陣取っているベージュとグリーンのヘリコプターはひときわ目立つ存在だ。船長によると、三四人ほどのクルーが一年中待機しているが、操船中はヘリコプターの操縦士を含めて三八人になるという。出航前には保守点検や燃料補給、補充品の積み込みといった準備が必要なため、冬場の停泊位置から航行モードに切り替えるには一カ月近くかかる。一日に一〇〇〇リットル（二五〇ガロンを少しオーバーする量）の燃料を消費し、最高速度は六〇ノット、しかも一五ノットでほぼ八〇四六キロメートル――大西洋を横断して、また戻ってこられる距離――を快適にクルーズできるのである。

運転費の総額は、年間五〇〇万～六〇〇万ドルだそうだ。

このヨット、かつては世界一の大富豪と目されていたブルネイ王国のスルタンが一時所有していたが、その後はとかく物議をかもしている億万長者の武器商人アドナン・カショーギの手に渡り、後にドナルド・トランプが手に入れたものである。

昔からヨットで仕事をしているクルーの一人はこう話している。

「どんちゃん騒ぎをしていたころと比べると確かに変わりましたね。当時はジャグジーバスにクリスタルのシャンパンをなみなみと注ぐのが当たり前でしたし、水着の美女も大勢いたんですよ」

だが、アルワリードの手に渡ってからは明らかに家族仕様の船になり、さんざんバカ騒ぎをしていたクルーも大掃除に追われることになった。

毎年夏も終わりに近づくと、5-KR号は南仏の停泊地からカンヌ沖わずか八〇〇メートルほどのところまで移動し、有名なカールトン・ホテルの正面と向き合うよう、常に絶好の位置に停泊させる。アルワリードとその家族、そして訪ねてくる親しい友人たちはこの大きな船に寝泊りするが、取り巻きやスタッフの大半はカールトンに宿泊する。

派手に着飾った客たちはこのフランスの超高級ホテルをうろついている砂漠の民をじろじろ

見ているが、ベドウインたちは何食わぬ顔。ベドウインがここにいるということは、アルワリードがバカンスを過ごしている最中であり、彼らもその大家族の一員であることのあかしである。だが実は、他人の視線を浴びながらくつろぐという、妙な欧米の習慣に彼らも当惑している。率直に言えば、砂漠という自然のなかで――少なくとも故郷のリヤドで――トーブを着ているほうがはるかに気楽なはずだ。カールトンを歩いていたある年配の取り巻きの一人が、キャメルのロゴマーク――サングラスをしてたばこを吸っているラクダのマンガ――が入ったおしゃれな革のジャケットを着て座っている男を見つけた。だが、カフェで気取っている人間とは違って、ベドウインのアグフサインはデザイナーズブランドのラベルにはまるで関心を示さない。そこで取り巻きが八〇歳のアグフサインを突っついてみた。彼は顔をしわくちゃにしながらそのデザインをじっと見詰めていたが、やがてそれが何なのかが分かると、大きなしゃがれ声、めんどりのような甲高い声で、歯のない大きな口を開けてどっと笑い出したのである。きっと故郷でいつも目にしているラクダとは似ても似つかぬものだったのだろう。

＊＊＊＊＊＊＊＊＊＊＊＊＊＊＊＊

最近カンヌを訪れる人からは、カンヌはかつての魅力を失い、避暑客はただ見栄を張っているだけだというぼやきが聞こえてくるが、アルワリードは、自分にとっては思い出が詰まった愛着のある場所だと言う。

「カンヌには三〇年以上前から来ているんだ。父に連れてこられたのが最初だが、それがすべての始まりだ。父はもっと前から来ていたんだよ。わたしも相変わらず来ているけどね。ここは拠点にできるから好きなんだ。ここからいろんなところに行けるだろう。イタリアとか……、コルシカ島とか。スペインだってヨットで行けば一二時間もかからないんだよ。地中海の中心だ。だから来るんだよ」

毎日ヨットで会議をしたあと、アルワリードは昼間のほとんどを海岸で過ごす。昼食も地元のレストランで取る。〝旅行のコンパートメント〟のロバートとハーニが予約から何から全部お膳立てをし、いわば乗っ取ったレストランだ。午後から夕方にかけては、たいてい海岸沿いの道を六・五キロメートルほど早足で歩いて運動する。

二〇〇三年八月のある晴れた日のこと、アルワリードはいつもと違ったエクササイズをしてみようと思い立ち、全員が自転車に乗ることになった。しっかりしたプログラムに基づいてトレーニングをすれば効果があるのかどうかを調べてもらおうと、わざわざ専任のインストラクターのルナ・エイド・マスリまでリヤドから呼び寄せる始末。ライクラのトレーニングウエアを着込んだルナはいかにもプロらしく、アルワリードに急いで心拍計を装着させると、二二台の頑丈そうなマウンテンバイクを壁際にずらりと並べた。ところが、自転車走行で心血管系に最大の負荷を掛けるにはどうしたらいいのかを説明しようとした矢先、早くもアルワリードは自転車を一台選び、それに乗って猛烈にペダルをこいで走り出してしまった。護衛を含め、全員が仰天し、慌てて追い掛けていった。ルナは面食らいながらも、サドルの高さを少し調節してから自転車に飛び乗った。そしてもたもた走っている男たちに追いつき、追い越し、後ろを振り返りながら、ひたすら猛スピードでペダルをこいでいった。

ほぼ二二・五キロメートル。カンヌの海岸通りを行ったり来たりしながら、アルワリードは時折後ろを振り返ってはスタッフがついてきているかを見るぐらいで、ほとんどノンストップでペダルをこいでいた。のんびり歩いている観光客は何事かときょとんとしていたが、ドライバーたちは、明らかにツール・ド・フランスではないことに気づき、頑丈な体をした男二人をぴったり後ろに従えて猛スピードでマウンテンバイクをこぐ、見るからにやる気満々の男をフロントガラス越しに眺めていた。後ろからは、さらに先頭から遅れた一風変わったマウンテンバイクの群れが追い掛けるように走ってきた。

アルワリードの活動や会議のほとんどがビデオや写真に撮って記録されている。アルワリードが大統領や首相、実業家、ポップスターと会っているときも、〝視聴覚のコンパートメント〟がその場面を写真に収めている。カメラマンのアルフォンス・ダーゲルは、キングダム・ホールディング社に二十数人いるこざっぱりしたレバノン人スタッフの一人だが、彼は最新の映像機器一式で武装して、王子のベストショットを狙っている。もう一台のカメラを抱え、別のアングルで写真を撮り、問題が発生したときには照明や音声を担当するのがアシスタントのアフメド・アルマルキ。また、いつも彼らに密着し、三五ミリカメラとデジタルカメラを首からぶら下げて、プロ仕様の長いレンズでパチパチやっているのがスチールカメラマンのモハメド・アルジャンダルだ。

猛スピードで通過する王子を写すのは普段よりも難しい。三人とも王子の恐ろしいほどのペースには慣れていたが、今回は少々勝手が違っていた。珍しく自転車に乗っている上司のベストショットを撮り損なうのではないかと心配したアルフォンス、見晴らしの良い場所を探そうと、汗だくになってあちこちを奔走した。もし交通渋滞が起こっていたら、それは王子が通過するのを待つ若い男が駐車中の車の脇にしゃがみ込み、ローアングルショットを狙ってビデオカメラのファインダーをのぞいているからだ。それから一時間半の後、アルワリードは出発地点のカールトン・ホテルの前で自転車を降りた。満面の笑みをたたえ、紅潮はしていたが、息切れしている様子はまったく見られなかった。そして周りにいる取り巻きを見詰めながらこう言った。

「いい運動になっただろう、え？」

やや遅れてルナも到着。ライクラのウエアは汗でびっしょりだった。ルナは自転車を降りてアルワリードのほうにやって来た。アルワリードはすでにカジュアルな半袖シャツの下から心拍計を取り外しており、もう心ここにあらずといった様子でそれをルナに手渡すと、護衛に付き添われ、ふらふらしながらホテルに入っていった。

ストラップを手に巻きつけながら心拍計をチェックしていたルナの目に、ホテルのドアを通り過ぎるアルワリードの後ろ姿が飛び込んできた。ルナは首を振りながらこうつぶやいた。

「まあ、健康なことだけは確かだわ」

アルワリードは自転車を楽しんだが、自分のせっかちな性格に常に挑戦状を突きつけてくる交通渋滞を縫ってまで走りたいとは思わなかった。やっぱりウオーキングだ。ほかのスポーツは暇な時間にやることにしよう。アルワリードはそう心に決めた。

海岸からヨットまでの間にはたくさんの誘惑があった。

「健康でスポーツができて、毎日運動を欠かさないことにすごく固執しているね。健康でいることにこんなに固執する人間はいないよ。ジェットスキーは受動運動だから好きじゃない。でも、水上スキーはやるよ。水泳、ウオーキング、ジョギング。バレーボールもやるし、テニスもバスケットボールも……、何でもだ」

かつて、おぼれるのではないかと心配した母親に水に近づくのを禁じられていたことを考えると、アルワリードの泳ぎもずいぶんと上達したものだ。実は、アルワリードは水深四六メートル近い海にヨットから飛び込んで、一時間から一時間半泳いでいることでも知られている。モーターボートをはじめ、いろんな船が荒波を立てて通過していくにもかかわらず、である。護衛やスタッフも一緒に泳ぐが、いつも運動不足だとハッパを掛けられている。遊泳中に何か異変が起きた場合に備えて、近くで小さな救命ボートも待機している。

アルワリードがここまで精力的に運動に取り組もうとするのは、若いころの肥満が原因だ。「実は、以前はかなり太っていたんだ。一九七〇年代末にアメリカに留学したころには丸々と太っていたんだよ。だから、何とかしなくちゃと思ったんだ。それから規律ある生活を送るようになって、決めたこともきちんと守るようになったんだよ。人生でちょっとしたことをやらなくちゃいけなかったからね。そうしてダイエットを始めて体重を少し落としたんだ」

実は、アルワリードは肉を絶っており、魚は時折口にするものの、野菜中心の食事で今に至っている。何でもカロリーを計算し、どんな食べ物だろうとカロリー値を暗記しているため、すぐに口を突いて出てくるほどだ。だが、甘いものには目がなく、とくに人口甘味料を使ったアップルパイ（もちろん、パイ皮をはがしたもの）が大好物だ。無糖、無脂肪のアイスクリームをほお張ることもある。

またアルワリードは、卵白とノーカロリーのダイエット甘味料スプレンダで作ったマカロンにも何やら強い思い入れがあるようだ。頻繁に訪れるジョルジュサンクのようなホテルでは、ロビー奥の専用スペースで会議を開くときによく口にするので、ホテル側でも毎日これを大量に作っておく。来客も早速このカラフルな円盤のようなお菓子をたらふく腹に詰め込むことになる。どうしてもあとを引いてしまうのだ。何度も手を伸ばしていることに気づいた来客に対し、一個当たりわずか一〇キロカロリーだ、とアルワリードは言う。来客は半信半疑だが、それでも皿に山盛りになっていたマカロンはどんどん減っていく。アルワリードがことのほか気に入っているのがカプチーノ風味のマカロンだ――もちろん、カフェイン抜きである。

最近、アルワリードはあるちょっとした発見に気を良くしている。食品メーカーが〝ワンカーブ〟ケチャップ（**訳注**　炭水化物を減らしたケチャップ）の製造を開始したのである。アルワリードはケチャップが大好きだが、炭水化物の摂取量には常に注意しているため、食事のときにはスタッフにこのケチャップを持ってこさせている。

スタッフには健康体でいるようにと活を入れているアルワリードだが、彼らから食べたいものを食べる機会まで奪うつもりはなく、食卓にはたいてい食欲をそそるようなデザートがこれでもかというほど並べてある。まるで意思の強さを試すかのように、アルワリードは手を出したり引っ込めたりする。きっとだれが自分に甘いのかを確かめているのだろう。

アルワリードは常時運動しているから健康を維持できているのだが、早足で外を歩くのを最も楽しんでいる。その間にも電話で仕事ができるからだ。アルワリードのすぐ後ろを寄り添うように歩く集団のなかに、通信のエキスパートのラウーフ・アブードがいるが、彼は常に携帯電話を持ち歩いて準備している。王子が何かの取引やアイデアの補足を思いついたら、忘れないうちにしかるべき相手と電話で話ができるようにしておくためである。常時電話がつながるようになっているため、休暇とか仕事に縛られたことはない、とアルワリードは言う。

「途切れることはないよ。わたしがここにいれば、ここがオフィスだし、みんな一緒にいるしね。だから仕事のために休暇を早めに切り上げる必要がないんだ。だって全員ここに来ているんだから――つまり仕事があれば出張して帰ってこられる体制なんだよ――それでいいだろう」

携帯電話とウオーキートーキーもヨットと海岸とをつないでいる。また、5―KR号とカールトン・ホテル間を移動するときには、小型船が何隻も船隊を組む。一隻一二万ドル程度のこの小型モーターボートは、アルワリード仕様に合わせて改造され、十数人の人間を快適に陸まで運ぶことができる。クルーの一人はこう評している。

「モーターボート版フェラーリってところですかね」

この水上の宮殿は、高速モーターボートやプレジャーボート、ジェットスキー、パラセールまでを数々格納しており――すべてキングダム社のカラーで彩られ、ロゴマークも入っている――、アルワリードの家族のスポーツのニーズを完全に満たしている。もしだれかが空を飛ぶと言えば、モーターボートに四五メートルほどのケーブルをつなぐ。アルワリードもこんな冗談を飛ばしている。

「キングダムは空も飛ぶんだよ」

深夜、たいていは午前二時ごろだが、アルワリードはカンヌのカフェから戻ると、広いリヤデッキに備わっている大きなプロジェクションテレビを見る。チャンネルはロターナ・ミュージックチャンネルに合わせてあるが、そこは不眠不休で働くアルワリード、使い慣れたリモコンで、ロターナ、CNBC、BBC、CNNと、頻繁にチャンネルを切り替える。アラブ・ラジオ・アンド・テレビジョン（ART）に見入ることは少ない。二〇〇三年にARTの持ち株の大半を交換してしまったからだ。

デッキからは海岸の薄明かりがおぼろげに見える。穏やかな洋上は、アルワリードが読書に集中するには絶好の時間。ラウーフがアラブ諸国をはじめ世界中の主力新聞の最新版を持ってきてくれる。コーヒーテーブルにニューズウィーク、タイム、フォーチュン、フォーブスといった新聞や雑誌が届けられると、アルワリードはしばらくの間むさぼるように読みふける。

深夜の海岸での活動とは打って変わって、アルワリードは夜明けの長いウオーキングには出掛けず、比較的早い時間に、といっても午前四時ごろだが、豪華なベッドルームの船室に入って独り読書に没頭し、その後ようやく眠りに就く――といううわさである。

アルワリードが来客やスタッフにおやすみなさいを告げると、小型船――おそらくモーターボート版フェラーリ――がスタッフを海岸に連れていくのだが、何しろ時刻は午前四時ごろ。エンジンをうならせながらも、ほかの船の薄暗いキャビンの脇をゆっくりと、そうっと航行しなければならない。

＊＊＊＊＊＊＊＊＊＊＊＊＊＊＊

ボーイング767型機がスタッフや来客で膨らみ始めたと同時に、ヨットも手狭になってきた。そこでもう一隻建造することになった。少なくとも設計段階ではあった。新しい船にはヘリコプターをゆったりと二機搭載することができる――うち一機は、突き出たプラットフォームに降りたらプラットフォームごと艇体に引っ込み、そのまま船内に格納されるようになっている。

設計チームは、三階建ての高さのガラス壁でトップデッキのサイドを覆い、アルワリードが望む明るい吹き抜けの空間作りに挑んでいた。ガラスは航行する船に合わせてたわみやすくするというのが条件。だが、設計者にとってさらにやりがいがあったのは、技術仕様からデッキのレイアウトに至るまで、これでもかというほど情報を調べ上げ、細かくあら探しをするような質問をぶつけてくる依頼主とのやりとりだ。

アルワリードがそこまで設計に気を使うのは、招いた大勢の客に、快適で効率的な環境で過ごしてほしいと思っているからだ。設計には気を使う。付き合いであろうと会議に出席するためであろうと、定期的に5-KR号を訪れる客にはとくに良い印象を持ってもらいたいのである。

ある夏のこと、シティグループの会長兼CEO（最高経営責任者）で社交的なサンディ・ワイルをはじめ、ヨット上での遅めの昼食に招かれた著名人や大物らがぞくぞくとモーターボートを降りてヨットに乗り込んできた。ワイルはシティ最大の個人投資家に紹介しようと、新任のCEOチャック・プリンスを連れていた。ヨットに乗り込んだ全員を温かい握手で迎えたアルワリードはこう言った。

「参ったなあ！　シティにはプリンスが二人か」

休暇中のアルワリードはとてもリラックスし、実に陽気だったことをワイルも覚えている。

「『チャック・プリンスと一緒にカンヌに行って彼を紹介したら、彼（アルワリード）は、この会社にはプリンス（王子）の部屋はひとつしかないから、チャックはキング（国王）に改名したほうがいいね、なんて言っていたよ（笑）』」

U2（**訳注**　アイルランド出身のロックグループ）のボーカリストのボノも、短時間だったがヨットを訪れた。その後も有名なアラブ人歌手らが次々と訪れては会議を開くため、休暇はそのつど中断した。当時立ち上げ間近だったロターナ・ミュージックチャンネルと契約してもらおうと、アルワリードが口説いていた歌手ばかりだった。二〇〇三年の夏のこと、そのロターナの商談が洋上でほぼまとまった。

確か、フォーシーズンズのイッシー・シャープとカナリーワーフのポール・ライヒマンがこの王族の投資家と商談をまとめたのも、このヨットの上だった。

アルワリードがこの豪華な洋上の自宅兼執務室を使用するのは、合計すると年にわずか三週間ほどにすぎないが、アルワリードは自分や家族にとっては特別な時間だと考えており、ヨットで働くクルーも〝ナンバーワン〟が船上にいる間は絶対にミスがないことを確認しなければならない。

アルワリードとその一行が夏のバカンスの総仕上げとしてパリに向けて出発するときは、5

ーKR号のクルーが全員ドックに勢ぞろいして別れのあいさつをする。そのときアルワリードはクルーの一人ひとりに結構な額のチップを手渡し、全員と握手をすることにしている。息子のハレドもあとに続き、同じようにチップを手渡し、握手をする。それからアルワリードと取り巻きたちは大型バスに乗り込んで、ボーイング767が待つ空港に向かうのである。

その後、クルーのリーダーがタラップを外して停泊中のヨットに戻す。ヨットと備品の保守点検や修理と、彼らの仕事はあと一一カ月間続く。

だが、何はともあれ、ジャグジーバスの大掃除をする必要はなさそうだ。

順風満帆

アルワリードの二〇〇三年夏のバカンスは過去のバカンスとほとんど変わらなかった——二週間をカンヌで過ごしてからカンヌを引き払い、パリのジョルジュサンクで残りの一週間から一〇日間を過ごした。ただ、この年はカンヌからパリに移動する間にちょっとした買い物をしなければならなかった。

午後八時四五分、ボーイング767型機がパリ郊外のルブールジェ空港に着陸。アルワリードお抱えの経験豊富なパイロットは、ほとんどバウンドさせることなく滑らかな着地に成功した。しかし、この日の彼らの仕事は、アルワリードとその一行をニース空港からパリまで無事に連れてきて終了、というわけではなかった。実は、買い物の手伝いまでさせられたのである。

巨大なジェット機のタクシーが停止し、アルワリードがタラップを降りるころには、辺りはすでに真っ暗になっていた。黒のズボン、一部ボタンを外し、袖をひじまでまくり上げた黒のシャツ姿で、すぐにでも仕事に取り掛かれそうなアルワリードは、タラップを降りると飛行機の格納庫へ向かった。強烈な光を放つ投光器が目の前を照らし、数々の携帯用発電機がけたたましくフル稼働していた。直接グレアでは、六機の小型ジェット機が並んでアルワリードの品定めを待っている。ファルコン製の飛行機が二機、ホーカーシドレー製の飛行機が二機あった。

時間がない。アルワリードは最初のジェット機のほうへ歩を進めた。ダンカン・ジレスピー機長もすぐに歩き出し、アルワリードにぴたりと寄り添った。

二人はジェット機の前で待った。機内の照明がすべて点灯し、小さな扉が開き、格納されていたタラップが滑走路に向かって下りてきた。聞かされていた大富豪の実業家、ましてや王子に対する礼儀作法などまったく知らない担当者が、とりあえず深々と、ぎこちなくお辞儀をした。アルワリードも軽く会釈をすると、彼らの前を通ってまっすぐタラップを昇り、小さな機内へ入っていった。担当者もすぐあとからついてきた。ジレスピーもアルワリードにぴたりと寄り添って歩こうとしたが、スペースが狭いのでやや後ろからついていかざるを得なかった。

キングダム・ホールディング社の部門の数にぴったり合った一〇人乗り程度の飛行機で、運転費が掛からないものを探しているのだが、とアルワリードが切り出した。主にロターナ関連の仕事で使い、機体にそのシンボルマークを入れたいが、ホテル部門など、他部門の仕事で地域内の短距離を移動するときにも使いたい、六機のなかから最もそれにふさわしい飛行機を選びたいのだと。

「一機買いたいと思っているんだ――必ずしも一番安いものでなくてもいい。もちろん安いに越したことはないが、使い勝手が良く、最少限の費用で済むもの――つまり最高の価値があるもの――がいい」

アルワリードの掘り出し物探し。もうだれにも止められない。アルワリードは時間当たりの費用効率が最も良いジェット機を購入したいと思っていた。飛行機を使うときには、キングダム社の各事業部が本社から正式に借り入れて費用を計上することになっていたからだ。

アルワリードはしばらくの間最初のジェット機をチェックし、少し質問をすると、軽やかにタラップを降り、またすぐ次の飛行機に移っていった。

アルワリードが座席に座って確かめていると、この飛行機を売りたがっている会社の代表が隣に無理やり割り込んできて座り、同社では飛行機の貸し出しも行っており、三機を所有している――ただし、一機はこうして売り出しているので、サポートしているのは二機だけだ――と説明を始めた。アルワリードはざっと二～三質問をすると、またすぐに飛行機を降りた。

すぐに三機目の飛行機に向かったアルワリードは、収納スペースの使い方や座席の配列などについて意見を言いながら、同じようにてきぱきとチェックした。そして三分ほどで再び滑走路に降り立った。

投光器に照らされている次の機体に移る前に、アルワリードはジレスピーをそばに引き寄せ、売り手の一人の男のことを小声でつぶやいた。

「あいつはかなり値を下げてくれそうだな。二人と話をして、四〇〇（四〇〇万ドル）まで下げさせるんだ。支払いは明日の朝だと言っておけ」

これはアルワリードのプレッシャー戦術のひとつだった――飛行機を処分したがっている男の前に、自分がまばたきひとつせずに四〇〇万～五〇〇万ドルの小切手を切るにふさわしい男だというのを知っている男の前に、翌朝署名入りの契約書を持ってくるという期待をちらつかせるのである。

アルワリードがボーイング767型機のタラップを降りてから大型バスに乗ってホテルに向かうまで、つまり、ルブールジェ空港で買い物に費した時間は全部で三〇分、ジェット機六機をすべてチェックするのに要した時間は全部で三〇分だった。

数百万ドルするジェット機の購入にしては驚くほどの衝動買いに思えるが、いつもはもっと時間をかけている、とアルワリードは言う。

「確かに衝動買いだったし、決断も早かった。でも、機長はわたしが欲しがっているものを正確に把握しているからね。もう一～二カ月こんな仕事をしているから、わたしが何を欲しがっているか分かっているんだよ。彼がリサーチしてくれたものを全部並べて見たんだが、香港からシンガポール、アメリカ、南アフリカまで、世界中で探してきてくれた結論がこれなんだ。これで決まりさ。すぐに決めないとね。ぐずぐずして先送りしても仕方がないだろう」

何についても実行に移す前に慎重に計画を立てる、つまりリサーチをし、チャンスの有無を調べ、そのうえで適切な価格で手に入るかどうかを判断する、というのがアルワリード本来のやり方だ。皮肉にも、これはその投資戦略とも似ている。

大型バスに乗り込むとき、実際に明朝までにもう一機飛行機を買うのかと聞いてみると、アルワリードはしばらく間を置いてから、笑いながら後ろを振り返り、人差し指を高く掲げてこう言った。

「今夜買うよ!」

ささいなことまでチェックする

細部にまで目を光らせる、というのがアルワリードの最も際立った特徴のひとつである。機上であれ洋上であれ自宅であれ、アルワリードはありとあらゆるものに注意を払う。どんなに広い場所であろうとスタッフが周囲にいようとお構いなしに、ふさわしくなければどんなにささいなことにもこだわりを見せる。

宮殿のスタッフの一人は、家の中を歩きながら装飾品や灰皿をほんの一センチほど動かして、アルワリードがどうするかをこっそりチェックしていると言う。アルワリードは家の中を歩き回っては、ほとんど無意識のうちにその装飾品を直していくのである。アルワリードには装飾品や置物を一定のパターンに――ほぼ左右対称に――並べる癖があり、左右対称になっているかどうか、そのパターンどおりになっているかどうかに目を光らせている。実は、アルワリードは左右対称に固執している。特定の物があるかないかはどうでもいい。自分の視野に入る物が思いどおりのパターンで並んでいないときに、それを直すだけなのだ。スタッフがその現場を目にすることはないが、アルワリードは必ず気がつくのである。スタッフは、うまく説明はできないが、王子が設計の分野にも及ぶありとあらゆる細かいことになぜそこまで首を突っ込むのか、信じられないと言う。

そんなことを念頭に置きつつも、スタッフはアルワリードの自宅を〝宮殿〟だと評するが、まさにその表現がぴったりだ。居住スペースは約四二・七平方キロメートル以上、部屋数は三一七、テレビが五〇〇台、電話機が四〇〇台あり、一二機あるエレベーターのいずれかで移動する。

防犯ゲートを通過した車は、両側に背の高いヤシの木がずらりと並んだ長いドライブウエーを走っていく。ドライブウエーには傾斜があり、その岩肌に滝のように水が落ちる仕掛けになっている。建物自体はモダンな建築で、窓は高く、大部分が大理石のように輝く角張ったブロック構造。玄関の大きな扉を開けると、高さが二四メートルほどのエントランスホールが現れる。正面には大きな階段が二つあり、それぞれの階段を上っていくと上階で出会うようになっている。

ウオーキートーキーと携帯電話で武装した二〇〇人ほどのスタッフが、廊下や敷地内、職務部門を見回り、大きな自宅だけでなく、屋内プールと屋外プール、革張りのアームチェアを四五人分備えたミニシアター、広さが九・二九平方キロメートルあり、専門のフィットネスクラブもかなわないスポーツ施設のメンテナンスを行っている。このフィットネスクラブには、オリンピックサイズのプール、テニスコート（インドア用とアウトドア用）、ボウリング場をはじめ、考えられるありとあらゆるトレーニング設備が整っている。また、美しく造園された広い庭園には、十数人が夕食を取れるよう、椅子やテーブルも並んでいる。二・八平方キロメートルほどの主厨房から運ばれてくる料理は、世界中から集められたプロのシェフが腕を振るったもの。彼らは常に一度に一〇〇〇人の胃袋を満たせるよう準備しているが、その場合には、宮殿のあちこちにあと二〇ほどある厨房に応援を頼むようだ。

リヤドの夏、とくに七月と八月は暑すぎて、長い間外で座って食事をするには厳しい気候である。だが、その二カ月を除けば年間を通して乾燥しており、温暖なので、アウトドアの活動にはちょうどいい。アルワリードもたいてい屋外で食事をするが、外で食べるとき以外は、宮殿内に一五あるダイニングルームのいずれかにする。

屋外であろうと屋内であろうと、アルワリードは常にそばにテレビを置いている。世界のニユースや時事問題をチェックし、自分が所有するロターナ・ミュージックチャンネルをモニターするためである。見たいけれど見られない番組は、中央の視聴覚制御室で録画してもらう。壁際にずらりと並んだ十数台のＶＨＳビデオカセットは、アルワリードが好きな世界中の番組にセットしてある。自宅にある執務室と同様、各寝室にも――一〇の主寝室を含めて――最大四台のテレビがある。

敷地内で働くスタッフは、アルワリードが側近として直接置いておく必要がある人物に限られているため、明らかに不足しており、彼らが即座に対応できないときには、ウオーキートーキーを持って外出しているほかのスタッフに手伝ってもらう。

アルワリードの秘書を務めるダイナ・アブドルアジーズ・ジョクフダールは王子の宮殿のマネジャーでもあり、軍隊のような精密さで家計を切り盛りする。

「規律にはすごく厳しいですね。何でも統制が取れています。規則に従わない者には、王子は容赦しないんですよ。ちゃんと仕事をしないと許してくれませんが、一方では人情味があって、とても優しいんです」

またダイナによると、王子は過去の経験から、とくにスタッフを管理する自分のやり方を妨害するほかの王族や裕福なエリートをあまり気に入っていないそうだ。

「ほかの人とはちょっと違いますね。生き方が違います。人への対応も違うんです。ユニークですよね」

さらにダイナは、アルワリードは自分の会社だけでなく自宅でも女性に大きな役割を与えることをとても重要視している、とも言う。二〇〇四年の秋、この制度のなかで少しずつ仕事をこなしてきた結果、大勢いる宮殿や会社のスタッフを統括する初の女性マネジャーになったのがダイナである。

＊＊＊＊＊＊＊＊＊＊＊＊＊＊＊

アルワリードは、まずはその人の性格をよく見て適材を雇用することがカギだと考えている。「わたしはすごく規律を重んじるし、スケジュールを大切にする。過度に組織化するのが好きなんだよ。もう自分に染みついていることだからね。残念ながら、物事がきちんとしていないのを見て疲れることもある。それを正すことが好きなんだけどね。でも、会社にも自宅にも飛行機にもヨットにも、周りにはスタッフがいる――わたしのメンタリティーを理解してくれ、サポートしてくれる本当に素晴らしいスタッフがね。彼らがそういうことを全部覚えて、即座にやってくれるからこそ、すごく規律正しい生活ができているんだよ」

宮殿のスタッフの大半は、さまざまな職務部門に分かれて宮殿の地階で待機している。地階はまるで迷路のようになっており、建物全体に、そして駐車場にもつながっている。止めてある車もころころと変わる。ハマー（**訳注**　米ゼネラルモーターズ社のブランド）やバンをはじめ、十数台の車が整然と並んでおり、路上を走っているときも衛星テレビや通信機器が使えるようになっている。また、アルワリードが投資の一環として韓国で購入したヒュンダイ製のリムジンもある。スポーツカーや新型車も数台あるが、常に入れ替わっている。一時はティム・バートン監督の映画に出てくるバットモービル（バットマンカー）のオリジナルもあった。アルワリードが息子を驚かせようとして買ったものだが、所有していたのはごく短期間だった。

ハレド王子が実家を出ていっても、それほど遠くには行かないはずだ。自宅の隣にある旧宮殿は、若いハレドが結婚して家族と共に家庭に入るときのためにそのままにしてある。父親の古い宮殿をもらい受けるだけでなく、ハレドはビジネスでも大きな期待に応えている。

「すごいプレッシャーですよ。それは間違いありません。つまり、まだまだ荷が重すぎて引き継ぐのは無理だということです――とにかく重すぎますよ！　仕事の観点から見ると、責任は重大ですし、大変な負担です。でも、やっぱりそんなふうにしてやってきたわけですから、これからもそれに備えてやっていきますよ」

頼みの綱

リヤドの中心街を出たハレド王子は、目の前を延々と走るまっすぐな一般道を見詰めていた。車一台走っていない。何かをたくらんでいるような、少しゆがんだ笑みを浮かべながら、ハレドはこう言った。

「スピードを出すけど心配しないでくださいね」

ハレドがアクセルを踏み込むと、大きなメルセデスベンツCL600が直ちにそれに応え、スピードメーターも時速二六〇キロメートルまで一気に上り詰めた。

ハレドはまばたきもせず、満面の笑みを浮かべた。これは一般に売られているメルセデスベンツではなかったが、ハレドも一般のサウジアラビアの若者とは違っていた。

車は路面に吸いつくようにして緩いカーブを二度曲がった。突然、ハレドがアクセルから足を離した。車は低いうなり声を上げながらスピードを落とした。流線型の車は出口ランプを降りてロータリーへ。そこをまっすぐ左へ行くとキングダムリゾートの入り口だ。市の郊外にある、人もまばらな空き地に建設されている。到着したのは午後五時ごろ。父親と昼食を取ることになっていた。屋外で食事をするには夕方が一番だとして、アルワリードが宮殿で食べるのをやめたのだ。ハレドはくつろいでいた。

「父とは何でも話せるんですよ。そう言えるのがぼくの自慢です。もっとも、そう言えるようになったのはここ四年ぐらいですけどね。それ以前は、どう行動していいか分からなかったし、父にどう接していいかも分からなかった。理想の父親ではあったけど、すごく厳格な人で、それが怖かったんですよ」

今ではハレドも二つのモード――雇用主と従業員の関係、そして父と子の関係――にスイッチを切り替えて生活しており、それらを区別することで、父親とバランスの良いコミュニケーションが取れるのだと感じている。

「週七日間、一日二四時間、父と一緒にいるんですからね。先生でもあるし相談相手でもある。でも、自由なんですよ。父が会議を開くときには、ぼくも必ず出席します。必ず話の内容を聞いて、メモを取るんです。何が起きているのか、父はどう行動するのか、どう行動しないのか、どういうふうに手を引いたのか、なぜ手を引かなかったのか……。それはもう、ずいぶん学びましたよ。今でも大いに学んでいますよ」

ハレドはリゾートの正面ゲート近くに車を止め、ベージュとグリーンの小さな車に乗ったスタッフの一人にあいさつした。小さな車といってもゴルフカートにそっくりだったが、デザインは一九三〇年代のビンテージカー。キングダム社のロゴマークが入っていた。ハレドがその車に乗り込むと、車は電気自動車特有のヒューッという音を立てながら走り出した。そして曲がりくねった小道を走り、九ホールのゴルフコースを経て、自由に使える椅子やテーブルのある場所に到着。グランドキャニオンのミニチュア版とも言える、景色が一望できるところである。

アルワリードはすでにスタッフを従えて待っており、あちこちに置いてあるテレビにちらちら目をやりながら情報収集するという、毎日昼食前に行う習慣に没頭していた。

きれいな青空が広がっていた。遠くに公道が見えるのを除けば、ここは人里離れたオアシスかもしれない。

実は、アルワリードはリゾートの一環としてオアシスを建設している。急勾配の曲がりくねった道を下っていくと、小さな渓谷に出る。馬場や馬屋の向こうの丘の中腹には、いろんな動物が歩き回るミニ動物園や広大な鳥の飼育場がある。谷底の小さな湖のほとりには、背の高いヤシの木がずらりと並び、壮大な眺めである。中央付近の緑に覆われた小島は、湖を横断する二つの石橋の中継地になっており、湖の真ん中では噴水が水を高く吹き上げている。

リゾートには一〇余りの施設が点在しているが、なかにはかなり大きなものもある。請け負うには高額なプロジェクトに見えるが、案の定、アルワリードはここでも掘り出し物を見つけていた。

「実は、ここは放置されていた土地なんだよ。だれも利用していなかったんだ。だからわたしが購入して開発した。ただ同然で買えたんだよ。そして最小限の資金で開発して、こんなにゴージャスなリゾートが出来上がったということさ。今では購入費の一〇倍ほどの価値が出てきたね」

購入したときには完全に砂漠だったが、アルワリードは自然な外観をそのまま生かすために最善を尽くした。グランドキャニオンのミニチュア版もただ清掃するだけにとどめ、滝をライトアップするために照明を巧妙にワイヤーでつり、延々とウオーキングができるよう、その脇にも曲がりくねった小道を作った。

施設のひとつは、レバノンにある自然の洞窟を模して建てられている。この洞窟、レバノンでは観光客に人気があり、アルワリードの父親も気に入って、よく訪れていたところである。

もうひとつはアメリカの放牧場のようなところで、床のタイルや飾りつけはアメリカ中西部のもので統一してある。入り口脇には、アルワリードが一度に大勢の訪問客を迎え入れられるよう大きなテントがしつらえられている。オアシスのそばには娯楽施設もあり、屋内から屋外にかけてプールが突き出た格好になっている。

渓谷の上部は〝ヒルトップ〟と名づけられ、メインの建造物になっている。内部には埋め込み式のバーカウンター、飛び石、木造のミニチュア橋、上階に続くらせん階段が、広いプールを中心に配置されている。上階のガラスの床からは下のプールを見下ろすこともできる。

家族写真には、アルワリードと子供たちがあちこちの椅子に座っているところや寝室にいるところが写っており、どの場所からもテレビ画面が見える。

繰り返しになるが、このリゾートは明らかに細部にこだわるアルワリード・ビン・タラール王子の監督下で建設されたものである。

一人の男とその家族にとっては余計なものとも思えるが、アルワリードが言うには、キングダムリゾートを幅広く利用しているし、二十数人が座れる椅子やテーブルは一年のある時期にはほとんど埋まっているそうだ。

夜のとばりが降りると車がヘッドライトを点灯するため、リゾート近くを走る道路がよく見えるようになるが、通行量は少ない。小さな渓谷がリゾートと外界とを遮断しているため、騒音も聞こえてこない。

星がきれいに見えるようになる直前、空は濃い紫色に染まり、くつろぐアルワリードとそのチームのそばに点在するヤシの木のシルエットと美しいコントラストを見せてくれる。

「ねえ、見て！」と、突然の叫び声。すると、全員が彼女が指さすほうを振り向いた。雲ひとつない紫色の空。下のほうに小さな白い雲がぽっかりと浮かび、縁部はぼんやりと青みを帯びていた。まるで綿棒がふわりと浮かんでいるような、奇妙な光景だった。

取り巻きと話をしていたアルワリードも空を見上げた。びっくりしたアルワリード、笑みを浮かべながらこう言った。

「ああ、きっと迷子になったんだね」

砂漠から一転、雪景色へ

二〇〇三年が幕を閉じるころ、〝旅行のコンパートメント〟のスタッフは再び汗を流していた。キングダム・ホールディング社のロバート・エルハージとハーニ・アーガのオフィスをのぞいてみよう。二人に理路整然とした答えを期待するのは無理だろう。アルワリードがアメリカのワイオミング州ジャクソンホールに長期の旅に出掛ける日までは、もう二週間を切っていた。二人にはおしゃべりする時間はおろか、考える余裕すらなかった。この旅行のためにやっとのことでもう一人、ファイサルという男を採用してもらい、チームにとって将来有望な人員かどうか、その気迫を試している最中だったのだが、ファイサルはまだ経験不足で、依然として全員が大量の仕事を抱えていた。

ここ何年か、アルワリードは子供たちにせがまれて、冬のバカンスをスキーリゾートで過ごしている。ただ問題は、アルワリードが大半の資金を投入しているアメリカに来た場合、ただのんびりと休息を取って楽しむのがアフタースキーではないということだ。世界一よく働く億万長者のアフタースキーとは、スキー靴を脱いでから再び履くまでの間に重要な仕事を詰め込むこと、またそのための時間なのだ。

旧友に会いにカリフォルニアからやって来たチャック・グランも、アルワリードが何をしようとけっして驚かない。

「殿下がすごいプレーボーイだと思っている人がいるかもしれませんが、それはきっとヨットやジェット機を所有しているから、しかもジェット機は三機も所有していますし、贅沢な休暇を取っていたりするからでしょうね……。王子にとって休暇は楽しみでもありますが、仕事の一部でもあるんです。王子が遠出をするときは、基本的に仕事です。遊ぶ時間などほんのわずかですよ」

まさにそのとおり。しかし、そうとも言えない。

ジャクソンホールでは、アルワリードは確かにスキーウエアを身に着け、常に専任インストラクターのビルの指導を受けながら夢中で雪上を滑っていた。ビルは人生のたそがれ時を迎えているとは思えないほどはつらつとしていた。日焼けした顔は血色も良く、常に笑みを絶やさない。また忍耐強い性格の持ち主で、アルワリードとは正反対。速射砲のようなアルワリードの話し方と比べると、スローモーションかとも思えるビルの話し方。非凡なアルワリードの知的労働のスピードについていくのがやっとであった。

ビルは左右に体を傾けて丘を滑降しつつ、アルワリードを大声で励ましていた。一方、ウオーキングで鍛えている健脚のアルワリードは、楽しそうにその重力をうまく利用していた。チームのメンバーも後ろから一列になって滑ってきたが、実は、その多くがアルワリードのスピードについてこられずに悪戦苦闘。

家族全員で冬のバカンスが取れるという理由で、アルワリードにスキーを勧めたのは子供たちだった。次世代を担うハレドとリームはスロープでよく父親を追い越して滑っていくが、父親はたいてい、足にスノーボードをつけたまま真っ白な雪の上に寝そべっている彼らの脇を滑っていく。スノーボーダーは雪の上に寝そべって一休みするのが好きらしい。

実は、チャックの言うことはある程度正しい――アルワリードが山腹の雪の上を猛烈な勢いで暴走しているからといって、仕事が滞るわけではない。ときにはラウーフ・アブードが猛スピードで王子を追い掛けて、手にしているモトローラの携帯電話を開き、王子が手に取って通話ができるよう準備する。幸い、この通信のエキスパートはスキーが得意で、呼ばれれば王子のいる場所まですぐに滑っていける腕前だ。ところがある日、ラウーフは携帯電話を王子に手渡し、王子が話をしようとしたまさにそのときにバランスを崩してしまった。何もつかまるものがなかったので、とっさに王子につかまり、まっすぐに立とうとしたが、うっかり王子のスキーに絡んでしまった。二人はもつれ合いながらしばらく丘を滑り降りていったが、最後には見事に転倒した。

全員が見て見ぬふりをしていたが、実は口笛を吹きながら眺めていた。アルワリードはその間もずっと通話を続けていた。

転倒しながらも、仕事を続けるアルワリードであった。

＊＊＊＊＊＊＊＊＊＊＊＊＊

ジャクソンホールではアルワリードが予定をぎっしり詰め込んでいたため、ロバートとハーニにとっては緊張の連続であった。

一行はまずリヤドからニューヨークへ飛んだが、そこではシティグループの会長サンディ・ワイルと〝もう一人のプリンス〟こと新任ＣＥＯのチャック・プリンス、続いてタイム・ワーナーのディック・パーソンズ、保険大手ＡＩＧのトップ、ハンク・グリーンバーグなどとの会談を含め、一日に一二回以上の会議が予定されていた。フェアモント・ホテルグループのＣＥ

〇ビル・ファットも、当時アルワリードが株式の五〇％を所有していたプラザ・ホテルをどうするかを議論するため、わざわざトロントから駆けつけた。

だが、ある意味で、今回の旅の〝ニューヨークの部〟のハイライトは、アルワリードとビル・クリントン米前大統領との会談であった。

ロバートとハーニは、マンハッタン北部のハーレムにあるクリントンのオフィスビルに入るのに必要な保全許可証と黒塗りのストレッチリムジンでの送迎を手配した。もしハーレムで騒ぎにならなければ、それはそれで何事もなく済むわけだが、何かが起きて安全に対する懸念が生じた場合には、アルワリード自身の護衛のナセル・アルオタイビが現地の保安要員二人——二人ともニューヨークの元警察官——と一緒に行動する。

クリントンのオフィスが入っているビルにぴったり横づけされたリムジンを降りたアルワリードは、予定より一五分ほど早く着いた。早足でウオーキングをするには十分な時間だった。季節は冬。ニューヨークの道路の排水溝からは蒸気が上がっていた。人々もジャケットやコートを着込んで縮こまり、白い息を吐いていた。

ひざ上ほどの丈で襟に毛皮がついた黒い革のジャケット姿のアルワリードは、いつも身に着けている悩みの数珠を振り回しながら歩き始めた。護衛も慌ててアルワリードの側面を歩き始め、取り巻きも後ろから続いた。するとアルワリードが数ブロックを歩いたところで立ち止まり、だれにともなくこう尋ねた。

「ハーレムを歩いても大丈夫かな？」

ここはシャンゼリゼ大通りというわけにはいかなかったが、幸い、ハーレムも二〇年前とは確実に違っていた——ギャングと警官が出てくるハリウッド映画では犯罪の多発地区。一九九〇年代後半に始まった周辺の再開発によって、トレンディーで進取的な地区に変身していたのである。

クリントンのオフィスが入ったビルでは保安対策は控えめだったが、予想以上に安全であることは明らかだった。米前大統領からは、できるだけ内密な話がしたいということで、アルワリードに同行する顧問を一人だけにするよう要請があった。アルワリードとプライベートバンカーのマイク・ジェンセンは招かれた時点でいつの間にかセキュリティーチェックを通過しており、そのままオフィスに消えていった。二人は一時間後に出てきたが、会談の詳細についてはほとんど口を閉ざしたままだった。

ニューヨーク滞在中は確かに会議の予定が詰まっていたが、ロバートとハーニは、二〇〇四年一月一七日にはアルワリードがニューヘイブンを自由に訪問できるようスケジュールを組まなければならなかった。娘のリームの大学の卒業式だったのだ。アルワリードは友人のサンディ・ワイルに少しの間、職場を抜け出して卒業式でスピーチをしてほしいと裏から手を回していた。

卒業式が始まった。ひときわ目立つ若きプリンセスは、とくに父親と兄が母親を伴って目の前に座っているのが目に入るや緊張し、興奮を隠せなくなっていた。母親のダラル王女も娘の晴れの日に声援を送っていた。

教育という修羅場をくぐり抜けた二人の子供を、アルワリードは誇りに思っていた。二人とも間もなくフルタイムで父親と一緒に働くようになるはずだ。アルワリードはリームを強く抱きしめると、抱えるようにしてホールの外へ連れ出した。

そして手を放したアルワリード、現在娘が直面しているプレッシャーについて、こんな冗談を飛ばした。

「さあ、勝負はこれからだぞ！」

＊＊＊＊＊＊＊＊＊＊＊＊＊＊

ニューヘイブンの一日についても、アルワリードは入念にスケジュールを立てていた。ニューヨークからはバスで来たが、自分が所有するボーイング767型機を現地のハートフォードブラッドリー国際空港に先回りさせていた。さらにホーカーシドレー社の新しい飛行機も到着するよう手配していた――昨夜パリのルブールジェ空港で購入したばかりの飛行機だ。すでにアルワリード仕様に合わせて改装済みで、ロターナ・ミュージックチャンネルのロゴマークも入っていた。

スタッフと取り巻きがボーイングに搭乗する直前にこの小型飛行機を徹底的にチェックしたアルワリードは、ほとんどの人が見逃してしまうような、ごくささいなミスを二つ発見した。イスラムの聖典コーランから引用した小さなアラビア語の文字が控えめに防護壁の上に書かれていたが、仕上がった背景のほかの色とは少し違っていると指摘したのである。乗務員は、次回のチェックまでに修正するから大丈夫だと断言した。

全員が搭乗し、ボーイング767はアイダホフォールズに向けて出発した。ジャクソンホールの空港自体は小さかったので、こうした大型ジェット機が使用できる空港としてはジャクソンホールから最も近いのがアイダホフォールズだったのだ。続いてスキーリゾートに隣接する低層のフォーシーズンズ・ホテルまでバスを走らせた。

スキーを楽しめるのはあとわずか三日。その後、気ぜわしいアルワリードは再び仕事に戻ることになっていた。

今度はわずか八人のチームを同行させ、小型ジェット機でジャクソンホールから東部のジョージア州アトランタに直行した。コカ・コーラ、デルタ航空、CNN、そしてジミー・カーターが運営するシンクタンク、カーターセンターの本拠地である。

アルワリードはこの米元大統領を表敬訪問し、カーターセンターの有益な仕事に資金援助をするため、一〇〇万ドルを手渡した。一行はカーターとわずか一時間を過ごすために一二時間をかけて大陸を横断してきたわけだが、これは二人が友情を育み、きずなを強くするには計り知れないほど貴重な時間であった。

そう、アルワリードはアトランタのフォーシーズンズにも短時間だがお忍びで立ち寄っている。静かな部屋で数分間、祈りをささげるためだった。

次の四日間はジャクソンホールでのスキーに充てられていたが、長時間仕事を忘れる者はいなかった。アルワリードがニューズ・コーポレーションのCEOルパート・マードックを夕食に招いていたからだ。だが今回は、アルワリードがマードックに会いたいと告げたところ、このオーストラリアのメディア王が、自分の自家用飛行機で夕方ジャクソンホールまで行こうと自ら言い出した、というのが本当のところである。

アルワリードは、夕食のメニューを決めたり席順がきちんと決まっているかを確認したりして、ホテルのスタッフと楽しい二時間を過ごした。ここでも準備やプランニングの会合は和気あいあいとしたものだった。マードックがホテルに到着してから数時間後に再びホテルを去るときには、アルワリード自身が正面玄関までエスコートし、マードックを見送った。迎えの車の到着を待つ間、二人の億万長者は寒さに震えながらも無駄話に花を咲かせていた。自家用機に積む燃料タンクの大きさとか、一回の航続距離はどのぐらいかとか、億万長者ならではのおしゃべりだったのだろうか。

その四日の間に、フォーシーズンズの運営会社を率いるイッシー・シャープも妻を同伴してやって来た。これでアルワリードは、このカナダ人とホテル事業について話し合うことができたばかりか、北米のスキー場で育った男と二日間を満喫することもできた。スキーを始めてからわずか数シーズンだったにもかかわらず、アルワリードの上達ぶりに目を丸くしたシャープだったが、そのシャープ自身は、年齢的にも雪上であまり無茶をしないよう抑えていたそうだ。

単刀直入に

次の旅はもうひとつの〝アルワリードスペシャル〟だった。今度は西海岸だ。出発予定は朝六時。七時を回るとすぐ、ホーカーシドレーの飛行機がカリフォルニア州バーバンクに向けて離陸した。ミッキーマウスとその上司のマイケル・アイズナーの本拠地である。

取締役会でトラブルに直面し、四面楚歌のウォルト・ディズニーのCEOを全面的に支持していたアルワリードは、引き続き支持することを伝え、アイズナーを安心させたいと思っていたのである。一方で、パリ近郊で苦戦を強いられているユーロディズニーには踏み込んだ行動に出る必要があるとして、さらに強く迫る構えでいた。莫大な額を投入したものの、ここ一〇年間不振を脱していないからだ。

ディズニー本社での会議は効率も良く、短時間で終わった。そして午前一〇時三〇分、アップルの社員がコーヒーブレークに入っていたそのとき、小型ジェット機がサンノゼに向かっていた。その本社ではスティーブ・ジョブズとの会談が予定されていた。

ジョブズとの一時間にわたる会談のあとには少し時間ができた。ソフトウエア大手オラクルの創業者ラリー・エリソンがアルワリードとの会談の日にちを延期してきたからだった。そこでアルワリード、かつて留学していたころに住んでいた家とメンロカレッジがあるアサートンまでドライブするいいチャンスだと考えた。

町の中央を走るエルカミノレアル大通りに面した牧場風の黒ずんだ木造家屋を前にしたアルワリード、しばらく感慨深そうに見詰めていたが、やがて首を振りながら止めてあるリムジンに戻った。一九七〇年代後半のアメリカ生活はいかに孤独だったことか、とつぶやきながら。

道路を走りながら、アルワリードは運転手にメンロカレッジの正門前で車を止めるよう指示をした。しばらくの間ぶらぶらしながら本館の建物を眺めていたアルワリードだったが、再びさっと移動する用意をした。次の会議が控えていた。

サン・マイクロシステムズのキャンパスは、カリフォルニアにある数々のドットコム企業やテクノロジー企業の敷地とそっくりで、企業というよりもむしろ大学のような雰囲気である。会議に現れた創業者のスコット・マクニーリは、トレーニング用のシューズとウエアといういでたちで、本格的なエクササイズをしてきたばかりといった様子。マクニーリがアルワリードに接触してきたのは、ITバブルの崩壊後、とくに二〇〇一年に同社の株価が大きく落ち込んでからであった。アルワリードは真の掘り出し物を探していたため、会議が終わると、この会社をもっと詳しく調べる必要があると考えた。そしてその日の会議の間中ずっとアルワリードに付き添っていたジェンセンに対し、もう少し詳細にサンの調査を進めるよう指示をした。

午後八時、アルワリードはジャクソンホールのフォーシーズンズ・ホテルに戻った。一日で――しかも休暇中に――西海岸の最大手企業のトップ数人と会っていたことになる。

スキーを楽しめるのもあとわずか二日。ホーカーシドレーの飛行機が再び空を飛んだ。やはり早朝だ。行き先はヒューストン。相手はアメリカの現大統領の父親で、本人も第四一代大統領を務めたジョージ・H・W・ブッシュである。そのパパブッシュとは、オフィスから遠くないバイユークラブでの昼食が予定されていた。

長身で温厚なテキサス生まれのこの男は、大きな手で温かくアルワリードの手を握り締めながら出迎えたが、それからふと、こんなことを思いついた。

「ジムはどこだ？　バイユークラブで一緒に昼食でもどうだと伝えてくれないか」

ブッシュは秘書にそう言った。

ブッシュは比較的地味なオフィスにアルワリードを案内した。ホワイトハウス時代の思い出の品がいくつか飾ってあるだけだったが、ひときわ目を引いたのは、妻のバーバラや息子たちと一緒に収まった写真である。

二人がしばらく世間話をしていると、秘書がやって来て、送迎車が到着したことを告げた。

大きく手を広げながら立ち上がったブッシュが、全員に外に出て車に乗るよう促した。一五分ほどで静かなカントリークラブ内のレストランに到着した。

ブッシュとアルワリードに遅れること数分、〝ジム〟も到着した。言うまでもなく、米元大統領の信任も厚く、親友でもあるジェームズ・ベーカー米元国務長官であった。

和やかな雰囲気で昼食を取ったあとは、アメリカ＝アラブ関係の遺憾な状態について、率直で忌憚のない議論が交わされた。やがてブッシュが立ち上がると、わざわざ会いに来てくれたことをアルワリードに感謝しつつ、握手をした。ベーカーもいつもの粋な笑みを浮かべながら手を差し出すと、温かい別れの言葉で締めくくった。

たった今握った彼らの手に世界中の未来が懸かっていたのはそう昔のことではない。帰り際、そんな思いがアルワリードの脳裏をよぎった。

＊＊＊＊＊＊＊＊＊＊＊＊＊＊

その日の晩に会う予定の人物も、自ら起業したマイクロソフト社の威力を通して事実上世界中の未来を握っていた。アルワリードをシアトルの自宅での夕食に招いてくれたのは、ビル・ゲイツその人だった。

ヒューストン国際空港からシアトルボーイングフィールドまでは四時間少々のフライト。そこでアルワリード、より快適なボーイング767型機がヒューストンまで迎えに来てくれれば長い空の旅に767型機を使えるだろうと考えた。

午後六時、この世界第四位の大富豪は世界第一位の大富豪の自宅に車で向かっていた。ごく内輪の夕食を済ませたアルワリードがシアトルの空港に戻ると、ホーカーシドレーの小型機に代わってボーイング767が待機していた。ジャクソンホールまではほんの八五分間のフライトだったので、ホーカーシドレーの小型機をそこまで直行させればいい。スキーを楽しめるのはあと丸一日。翌朝スキー場に立ったアルワリードは、アメリカでの一連の会談は本当に大成功だったのかと振り返った。

一連の会談から何を得たのか――なぜ最初に彼らに会いたいと思ったのか――と聞いてみると、アルワリードからは、ビジネスリーダーと話をしているとファイナンシャルインテリジェンスが身につくのだ、彼らと世間話をしているだけでも、彼らが将来について楽観しているのか悲観しているのかの感触がつかめるのだ、という返事が返ってきた。政治的指導者についてはこう話してくれた。

「政治と金融、経済、ビジネスは嫌でも絡んでくるからね……」

しかし、もしアルワリードが政治的野心を抱いているとすれば、世界中のトップとの交流は大きなプラスになる。アルワリードは、とくに中東やサウジアラビアに好印象を持ってもらうには自分は絶好のポジションにいると感じているようだ。

「サウジアラビアとアメリカの関係は、今極めて難しい時期に差し掛かっている。サウジアラビアの一私人として、そして王室の一員として、わたしにはこうした政治的指導者やビジネスリーダー、さまざまな実業界と交流を持つ義務と責任があると思っている。九・一一の同時多発テロのせいでできてしまった溝を埋めるためにもね」

ホーカーシドレーの小型機がジャクソンホールに到着すると、ロバートとハーニは見るからにホッとしていた。過密スケジュールは滞りなく終了。旅行部門は改めて円滑に作動する精密機械であることを証明したわけだ。サウジアラビアのほかの事業家にはけっして見られないノンストップの仕事ぶりを目の当たりにしたファイサル、いきなり谷底に突き落とされるような手荒い洗礼を受けることになった。しかもアルワリードは、ジャクソンホールの空港で中型のジェット機までチャーターし、スタッフや取り巻きを広々としたボーイングが待機しているデンバー国際空港まで乗せていくことにしていた。ファイサルの目には、まるでトランプをシャッフルするように飛行機をごちゃ混ぜにしている男に映ったようだ。

ロバートとハーニが気にしていたのは、上司が満足してくれたかどうか、その一点であった。

翌日、今回の旅の最終日をパリで始動させたアルワリードは、とにかく浮き浮きしていた。

帰途に着く前に、金融関係者と会うためにケイマン諸島に短時間立ち寄った。

かなり早い時間にケイマン諸島に降り立ったアルワリードは、深夜一時ごろに予定されていた会議に出席した。会議は無事に終わったが、経理担当者や顧問と別れると、アルワリードはいつになく時間が押しているように感じそわそわし始めた。

ボーイングが定刻に離陸できないと分かると、アルワリードはジレスピー機長を呼んで問題の解決を命じた。きっと給油車の運転手が非番で、早々に帰宅して寝てしまったのだろう。

ケイマン諸島が数々のオフショアの企業や口座を優遇している以上、多くの人にとってオーエン・ロバーツ国際空港は極めて重要な空港だが、空港を見るかぎり、そういう印象を受けないのは確かである。異様な雰囲気を感じる者もいるようだが、ここは輪ゴムと礼拝で成り立っているのだと言われ、それをあっさりと信じる者もいる。

時間どおりに動くことに固執しているアルワリードがここを訪れたのも、純粋に仕事のためである。ジレスピー機長を見詰めながら、アルワリードはお気に入りのフレーズを持ち出した。

「問題は要らない、解決策が欲しいんだ」

細身で物腰の柔らかいジレスピーは、アルワリードの目線で物事を見ているが、少々厄介なことになりそうだと感じていた。一方のアルワリードは、スタッフが答えを出してくれることを知っていたため、それほど心配はしていなかった。

「あの日の夜は、ほぼ完璧と言える段階まで来ていたんだ。もちろん、理想を言ったら切りがないが、自分の身辺、スタッフの仕事ぶり、物事を組み立てていくやり方、すべてが平穏無事に終わるというところまで来ていたんだ。だからあまり心配していなかったよ」

ジレスピーは空港に要員を配置する少人数のスタッフと二言三言会話を交わし、給油車の運転手の自宅の電話番号を聞き出した。そして男の自宅に電話をかけたところ、かなりイラ立った眠そうな声が聞こえてきた。自分の勤務時間は一時間前に終わったので、あと数時間たたないと空港には戻らない、と男は言う。ジレスピーは緊急事態であることを説明したが、まるで無関心という反応しか返ってこなかった。

ところが、間もなくアルワリードのところに戻ってきたジレスピー、給油車の運転手が三〇分以内に来るから、飛行機は一時間もすれば出発できるだろうと告げたのである。

二〇〇ドルで眠っている男の目を覚ますとは、ジレスピーも大したものである。

ジレスピーが解決策を見つけてくれたことに満足したアルワリード、スタッフを何人か集めてこう言った。

「さあ、待っている間にウオーキングだ」

セキュリティーが強化され、空港がほぼ立ち入り禁止区域になっている昨今では、厳しい荷物検査を受ける乗客以外に、サウジアラビアの人間が明かりもついていない暗い飛行場に消えていくなどというのは、間違いなく異例のことである。ましてや十数人ものアラブ人が停まっている飛行機の間を縫って滑走路をうろつき回るなど、言語道断だ。小さな平屋建てのターミナルビルからは、二～三人の空港職員が、アルワリードと取り巻きたちが小さな施設の回りを早足で周回するのを少々困惑した様子で見詰めていた。

二時間遅れだが、エクササイズでややリフレッシュしたアルワリードは、再び一一・二八キロメートル上空を飛びながら世界を見下ろしていた。アルワリードは確信していた。ここではやる気さえあれば何だってできるのだと。

第16章 政治という仕事

わたしが王室の一員だということは、当然、政治家の血が流れているということだ。

――アルワリード・ビン・タラール王子

アルワリード王子が国際政治に興味を抱くきっかけになったのは、もちろん王子自身は控えめな姿勢を崩さないが、おそらくニューヨークのツインタワー基金に一〇〇〇万ドルを寄付するという、あの議論を呼んだ出来事だったに違いない。王子はグラウンドゼロを訪れたときに自らの立場を表明した。

「まずはサウジアラビア市民として、次に事業家として、最後にサウジアラビア王室の一員として発言している」

巨額の小切手を携えて訪米することはアブドラー皇太子やサウジアラビア政府にも伝えた、とアルワリードは語気を強めて言う。関係筋によると、サウジアラビアの体制は極めて緻密にできているため、アルワリードが外国で策を弄するのは難しく、仮にアルワリードが何か問題発言をしても、それは王室の暗黙の了解があってのことだという。

アラブ・ニュース紙の優秀な記者ハレド・アルマイーナは、今ではサウジアラビアでも率直な発言は可能だとしてそれに異議を唱えているが、自分もサウジアラビアの人間だから、アルワリードが厳しいルールに直面していることは理解できると言う。

「体制を尊重する姿勢を見せないと、ここでは生きていけないんですよ。制度を黙って受け入れないとね。一〇〇％従わなければならないというわけではありませんが、年長者を敬うこと、家庭内の出来事や感受性に配慮する、などという点では、一線を越えるのは無理だと思いますね。だって、それが価値観としてわれわれの行動や物の考え方に深く染みついているんですから」

しかし実際のところ、アルワリードの立場はほかのいとこたちとは若干違っている。第一に、父親は故アブドルアジーズ国王の二一番目の息子である。したがって、王位継承順位から見るとかなり下位にあり、直接競えるような立場ではない。ただ、やはり父方の祖父は建国者である。第二に、母方の実家は間違いなくレバノン随一の政治家一家であり、祖父のリヤド・エルソルハはレバノン独立後に初代首相として国を統率した人物である。

サウジアラビア人とレバノン人の血を引いているアルワリードは、政治家としては両方の舞台で活躍できるわけである。

問題は、果たしてアルワリードが政治を〝やりたい〟のかどうかである。

もしイエスなら、次は〝どちらの〟国でやりたいかである。

ベイルートを取り込んで

「政治的野心などこれっぽっちもない」

一九九九年四月、アルワリードは雑誌の記者にこう答えていたが、二〇〇二年三月には中東のメディアがレバノン首相の対立候補としてアルワリードの追跡取材を開始した。

アラブ連盟サミットが開催された二〇〇二年三月にベイルートを訪れたアルワリードは、経済政策について当時のラフィーク・ハリーリー首相を批判するコメントを発表したが、最初はメディアも表面的な報道しかしていなかった。揺るぎない権力基盤を持つハリーリーは、サウジアラビアの王族との親密な関係によって絶大な信任を得ていること、そしてサウジアラビアの建設業から巨万の富を手に入れたことを鼻に掛けていた。また、ソリテアシティーセンターの再建（**訳注**　戦争で破壊されたベイルートの復興プロジェクト地区）の旗振り役としても知られており、レバノンのスンニ派社会や国際社会、とりわけアメリカから幅広い支援を受けていた。

次にアルワリードが攻撃に及んだのは、そのわずか二カ月後、ベイルートのおしゃれなウオーターフロントに一億四〇〇〇万ドルを掛けて自ら建設したランドマーク、メーベンピック・ホテルのオープン当日であった。アルワリードはスピーチの冒頭で、〝レバノン政府に助言をする適任者のふり〟はしないという声明文を読み上げ、再び鋭いコメントを発表した。

しかしアルワリードは、ハリーリーとその支持者によって明らかに経済は破綻したと述べたうえで、レバノン政府には五～一〇年にわたる経済計画の概略を示し、国内経済や投資の計画に対するスタンスを明確にする必要があると説いた。さらに、公的部門を段階的に広く民営化するよう要求し、レバノンの財務大臣にその助言に耳を傾けるよう訴えた。

このメーベンピックでのスピーチを、フランス語新聞ロリアン・ル・ジュールは「反ハリーリー派が本気で目指す方向」と評し、主要な日刊紙アンナハルも「施政方針演説」だと書き立てた。

ほかのメディアも、アルワリードのスピーチ中にレバノンのエミール・ラフード大統領が、いわゆる独善的で満足げな表情を見せたことについてコメントし、このオープニングセレモニーでアルワリードを〝裏で〟操って協定違反を犯したと報道。また三月に話を戻すが、ラフード大統領はアルワリードのレバノン社会に対する貢献を評価し、レバノンでは最高位のレバノン杉勲章を授与している。

ハリーリーとラフードの緊張関係は、国内ではすでにかなり知られていた。政界はいささか分裂の様相を呈しており、どの党もどこかほかの党と連立を組むしか選択肢がなくなっていた。

そのラフード大統領の協力者として重要な地位にいたのがアルワリードである。二〇〇四年、憲法が定めた任期が過ぎると、ラフードは任期延長を要求した。メディアも、たとえ憲法の枠組みを無視しようが、この動きを支持しているのは、レバノンの政界に多大な影響力を持ち、実際に最高二万人もの兵士を駐留させているシリアであると報じた。当然、ハリーリーは大統領の任期延長案には猛反発したが、ハリーリーも憲法改正反対論者もこの流れを止められず、結局ラフードはレバノン議会から三年間の任期延長を認められた。それからわずか数週間後のこと、ハリーリーは首相を辞任した。

＊＊＊＊＊＊＊＊＊＊＊＊＊＊＊＊＊

レバノンの政界におけるアルワリードの公的立場がハリーリーとの間に何年にもわたる大きな緊張を生み出したわけだが、それにさらに拍車を掛けたのが、首相のポストに関心があるか、とのメディアの問いに対するアルワリードの答えであった。アルワリードには、「時期が来たら」とか「そうなったら橋を渡るしかない」などと答える傾向があった。

ハリーリーはアルワリードの政治的な威嚇をすべてはねつけていたが、首相寄りのメディアは、アルワリードを単に「ベイルートにあるメーベンピック・ホテルのオーナー」としか言及しなかった。アルワリードの執務室でも、ハリーリーは「サウジ・オジェ社のオーナー」（**訳注**　一九七八年にハリーリーが設立し、アラブ諸国屈指の国際的な建設会社に育てた）であり、サウジアラビア以外に拠点を置く請負会社はハリーリー首相が所有する会社だという声明で応戦した。

レバノン国内のメディア報道はやや憶測めいたものになってきたが、スンニ派の居住地区に突如現れたアルワリードのポスターに関する記事も登場した。ポスターには「貴方こそわれらが希望！」と書かれていた。

アルワリードは、一九九九年のイスラエルによる空爆で破壊された二つの発電施設の修復工事に一二〇〇万ドルを寄付するなど、慈善活動への寄付ですでに新聞で称賛されていた。また二〇〇四年には、レバノンの数々の人道支援活動にさらに一〇〇〇万ドルを寄付している。

だが、ハリーリーの支持者が計画したデモの詳細を報じた複数の新聞は、やはりアルワリードとその政治的野心を公然と非難した。

それまではハリーリーも政治の真剣勝負をどうにか回避していたが、果たしてアルワリードが本気で参戦してくるのか、それともアルワリードの協力者であるラフードを支援する目的で、単にハリーリーの国内における多大な影響力を排除しようとしているだけなのかを問う記事も出始めた。

ところが、そんなアルワリードとハリーリーの緊張関係も、二〇〇五年二月一四日のバレンタインデーに幕を閉じることになった。ベイルートを車で通行中に破滅的な自動車爆弾テロに遭い、ハリーリーが暗殺されたのである。アルワリードはハリーリー宅を訪れて遺族に直接弔意を表した最初の一人であった。だれ一人、このような最期を遂げてはならない。アルワリードは率直にそう述べた。

ラフィーク・ハリーリー暗殺事件をきっかけに、レバノンの政治や社会、とりわけシリアとの関係は激変した。国内の道路を練り歩く大規模なデモ隊が目撃したとおり、レバノン国内の圧力に加え、裏から、そして世界中のメディアから明らかな圧力を掛けられたシリアは、ハリーリーの死後、直ちに軍隊をレバノンから撤退させた。

レバノンが急激な変化を甘受したことから、レバノンの政界におけるアルワリードの役割に関する議論も下火になったが、それでもアルワリードのいとこで、レバノン南部で政治に深くかかわっているリアド・アサードは、幼なじみが政治的役割を果たすことについては常に支持している。

「彼みたいな人間は不正を働かないでしょうから、政治にもっとかかわってほしいですね。お金もあるし権力もあるし……、この地域にはそれが欠けているんですよ。根本的な開発とか基礎的な経済成長の文化が欠けているんです。彼がもしやってくれるなら、アラブ世界の新たなムーブメントの担い手の一人になりますよ。ワリードなら素晴らしい政治家になるでしょうね。アラブ世界でわたしたちが相手にしている政治家は、基本的に腐敗していますし、控えめに言っても堕落していますからね」

現状を痛烈に批判するリアドだが、レバノンでアルワリードが政治的基盤を固めるにはお金だけでは不十分だと強調する。間違いなく、草の根レベルの支援組織を確立する必要がある。

二〇〇二年、レバノンの新聞報道によってアルワリードが両国――レバノンとサウジアラビア――の国籍を持っていることが判明したが、報道によれば、一九九四年に発行されたレバノンのパスポートにある〝ワリード・エルソルハ〟という名前を使用することの妥当性に疑問を抱く者もいるようだ。いずれにしても、帰化申請から一〇年間はレバノンの政治に正式にかかわることが禁じられているため、アルワリードが自由に活動できるのは二〇〇四年以降になる。

二〇〇二年五月、アルワリードは幼なじみのジブラン・トゥエイニが社長を務める有力日刊紙アンナハル紙の一〇%を取得し、レバノンのメディアに出資した。

「まったく、火遊びが好きですね……。普通のやり方だと退屈するんでしょうね……。挑発するのが好きなんですね――もちろん正しいやり方でね。それから考えるんですよ。改革をしたければまず山を動かさないとね。彼はレバノンにすごく興味を持っています。われわれも彼が興味を持ってくれてうれしいですよ。レバノンの人々は彼に刺激を与えてもらいたいと思っていますからね。彼もそれを知っています。みんな変革を望んでいますからね」

だが、トゥエイニによると、アルワリードは単に財務状態が悪化しているアンナハルを救済する目的で同社に出資したのであり、政治的な意味合いはまったくないらしい。現に株主は編集方針に口を挟むことはできないし、実はハリーリーも三五%の所有権を握っていたのだが、少しも新聞社を牛耳ることはできなかったという。さらに、出資から二年もたたないうちに、アルワリードはアンナハルの保有株比率を一七%に引き上げたうえ、もう一社、レバノン第二の新聞社アドディヤルの株式も二五%取得した。

アルワリードはレバノンという国そのものにはそれほど関心がなく、成功するための手段としてみているのだ、とリアドは考えている。

「ワリードの出資比率はかなりのものですよ。ここは協議をするところ……、ここは身近な場所ですし、しっかりした人脈も簡単に作れますし、オープンです。活気にあふれた新聞もありますし、オープンな社会もあります。ですから、何かを始めたければレバノンに来るといいですよ。ワリードは何かを始めているんでしょう——始めるためにレバノンを利用しているんです。新しい発想ですね、まだ焦点は定まっていませんがね。彼の発想は国境で制限されるようなものではないと思いますよ。もう少し多元的なものになるはずです」

アルワリードはレバノンで幅広く事業を展開しているが、アルワリード・ビン・タラール人道基金を通した慈善活動やその他の活動でも広く知られている。

アルワリードと第二の故郷との関係が深いことは確かだが、レバノンで本当に政治を志しているのかどうかとなると、依然としてはっきりしない。現段階では、アルワリードは雲のすき間から光を投げ掛けることには慎重である。

二つの王国と一人の王子

第一の故郷サウジアラビアでのアルワリードの地位は、ある意味であまり明確ではないようだ。家系をさかのぼっていくとおじである国王にたどり着き、厳密に言えば支配者への階段を昇っている最中だが、上にはまだまだ階段が続いている。さらに、正確には垂直な階段がひとつあるのではなく、父親は同じだが母親が違う王子が大勢いることから、多方面に分岐している。サウジアラビアでは王族がエリート官僚の大半を占めており、一般には後継者問題も慎重に議論されているにすぎない。

その一方で、社会改革についてはかなりオープンに議論されるようになっており、アルワリードも先頭に立って唱えている。

「今日のサウジアラビア社会は変化を受け入れる用意ができているよ。重要なのは、今では王族も政府も、共に変化を受け入れる用意ができているということさ。目先の問題は、どのぐらいのスピードで改革を進めるかということだ。急激な改革を提唱する者もいるし、より慎重な改革を、ゆっくりした改革を望む者もいる。それが問題なんだ。改革を進めるか否かではないんだ。変革はもはや避けられないんだよ」

家系をさかのぼっていくと、アルワリードには生まれつき政治家の素質が備わっているのが分かる。父親のタラール殿下も、一九五〇年代後半から六〇年代初頭にかけて声高に改革を唱えていた。タラール殿下が二年間エジプトへの亡命を余儀なくされたのは、まさにそのためである。

一九六三年ごろに帰国したタラール殿下が政治的発言を控えるという暗黙の合意を受け入れ

ていたのは明らかだ。それ以来三八年にわたってタラール殿下は発言を封印し、その代わり不動産で莫大な富を築き、ユニセフ（国連児童基金）のサウジアラビア代表として際立った活動に専念している。

ところが一九九八年、タラール殿下が政府機構の改革を求めて再び沈黙を破ったのである。メディアでは、この新たな発言は、実は息子の政治的野心をけん制するためだとの憶測も飛んでいる。この年の四月、タラール殿下は王位継承といういきわどいテーマを持ち出して議論を沸騰させた——王位継承権について規定する明確な仕組みができていなければ、やがて権力闘争が勃発すると発言したのである。

実は、アルワリードの政策は欧米でも注目されつつある。例えば、ジミー・カーター米元大統領もアルワリードに注目している一人だ。

「彼（アルワリード）は民主主義を信奉しています。彼の声明文をいくつか読んでみましたが、驚きましたね。実際にサウジアラビアに選挙、つまり直接選挙の導入を要求しているんですから。王族という最高位にある人がそんな声明を出すなんてと、兄弟姉妹やいとこからは批判を浴びているでしょうね。でも、彼はそれで民主主義の有益な面を広めるという個人的なこだわりを示しているんですよ」

政治家候補としてアメリカから好意的に受け止められても、アルワリードとしては困ることはない。基本的には率直に物を言う事業家で、欧米のスタンダードに合わせて仕事をするという評判から別の領域に身を置くこともできるからだ。また、サウジアラビアの体制が何らかの理由で転覆するようなことがあれば、アメリカの暗黙の支援で、さらには国内の人気にも支えられ、最高位はだれに対しても開かれる可能性がある。アルワリードの慈善活動は間違いなくそれを後押ししている。欧米がサウジアラビアの変革を望んでいる件について尋ねられると、アルワリードはやや身構えて対応する。

「わたしの考えは、一部は欧米、とくにアメリカの期待にすごく近い。でも、わたしの期待と欧米が一般に望んでいることが完全に一致しているというわけじゃないんだ」

生き生きと、また語気を強め、アルワリードは警告を発することも忘れなかった。

「サウジアラビアの欧米化などあり得ないよ！　近代化は絶対に必要だけどね！」

アルワリードはすでに欧米のメディアで頻繁に発言しているが、二〇〇〇年末にはニューヨーク・タイムズ紙に、もしサウジアラビアが一二〇人の評議員で構成する〝シューラ〟という評議会に選挙を導入すれば、国民の不満を和らげることができると述べている。

「わが国には右派の人間がいるが、彼らは極めて保守的だ。信じられないほど保守的なんだ。イスラムの教えなんてものじゃないよ。彼らは声が大きいから、今こそその過激派と同じぐらい声が大きい反対派を形成し、バランスを取る必要があるね。そうすれば中立の人間も均衡を保てるし、もっとオープンになれると思うんだけど」

そのニューヨーク・タイムズとのインタビューで、アルワリードは数千人という王族に毎月数千ドルを支払う給付制度の廃止も訴えたが、これは多くの親族の神経を逆なでし、なかにはアルワリードのコメントを欧米側に立った政治的駆け引きにすぎないと考える王族もいた。

アルワリードは何の迷いもなく自分の立場を擁護した。

「いいかい、わたしはオープンな人間だ。神を信じている。誓って言おう。この国の社会を信じているんだ。この国の制度を信じているんだよ。わたしもその一員だが、王室を信じているんだ。誓って言うよ。右や左の過激派に気を使うつもりはないね」

この率直なアプローチは、父親のタラール殿下からも支持されている。タラール殿下はサウジアラビアを改革への〝道の入り口〟だと言い、息子には自分の経験から学ぶよう奮起を促している。

「わたしが言っているのは、舞台──政治の舞台──を降りてはいけないということだ。だが、だからといって、今はあまり出しゃばったり、その方面にかかわったりするべきじゃないね。わたし自身が辛らつな批判を浴びた経験があるからね。自分の考え方のせいで闘ったんだ。わたしがそういう経験をしているからこそ、息子には辛い思いをさせたくないんだ。みんな先達の教訓から学ぶべきだよ」

タラール殿下は二人に共通する遺産を受け入れており、自分と同じく遠慮なく物を言う息子の性格を理解している。

「あの子は故アブドルアジーズ国王の孫なんだ。だから祖父の政治的見解を受け継ぐのは悪いことじゃない。しかし、息子はむしろ経済の問題に全力を注いでいるようだ。当面は特別な（政治的）役割を担う必要はないから、今やっていることをそのまま続けていけばいいと思うね。前途は開けているんだから」

しかし数年前には、政治にはまるで関心がない、ビジネスだけに集中すると公言していたアルワリードが、今では自ら政治的役割を見いだすことに道理とシナジー効果があると言う。

「わたしが王室の一員であるということは、当然、政治家の血が流れているということだ。今われわれにはもっと率直に発言する義務があるし、考えていることを述べる義務があると思っている。ありがたいことに、大勢の支持者は素晴らしい人ばかりだ。だから変革に弾みをつけるためにも、もっと声を大にして発言しないと……」

アルワリードの率直な政治的発言について娘のリーム王女に聞いてみると、世代間の格差のようなものが少し顔をのぞかせた。

「心のなかでは、父は正しいことを言っていると思っているわ……。父にこう言ってほしい、だれかにああ言ってほしいと思っている人はそう多くはないけどね。でも、言っていることは確かに正しいわ」

サウジアラビアに改革を求めて問題発言をする父親にとって、実際にそれが脅威になるのではないか、とリームも多少は懸念している。

「あれやこれやで、父はいつも標的になると思うわ。だって……、ねたまれているもの」

この若き王女は、父親が潜在的な脅威に対して気楽に構えていられるのは、おおむね父親の宗教性――神から与えられたものは抑えられず、どうしても出てきてしまうもの――によるものだと言う。

ジャーナリストのハレド・アルマイーナは、アルワリードがますます政治にかかわるようになってきたことについては割り切って考えている。

「政治も経済も社会も一緒だと思いますよ。つまり、政治の話をするのは、サウジアラビアに住んでいようと、イギリスやアメリカに住んでいようと、われわれの日常生活のなかに政治がしっかりと根づいているからですよ。ですから、変な目で見られるとは思いませんね」

素晴らしき新世界

ほかの中東諸国と同様、サウジアラビアにも、本当の意味で国民が前進していくには容赦ない社会改革が不可避であるとの認識がある。

石油に依存している多くの国では、現地の少数の人々があっという間に裕福になり、統治者が作った社会のセーフティーネットというのは、自分たちに圧倒的に有利になるようなコミッション、許認可、その他の支払いを装った悪銭を意味していた。そうした国々では、高給をもらい労働意欲ゼロの職員であふれ返った公的部門が怠惰な社会の基盤を築いてしまった。ところが、その国々が変化の兆しを見せ始め、進歩的な政策立案者にも恐ろしく遠い先の結果が見えるようになってきた。

その結果、中東、とりわけペルシャ湾岸地域の各国が国民の教育や訓練、意識改革に乗り出し、雇用計画を実施するようになってきたのである。

例えば、大半のサウジアラビア人は販売員やレストランのウエーターといったサービス業のような仕事を敬遠していたはずだが、今や若者たちも自らの運命を受け入れるようになった。つまり、施しを待つのではなく、有益なスキルや教育基盤を築くことをより重視するようになったのである。アルマイーナによれば、ここにたどり着くまでにはすでに途方もない時間が費やされているという。

「周辺国を見てごらんなさい。湾岸地方を、アラブ世界のほかの国々を見てごらんなさい。政治、金融、経済、社会、どれもわが国よりもはるか先を行っているでしょう。われわれも今すぐ行動を起こすべきなんです。話は変わりますが、わが国だって変化しているんですよ。動いているんです。でも、わたしが批判し、期待しているのは、もっと変化のスピードを上げなくては駄目だということです。今必要なのはそれなんですよ」

しかし、そうした基本的な問題はアラブ地域全体にくすぶっており、外国人雇用主も、現地の人間がスピードについてこられないという理由で、採用に消極的になっている。その結果、サウジアラビアを含む湾岸諸国の政府は、現地の人間を雇用する最低比率を定めた規則を設けることにした。サウジアラビアの場合は、政府が〝サウジアラビア人化〟政策を打ち出したため、どの企業もサウジアラビア人に一定比率の職と雇用機会を与えなければならなくなった。

キングダム・ホールディング社で効率的な経営に携わる多くのレバノン人を抱えるアルワリードは、熟練したサウジアラビア人の雇用を推進しており、極めて厳しい条件を満たす有能な人材を常に探している。

同社の広報を担当するアンジェド・シャッカーは、自分の部門にスタッフを補充するため大勢の人と面接をしているが、そのアンジェドによると、アルワリードはサウジアラビア人化政策を早急に導入するというよりも、多少緩やかに自社の方針と融合させているようだ。

「王子はだれ一人クビにしないんですが、離職した人がサウジアラビア人でない場合には、後任者をサウジアラビア人にするんです。それが王子のポリシーなんですよ」

またアンジェドは、だれか適任者が見つかれば、女性の採用を真剣に検討するよう指示されたとも言う。

女性の雇用促進は、アルワリードが積極的に訴えていることである。二〇〇四年末には、ボーイング767型機を離れた五人の客室乗務員の後任にサウジアラビア人女性を指名した――年内に早くも一人目の女性を雇用。まずはその女性の夫と家族に話をし、自分の考えを理解してもらう、とアルワリードは強調している。もちろん、それから程なく、イギリス人の乗務員も彼女をチームの一員として歓迎した。

その年の一一月末のこと、アルワリードは思い切った行動に出た。ハナディ・ザカリヤ・ヒンディ機長をパイロットとして雇ったのである。サウジアラビアでは女性は車の運転も禁じられているのに——アルワリードが異論を唱えている法律——、ヒンディはサウジアラビアの上空を飛ぶ女性初の公認パイロットになった、とメディアは皮肉たっぷりに伝えた。ヨルダンの首都アンマンでヒンディが航空技術を学ぶ許可を取りつけるのに奔走していたアルワリード、サウジアラビアの労働市場では伝統的に女性の役割は限定されているが、その域を出ることが許された歴史的な一歩だと言う。

アルワリードは以前から、娘がキングダム社に入社し、まずは平社員から始め、徐々に昇格し、やがては会社の一部分だけでもうまく管理できるようになるのを楽しみにしている。漠然とではあるが、アルワリードがサウジアラビア社会の改革、とりわけ女性の権利の推進を切望するのにはわけがあった。それは、もし自分の娘が会社で積極的な役割を果たせるようになれば、女性が車を運転することさえ禁じる時代遅れの感性に縛られることもなくなるからだ。

自国での改革推進が徐々にアルワリードの優先課題になってきた。女性の問題や権利のほかに、アルワリードは以前からサウジアラビアの貧困問題にも光を当てており、草の根レベルでの直接的な慈善活動や廉価な住宅の建設など、低所得者層を対象にしたプロジェクトで広く社会一般に知られるようになってきた。そしてその活動は王室の最高首脳部をも動かし、ついにサウジアラビアに貧困層が存在することを公式に認めさせるに至ったのである。

ハレド・アルマイーナのようなジャーナリストによると、アルワリードには単に特権的な王族の身分であること以上に商才があることで広く認知されているという強みも加わったため、政治問題についてもあまり遠慮せずに発言できるようになったのだという。また、国内情勢に関するこうした率直な発言も、今ではかなり受け入れられるようになったようだ。

「わたしも率直に物を言いますし、国民も率直に物を言うようになりました。社会も変わってきているんですよ。ここ四～五年でサウジアラビアは前進しましたね。議論ができるようになりましたし、以前はタブー視されていた問題にも目が向けられるようになりました。ですから、アルワリードのことは特別扱いされる王子としてではなく、実業界の人間だと考えたほうがいいですね……。事業家として見られることのほうが多いと思いますよ」

財務会計チームを率いるサレハ・アルグールなど、アルワリードの側近たちもこれに同意見である。

「サウジアラビア社会では、彼はとても尊敬されています。はっきり物を言いますしね。とくに政治問題についてはね。経済についても、人材を投入したほうがいいと考えていますよ」

＊＊＊＊＊＊＊＊＊＊＊＊＊＊

アルワリードは政界での立場を振り返りながら、好むと好まざるとにかかわらず、自分は少なくとも政治問題に首を突っ込んでいると感じている。実際に正式な書類がなくても自分は政治家だ、とアルワリードは言い、女性を幅広く登用して社会における女性の地位の向上をサポートすることなど、社会工学のような活動をその例として挙げている。サウジアラビアの貧困層を対象とした慈善活動も社会の改善に焦点を当てたものであり、できれば公的機関がこうした問題によりかかわりを持てるよう支援していきたいと言う。

またアルワリードは、自分は民主主義へのさらなる動きを推進する役目を果たしており、政府とは距離を置いた立場だが、選挙への第一歩を踏み出せるよう国に働き掛けてきた、とも付け加えた。思い出してほしい。アルワリードはすでに外国の新聞で活発に発言しており、一二〇人で構成する〝シューラ〟という評議会に選挙を導入するようサウジアラビアの統治者に要求したことがある。

では、より直接的に政治にかかわる見通しについて、アルワリードはいつ国際的に表明するのだろう?

「欧米とはすごく良い関係を保っている。中東にしても、国内だけでなく地域全体とすごく良い関係を保っている。だからそれを利用して、できるかぎり両陣営を結ぶ架け橋になるつもりだ。それはわたしが事業家を続け、経済や金融などにかかわっていくなかで実現するよ。これは付加的にやろうとしていることさ。自分には何かができると分かっているのに、政治の世界に入るつもりは〝ない〟とか、東西間の出来事に関与するつもりは〝ない〟とか、そんなことを言う気はないね。でも、ちょっとしゃしゃり出ていって、自分は事業家なんだからその程度のことしかできないんだ、とも言えないしね――絶対に言えるわけがない！」

ただ、実業界と政界の間には自然のシナジー効果はあるものの、積極的な政界入りを果たすためには、アルワリードも自分の思考態度を見直す必要があるかもしれない。業界関係者はそう考えている。アルワリードは妨害されずに決定を下すのに慣れており、現場にいることも多い。取引に当たって融資を申し込みに銀行に行くよりも、むしろ個人の巨大な資金プールを利用したほうがどれほど楽かを、王子の顧問たちもすでに語ってくれている。アルワリードは人々に監視され、あとでとやかく言われることには慣れていないのである。

どちらかと言えば、政界は不愉快な妥協の世界であり、アルワリードも水面下でさまざまな政治的合意を取りつける際には、そうした紙一重のところに立たなければならない。そこには率直なディールメーカーが自由に歩んでいける道はない。しかし、基本的にアルワリードは、すでに政治という広いハイウエーをまっすぐに突き進んでいるのである。

第17章 砂漠のプリンス

大規模な投資決定も、人生におけるプロフェッショナルな決定も、個人的な決定も、すべて砂漠に来て下している。

——アルワリード・ビン・タラール王子

水際を歩く人影。その通り道を示すように、トウの茎がリズミカルになびいている。ひざを曲げて座っているラクダに男が近づくと、ラクダは一斉にいなないた。だが、そんなラクダには目もくれず、男はその間を縫うように、キャンプから少し離れた水際近くの休憩所へ向かっていく。

約九メートル四方の休憩所には、周りを囲むようにクッションがずらりと並んでいる。側近は全員起立して、男の到着を待っていた。男は沼地のほうを向いた休憩所の中央まで歩いてきた。皆じっと黙ってそれを見詰めていた。男は足を組んで座った。そしてすぐ右側に置いてある小型液晶テレビのリモコンを手に取ると、いきなりボタンを押し始めた。視線は画面にくぎ付けだ。側近たちも再び腰を下ろしたが、言葉を発する者はいなかった。

間もなく時刻は午前六時半。砂丘のかなたに太陽が顔をのぞかせた。一二月の外気はとてつもなく冷たいが、休憩所の真ん中にある大きなたき火が厳しい寒さから守ってくれる。休憩所のあちこちに座っている男たちは、ほとんどがしわだらけの両目だけを残し、あとはかぶり物で顔の周りをすっぽりと覆っている。冬用のトーブの上に羽織った厚手のジャケットは、多少は寒さをしのぐのに役立つのだろうが、実は、ベドウインたちは都市部に住む人間ほどには寒さを感じていないのだ。砂漠を知り尽くしており、昔からその要求には慣れているのである。

アルワリード・ビン・タラール王子が最もくつろげるのがこの場所である。

「わたしの先祖、わたしの祖父も父もみんなここで育ったんだ。だから夜になるとわたしも本能的に、直感的に自分のルーツに立ち返るんだよ。砂漠に来るといつも安心して、くつろいだ気持ちになれるんだ。わたしにとっては、戦略的な決定を下すときにはとても重要な場所だね。プロフェッショナルな決定だろうとビジネス上の決定だろうと個人的な決定だろうと、わたしには砂漠がすごく重要なんだ。とくに独りで歩いたり瞑想したりするときがね」

世界有数の大富豪で影響力もある男――そしてもちろん、最も有力な人脈も持ち合わせた男――と、ラクダやウマ、タカを従え、テントの中で素朴な砂漠の民に囲まれて地べたに座っている男。まるで正反対のイメージである。

これはハリウッド映画で描かれる典型的な砂漠のシーンだが、今日ではアラブ人でさえほとんど体験できない場所だろう。

ここではアルワリードも自分の立場を弁明したり、会議のために服装を整えたり、出張の間題を片付ける必要もない。つまり、スケジュールを心配する必要がないのである。

　これこそ砂漠の時間である。

「平日は一生懸命働いているからね。少なくとも一日一六時間労働だ。だから週末の水曜日と木曜日ぐらいは砂漠に来て緊張をほぐすことが大切なんだよ」

　思い出してほしい。アルワリードが緊張をほぐすといっても……、一〇〇万の事柄ではなく、一〇〇〇の事柄を一度に考える、という程度の話である。

　この砂漠のキャンプはリヤドから車で二時間ほどのところ、アルワリードの側近として仕えるベドウインが見つけた場所に設営されている。彼らは常に砂漠に目を光らせ、砂漠に十分に溶け込んでいるため、オアシスになりそうな場所、または当面は格別に風光明美な場所を見極めることができる。砂漠は絶えず姿を変えていくが、彼らにはその変化が予見できるのである。

　一二月のこの週末に選んだ場所は、サウジアラビアの首都からはかなり離れている。アルワリードはキャンプの設営を一時間未満で済ませることが多いが、ここは特別な場所である。通常より雨量が多いことに気づいたベドウインが、大きな沼を発見したのだ。周辺には自然のままの草が潅木や接ぎ木のような形で勢いよく芽吹いている。アルワリードは、淡いオークル色の砂地を三二キロほどブルドーザーで整地して、応急措置的にリヤドの幹線道路とキャンプとを結ぶ道路を造るよう、スタッフに指示をした。彼らは沼の周囲や潅木の周りにも——沼の真ん中にある小島に生えている潅木にまで——ロープを張って明かりをともし、だいだい色の光を放ち、温かみのあるおとぎの国のような空間を作り上げた。水際から少し下がったところにはキャンピングカーや宿泊設備を含むメインのキャンプがあり、通信設備からキッチン、日用品まで何でもそろっている。入り口付近には大きなSUVトラックが何台も居座り、不気味な雰囲気をかもし出している。数々の大きなテントには、アルワリードが冬の寒さをしのぐための休憩所もある。

ところで、アルワリード、寒さには比較的強そうである。

会社では冷房がかなり効いているため、スタッフは会議が長引いたりするとジャケットを着込むこともしばしばだ。

スキー場でも、アルワリードは帽子もかぶらずに風を切ってスロープを滑っていくが、スタッフはまるで現代版ミイラのような格好だ。口ひげや手入れをした髪からつららが垂れ下がることもあるが、アルワリードはまったくお構いなしだ。スタッフのほうは、もし目をつぶったら、そのまま凍りついて目が開かなくなってしまうのではないかと心配している。

砂漠のキャンプの外でも同じように、アルワリードは頭に何もかぶらず、心地良さそうに座っている。一緒にいるベドウインたちは全員同じ格好だ――厚手のかぶり物の下から両目だけをのぞかせている。タカでさえフードをかぶっている。実際には止まり木から飛び立たないようにしているだけなのだが、きっと小さな頭部を温めるのには役立っているのだろう。

キャンプ周辺のベドウインたちは旧式のライフル銃を担いでいるか、旧式のピストルを肋骨脇の銃ケースに入れて携帯している。銃はまだ権力の象徴の名残をとどめており、かつての封建文化をほうふつとさせる。昔は射撃能力と戦略的同盟が砂漠で生死を分けるカギだったのだ。こうした旧式の武器と現代の携帯電話やキャンプの衛星回線とのコントラストが、この国際人の真の多様性を示している。

めい想やウオーキングをしている間に、また静かに思索している間に、アルワリードは地球の反対側と数百万ドル規模の商談をまとめている。

ユーロディズニーとの取引を成立させたのもこの砂漠のキャンプからだったし、アルワリード最大の投資となったシティコープも、着想を得てから十分に考えを巡らせ、そして最終的な決定を下したのはこの砂漠の地であった。

「大規模な投資決定も、人生におけるプロフェッショナルな決定も、個人的な決定も、すべて砂漠に来て下している。ここで独りでめい想し、じっくり考えて決定を下すんだ」

アルワリードが繰り返し説明してくれたとおり、一族と砂漠とのかかわりの歴史は古いが、それだけでなく、週末のキャンプに数千人のサウジアラビア人が王子を訪ねてくるというのは、さかのぼること数百年前からの伝統である。そこで統治者が大勢のベドウインと会い、地域社会の考え方や関心事、希望に耳を傾けるのである。

砂漠の環境にいると考え方、感じ方も違ってくるのだ、とアルワリードは言う。

「わたしの思考パターンはここに来るとがらりと変わるんだよ。仕事は山ほどあるけど、会社にいるとできないんだ。やっぱり落ち着いてリラックスした雰囲気じゃないとね」

また、シティグループのCEO（最高経営責任者）サンディ・ワイルなど、アルワリードが親しい欧米人の仕事仲間を好んで招くのもこの場所である。ワイルはアルワリードの砂漠のキャンプを訪れたときのことを鮮明に記憶している。

「いろんなことを思い出すよ。タカがいたこと、砂漠に敷いたじゅうたんの上に食べ物がずらりと並んでいたこと、ベドウインが入ってきて歌や詩を作って王子にささげ、あの車を買ってくれ、この車を買ってくれ、妻を幸せにしたい、と懇願していたこととかね。あのときのことはずいぶん覚えているね。あそこからアメリカのオフィスに電話をかけたこともあるんだ。王子が当社の株を大量に売却したいと言うんでね。それから王子が支払う手数料の交渉をしたんだ。王子にとってはこれ以上ない価格だったと思うよ――まあ、こんな感じかな。信じられないやりとりだったね」

明日に架ける橋

この広大な荒野にいても指先を動かすだけで世界中を手中に収めることができるとなれば、アルワリードがそのやり方を変えることはなさそうだ。

アルワリードがこの砂漠で過ごす特別な時間を放棄するとは考えにくい。ここでそのすさまじく速いペースを一気に落とし、都会から離れた自然の環境で時間を過ごしたあとのアルワリードは、はたから見てもすぐに分かるほど充電している。だが、アルワリードが変えたいと思っているのは、中東と欧米、とりわけアメリカとのぎくしゃくした関係である。最近の出来事を考えるだけで、アルワリードの並外れたスタミナも完全に切れてしまうほどだ。アルワリードはその努力を買ってくれる人々と欧米で強力な関係を築いた。なかにはジミー・カーター米元大統領のような有力者もいる。

「初めて言葉を交わしたときですが、彼の自国に関する秀抜な知識には圧倒されましたね……。でも、アメリカについても、多方面でわたしと同等の知識を持っていたんですよ。こんな人は初めてです。二つの社会、二つの環境、二つの民族を結ぶ架け橋になれる人ですよ。賢明な姿勢で臨んでいますし、進歩的ですしね。無比の、とまでは言いませんが、極めてまれな能力の持ち主ですね。一方では欧米の良い面を見て、もう一方ではサウジアラビアとアラブの社会を見て、人生の大きな目標として、双方の溝を埋める方法を常に模索しているんですから。そういう意味で、彼には大きな感銘を受けたのです」

＊＊＊＊＊＊＊＊＊＊＊＊＊＊＊

人生の新たなステージに立ったアルワリード王子、キーワードは〝架け橋〟である。とてつもない利益を上げ、五〇歳を過ぎたものの（一九五五年生まれ）、そのペースが落ちる気配はまるでない。まだまだ今後二〇～三〇年は見ていて飽きることはないだろう。

メディアやアルワリードを知る人からは奇才のように言われている。確かに比較的短期のうちに、同世代の人とは比較にならないスタミナで多くのことを成し遂げた。アルワリード自身も自分の意欲の高さを認めている。

「いつか自分が引退するなんて考えられないね。成功に向かってひたすら努力しているよ。どんな形であれ、引退などあり得ない」

ビジネスが成功してくるにつれ露出度がますます高くなってきたアルワリードだが、けっして分かりやすい人間ではない。いったい〝何者〟なのか、〝どんな〟行動を取るのか、〝どこに〟いるのか、〝何を〟しているのか、〝なぜ〟そうするのか、〝だれと〟一緒にいるのかなど、第一印象では分かりにくい。車の展示場に出掛けて特定モデルのハンドルをチェックしただけで、ほかの車には目もくれず、全車種を見たと思い込んで帰ってくるようなものである。アルワリードは一度にすべてを簡単にさらけ出すような人間ではないのである。

この男を見るには、間違いなく人物よりも成功に目を向けたほうがはるかに分かりやすいだろう。

フォーブス二〇〇四年版の世界長者番付で第四位の大富豪として紹介されたことはともかく、アルワリードはメディアや金融、エンターテインメントから不動産、ホテル、テクノロジーまで――これでもごくわずかな例である――、実に幅広い分野に分散した事業と投資のポートフォリオを系統立てて築いてきた。実は、不動産とホテル経営との垣根を取り払い、統合するというホテルセクターへの取り組みは、伝統的な業界の考え方を一新してしまった。今では皆、このやり方に倣うようになった。

結局はアルワリードの信用を失墜させようとする動きは行き詰まり、アルワリードは東西で考えられる最高レベルで支持を得るに至ったのだが、その成功はもっぱら自身の勤勉と重労働のたまものなのである。

ビジネスや政治関係のパイプという点でも、アルワリードに並ぶ者はいないだろう。アルワリードは常に何らかの形で世界を動かす人々の輪のなかにおり、そうした人脈を通して、とくに東西の溝が深くなりそうなときには、その架け橋としての役割を確立してきた。

しかし、この成功した男の最も非凡な一面はその頭脳である。確かに驚異的なレベルで機能し、実にさまざまな思考をとっさに――しかも信じられないほど詳細に――巡らせる。これについては、だれもが必ず驚かされる。実用的な知識も頭のなかの膨大なデータベースに保存しており、電光石火の早業でアクセスする。この脳のライブラリーは、アルワリードがほとんど取りつかれたように読みあさるニュース記事や時事関係の書物から常に補充され、更新されているのである。

だが、こうして華やかな成功を収めたにもかかわらず、アルワリードは左うちわで身を引くような人間ではない。指先を動かさなくても気ままに暮らしていける身分ではあるが、人生にはまだまだやるべきことが山ほどあると思っている。世界中の人々に自分のこと、そして自分の長期的目標が何なのかを理解してもらうことを含め、世界的に影響を及ぼしていることを認めてほしいのである。

アルワリードと真剣に、また濃密な時間を過ごすと、アルワリードがアラブ人やムスリムに対する欧米のステレオタイプ化されたイメージとは程遠いこと、またそうしてステレオタイプ化することが間違っているばかりか、長期的には双方にとっていかに危険かを欧米に示すことを使命にしているのが分かる。アルワリードにビジネススキル、政治的野心、億万長者の生活があるかぎり、アルワリードを中傷する人が今後も出てくるのは間違いないが、アルワリードほどこの三つがすべて複雑に絡み合っている人間はいないというのが現実である。

イギリスのある喜劇俳優がかつてこう言ったことがある。

「金では友を買うことはできない。ただ、品の良い敵を得ることはできよう」（**訳注**　英国の喜劇俳優でユーモア作家のスパイク・ミリガンの言葉）

アルワリードには明らかに敵がいる。アルワリードが政治の世界で波風を立てるにつれ、その数も増えていくが、父親のタラール殿下に続き、すでにサウジアラビアとレバノンの両国でさざ波を立てている。

アルワリード・ビン・タラール王子と同じように成功した人物を評価する際には、あら探しばかりをして実績を見逃してしまうことが多い。メディアはとくにそうだが、常にどんなミスを犯しているのか――何が悪かったのか――を知りたがる。

しかし、アルワリードの場合には、そのミスがほとんどない。また、アルワリードは基本的に人生を精いっぱい楽しんでいるように見える、比較的のんきな人物なのである。

円熟味を増し、成功したことがアルワリードには大いにプラスになっている。子供たちも信じられないほど〝普通に〟成長し、性格も実に好感が持てる。両親が離婚しているにもかかわらず、ハレドとリームはとても安定しており、父親とも母親とも良い関係を保っている。

だが、アルワリードは相変わらずすさまじいペースを維持しており、その目標もとてつもなく高いところに置いている。アルワリードとしては、並外れた成功を成し遂げたことを示し、ペースを落とすことなくそれを基礎に前進できればいいと思っている。

果たしてそういうアルワリードの思いは現実に即しているのだろうか？

時が答えを出してくれるだろう。しかし、アルワリードの決意を認めないわけにはいくまい。幼いころにはいとこのリアド・アサードと競いつつ、果敢にモノポリーで遊んでいた。アルワリードがキラキラ光る瞳を宿しつつ成長していく姿を見詰めていたリアドは、共に過ごした幼少時代を愛情たっぷりに懐かしむ。

「彼こそ勝者ですよ。いつも思い出すんですが、ワリードは世界一の大金持ちになりたがっていました。これからもずっとそう思い続けていくんでしょうね。きっと世界一の大金持ちになりますよ。ビル・ゲイツもおちおちしていられませんね！」

母親のモナ王女が昔のビデオ映像を見ながら言うように、アルワリードは初めから断固とした性格の持ち主であった。昔の映像は子ヤギを追い掛けているよちよち歩きの赤ん坊を映し出しているが、赤ん坊は何度も転びながら根気よく子ヤギを追い掛けて、最後にはしっかり捕まえる。大人になったアルワリードは、根気よく追い掛けてきたものをほとんど手中に収めている。アルワリード王子の全体像をつかむには時間がかかるが、仮につかめたとしても、すべてをさらけ出してくれることはない。

まず不可能である。

〝事業家〟〝億万長者〟〝王子〟――そして〝政治家？〟アルワリードの物語はまだまだ続く。

謝辞

成功を収めたプロジェクトというのは、すべてチームワークが基本にある。本書も数人のキーパーソンの多大な努力がなければ完成しなかっただろう。

ジェームズ・ライト。マネジャー以上の働きをしてくれた。本書を完成させるカギになったのが、きみのたゆまぬ努力とこのプロジェクトへの献身ぶりである。わたしを激励してくださり感謝する。今でもきみのムチ打つ音が聞こえてくるようだ！

わが兄弟のジェフ。この冒険とも言えるプロジェクトに取り組んでいる最中、きみと一緒に仕事ができてうれしかった。きみの写真のおかげで本書には生彩が加わったし、きみの創造性のおかげで完成した本書の体裁や雰囲気も一段と良くなった。

また、さまざまなレベルで今回のプロジェクトに参加してくれた人々にも温かい祝辞を送りたい。サスジャ・シープトストラとジェシカ・パイパーは、このプロジェクトを内側から見守ってくれた。支えてくれてありがとう。アンジェド・シャッカー。執拗に情報提供をお願いしたわれわれに辛抱強くお付き合いくださり、感謝する。

マイク・ジェンセン。わが親友で、アルワリード王子と一緒に早朝まで起きていたわれわれを夜通しサポートしてくださった――いくら感謝しても足りない。

そしてアルワリード王子殿下の個性豊かな側近の方々。わたしを温かく迎えてくださり、心から感謝する。まだまだ書きたいことは山ほどあるのだが……、何しろページ数が限られている。

ジョルジュサンク・ホテル	100.00%	
ザ・プラザ・ニューヨーク	10.00%	
フェアモント・サボイ	**	
フェアモント・モンテカルロ・グランドホテル	**	
キングダム・ホテル・インベストメンツ(KHI)	46.90%	
カナリーワーフ	2.25%	
サウジ・リアルエステート	100.00%	
キングダム・ホールディング本社	100.00%	
キングダムセンター	32.50%	
キングダムシティー	38.90%	
バラスト・ネダム(建設)	3.00%	
小計		$4,580
小売り、消費財		
サックス・インコーポレーテッド	2.29%	
プロクター・アンド・ギャンブル	*	
ペプシ	*	
小計		$285
自動車、製造業		
フォード・モーター	*	
ナショナル・インダストリアライゼーション	15.00%	
小計		$300
農業、食品業		
キングダム・アグリカルチャー・アンド・ディベロップメント (KADCO)、エジプト	100.00%	
サボラ・グループ	10.00%	
小計		$300
ヘルスケア、教育		
キングダムホスピタル	65.00%	
キングダムスクール	47.00%	
小計		$160
アフリカへの投資		
CAL マーチャントバンク、エコバンク、ジョイナセンター、ソナテル、ユナイテッド・バンク・オブ・アフリカ	**	
キングダム・ゼフィール・アフリカ・マネジメント (KZAM)	50.00%	
小計		$80
個人資産、現金、その他		
宮殿、ヨット、飛行機、現金、少額投資	100.00%	
小計		$2,100
合計		**$23,660**

* 保有株比率が 1% 未満の投資
** 保有株比率はまちまち

アルワリード・ビン・タラール王子殿下の投資ポートフォリオ		
2005年3月発行のフォーブス誌世界億万長者番付で第5位にランクされた時点のデータ		
セクター	%	投資総額(100万ドル)
銀行業		
シティグループ	3.90%	
サンバ・ファイナンシャル・グループ(SAMBA)	5.00%	
アルアジジア・コマーシャル・インベストメント	20.00%	
インターナショナル・ファイナンシャル・アドバイザーズ(IFA)	5.00%	
クウェート・インベスト・ホールディング	5.00%	
その他金融機関への投資**	**	
小計		$11,380
テクノロジー		
アップル	*	
ヒューレット・パッカード	1.00%	
コダック	1.00%	
モトローラ	*	
小計		$900
インターネット		
アマゾン・ドットコム	*	
eベイ・ドットコム	*	
プライスライン・ドットコム	*	
小計		$305
メディア、娯楽		
ニューズ・コーポレーション(ADR)	6.00%	
タイム・ワーナー	*	
ディズニーランド・パリ	17.30%	
ウォルト・ディズニー	*	
プラネット・ハリウッド+フランチャイズ	20.00%	
ロターナ	100.00%	
LBC サテライト	49.00%	
各種アラビア語新聞	**	
その他メディアへの投資	**	
小計		$3,100
ホテル、不動産、建設		
フォーシーズンズ・ホテルズ・アンド・リゾーツ(ADR)+関連不動産*	22.00%	
メーベンピック・ホテルズ・アンド・リゾーツ+関連不動産*	33.00%	
フェアモント・ホテルズ・アンド・リゾーツ+関連不動産*	4.90%	

Alwaleed Bin Talal Bin Abdulaziz Alsaud

Date: **6 / 2 / 1398**
15 /1/ 1978

To: **ファースト・ナショナル・シティバンク**
サウジアラビア王国リヤド支店
支店長殿

拝啓

イスラム暦1398年2月13日（西暦1978年1月22日）から計2年間にわたり、融資していただいたSR1,000,000（1,000,000サウジリヤル1件）の月々の返済分を当方の当座預金（口座番号6990-1）から引き落とすことをここに承認します。

敬具

アルワリード王子がシティバンクからの融資の返済を決める。それからちょうど 10 年後、王子はシティバンク株の 15%近くを保有することになる。

الرياض في ١٣٩٨/٢/٦ هـ
١٩٧٨/١/١٥م

المكرم مدير الفيرست ناشونال سيتي بنك　　　الموقر
الريـــــاض

تحية وبعـــــد :ـ

افوضكم بموجب خطابي هذا بخصم القسط الشهري المترتب علـــي
من جراء اعطائي القرض بمبلغ (٠٠٠ر٠٠٠ر١ ريال) مليون ريال فقط ، من حسابي
الجاري لديكم رقم ١ ـــ ٦٩٩٠ ، وذلك لمدة سنتين من تاريخ ١٣ صفر ١٣٩٨هـ.

وتقبلـــوا تحياتـــي ...

الوليد بن طلال بن عبد العزيز آل سعود

Alwaleed Bin Talal Bin Abdulaziz Alsaud

To: **ファースト・ナショナル・シティバンク**
サウジアラビア王国リヤド支店
支店長殿

拝啓

起業するに当たり、事務所の備品やその他の費用に充当するため、SR1,000,000（1,000,000 サウジリヤル 1 件）の融資を承認していただきたくお願い申し上げます。借り入れた負債は全額返済いたします。

敬具

Cc: **会計**
一般ファイル

1978年1月にアルワリード王子がサウジアラビアのシティバンクに約3万ドルの融資を申し込んだときの手紙

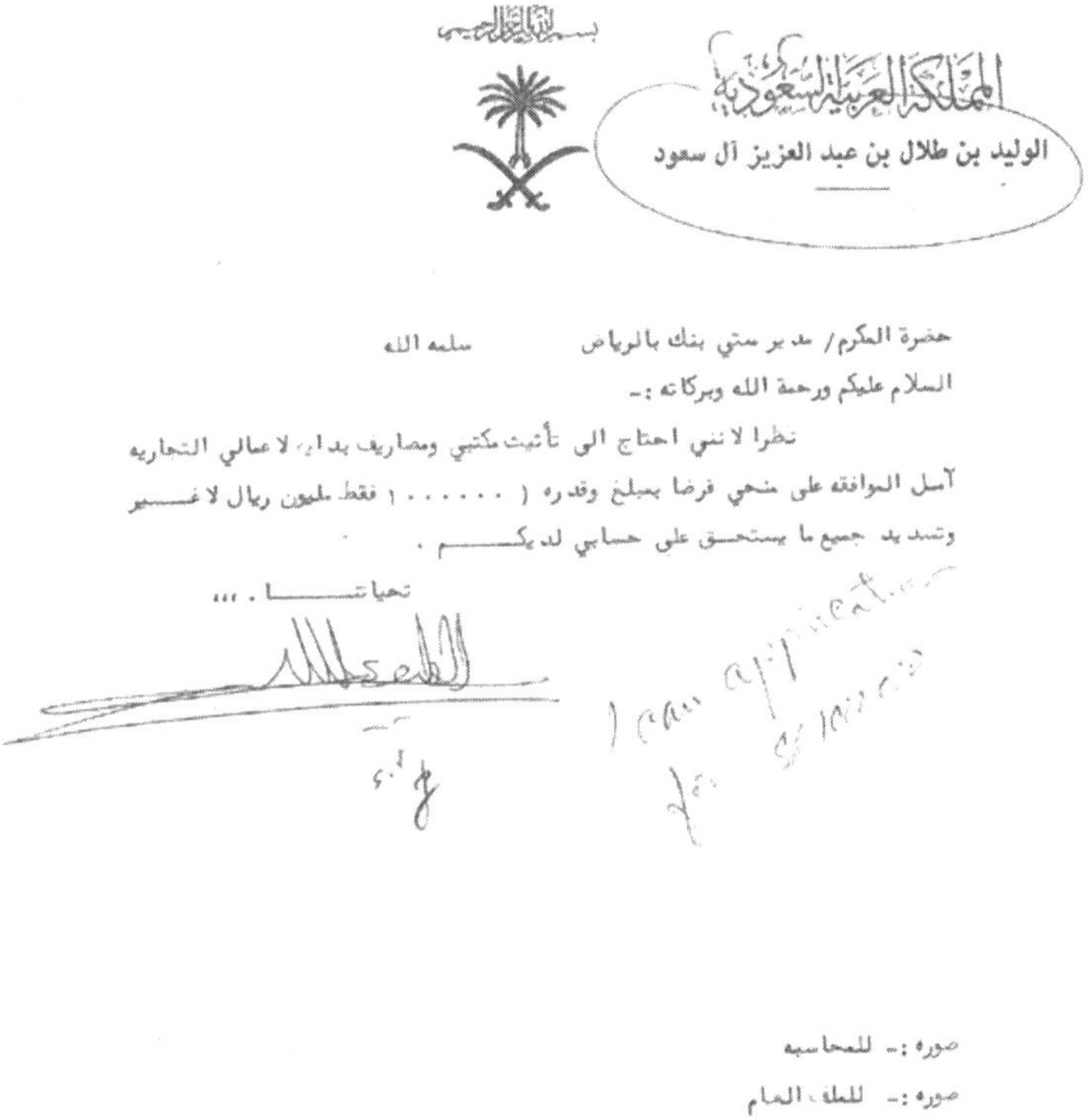
بسم الله الرحمن الرحيم

المملكة العربية السعودية

الوليد بن طلال بن عبد العزيز آل سعود

حضرة المكرم/ مدير ستي بنك بالرياض سلمه الله

السلام عليكم ورحمة الله وبركاته :-

نظرا لانني احتاج الى تأثيث مكتبي ومصاريف بداية لاعمالي التجاريه

آمل الموافقة على منحي قرضا بمبلغ وقدره (١٠٠٠٠٠٠) فقط مليون ريال لا غـــير

وتسديد جميع ما يستحق على حسابي لديكـــــم .

تحياتـــــا ...

صوره :- للمحاسبه

صوره :- للملف العام

PRESS
RELEASE

　アルワリード王子は、今回の訪米が世界に向けた明確なメッセージになればいいと願っている。
「テロ行為には絶対に反対だが、そういう場合、わたしはすべてのムスリム、アラブ人、サウジアラビア人を代表して発言している。わたしの任務は東西を結ぶ架け橋になること。また、あらゆるテロ行為を糾弾するサウジアラビアのスタンスを改めて表明したいと思っている」

「イスラムは平和を前提とする偉大なる宗教だ。イスラムという言葉は、平和を意味するアラビア語に由来している。ちなみに、残虐な9.11のテロ事件が起きてから、アメリカの人々はイスラムについて詳しく知りたがるようになった。この不当な非難を浴びている宗教の真相を究めたいという思いは、わが国サウジアラビアで出版されているイスラム関連書籍の需要が大きく伸びていることにも裏付けられており、こうした書籍の大量注文はアメリカ合衆国から来ている」と王子は付け加えた。

　『ギネス世界記録』2001年版によると、アルワリード王子は北米以外で最も裕福な事業家である。資産総額は200億ドル、主に米国株投資によるものである。このサウジアラビアのたたき上げの億万長者、フォーブス誌の長者番付では世界第6位にランクされている。

　王子の北米の出資先企業には、シティグループ（96億ドル)、ニューズ・コーポレーション（ADR、11億ドル)、AOLタイム・ワーナー（9億ドル)、フォー・シーズンズ・ホテルズ・アンド・リゾーツ（ADR、5億ドル)、アップル（3億ドル)、コンパック（3億ドル)、モトローラ（2億6000万ドル)、フェアモント・ホテルズ（2億6000万ドル)、テレデシック（2億ドル)、ワールドコム（1億2000万ドル)、プラザ・ホテル―ニューヨーク（1億2000万ドル)、コダック(8000万ドル)、ペプシ（7000万ドル)、プロクター・アンド・ギャンブル（6700万ドル)、フォード・モーター（5600万ドル)、ウォルト・ディズニー（5000万ドル)、プラネット・ハリウッド（4000万ドル)、サックス・フィフスアベニュー(2600万ドル)、eベイ・ドットコム（4700万ドル)、プライスライン・ドットコム（2000万ドル)、アマゾン・ドットコム（2000万ドル）などがある。

3/3

PRESS
RELEASE

KINGDOM

「ただし、今回のような場合には、このような犯罪行為を引き起こす原因となったいくつかの問題に目を向けなければならない。アメリカ合衆国政府は中東政策を見直し、パレスチナの主張に対して、もっとバランスの取れたスタンスを取るべきである。国連は何十年も前に、イスラエルにヨルダン川西岸とガザ地区からの全面撤退を求める安保理決議 242 号と 338 号を採択したが、われらがパレスチナの同胞は依然としてイスラエル人の手で虐殺されている。にもかかわらず、世界は侮辱を甘んじて受けている」とアルワリード王子は強調した。

アルワリード王子は強く平和を唱導しており、対話を信じている。
「もしアメリカ政府が望むなら、アラブ人は、イスラエルに包括的な平和条約に調印させ、全面的に履行させるに当たり、アラブ人が重要な役割を果たせるものと信じている。われわれは虐殺をやめさせ、より良い中東作りを目指した活動を開始したいと思っている」

アメリカに、なかでもニューヨーク市に投資をする世界最大の外国人個人投資家がアルワリード王子である。王子はシティグループ、AOL タイム・ワーナー、ニューズ・コーポレーション、プラザ・ホテル、ピエール・ホテル、サックス・フィフスアベニューといったニューヨークのさまざまな企業に出資している。

アルワリード王子はニューヨーク市にもニューヨーク州にも格別な親近感を抱いている。投資家としてはニューヨーク市の数々の企業に出資している。さらに、シラキュース大学大学院で学んでおり、法律名誉博士号を修得している。「サウジアラビアのニューヨーカー気分だ」と王子は述べている。

2/3

これはアルワリード王子が 9.11 同時多発テロ事件後にニューヨークのグラウンドゼロを訪れたときに発表し、物議をかもしたプレスリリースの全文である。

PRESS RELEASE

KINGDOM

For more information, contact:
Amjed Shacker
Office: +966-1-488-1111 ext. 1151
Facsimile: +966-1-481-1227
Mobile: +966-5-544-2066
E-mail: **aes@kingdom.net**

For Immediate Release
Thursday, October 11, 2001

ジュリアーニ市長とアルワリード王子、グラウンドゼロを訪問

アルワリード王子、ツインタワー基金に1000万ドルを寄付

「アメリカ合衆国政府はパレスチナの主張に対して、もっとバランスの取れたスタンスを取るべきである」――アルワリード王子

キングダム・ホールディング社会長アルワリード・ビン・タラール・ビン・アブドルアジーズ・アルサウード王子殿下は、世界貿易センタービルを襲った悲劇的なテロ事件から1カ月たった10月11日（木）、午前9時、ルドルフ・ジュリアーニ・ニューヨーク市長と共にグラウンドゼロを訪問した。そのあと、王子はツインタワー基金に寄付するため、ジュリアーニ市長に1000万ドルの小切手を手渡した。

「今日はニューヨークの人々にわれわれの哀悼の意を表すため、テロリズムを糾弾するため、そして1000万ドルをツインタワー基金に寄付するためにまいりました」とアルワリード王子は述べた。

訳者あとがき

本書はアルワリード王子が今日の地位を築くまでの半生と事業家としての実際の仕事ぶりを追った「公認の」ドキュメントである。しかし、王子が特異なキャラクターの持ち主であることから、著者は投資家としての王子の活動のみならず、国際政治や宗教、九・一一同時多発テロ事件後ににわかに注目されるようになった「文明の衝突」論にも触れ、アメリカや中東で顕在化してきたさまざまな問題をも浮き彫りにしている。

アルワリード王子の経歴はこれまで謎に包まれていたが、今回世界で初めて長期間の密着取材が許されたという。これもキングダム・ホールディング社の企業戦略の一環だろうか。「公認の」という但し書きが付いている以上、客観性という点ではやや疑問が残るのは否めず、王子の活動があまりにも多岐にわたっていることから、事実の羅列に終始している部分もあるが、DVDを含めて全体的に好印象を与える作品に仕上がっている。とくにサウジアラビアの女性が洋装で、しかもカメラの前で男性のインタビューに答えている映像は貴重である。そういう意味では、サウジアラビアの改革の一端も垣間見える極めてユニークな作品だと言えるだろう。王子がシティグループをはじめとする欧米の一流企業の大株主になるまでの経緯も、リアリティーに富んでいて大変興味深い。

本書の原書がわが家に届いたのは二〇〇五年一二月二二日。くしくもちょうどその日の日経新聞の朝刊にアルワリード王子のインタビュー記事が載っていた。「現在検討している企業はあるか」との問いに、王子は「世界で五、六社ある、ひとつはソニーだ。……」と答えているが、この日ソニー株はこの一言だけで大幅高となった。フォーブス誌二〇〇六年版の世界長者番付では第八位、その後も順位に変動はあるものの、やはりその影響力たるや絶大である。日本企業に触手を伸ばしてくることもあるだろうか。今後も当分、王子の動向からは目が離せない。

また、中東情勢が混迷するなか、王子の幼なじみで本書にもたびたび登場するレバノンのアンナハル紙の社長兼編集長のジブラン・トゥエイニ氏が二〇〇五年一二月一二日午前、自動車爆弾テロで亡くなったことを後に知った。反シリア派だったトゥエイニ氏を狙ったテロだと言われている。

最後に、本書日本語版の出版に当たり、パンローリング社の皆様、ＦＧＩの阿部達郎氏をはじめ、アルワリード王子殿下とキングダム・ホールディング社の皆様に心から感謝したい。

二〇〇七年八月

塩野未佳

■著者紹介

リズ・カーン（Riz Khan）

著名なフリーのテレビキャスター兼ジャーナリスト。CNNインターナショナルに８年間在籍し、「リズ・カーンのQ&A」という看板番組の司会を務めた。この人気番組では、ネルソン・マンデラやダライ・ラマ、ヒラリー・クリントン、コフィー・アナン、トム・クランシー、リチャード・ギアなど、そうそうたる世界の指導者や話題の人物にインタビューしている。CNNでアンカーを務める前は、BBCワールドTVのトップアナウンサー。国際ジャーナリストとしても、とくに中東に主眼を置いた幅広いドキュメンタリー番組に携わっている。

■訳者紹介

塩野未佳（しおの・みか）

成城大学文芸学部ヨーロッパ文化学科卒業（フランス史専攻）。編集プロダクション、大手翻訳会社勤務の後、クレジットカード会社、証券会社などでの社内翻訳業務を経て、現在はフリーランスで英語・フランス語の翻訳業に従事。経済、ビジネスを中心に幅広い分野を手掛けている。訳書に『狂気とバブル』『新賢明なる投資家　上下』『株式インサイダー投資法――流動性理論をマスターして市場に勝つ』（パンローリング）など。

2007年９月７日　初版第１刷発行
2007年10月５日　　　第２刷発行

ウィザードブックシリーズ ⑫⑤

アラビアのバフェット
“世界第５位の富豪”アルワリード王子の投資手法

著　者　リズ・カーン
訳　者　塩野未佳
発行者　後藤康徳
発行所　パンローリング株式会社
〒 160-0023　東京都新宿区西新宿 7-9-18-6F
TEL 03-5386-7391　FAX 03-5386-7393
http://www.panrolling.com/
E-mail　info@panrolling.com
編　集　エフ・ジー・アイ（Factory of Gnomic Three Monkeys Investment）合資会社
装　丁　パンローリング装丁室
組　版　パンローリング制作室
印刷・製本　株式会社シナノ

ISBN978-4-7759-7092-8

アレキサンダー・エルダー博士の投資レクチャー

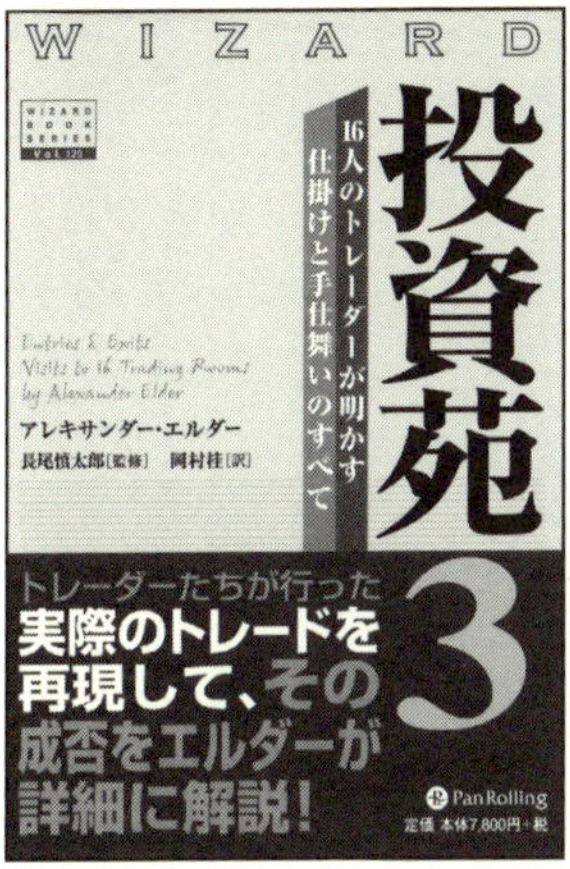

ウィザードブックシリーズ120
投資苑3
著者：アレキサンダー・エルダー

定価 本体 7,800円＋税　ISBN:9784775970867

【どこで仕掛け、どこで手仕舞う】

「成功しているトレーダーはどんな考えで仕掛け、なぜそこで手仕舞ったのか！」——16人のトレーダーたちの売買譜。住んでいる国も、取引する銘柄も、その手法もさまざまな16人のトレーダーが実際に行った、勝ちトレードと負けトレードの仕掛けから手仕舞いまでを実際に再現。その成否をエルダーが詳細に解説する。ベストセラー『投資苑』シリーズ、待望の第３弾！

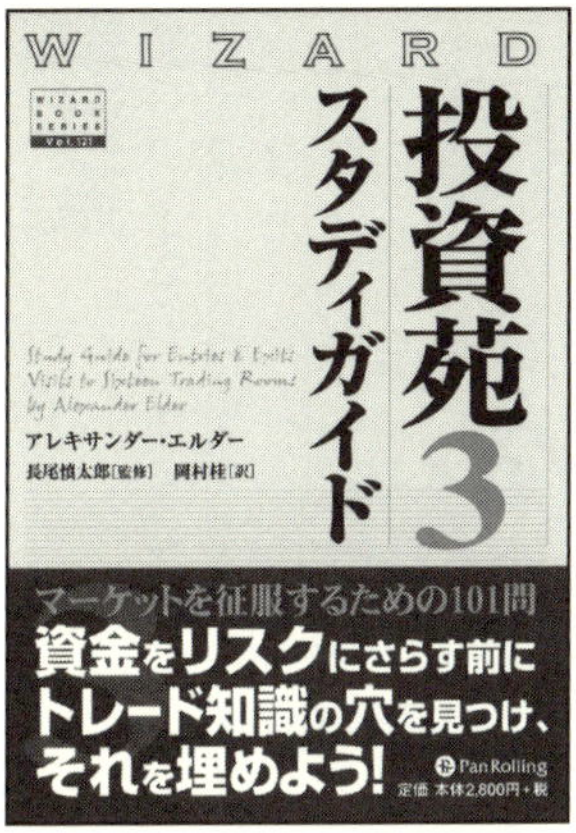

ウィザードブックシリーズ121
投資苑3 スタディガイド
著者：アレキサンダー・エルダー

定価 本体 2,800円＋税　ISBN:9784775970874

【マーケットを理解するための101問】

トレードで成功するために必須の条件をマスターするための『投資苑３』副読本。トレードの準備、心理、マーケット、トレード戦略、マネージメントと記録管理,とレーダーの教えといった７つの分野を、25のケーススタディを含む101問の問題でカバーする。資金をリスクにさらす前に本書に取り組み、『投資苑３』と併せて読むことでチャンスを最大限に活かすことができる。

DVD トレード成功への3つのM～心理・手法・資金管理～

講演：アレキサンダー・エルダー　定価 本体4,800円＋税　ISBN：9784775961322

世界中で500万部超の大ベストセラーとなった『投資苑』の著者であり、実践家であるアレキサンダー・エルダー博士の来日講演の模様をあますところ無く収録。本公演に加え当日参加者の貴重な生の質問に答えた質疑応答の模様も収録。インタビュアー：林康史（はやしやすし）氏

DVD 投資苑～アレキサンダー・エルダー博士の超テクニカル分析～

講演：アレキサンダー・エルダー　定価 本体50,000円＋税　ISBN：9784775961346

超ロングセラー『投資苑』の著者、エルダー博士のDVD登場！感情に流されないトレーディングの実践と、チャート、コンピューターを使ったテクニカル指標による優良トレードの探し方を解説、様々な分析手法の組み合わせによる強力なトレーディング・システム構築法を伝授する。

バリュー株投資の真髄!!

ウィザードブックシリーズ４

バフェットからの手紙

著者：ローレンス・A・カニンガム

オーディオブックも
絶賛発売中!!

定価 本体 1,600円＋税　ISBN:9784939103216

【世界が理想とする投資家のすべて】
「ラリー・カニンガムは、私たちの哲学を体系化するという素晴らしい仕事を成し遂げてくれました。本書は、これまで私について書かれたすべての本のなかで最も優れています。もし私が読むべき一冊の本を選ぶとしたら、迷うことなく本書を選びます」
――ウォーレン・バフェット

ウィザードブックシリーズ87・88

新 賢明なる投資家

著者：ベンジャミン・グレアム
ジェイソン・ツバイク

定価（各）本体 3,800円＋税　ISBN:(上)9784775970492
(下)9748775970508

【割安株の見つけ方とバリュー投資を成功させる方法】
古典的名著に新たな注解が加わり、グレアムの時代を超えた英知が今日の市場に再びよみがえる！　グレアムがその「バリュー投資」哲学を明らかにした『賢明なる投資家』は、1949年に初版が出版されて以来、株式投資のバイブルとなっている。

ウィザードブックシリーズ 10

賢明なる投資家

著者：ベンジャミン・グレアム
定価（各）本体 3,800円＋税
ISBN:9784939103292

オーディオブックも
絶賛発売中!!

ウォーレン・バフェットが師と仰ぎ、尊敬したベンジャミン・グレアムが残した「バリュー投資」の最高傑作！　「魅力のない二流企業株」や「割安株」の見つけ方を伝授する。

ウィザードブックシリーズ 116

麗しのバフェット銘柄

著者:メアリー・バフェット、デビッド・クラーク
定価 本体 1,800円＋税
ISBN:9784775970829

なぜバフェットは世界屈指の大富豪になるまで株で成功したのか？　本書は氏のバリュー投資術「選別的逆張り法」を徹底解剖したバフェット学の「解体新書」である。

ウィザードブックシリーズ 44

証券分析【1934年版】

著者：ベンジャミン・グレアム、デビッド・L・ドッド
定価 本体 9,800円＋税
ISBN:9784775970058

グレアムの名声をウォール街で不動かつ不滅なものとした一大傑作。ここで展開されている割安な株式や債券のすぐれた発掘法は、今も多くの投資家たちが実践して結果を残している。

ウィザードブックシリーズ 62

最高経営責任者バフェット

著者：ロバート・P・マイルズ
定価 本体 2,800円＋税
ISBN:9784775970249

バフェット率いるバークシャー・ハサウェイ社が買収した企業をいかに飛躍させてきたか？　同社子会社の経営者へのインタビューを通しバフェット流「無干渉経営方式」の極意を知る。

マーケットの魔術師 ウィリアム・オニールの本と関連書

ウィザードブックシリーズ12
成長株発掘法
著者：ウィリアム・オニール

定価 本体 2,800円＋税　ISBN:9784939103339

【究極のグロース株選別法】
米国屈指の大投資家ウィリアム・オニールが開発した銘柄スクリーニング法「CAN-SLIM（キャンスリム）」は、過去 40 年間の大成長銘柄に共通する 7 つの要素を頭文字でとったもの。オニールの手法を実践して成功を収めた投資家は数多く、詳細を記した本書は全米で 100 万部を突破した。

ウィザードブックシリーズ71
相場師養成講座
著者：ウィリアム・オニール

定価 本体 2,800円＋税　ISBN:9784775970331

【進化する CAN-SLIM】
CAN-SLIM の威力を最大限に発揮させる 5 つの方法を伝授。00 年に米国でネットバブルが崩壊したとき、オニールの手法は投資家の支持を失うどころか、逆に人気を高めた。その理由は全米投資家協会が「98 ～ 03 年に CAN-SLIM が最も優れた成績を残した」と発表したことからも明らかだ。

ウィザードブックシリーズ 93
オニールの空売り練習帖
著者：ウィリアム・オニール、ギル・モラレス
定価 本体 2,800円＋税　ISBN:9784775970577

氏いわく「売る能力もなく買うのは、攻撃だけで防御がないフットボールチームのようなものだ」。指値の設定からタイミングの決定まで、効果的な空売り戦略を明快にアドバイス。

DVDブック
大化けする成長株を発掘する方法
著者:鈴木一之　定価 本体 3,800円+税
DVD1枚 83 分収録　ISBN:9784775961285

今も世界中の投資家から絶大な支持を得ているウィリアム・オニールの魅力を日本を代表する株式アナリストが紹介。日本株のスクリーニングにどう当てはめるかについても言及する。

ウィザードブックシリーズ 95
伝説のマーケットの魔術師たち
著者：ジョン・ボイク　訳者：鈴木敏昭
定価 本体 2,200 円＋税　ISBN:9784775970591

ジェシー・リバモア、バーナード・バルーク、ニコラス・ダーバス、ジェラルド・ローブ、ウィリアム・オニール。5 人の投資家が偉大なのは、彼らの手法が時間を超越して有効だからだ。

ウィザードブックシリーズ 49
私は株で200万ドル儲けた
著者：ニコラス・ダーバス　訳者:長尾慎太郎，飯田恒夫
定価 本体 2,200 円＋税　ISBN:9784775970102

1960年の初版は、わずか8週間で20万部が売れたという伝説の書。絶望の淵に落とされた個人投資家が最終的に大成功を収めたのは、不屈の闘志と「ボックス理論」にあった。

マーケットの魔術師シリーズ

ウィザードブックシリーズ19

マーケットの魔術師

著者：ジャック・D・シュワッガー

オーディオブックも絶賛発売中!!

定価 本体 2,800 円＋税　ISBN:9784939103407

【いつ読んでも発見がある】
トレーダー・投資家は、そのとき、その成長過程で、さまざまな悩みや問題意識を抱えているもの。本書はその答えの糸口を「常に」提示してくれる「トレーダーのバイブル」だ。「本書を読まずして、投資をすることなかれ」とは世界的トレーダーたちが口をそろえて言う「投資業界の常識」だ！

ウィザードブックシリーズ13

新マーケットの魔術師

著者：ジャック・D・シュワッガー

定価 本体 2,800 円＋税　ISBN:9784939103346

【世にこれほどすごいヤツらがいるのか!!】
株式、先物、為替、オプション、それぞれの市場で勝ち続けている魔術師たちが、成功の秘訣を語る。またトレード・投資の本質である「心理」をはじめ、勝者の条件について鋭い分析がなされている。関心のあるトレーダー・投資家から読み始めてかまわない。自分のスタイルづくりに役立ててほしい。

ウィザードブックシリーズ 14

マーケットの魔術師
株式編《増補版》

著者：ジャック・D・シュワッガー
定価 本体 2,800 円＋税　ISBN:9784775970232

投資家待望のシリーズ第三弾、フォローアップインタビューを加えて新登場!!　90年代の米株の上げ相場でとてつもないリターンをたたき出した新世代の「魔術師＝ウィザード」たち。彼らは、その後の下落局面でも、その称号にふさわしい成果を残しているのだろうか？

◎アート・コリンズ著 マーケットの魔術師シリーズ

ウィザードブックシリーズ 90

マーケットの魔術師
システムトレーダー編

著者：アート・コリンズ
定価 本体 2,800 円＋税　ISBN:9784775970522

システムトレードで市場に勝っている職人たちが明かす機械的売買のすべて。相場分析から発見した優位性を最大限に発揮するため、どのようなシステムを構築しているのだろうか？　14人の傑出したトレーダーたちから、システムトレードに対する正しい姿勢を学ぼう！

ウィザードブックシリーズ 111

マーケットの魔術師 大損失編

著者：アート・コリンズ
定価 本体 2,800 円＋税　ISBN:9784775970775

スーパートレーダーたちはいかにして危機を脱したか？　局地的な損失はトレーダーならだれでも経験する不可避なもの。また人間のすることである以上、ミスはつきものだ。35人のスーパートレーダーたちは、窮地に立ったときどのように取り組み、対処したのだろうか？

トレーディングシステムで機械的売買!!

自動売買ロボット作成マニュアル
エクセルで理想のシステムトレード

著者：森田佳佑

定価 本体 2,800円＋税　ISBN:9784775990391

【パソコンのエクセルでシステム売買】
エクセルには「VBA」というプログラミング言語が搭載されている。さまざまな作業を自動化したり、ソフトウェア自体に機能を追加したりできる強力なツールだ。このVBAを活用してデータ取得やチャート描画、戦略設計、検証、売買シグナルを自動化してしまおう、というのが本書の方針である。

ウィザードブックシリーズ11
売買システム入門
著者：トゥーシャー・シャンデ

定価 本体 7,800円＋税　ISBN:9784939103315

【システム構築の基本的流れが分かる】
世界的に高名なシステム開発者であるトゥーシャー・シャンデ博士が「現実的」な売買システムを構築するための有効なアプローチを的確に指南。システムの検証方法、資金管理、陥りやすい問題点と対処法を具体的に解説する。基本概念から実際の運用まで網羅したシステム売買の教科書。

トレードステーション入門
やさしい売買プログラミング

著者：西村貴郁
定価 本体 2,800 円＋税　ISBN:9784775990452

売買ソフトの定番「トレードステーション」。そのプログラミング言語の基本と可能性を紹介。チャート分析も売買戦略のデータ検証・最適化も売買シグナル表示もできるようになる！

ウィザードブックシリーズ 113
勝利の売買システム
トレードステーションから学ぶ実践的売買プログラミング

著　者：ジョージ・プルート、ジョン・R・ヒル
定価 本体 7,800 円＋税 ISBN:9784775970799

世界ナンバーワン売買ソフト「トレードステーション」徹底活用術。このソフトの威力を十二分に活用し、運用成績の向上を計ろうとするトレーダーたちへのまさに「福音書」だ。

ウィザードブックシリーズ 54
究極のトレーディングガイド
全米一の投資システム分析家が明かす「儲かるシステム」

著者：ジョン・R・ヒル／ジョージ・プルート／ランディ・ヒル
定価 本体 4,800 円＋税　ISBN:9784775970157

売買システム分析の大家が、エリオット波動、値動きの各種パターン、資金管理といった、曖昧になりがちな理論を適切なルールで表現し、安定した売買システムにする方法を大公開！

ウィザードブックシリーズ 42
トレーディングシステム入門
仕掛ける前が勝負の分かれ目

著者：トーマス・ストリズマン
定価 本体 5,800 円＋税　ISBN:9784775970034

売買タイミングと資金管理の融合を売買システムで実現。システムを発展させるために有効な運用成績の評価ポイントと工夫のコツが惜しみなく著された画期的な書！

心の鍛錬はトレード成功への大きなカギ！

ウィザードブックシリーズ32

ゾーン 相場心理学入門

著者：マーク・ダグラス

定価 本体 2,800円＋税　ISBN:9784939103575

【己を知れば百戦危うからず】
恐怖心ゼロ、悩みゼロで、結果は気にせず、淡々と直感的に行動し、反応し、ただそ の瞬間に「するだけ」の境地、つまり「ゾーン」に達した者こそが勝つ投資家になる！　さて、その方法とは？　世界中のトレード業界で一大センセーションを巻き起こした相場心理の名作が究極の相場心理を伝授する！

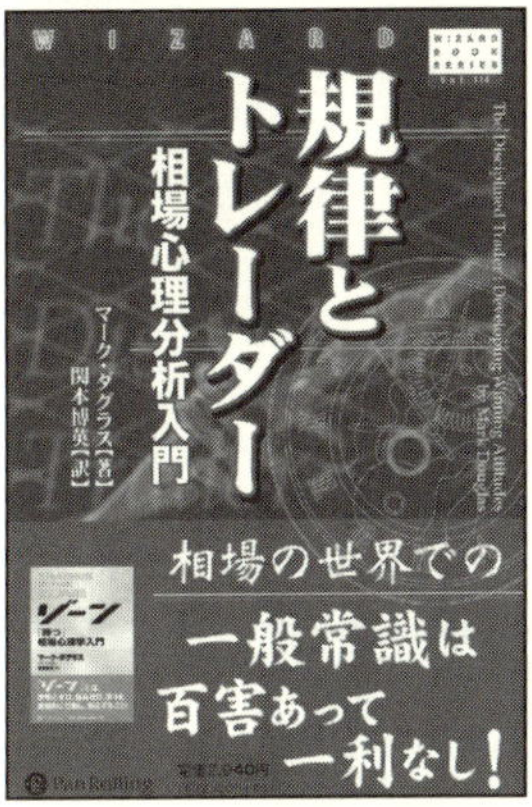

ウィザードブックシリーズ114

規律とトレーダー

著者：マーク・ダグラス

オーディオブックも
絶賛発売中!!

定価 本体 2,800 円＋税　ISBN:9784775970805

【トレーダーとしての成功に不可欠】
「仏作って魂入れず」――どんなに努力して素晴らしい売買戦略をつくり上げても、心のあり方が「なっていなければ」成功は難しいだろう。つまり、心の世界をコントロールできるトレーダーこそ、相場の世界で勝者となれるのだ！『ゾーン』愛読者の熱心なリクエストにお応えして急遽刊行！

ウィザードブックシリーズ 107

トレーダーの心理学
トレーディングコーチが伝授する達人への道

著者：アリ・キエフ
定価 本体 2,800 円＋税　ISBN:9784775970737

高名な心理学者でもあるアリ・キエフ博士がトップトレーダーの心理的な法則と戦略を検証。トレーダーが自らの潜在能力を引き出し、目標を達成させるアプローチを紹介する。

ウィザードブックシリーズ 30

魔術師たちの心理学
トレードで生計を立てる秘訣と心構え

著者：バン・K・タープ
定価 本体 2,800 円＋税　ISBN:9784939103544

あまりの内容の充実に「秘密を公開しすぎる」との声があがったほど。システムトレードに必要な情報がこの一冊に！ 個性と目標利益に見合った売買システム構築のコツを伝授。

マンガ 投資の心理学

原作：青木俊郎　作画：麻生はじめ
定価 本体 1,200 円＋税　ISBN:9784775930267

「損切りできないのはなぜ?」「すでに値上がりした株の買いをためらうのはなぜ?」「投資判断を揺るがす心理的バイアスとは?」――投資家心理の綾、投資の心構えをやさしく解説。

相場で負けたときに読む本
～真理編～

著者：山口祐介
定価 本体 1,500 円＋税

オーディオブックも
絶賛発売中!!

なぜ勝者は「負けても」勝っているのか? なぜ敗者は「勝っても」負けているのか? 10年以上勝ち続けてきた現役トレーダーが相場の“真理”を詩的に表現。

※投資心理といえば『投資苑』も必見!!